# Le pétrole et la guerre

# Oil and War

P.I.E. Peter Lang

Bruxelles · Bern · Berlin · Frankfurt am Main · New York · Oxford · Wien

Alain BELTRAN (dir./ed.)

# Le pétrole et la guerre

# Oil and War

« Enjeux internationaux »
"International Issues"
n° 21

Avec le soutien du CNRS et de Total /
With the financial support of CNRS and Total

© P.I.E. PETER LANG S.A.,
Éditions scientifiques internationales
Brussels, 2012
1 avenue Maurice, B-1050 Brussels, Belgium
info@peterlang.com; www.peterlang.com

Printed in Germany

ISSN 2030-3688
ISBN 978-90-5201-770-9
D/2012/5678/09

*Library of Congress Cataloging-in-Publication Data*
Le pétrole et la guerre = oil and war / Alain Beltran (dir./eds.).
p. cm. -- (Enjeux internationaux = International issues,
ISSN 2030-3688 ; n. 21) Parallel title: Oil and war
Includes index. ISBN 978-90-5201-770-9
1. Petroleum industry and trade--Political aspects. 2. Petroleum industry
and trade--Military aspects. 3. Petroleum--Political aspects.
4. War--Causes. I. Beltran, Alain. II. Title: Oil and war.
HD9560.6.P52 2011     355.02--dc23     2011035769

*CIP also available from the British Library, GB.*

« Die Deutsche Bibliothek » répertorie cette publication dans la « Deutsche Nationalbibliografie ». Les données bibliographiques détaillées sont disponibles sur le site http://dnb.ddb.de.

"Die Deutsche Bibliothek" lists this publication in the "Deutsche Nationalbibliografie"; detailed bibliographic data is available on the Internet at <http://dnb.ddb.de>.

# Table des matières / Contents

## Quatrième Partie
## Le Moyen-Orient au Cœur des Conflits

## Fourth Part
## Middle East in the Heart of Conflicts

9

# Avant-propos

Hubert LOISELEUR DES LONGCHAMPS

*Directeur des affaires publiques de Total*

> Les peuples qui se battent pour les territoires, les frontières, les ressources du sous-sol se battent d'abord et avant tout pour Hélène. Homère n'a pas menti.
>
> Henri de Montherlant

Ce sont les passions humaines qui sont les moteurs des guerres, pas les intérêts rationnellement établis dans les « buts de guerre » des états-majors de temps de paix et jamais atteints, une fois la paix signée. Le pétrole se moque des passions humaines. Dans les conflits, il est toujours neutre, attendant au cœur des réservoirs que l'ingéniosité des hommes lui permette de sortir et de se transformer en énergie, en produit, en force humaine économisée mais aussi en rêve, en pouvoir, en argent. Et les compagnies pétrolières qui le recherchent, l'exploitent et le transforment craignent par-dessus tout les conflits, synonymes d'instabilité, de capital détruit ou immobilisé, de productions arrêtées et de réseaux d'amitié et d'affaires brutalement interrompus. C'est une erreur que l'on ferait vis-à-vis des nations et de leurs armées que de réduire leur volonté et leur passion à celle d'intérêts économiques, fussent-ils pétroliers. Est-ce à dire qu'il n'y a rien à dire sur le pétrole et la guerre et que les éminents historiens venus du monde entier, et réunis en ce lieu se sont égarés sur de fausses pistes ? Certes non, et je voudrais, au nom du Groupe et de son directeur général, Christophe de Margerie, vous remercier d'être venus de Finlande, du Brésil, des États-Unis, de Roumanie et d'ailleurs, pour ce colloque international que le Groupe est heureux d'accueillir dans ses murs.

La relation entre la guerre et le pétrole est complexe. Cette complexité, elle la doit au fait qu'à la relation apparemment simple entre une ressource et une industrie, avec ses technologies, ses besoins en capitaux, sa richesse humaine, s'ajoute un troisième acteur : les États ; les États conquérants, faibles, en proie à des luttes internes et à des tensions sociales, les États aveuglés par l'idéologie ou rêvant d'Empire, les États parfois amenés à régler leurs différents par le recours à la force, légitime ou illégitime, et par la mobilisation et le sacrifice des peuples et des nations. C'est dans la présence de ce troisième acteur – propriétaire d'un domaine minier riche en hydrocarbures ou État industrialisé cherchant à s'assurer un accès sûr, permanent, fiable et si possible bon marché à cette ressource considérée comme stratégique depuis le premier conflit mondial – qu'il faut chercher la raison de cette relation complexe entre le pétrole et la guerre.

Je voudrais brièvement évoquer deux choses :

- la façon dont le Groupe a vécu et perçu, à travers son histoire, cette relation entre pétrole et guerre ;
- et la façon dont aujourd'hui les relations internationales, à travers les conflits et au-delà des conflits, envisagent cette relation.

Total, la Compagnie française des pétroles à l'époque, est fille de la Première Guerre mondiale et non l'inverse. Voici pourquoi :

- Dès 1914 et la Marne, le carburant est devenu nécessaire aux mouvements des armées, même si 14-18 n'a pas été sur le front occidental une guerre de mouvement.

- Le carburant a surtout été nécessaire pour assurer l'approvisionnement logistique des millions d'hommes se faisant face pendant presque quatre ans. Nourriture, habillement, pièces détachées, munitions, presque tout ce dont les soldats avaient besoin pour « tenir », devait être acheminé depuis les sites de production situés loin du front, à l'abri de l'aviation naissante et de l'artillerie de l'ennemi. Pour ce faire, le carburant avait toutes les vertus pour les camions du Train des équipages (facile d'emploi, malléable, rendement élevé).

- Les États-Unis ont joué un rôle clé dans l'approvisionnement en pétrole des alliés, première étape de leur engagement aux côtés des Français et des Britanniques.

- C'est lorsque les sous-marins allemands engagés dans une guerre à outrance ont commencé à détruire les navires américains qui transportaient du pétrole pour les alliés que ce dernier est devenu, aux yeux des militaires et des gouvernements qu'ils servaient, une matière stratégique pouvant faire l'objet d'une lutte dépassant les lois communes de la guerre.

- La France de 1918 a pris conscience de l'importance du pétrole pour son indépendance politique et militaire et a constaté qu'elle en était dépourvue : « l'essence devient aussi nécessaire que le sang dans les batailles de demain » (Clemenceau).

C'est pour l'ensemble de ces raisons que le pétrole est élevé au lendemain de la Grande Guerre au rang de ressource stratégique dont l'approvisionnement doit être à la fois assuré, sécurisé et régulé. C'est dans cette triple nécessité qu'il faut comprendre :

- les accords de San Remo, en 1920, dans la foulée des grands traités internationaux qui marquent la fin de la guerre, et qui accordent à la France entre 20 et 25 % de la Turkish Petroleum Company, futur Iraq Petroleum Company et qui aboutira en 1924 à la prise de participation à hauteur de 23,75 % de la TPC par la Compagnie française des pétroles ;

- la loi de 1928 sur l'industrie pétrolière en France et la création en 1929 de la Compagnie française de raffinage permettant à la CFP d'assurer la distribution en France ;

- la ratification le 25 juillet 1931 de la convention de 1924 régissant les relations de la CFP et de l'État et qui se traduit par une entrée au capital de la CFP de l'État ;

- ce cadre va définir les grandes lignes de l'histoire pétrolière de la France pendant presque 70 ans. Il associe de façon assez moderne, si on y songe, capitaux privés, et responsabilité étatique, intérêt stratégique et pragmatisme économique et financier.

Il serait tentant de dérouler le film des conflits de ce court XX$^e$ siècle comme le qualifie l'historien anglais Eric Hosbawm, et de le projeter sur celui du groupe Total, de la CFP jusqu'à aujourd'hui, en passant par les sociétés constitutives de Total, Petrofina et Elf-Aquitaine, qui ont elles-mêmes leur propre histoire… On évoquerait alors :

- le gel des actifs de la CFP par les Britanniques entre 1940 et 1945 ;

- la mort en déportation du PDG de la CFP, Jules Meny ;

- la guerre d'Algérie et le développement du champ d'Hassi Messaoud (1957) ;

- l'essor du mouvement des non alignés (1955) et la création de l'OPEP (1960) ;

- la guerre du Kippour et le premier choc pétrolier ;

- la première guerre en Irak en 1991 ;

- …

Je voudrais pour conclure vous faire part de quelques réflexions sur le rôle que joue aujourd'hui le pétrole dans les conflits actuels et au-delà dans les relations internationales :

- L'époque des conflits pour le pétrole est révolue si elle a jamais existé et le second conflit irakien de 2003 ne saurait nous contredire : cf. les récents appels d'offres passés par l'Iraq qui n'ont pas donné la primeur aux majors américaines.

– Les États sont toujours aussi conscients des intérêts stratégiques que portent en elles les énergies et singulièrement le pétrole mais la prise de conscience des changements climatiques, prise de conscience certes inégale, certes parfois encore antagoniste, mais prise de conscience quand même, pousse les États à envisager le monde de l'énergie de manière plus globale, mieux intégré avec l'ensemble des réalités économiques et sociales des peuples dont ils ont la charge. Cette évolution modifie quand même un peu les dimensions des enjeux internationaux liés à l'énergie. Nous sommes peut-être entrés, pour ce qui est des relations entre pétrole, industrie et État, dans l'âge de raison.

– Les compagnies pétrolières en dépit de tout ce qu'on leur prête ne sont pas en mesure, si elles l'ont jamais été, d'influer sur la politique des États au point de les pousser au conflit. Je pense au rôle joué dans les conflits frontaliers opposant le Cameroun et le Nigéria, la Malaisie et le Brunei, Le Cambodge et la Thaïlande, l'Angola et les deux Congos, voire les pays riverains de la mer Caspienne.

– S'il existe un certain nationalisme pétrolier d'ailleurs récurrent, il est aujourd'hui le fait des grandes compagnies pétrolières nationales, les NOC, mais gageons qu'il ira décroissant devant leur ouverture à des ressources situées au-delà des frontières des États qui les contrôlent.

– Le pétrole nécessite de lourds investissements, engagés sur le long terme, fragiles comme tout investissement, et rien n'est plus contraire aux intérêts des industriels que nous sommes que la brutale survenue de l'irrationnel et des passions.

– Cependant du Nigéria au Soudan, de la Birmanie à l'Iran, de l'Angola de la guerre civile à l'Algérie des années 1990, le nombre de conflits autour du pétrole ou plutôt au sein même des États pétroliers n'a pas cessé. Mais ce n'est pas le pétrole qui génère cette conflictualité endémique c'est le partage de la rente, c'est l'inégale redistribution des richesses issues de l'exploitation du pétrole et de sa commercialisation. L'enjeu de la redistribution est au cœur du monde pétrolier et constitue le point de jonction et fusion contemporain entre guerre et pétrole. Le groupe Total partout où il le peut et à travers ses engagements en faveur de la transparence et de la réduction de la pauvreté avec son siège à l'EITI (Extractive Industries Transparency Initiative), ses actions en faveur de la responsabilité sociétale, s'efforce d'atténuer les effets d'une trop inégale redistribution, dans le respect des États et de leurs politiques mais avec la ferme conviction qu'une situation trop inégalitaire porte en elle les germes d'un conflit, tragique pour les populations, désastreux pour le développement et nuisible pour l'industrie du pétrole.

Que conclure de tout ceci ? J'aimerais qu'au final apparaisse un peu mieux qu'aux yeux de l'opinion commune que le pétrole n'est pas la cause des conflits, le moyen parfois, la fin presque jamais et que les compagnies pétrolières, loin d'être les « deus ex machina » que l'on imagine, jouent parfois un rôle régulateur dans les tensions internationales et peuvent être des instruments de paix. Je vois aussi qu'une autre forme d'énergie, qui est également une arme, joue un rôle croissant dans les conflits entre États, je veux parler du nucléaire. Je souhaite que ce livre reflète les recherches actuelles et les pistes à venir.

# Introduction

Alain Beltran

*Directeur de recherche au CNRS-IRICE*

Le thème de cet ouvrage est sans doute moins politiquement correct que ceux des deux premières réunions tenues à Paris en 2003 et 2006. Le pétrole et la guerre ! Il suffit d'ouvrir n'importe quelle bibliothèque pour trouver de nombreux titres sur ce thème : comment le pétrole a gagné la guerre et commande aujourd'hui la paix (livre de Maurice Lévêque en 1958), les guerres du pétrole, la guerre du pétrole, etc. Si les variantes sont nombreuses, les mots sont toujours les mêmes.

Le but de ce livre à plusieurs voix est d'aller au-delà des affirmations sans preuve, des clichés et des stéréotypes, des vérités jugées banales. Est-ce que le pétrole (sa recherche, son exploitation, son partage) est fauteur de guerre (si l'on entend cette dernière comme la « lutte organisée et sanglante entre groupes organisés » selon Gaston Bouthoul) ? Pour rester parmi les classiques, Raymond Aron estimait que le recours à la guerre s'appuyait sur trois objectifs importants : la puissance ; la sécurité ; la gloire. Au moins deux de ces termes justifieraient la « culpabilité » du pétrole (la puissance et surtout la sécurité). Si le pétrole, c'est la guerre, en ce cas les historiens auraient trouvé une clé d'explication du passé, du présent et de l'avenir. À l'inverse, avec un argument tout aussi simpliste, on pourrait se limiter à dire que les guerres modernes ont simplement besoin de pétrole : l'or noir est ici un instrument, un moyen comme la poudre en d'autres temps. Qui a pensé accuser la poudre ou les chevaux qui traînaient l'artillerie ? On ne peut réduire la réalité à des affirmations aussi simplistes et aussi contraires : tout ce qui est simple est faux, disait Paul Valéry, ajoutant hélas que tout ce qui n'est pas simple est inutilisable…

Il faut donc placer autrement notre problématique sur le thème du pétrole et de la guerre pour dépasser cette aporie. Le sens de notre colloque serait plutôt de poser les questionnements dans leurs contextes, leur spécificité et par comparaison : est-ce que les conditions d'exploitation, de commerce, les rivalités, la rareté du pétrole au XX$^e$ siècle sont des facteurs qui peuvent être intégrés aux processus, aux conditions générales, aux enchaînements qui conduisent à la guerre ? En historiens, nous dirons que ce qui était vrai en 1913 n'est pas forcément exact dans l'entre-deux-guerres, ou lors de la guerre froide, ou encore aujourd'hui. Mais à l'inverse, les enjeux d'aujourd'hui s'inscrivent dans une géopolitique, un espace culturel, des héritages qui s'enracinent quelquefois dans la longue durée. L'humiliation de l'Iran à l'époque de Mossadegh ou l'expédition de Suez en 1956 ne sont pas inscrites uniquement dans les livres d'histoire. Certains pays en ont fait un élément constitutif de leur identité historique. Mais est-ce le pétrole qui est en cause ou bien le rapport de force nouveau dans les années 1950 ?

Malheureusement pour lui, et ceci est un facteur explicatif, le pétrole traîne depuis longtemps une mauvaise réputation : l'or certes, mais noir. Comme la légende noire. Facile bouc-émissaire, il recueille les péchés presque incommensurables des hommes et ensuite il est aisé de lui jeter la pierre (le nom latin veut d'ailleurs dire pierre d'huile). Le pétrole, fauteur de guerre, excitateur de conflits, sorte d'incarnation diabolique qui aurait comme pouvoir de précipiter les uns contre les autres. Une comparaison vient à l'esprit : l'or, l'eldorado. Mais ici aussi, peut-on expliquer Colomb et Pizarre par la seule soif de l'or ou bien la victoire des conquistadors sans intégrer les fragilités des sociétés précolombiennes, leurs croyances et leurs retards technologiques. Autre point de comparaison : on sait qu'à la longue l'or du Pérou a plus enrichi Londres et Bruges que Lisbonne et Séville. N'est-il pas vrai qu'aujourd'hui on parle de malédiction de l'or noir, en particulier en Afrique subsaharienne ? Mais là aussi, ne faut-il pas intégrer la solidité des structures étatiques, le mode de gestion des ressources naturelles, la lutte plus ou moins efficace contre la corruption ? Le pétrole est plus souvent un révélateur qu'une cause profonde. Malgré tout, les clichés ont la vie dure. Il n'est pour s'en persuader que de consulter cette forme d'encyclopédie du XX$^e$ siècle, à savoir les aventures de Tintin où l'on trouve partout le pétrole : dans Tintin au pays de l'or noir (le pipeline qui saute lors d'un conflit anglo-judéo-arabe), dans l'homme à l'oreille cassée (la guerre du Chaco), dans Tintin en Amérique (avec la dépossession des tribus indiennes en quelques heures), etc.

Il n'est donc pas facile de remettre le pétrole à sa juste place géopolitique et stratégique. Toute sa place mais *rien* que sa place. Le pétrole est un liquide. Donc il est en grande partie insaisissable. Oublier les clichés, les accusations et les simplifications pour oser la complexité, la mise en perspective, la relativisation qui sont ce qu'on attend de l'Histoire. Mais une complexité que l'on peut espérer lisible et pourquoi pas utile. L'Histoire est là pour remettre la réalité au premier plan. Et éloigner la rumeur et la théorie.

# Première partie

## La Première Guerre mondiale et ses conséquences

# First Part

## First World War and its Consequences

# La destruction de l'industrie pétrolière roumaine pendant la Première Guerre mondiale

Gheorghe CALCAN

*Université de Pétrole-Gaz, Ploieşti, Roumanie*

## Introduction

La Roumanie est un important pays pétrolier en Europe. L'année 1857 enregistre trois premières mondiales en ce qui concerne l'industrie pétrolière roumaine : la première production pétrolière du monde officiellement enregistrée ; la fondation à Ploieşti de la première raffinerie du monde et Bucarest fut la première ville du monde illuminée avec du pétrole.

En 1857, la Roumanie avait une production de 275 tonnes de pétrole, et à l'approche de la Première Guerre mondiale la production pétrolière du pays atteignait approximativement 1,9 million de tonnes. La plus grande production pétrolière de la Roumanie effectuée pendant la période de l'entre-deux-guerres mondiales a été enregistrée en 1936 et elle a été d'environ 8,7 millions de tonnes. Grâce à sa production et surtout à son exportation pétrolière, la Roumanie a occupé une place très importante dans la hiérarchie des pays pétroliers, pendant la période de l'entre-deux-guerres. Ainsi, en 1928, la Roumanie occupait une sixième place parmi les grands exportateurs mondiaux, avec un pourcentage de 4,10 % de la totalité de l'exportation mondiale après les États-Unis, le Venezuela, le Mexique, la Perse, l'URSS, et en 1937, la Roumanie détenait la cinquième place dans la même hiérarchie. En Europe, la Roumanie se situait constamment à la première ou deuxième place après l'URSS du point de vue de l'exportation mondiale de pétrole.

Même si le pourcentage de l'exportation roumaine n'était pas représenté par un chiffre, la position géostratégique de la Roumanie, l'a beaucoup aidée à avoir un rôle important dans la hiérarchie des ressources pétrolières dans la région et au-delà. Ainsi, en 1931, la Roumanie assurait plus de 50 % des nécessités pétrolières internes de 9 grands pays, du nord de l'Afrique et du Moyen-Orient (la Bulgarie, environ 97 %, la Hongrie environ 98 %, le Maroc espagnol, environ 92 %, la Syrie et le Liban environ 87 %, l'Autriche environ 82 %, la Yougoslavie environ 79 %, l'Égypte environ 71 %, la Palestine environ 66 %, la Grèce environ 55 %). La France importait dans la même année 11,54 % de ses besoins pétroliers de Roumanie.

## I. Le pétrole et la guerre

Le pétrole est devenu l'élément vital de toute l'évolution de la société. Son importance a évolué constamment. Si au milieu du XIXe siècle il était apprécié pour ses qualités d'éclairage (le pétrole lampant), son rôle a évolué brusquement à la fin du XIXe siècle quand ses qualités de combustible ont été reconnues. 1897 quand Diesel a inventé le moteur qui porte son nom, qui fonctionnait exclusivement au mazout, est un moment important concernant l'histoire du pétrole. Ainsi, le combustible liquide est beaucoup utilisé dans l'industrie, les voies ferrées, la marine commerciale et militaire et avec le perfectionnement des moteurs à explosion au début du XXe siècle, il est aussi utilisé dans le domaine de l'automobile et de l'aviation[1].

Le pétrole est devenu un vrai enjeu mondial avec la Première Guerre mondiale (1914-1918). Quoique l'imminence du déclenchement d'une guerre mondiale ait été évidente au début de la IIe décennie du XXe siècle, la stratégie militaire ne semblait pas accorder une attention spéciale aux combustibles liquides. Un évident changement à cet égard s'est passé à la fin de l'année 1913, quand Winston Churchill, Premier Lord de l'Amirauté britannique a initié un programme de construction de navires militaires qui utilisaient les combustibles liquides. Pour cette décision, Churchill a été influencé par l'amiral John Fisher, connu comme « le maniaque du pétrole »[2]. L'utilisation du combustible liquide pour les navires militaires avait des avantages significatifs : assurer l'accroissement de la vitesse de déplacement des navires, accroître l'autonomie de déplacement, occuper moins de place pour le combustible, assurant ainsi un espace qui permettait l'accroissement du nombre des soldats et des équipements nécessaires.

Au moment du déclenchement de la guerre mondiale, seulement l'Angleterre et l'Allemagne ont manifesté un intérêt pour la sécurité des réserves en carburant pétrolier. Le problème que se posaient les gouver-

---

[1]  Buzatu, Gheorghe, *România și trusturile petroliere internaționale până la 1929*, Iași, Editura Junimea, 1981, p. 1-3.

[2]  Ivănuș, Gh., Ștefănescu, I., Mocuța, Șt.-Tr., Stirimin, Șt.N., Coloja, M.P., *Istoria petrolului în România*, București, Editura AGIR, 2004, p. 199.

nements était : en cas de conflit international, les grands groupes financiers-pétroliers, le groupe américain Rockefeller, le groupe anglais-hollandais Deterding et le groupe allemand contrôlé par Deutsche Bank voudront-ils ou non travailler pour leur pays d'origine, pour assurer l'approvisionnement nécessaire en combustible pétrolier[3].

L'Angleterre a eu l'initiative encore une fois, parce que Churchill a proposé l'assurance des réserves pétrolières pour l'armée. En 1914, l'État anglais qui a financé les exploitations pétrolières est devenu le principal actionnaire de la Société Anglo-Persian Oil. La totalité du pétrole extrait a dû être attribuée à la flotte anglaise. À la fin de cette réalisation, Churchill déclarait tranquillement : « Messieurs, la guerre s'approche. Pour la victoire, la marine de Sa Majesté possède ses propres ressources de carburant »[4].

La réalisation de Churchill a été approuvée par le Parlement anglais et a attiré l'attention des grandes puissances. Le pétrole ne devait pas être laissé entre les mains des compagnies pétrolières, l'État devait intervenir et assurer le contrôle sur la production et la distribution du pétrole et sur sa provenance. L'exemple de L'Angleterre a été suivi par l'Allemagne.

Au début de la guerre mondiale, la flotte commerciale mondiale totalisait 44,1 millions de tonnes, mais seulement 3,5 % des navires étaient dotés de moteurs Diesel. La situation était la même avec la flotte militaire, excepté l'Angleterre qui avait cinq navires qui fonctionnaient avec du pétrole. La flotte aérienne alliée avait au début des hostilités moins de mille appareils. Leur nombre a augmenté vite, en même temps que la diversification des opérations qu'ils ont faites en commençant avec les vols de reconnaissance jusqu'aux actions de « chasse » et bombardement et celles de transport efficace et rapide. Ainsi, quand la guerre a fini en novembre 1918, la flotte alliée avait 6 900 avions. Dans la même période, la production mondiale de pétrole a doublé, augmentant de 44 millions de tonnes en 1914 jusqu'à 100 millions de tonnes en 1920[5].

Le rôle du pétrole concernant la guerre a complètement changé, selon les spécialistes, en 1916, pendant la bataille de Verdun. L'Allemagne avait un bon réseau de voies ferrées qui assurait la liaison avec la région de Verdun. Les Alliés n'avaient qu'une voie ferrée qui arrivait dans cette zone. Pour compenser ce désagrément, les Alliés ont eu besoin de camions. Avec approximativement 30 000 camions, ils ont réussi à assurer le transport des troupes, de l'artillerie et des munitions, résistant

---

[3] *Ibid.*, p. 200.
[4] *Ibid.*
[5] *Ibid.*

ainsi à l'attaque allemande. Depuis ce moment-là, on apprécie « le triomphe du camion sur la voie ferrée »[6].

Tous les belligérants ont exprimé leurs conclusions et ils ont fait des efforts pour assurer les quantités de pétrole nécessaire pour les opérations militaires. Pendant la guerre, le pétrole a été « une vraie obsession pour les deux camps » militaires, « il a produit des crises soldées avec des victoires ou des défaites sur les champs de bataille » influant en dernier lieu sur le résultat final de la guerre. Le transport des troupes, de l'armement, des munitions, la traction automobile, la motorisation des navires, l'utilisation des sous-marins, l'utilisation des tanks au début de 1916, l'aviation, tous ont eu le même dénominateur, le pétrole[7].

Pendant les opérations militaires de la Première Guerre mondiale, en 1917, les Alliés ont subi un moment difficile à cause de l'absence du carburant. Cette année-là, les Alliés ont eu besoin d'un million de tonnes de produits pétroliers pour les forces terrestres et huit millions de tonnes pour les forces navales. L'Allemagne par exemple était obligée d'allouer une quantité de 44 000 t de produits pétroliers, chaque mois, pour son armée de terre. Le 1er novembre 1917, les stocks pétroliers français permettaient d'allouer seulement 28 000 tonnes pour les besoins de l'armée de terre. Les estimations étaient terriblement alarmantes, préfigurant le manque de combustible liquide pour l'armée française, approximativement le 1er mars 1918[8].

Dans ce contexte, le sénateur Beranger est intervenu ; il a fait un rapport pour la Commission des Armées au Sénat français. Les acteurs gouvernementaux français ont réagi immédiatement. Le 15 décembre 1917, le premier ministre français Georges Clemenceau s'est adressé au président américain Wodroow Wilson, demandant 100 000 tonnes de produits pétroliers. Clemenceau soulignait que l'approvisionnement de la France avec des produits pétroliers était, en fait, « un problème de sauvetage interallié »[9].

Cette situation a engendré la formulation d'une appréciation de la part de Clemenceau qui est restée une référence concernant l'importance du contrôle sur les réserves pétrolières dans la guerre moderne : « Si les alliés ne veulent pas perdre la guerre, il faut que la France combattante

[6] Buzatu, Gh., *A History of Romanian Oil*, Bucharest, Mica Valahie Publishing House, 2004, p. 49-50.
[7] Ivănuş, Gh., Ştefănescu, I., Mocuţa, Şt.-Tr., Stirimin, Şt.N., Coloja, M.P., *op. cit.*, p. 201.
[8] Buzatu, Gheorghe, *România şi trusturile petroliere…*, p. 13.
[9] Buzatu, Gh., *A History…*, p. 51.

possède, au moment du choc suprême allemand, l'essence qui lui est aussi nécessaire que le sang dans les futures batailles »[10].

L'intervention de Clemenceau n'est pas restée sans résultats. *Standard Oïl* a assuré les réserves pétrolières nécessaires à la France. A été constituée aussi une *Interalied Petroleum Conférence* sur la fourniture, le transport et la distribution du pétrole, selon les nécessités de la guerre[11]. Cette commission a été coordonnée par John Cadman, artisan de la politique pétrolière anglaise. Grâce à cet organisme, le contrôle de toutes les réserves pétrolières a permis au général Foch de résister au printemps de 1918 à la puissante offensive allemande[12].

Quand la guerre a fini, des personnalités impliquées dans le déroulement des événements, ont fait les évaluations nécessaires qui ont mis en évidence le rôle du pétrole dans le conflit. Par exemple, le sénateur français H. Bérenger déclarait que le pétrole a été « un des grands facteurs de la victoire » et à son tour le ministre des Affaires étrangères britannique, lord Curzon affirmait le 21 novembre 1918 que « vraiment, le futur dira que les Alliés ont navigué vers la victoire sur une mer de pétrole »[13].

La Première Guerre mondiale a été le premier conflit qui s'est déroulé en même temps sur terre, mer et dans les airs. Dans tous les cas, le pétrole a eu un rôle important. L'attitude des belligérants concernant le pétrole a évolué pendant le conflit, de l'indifférence à l'intérêt modéré puis à l'intérêt majeur. Le pétrole a joué un rôle très important dans les opérations militaires, mais pas absolument décisif : « parce que l'attribution de ce rôle signifie l'ignorance des autres facteurs : le degré d'instruction des troupes et la qualité du commandement, la qualité et les performances de l'armement et de la technique militaire motorisée, le rôle des composantes économiques, industrielles et agricoles », les effectifs militaires, etc., la supériorité de ces facteurs menant finalement vers la capitulation de l'Allemagne[14].

Si les Alliés ont réussi à assurer les réserves nécessaires de pétrole pendant les opérations militaires, on ne peut pas dire la même chose de l'Allemagne et de ses alliés. Jusqu'au déclenchement de la guerre de 1914, l'Allemagne importait 1,2 million de tonnes combustibles liquides

---

[10]   *Ibid.*

[11]   Ivănuș, Gh., Ștefănescu, I., Mocuța, Șt.-Tr., Stirimin, Șt.N., Coloja, M.P., *op. cit.*, p. 201.

[12]   Buzatu, Gheorghe, *România și trusturile petroliere…*, p. 14.

[13]   Buzatu, Gh., *A History…*, p. 52.

[14]   Ivănuș, Gh., Ștefănescu, I., Mocuța, Șt.-Tr., Stirimin, Șt.N., Coloja, M.P., *op. cit.*, p. 200-201.

chaque année de Russie, de Roumanie et de Galice. Après le déclenchement de la guerre, ces ressources se sont fermées.

L'abandon de la neutralité en 1916 et l'adhésion de la Roumanie aux Alliés ont représenté un vrai « choc » pour l'Allemagne parce qu'elle a perdu « les ressources vitales des céréales et du pétrole roumain »[15]. Pour l'Allemagne, il ne restait à ce moment-là que l'approvisionnement d'un seul point, Drohobycz en Galice. L'Allemagne en a souffert, affectant la population civile mais tout particulièrement les troupes terrestres et la flotte.

Cette situation a déterminé l'Allemagne à orienter ses actions offensives vers la Galice et puis vers la Roumanie et le Caucase. Concernant la Roumanie, les plans de l'Allemagne étaient clairs : l'occupation très rapide du pays. Le général Ludendorff s'exprimait sans équivoque : « pour vivre, nous devons vaincre la Roumanie » ; il a dit aussi que « le pétrole roumain était très important pour nous »[16].

## II. L'autodestruction de l'industrie pétrolière roumaine

En 1914, quand la guerre mondiale s'est déclenchée, la Roumanie a déclaré sa neutralité. L'État roumain a adopté cette décision pour plusieurs raisons : le manque de préparation militaire, l'existence de territoires roumains dans les deux camps opposés. Tant les Puissances de l'Entente que les Empires centraux ont voulu attirer la Roumanie du fait de sa position stratégique et de son potentiel humain et économique (céréales et pétrole). En 1916, la Roumanie a quitté la neutralité et s'est ralliée à l'Entente[17].

Le 17 août 1916, Ion I. C. Bratianu a signé le traité d'alliance avec la Russie, la France, l'Angleterre et le 27 août 1916, la Roumanie a déclaré la guerre à l'Allemagne/Autriche-Hongrie et les armées roumaines ont traversé les Carpates vers la Transylvanie la nuit même. Le lendemain, l'Allemagne a déclaré la guerre à la Roumanie[18]. Malgré les efforts militaires consistants faits par l'État roumain, la Roumanie n'a pas été secourue, malgré les accords avec les Alliés. Attaquée au nord par les troupes allemandes et austro-hongroises et au sud par les troupes bulgares, à l'automne 1916, la Roumanie était vaincue et occupée par les Empires centraux.

---

[15]  Buzatu, Gheorghe, *România și trusturile petroliere...*, p. 14.

[16]  Buzatu, Gh., *A History...*, p. 53.

[17]  *Istoria Românilor*, vol. VII, tom II, *De la Independență până la Marea Unire*, București, Editura Enciclopedică, 2003. Popa, Mircea, N., *Primul război mondial, 1914-1918*, București, Editura Științifică și Enciclopedică, 1979.

[18]  Kirițescu, Constantin, *Istoria războiului pentru întregirea României*, vol. I, București, Editura Științifică și Enciclopedică, 1989, p. 198-204.

Dans ce contexte, les Alliés ont élaboré le plan d'autodestruction de l'industrie pétrolière roumaine pour qu'elle n'appartienne pas aux Allemands. Le 19 novembre 1916, le ministre roumain des Affaires étrangères a informé le Premier ministre Ion I. C. Brătianu que sir Berkley, le ministre plénipotentiaire d'Angleterre à Bucarest, lui avait donné un aide-mémoire,

> par cet aide-mémoire, en conformité avec instructions de son gouvernement, il nous demande de nous préparer afin que les sociétés pétrolières commencent à détruire les réserves de pétrole, les puits et les raffineries qui leur appartiennent.

Les pays alliés s'engagent à dédommager le gouvernement roumain des pertes qui seront les conséquences de ces mesures[19].

Le ministre roumain a voulu préciser que le diplomate anglais avait fait cette démarche aussi au nom de la France et de la Russie et que le gouvernement de la Grande-Bretagne « confère une grande importance à cette question parce que la durée de la guerre en dépend »[20]. Cet engagement a été reconfirmé par le diplomate anglais aux autorités roumaines plusieurs fois, en confirmant les assurances officielles des Alliés[21]. Par exemple, le 3 décembre 1916, sir Berkley a lancé une nouvelle demande vers les autorités roumaines ; il a souligné que : « je dois insister pour que le gouvernement roumain donne des instructions écrites aux directeurs des sociétés de pétrole et leur ordonne la destruction des stocks, puits et raffineries qui appartiennent à leur pays ». Cette note a contenu aussi l'engagement des « pays alliés » de dédommager le gouvernement roumain pour « les pertes qui pourraient résulter d'une telle mesure »[22]. Le général Hanbury Williams, le délégué du gouvernement britannique auprès de l'administration militaire russe, a transmis au gouvernement roumain, grâce au général Ceaușu, la demande de Londres, notamment pour la destruction « des dépôts d'essence ou mazout qui peuvent être pris de force par l'ennemi, pour les utiliser pour les sous-marins [...], l'incendie des puits et dépôts, la destruction des raffineries »[23]. Le gouvernement roumain a accepté à grand-peine ce sacrifice pour la cause commune des Alliés, et a espéré aussi la victoire des Alliés et la

---

[19]  « L'Historique de la question des destructions de l'année 1916. Des actes et documents officiels », in *Moniteur du pétrole roumain*, n° 24, 1er décembre, 1925, p. 1983-1988.

[20]  *Ibid.*

[21]  Calcan, Gh., *Industria petrolieră din România în perioada interbelică*, București, Editura Tehnică, 1997, p. 158.

[22]  « L'Historique de la question des destructions... », p. 983-1988.

[23]  Pintilie, Dan, Ovidiu, *Istoricul societății « Concordia » 1907-1948*, Ploiești, Editura Universității Petrole-Gaze, 2007, p. 37-38.

réalisation de ses propres aspirations d'unité nationale. Faisant référence à cet aspect, le *Moniteur du pétrole roumain*, la plus importante publication de l'industrie pétrolière, écrit :

Pendant la guerre, quand les événements malheureux de la première phase ont obligé l'armée roumaine à détruire toutes les installations des entreprises de pétrole pour ne pas laisser le précieux combustible entre les mains des ennemis, l'industrie roumaine s'est soumise sans hésitation à cette nécessité nationale et la destruction a été faite méthodiquement et consciencieusement[24].

Le plan d'autodestruction de l'industrie pétrolière roumaine a fini à la fin du mois de novembre 1916. Il a été élaboré par une commission roumaine-anglo-française. La coordination de l'action a été la mission du colonel Thomson, l'attaché militaire de la Grande-Bretagne à Bucarest et du colonel Norton Griffith, spécialiste de ces actions[25] ; ils étaient dans le pays un jour avant la demande officielle d'autodestruction de l'industrie roumaine.[26] Côté français, le capitaine Grazie a été impliqué, accompagné par le spécialiste en chimie Philippon et le général H. M. Berthelot, le chef de la mission militaire française en Roumanie[27].

Les actions d'autodestruction étaient : l'obstruction des puits, en jetant des objets métalliques, des tubes, du bois, des pierres et autres éléments durs ; puis, toutes les installations externes ont été incendiées (échafaudages pétroliers, tours), tous les réservoirs et dépôts des produits pétroliers ont été incendiés, les installations des raffineries ont été détruites, les pipelines ont été démontés. « Tous les moteurs ont été annihilés avec le marteau », les machines ont été détruites et démontées[28].

La préparation des plans d'autodestruction a évolué rapidement. L'approche de l'ennemi vers les régions pétrolières de la Roumanie, prés du Danube et de la rivière Olt, a déterminé le général Dumitru Iliescu à télégraphier à la IIe Armée roumaine le 29 novembre pour

---

[24]  « La réparation des dommages de guerre de l'industrie du pétrole de la Roumanie », in *Moniteur du pétrole roumain*, n° 6, 1923, p. 432-439.

[25]  Şerban, Constantin, *Astra Română, societate de prestigiu a petrolului românesc în perioada interbelică*, vol. I, Bucureşti, Editura Asociaţiei « Societatea Inginerilor de Petrol şi Gaze », 2006, p. 136.

[26]  Rizea, Marian, Rizea, Eugenia, *Petrol, dezvoltare şi (in)securitate*, Bucureşti, Editura Asociaţiei « Societatea Inginerilor de Petrol şi Gaze », 2007, p. 219.

[27]  Dobrescu, Constantin, *Istoricul societăţii « Astra Română » (1880-1948)*, Cerașu, Editura Scrisul Prahovean, 2002, p. 46-47.

[28]  Kiriţescu, Constantin, *op. cit.*, vol. I, p. 520. Zorilă, Polin, « Exploatarea economică a judeţului Prahova în timpul ocupaţiei germane », in *Anuar*, vol. VIII, Arhivele Naţionale, Direcţia Judeţeană Prahova, Ploieşti, Editura Silex, 1996, p. 182-183. Mihalache, Ioan, M., *O clipă de 150 de ani*, Bucureşti, Editura Asociaţiei « Societatea Inginerilor de Petrol şi Gaze », 2007, p. 79.

commencer la destruction des puits et réservoirs. En même temps, deux commissions spécialisées ont été constituées, une civile et une autre militaire qui ont discuté de l'exécution des destructions. Depuis le 21 octobre, le lieutenant-colonel Ştefan Brezan devait expérimenter les modalités d'utilisation de l'essence volatilisée avec les appareils « Schilt ». Le commandant roumain a dû aller à Câmpina avec la compagnie des « jeteurs des gaz » pour mettre en pratique cette méthode, puis la compagnie a été prête pour les missions spéciales. La destruction des installations pétrolières était la mission du bataillon des spécialistes commandés par le lieutenant-colonel Ştefan Botez[29]. Les 26-27 novembre, le feu commençait à brûler à Târgovişte. Le 28 novembre, le chantier pétrolier de Moreni, département de Dâmboviţa, était détruit et incendié. Immédiatement, 1 000 ouvriers des chantiers de Moreni ont été transférés vers les régions pétrolières de Ploieşti avec 500 autres jeunes recrues militaires[30]. Le 5-6 décembre, Ploieşti brûlait :

> dans toute la Valée de la Prahova, de Câmpina à Ploieşti, de la Valée de Ialomiţa à la Valée de Teleajen et plus loin jusqu'à la Vallée de Buzău, il y avait une mer de feu [...]. Pendant trois jours, la Vallée de la Prahova a été dans les ténèbres [...], des crépitations et des grondements menaçaient avec l'écroulement ou l'explosion des réservoirs pleins[31].

Pendant les opérations d'autodestruction, 1 677 puits ont été détruits, dont 1 047 étaient en activité, ainsi que 26 grandes raffineries, les réservoirs des chantiers pétroliers et des usines avec toutes leurs installations, avec une capacité de stockage de 150 000 m$^3$, une quantité totale de 827 000 tonnes de produits pétroliers.

Pour comprendre mieux ce processus, nous allons analyser quelques détails[32]. Dans la région Buştenari, les sociétés « Concordia » et « Steaua Română » (L'Étoile roumaine), toutes les deux avec un capital allemand, disposaient de 289 sondes inactives, 526 sondes en activité. Toute la région devait être détruite parce qu'il existait une moitié des sondes productives de la Roumanie. Le responsable de la destruction était l'ingénieur Anton Puşcariu. Le 2 décembre, les machines et les moteurs ont été détruits par des marteaux, ainsi que les pompes, les usines à gaz, les centrales électriques. « Tout a été détruit et brûlé rapidement »[33].

---

[29]  Pintilie, Dan, Ovidiu, *op. cit.*, p. 38.

[30]  Dobrescu, Constantin, *op. cit.*, p. 46.

[31]  Kiriţescu, Constantin, *op. cit.*, vol. I, p. 520.

[32]  « L'Historique de la question des destructions... », p. 983-1988. Un autre spécialiste de l'histoire de l'industrie pétrolière, Gh. Ravaş faisait la statistique suivante des destructions par ordre : 1 500 puits obstrués, 70 raffineries détruites. Cf. Ivănuş, Gh., Ştefănescu, I., Mocuţa, Şt.-Tr., Stirimin, Şt.N., Coloja, M.P., *op. cit.*, p. 204.

[33]  Pintilie, Dan, Ovidiu, *op. cit.*, p. 39-40.

Le 3 décembre, la commission roumaine responsable de la destruction des installations, composée du prince Valentin Bibescu, des ingénieurs Gane et V. Tacit et du docteur Zamfirescu, est arrivée à la raffinerie « Vega », Ploieşti, qui faisait partie du groupe allemand « Deutsche-Erdo »/A.G. de Berlin. Elle a accordé deux jours pour le remplissage avec des produits pétroliers du fossé construit à l'avance et la destruction des alambics de distillation et des chaudières à vapeur. Le 5 novembre, les représentants de la commission alliée dirigée par Northon Griffith, sont arrivés aussi à la raffinerie. Cette dernière a été entièrement détruite et les réservoirs incendiés. Sur 48 réservoirs, 32 ont été détruits, 62 000 tonnes de produits pétroliers emmagasinés ont été brûlés, 10 des 17 réservoirs de réception de l'installation de distillation ont été détruits, ainsi que les pompes et les compresseurs, la tonnellerie, la salle de remplissage, les bidons, la salle d'expédition, le bâtiment avec les bureaux, le laboratoire, le dépôt des marchandises, les archives, etc. Cette raffinerie avait une capacité de raffinage de 508 166 tonnes par an[34].

Dans la société « Astra Română », les représentants de la commission d'autodestruction sont arrivés à la direction de la société le 5 décembre. Ils ont divisé la raffinerie en 4 parties et ont commencé à exécuter le plan établi. L'ancienne usine de distillation de pétrole, avec les dix récipients de distillation a été détruite immédiatement, puis 31 réservoirs avec une capacité de 85 456 tonnes ainsi que la nouvelle raffinerie. 90 % du réseau des pipelines de la raffinerie et 40 000 tonnes de produits pétroliers qui existaient sur ses chantiers ont disparu. Rien qu'à Ploieşti, la raffinerie « Astra Română » a perdu au total 172 500 tonnes de produits pétroliers[35].

Les dommages causés à l'industrie pétrolière roumaine en 1916 ont été évalués par une commission interalliée anglo-franco-roumaine, après la guerre, à approximativement 10 millions livres sterling[36]. « En trois jours, la plus prospère et riche région de notre pays, est devenue une ruine triste »[37]. Ces dommages ont affecté les puits (2 888 824 livres), les immeubles (1 407 003 livres), les raffineries (2 107 584 livres), les stocks pétroliers (2 574 285 livres), les stocks (521 603 livres) auxquels se sont ajoutés les dommages connexes (532 592 livres). En conformité

---

[34] *Ibid.*

[35] Dobrescu, Constantin, *op. cit.*, p. 46-47.

[36] « La question des dédommagements de guerre à l'industrie roumaine du pétrole », in *Moniteur du pétrole roumain*, n° 18, 15 septembre, 1923, p. 1304-1305. « Les dédommagements de la guerre », in *Moniteur du pétrole roumain*, n° 21, 1er novembre, 1923, p. 1550-1551. « La Question des dédommagements de guerre de l'industrie roumaine du pétrole en 1916 », in *Moniteur du pétrole roumain*, n° 12, 1923, p. 884.

[37] Kiriţescu, Constantin, *op. cit.*, vol. I, p. 540.

avec les calculs de la commission mixte, les sociétés pétrolières les plus endommagées ont été : « Româno-Americană » (Roumaine-Américaine) qui a été endommagée de 2 099 900 livres, « Astra Română » avec 1 768 957 livres, « Steaua Română » avec 1 011 037 livres, « Aquila Franco-Română » avec 511 037 livres[38]. La société « Romanian Conso-lidates Oilfields Ltd » estimait à elle seule ses dommages à la valeur de 1 270 724 livres[39].

L'ampleur des destructions en 1916 a causé des ennuis et protesta-tions de quelques industriels et propriétaires roumains. Quelques-uns ont adressé des plaintes au ministère de la Guerre. Quelques observations signalaient aussi la destruction d'usines ou installations qui n'avaient pas de rapport avec les opérations militaires. Par exemple, la Fabrique de Cellulose de Brăila dont la destruction a été réalise à l'initiative du colonel Griffith. À cet égard, Vintilă Brătianu, le ministre de la Guerre exprimait son regret sur « les mauvaises conséquences causées par le fait de charger des officiers étrangers de ces opérations parce qu'ils n'ont pas les mêmes sentiments que les gens qui vivront dans le futur dans ce pays et qu'ils ne s'inquiètent pas de la population qui reste dans les territoires occupés »[40].

### III. L'Allemagne et le pétrole roumain

L'avance des troupes allemandes vers le territoire roumain a déter-miné les autorités roumaines à décider la retraite vers la Moldavie. Le 3 décembre 1916, le gouvernement s'est refugié à Iaşi et le 6 décembre, les troupes allemandes ont occupé Bucarest[41]. La Walachie, la Dobroud-gea et l'extrémité sud de la Moldavie ont été occupées. Dans ces cir-constances, la région pétrolifère de la Roumanie, avec les districts Prahova, Dâmbovița et Buzău ont été pris par les forces allemandes.

Parce que le pétrole roumain était vital pour le déroulement des opé-rations militaires de l'Allemagne, celle-ci a déclenché une vaste activité de restauration de l'industrie pétrolière roumaine. En janvier 1917, l'Allemagne a décidé d'essayer sa dernière chance : la guerre sous-marine totale[42].

Les Allemands avaient beaucoup d'expérience dans l'industrie pétro-lière, ils connaissaient bien la situation dans la zone roumaine où ils

---

[38]  « La solution de la question des dédommagements pour les destructions par ordre », in *Moniteur du pétrole roumain*, n° 24, 15 décembre 1926, p. 2291-2295.

[39]  « La réparation des pertes de la guerre de l'industrie du pétrole », in *Moniteur du pétrole roumain*, n° 6, 1923, p. 438-439.

[40]  Pintilie, Dan, Ovidiu, *op. cit.*, p. 40.

[41]  Kirițescu, Constantin, *op. cit.*, vol. I, p. 553-560.

[42]  Buzatu, Gheorghe, *România şi trusturile petroliere…*, p. 16.

avaient des intérêts importants. Ils connaissaient très bien la situation sur les chantiers et dans les raffineries, avaient des spécialistes qui avaient travaillé dans ces domaines et ils avaient un potentiel technique qui leur permettait de faire face à cette opération. Les Allemands ont emmené des spécialistes, ont forcé le personnel roumain spécialisé à travailler, ont sollicité des ouvriers roumains qui étaient prisonniers. Ainsi, deux mois après l'occupation du pays, 350 vieux travailleurs, 2 000 soldats allemands, 2 000 prisonniers roumains travaillaient à Câmpina[43].

Pour être efficaces dans l'utilisation du potentiel pétrolier roumain, les Allemands ont créé plusieurs directions qui étaient spécialisées dans des domaines distincts de l'activité pétrolière : le commandement des terrains pétrolifères, le commandement des huiles minérales, une société qui s'occupait de l'activité des raffineries, une autre société qui avait comme objet l'utilisation des pipelines et le transport des produits pétroliers[44].

Les sociétés pétrolières des États alliés ont été séquestrées et forcées de travailler. Les documents de l'époque démontrent clairement que la reprise de l'activité productive dans ces sociétés ne peut pas être interprétée comme un geste de collaboration[45]. Par une ordonnance spéciale, le 10 février 1917, plusieurs sociétés pétrolières étaient sujettes à la réquisition et au milieu de cette année, 50 firmes, en majorité pétrolières, ont été liquidées par force[46].

Grâce à ces mesures, l'Allemagne a réussi à mettre en fonction, partiellement et assez vite, l'industrie pétrolière roumaine. En février 1917, le premier puits a été mis en exploitation. Au milieu de 1917, l'administration militaire allemande a réussi à obtenir une production de 40 000 tonnes et à la fin de l'année, on a réussi à doubler la quantité extraite en un mois. Les Allemands ont réussi à remettre en fonction deux grandes raffineries : « Steaua Română » à Câmpina et « Vega » à Ploieşti[47]. En 1917, la production de la zone occupée a été de 667 230 tonnes et en 1918, elle a atteint 926 406 tonnes[48]. Dans la période précédente, la production pétrolière de la Roumanie avait les performances suivantes : 1913, 885 225 tonnes ; 1914, 783 947 tonnes ; 1915, 673 145 tonnes ;

43 Ivănuş, Gh., Ştefănescu, I., Mocuţa, Şt.-Tr., Stirimin, Şt.N., Coloja, M.P., *op. cit.*, p. 204-205. Kiriţescu, Constantin, *op. cit.*, vol. II, p. 293. Şerban, Constantin, *op. cit.*, p. 138. Dobrescu, Constantin, *op. cit.*, p. 47.
44 Pintilie, Dan, Ovidiu, *op. cit.*, p. 41.
45 Dobrescu, Constantin, *op. cit.*, p. 48-49.
46 Zorilă, Polin, *op. cit.*, p. 183.
47 Şerban, Constantin, *op. cit.*, p. 136-139. Dobrescu, Constantin, *op. cit.*, p. 47-48.
48 Ivănuş, Gh., Ştefănescu, I., Mocuţa, Şt.-Tr., Stirimin, Şt.N., Coloja, M.P., *op. cit.*, p. 205.

1916, 244 093 tonnes[49]. Pour les besoins des sous-marins allemands, de la flotte maritime et des tanks, le territoire occupé de la Roumanie a offert 86 987 tonnes en 1917 et 168 140 tonnes de mazout en 1918 ; 76 156 tonnes en 1917 et 165 000 tonnes d'essence légère et lourde en 1918[50].

La production de la société « Astra Română » est passée de 364 848 tonnes en 1916, à plus des 2/3 de la production en 1917 (101 871 tonnes) ; en 1918 elle a atteint 300 138 tonnes de pétrole représentant un niveau presque égal à celui obtenu avant l'autodestruction à la fin de 1916. De même, la société « Steaua Română » qui appartenait au capital allemand, a produit entre 1916-1918, 155 945 tonnes de pétrole[51]. Les efforts allemands pour relancer la production roumaine du pétrole sont illustrés aussi par l'accélération du rythme de remise en fonction des puits. Ainsi, en novembre 1918, l'administration allemande a réussi à avoir 437 puits en production, à comparer avec les 962 en juillet 1916 avant l'entrée en guerre de la Roumanie, et 220 puits en forage à comparer avec les 341 qui étaient à la même date de référence[52].

Pour assurer le transport des produits pétroliers, les Allemands ont démonté les vieux pipelines qui étaient orientés vers la direction de Constanţa, d'une longueur d'approximativement 400 km, et ils les ont remis en service en avril 1918, dans la direction Ploieşti-Bucarest-Giurgiu jusqu'au Danube d'où les produits pétroliers étaient transportés par chalands vers l'Allemagne[53].

La fin de 1917 a apporté sur le front européen de l'est, des changements très importants. Quoique les armées roumaines aient obtenu en été 1917 des victoires remarquables contre les forces allemandes dans les zones Mărăşti, Mărăşeşti et Oituz au sud de Moldavie, la révolution communiste en Russie en octobre 1917 a changé radicalement la situation du front. Par l'armistice de Brest Litovsk le 5 décembre 1917, la Russie quitte l'Entente et sort de la guerre. La Roumanie est complètement isolée. Les représentants des puissances alliés à Iaşi, la capitale du pays, comprennent la situation. La Roumanie est forcée de conclure

---

[49] « Production et valeur du pétrole obtenu en Roumanie depuis 1857 jusqu'à 1924 », in *Moniteur du pétrole roumain*, n° 6, 1925, p. 427.

[50] Ivănuş, Gh., Ştefănescu, I., Mocuţa, Şt.-Tr., Stirimin, Şt.N., Coloja, M.P., *op. cit.*, p. 206.

[51] Dobrescu, Constantin, *op. cit.*, p. 49. Pintilie, Dan, Ovidiu, *op. cit.*, p. 42.

[52] Şerban, Constantin, *op. cit.*, p. 132.

[53] Toroceanu, Corneliu, « Les pipelines du pétrole de l'État. Leur évolution et les réalisations possible aujourd'hui », in *Moniteur du pétrole roumain*, n° 11, 1er juin, 1929, p. 899-900. Calcan, Gh., *op. cit.*, p. 162. Ivănuş, Gh., Ştefănescu, I., Mocuţa, Şt.-Tr., Stirimin, Şt.N., Coloja, M.P., *op. cit.*, p. 206-207. Zorilă, Polin, *op. cit.*, p. 184.

l'armistice à Focşani avec les Empires centraux le 9 décembre 1917, et le 7 mai 1918 la paix est signée avec l'Allemagne[54].

Par ce traité de paix, l'Allemagne a mis la main sur toutes les ressources économiques de l'espace roumain. Dans le domaine du pétrole, les terrains pétroliers de l'État étaient concédés à l'Allemagne pour 30 ans, la période pouvant s'étendre jusqu'à 90 ans. En même temps l'État roumain était forcé de mettre à disposition de l'Allemagne toutes les installations nécessaires pour la localisation des exploitations pétrolières. Ce véritable traité du pétrole a forcé la Roumanie à diriger les 3/4 des exportations pétrolières vers ces sociétés agréées par l'Allemagne ; cette dernière assurait le contrôle total sur les pipelines du pays et elle avait aussi le privilège de se prononcer sur les besoins de la consommation roumaine interne en produits pétroliers[55].

À la fin de 1918, la situation du front a connu un nouveau changement radical. Sur le front du sud-est de l'Europe, la Turquie et la Bulgarie étaient forcées de sortir de la guerre, les troupes alliées se sont approchées du Danube au moment où la Roumanie a donné un ultimatum à l'Allemagne et a repris les efforts militaires avec les Alliés. L'Allemagne a subi des défaites sévères sur le front de l'ouest, ce qui a causé sa capitulation le 11 novembre. La Première Guerre mondiale était finie. Par un décret émis le 9 novembre 1918, on a réinstauré le contrôle de l'État roumain sur les exploitations, réserves et ressources pétrolières. Les entreprises de pétrole créées par l'occupation allemande et qui appartenaient aux États alliés étaient administrées temporairement par l'État roumain[56].

Après la guerre, l'industrie roumaine du pétrole a mis en exergue la question des destructions ordonnées à l'automne de 1916. Cette question est devenue un chapitre important des relations diplomatiques de la Roumanie avec les puissances de l'Entente à la Conférence de Paix à Versailles. L'État roumain a demandé des dédommagements que les Alliés avaient promis d'acquitter. L'Angleterre et la France ont initié l'idée de compensation des dettes entre alliés. Cette question qui a nécessité beaucoup de négociations a été finalisée en 1926, quand l'État

---

[54]   Voir Kiriţescu, Constantin, *op. cit.*, vol. II, p. 40-334. Ivănuş, Gh., Ştefănescu, I., Mocuţa, Şt.-Tr., Stirimin, Şt.N., Coloja, M.P., *op. cit.*, p. 207.

[55]   « Le pétrole dans la traite de Bucarest », in *Moniteur du pétrole roumain*, n° 8, 1919, p. 248-250 et n° 9, 1919, p. 284-287. Buzatu, Gh., *A history...*, p. 60-62. Kiriţescu, Constantin, *op. cit.*, p. 293. Ivănuş, Gh., Ştefănescu, I., Mocuţa, Şt.-Tr., Stirimin, Şt.N., Coloja, M.P., *op. cit.*, p. 207-208. Pintilie, Dan, Ovidiu, *op. cit.*, p. 43-44. Calcan, Gh., Adam, C., « Războiul întregirii naţionale reflectat în *Moniteur du pétrole roumain* », in *Citadela*, Revistă de cultură, Cerașu-Prahova, an II, n° 4, 5, 6, 1997, p. 86.

[56]   Pintilie, Dan, Ovidiu, *op. cit.*, p. 43-44.

roumain a signé un accord spécial avec l'Angleterre et la France. Les deux pays alliés ont versé 5 milliards de livres sterling à la Roumanie et l'État roumain dédommagé l'industrie du pétrole[57].

## Conclusions

Il faut souligner la grande importance de l'action d'autodestruction de l'industrie pétrolière roumaine à la fin de 1916 qui a influé sur l'évolution des opérations militaires de la Première Guerre mondiale. Le processus d'autodestruction ne perd pas de sa valeur même si pour les autorités roumaines et les Alliés, ses effets n'ont été que temporaires, visant à empêcher l'ennemi à s'approvisionner. Pour des raisons stratégiques, la destruction de l'industrie pétrolière roumaine a été une action absolument justifiée.

Cette opération a empêché pour une bonne période de temps l'Allemagne de commencer une guerre moderne. Ce fait a influencé le cours des événements militaires. L'autodestruction de l'industrie roumaine n'est pas une action inutile dans l'histoire roumaine. Les sacrifices économiques, matériels et humains assumés auprès de l'Entente, ont été subordonnés à la réalisation de l'objectif majeur de la nation roumaine, l'unification entière de l'État, par l'intégration des provinces roumaines situées sous domination étrangère, la Transylvanie, la Bucovine et la Bessarabie.

On peut aussi constater que les destructions de 1916 ont été des autodestructions, que les Allemands ont fait des efforts pour reconstruire partiellement les installations et l'exploitation du pétrole et qu'à la fin de l'occupation allemande en 1918, l'industrie roumaine aurait pu obtenir une production pétrolière presque similaire à celle obtenue avant l'autodestruction. Cependant, nous devons souligner qu'entre 1916-1918, l'industrie pétrolière roumaine n'a pas connu un développement normal. Pour un certain temps, l'industrie pétrolière a été détruite, les résultats d'une tradition de six décennies ont été perdus[58]. L'industrie pétrolière a connu une fracture, une stagnation générale, la période de la Première

---

[57] Calcan, Gh., *op. cit.*, p. 159-161. « La question des destructions en 1916 », in *Moniteur du pétrole roumain*, n° 24, 1ᵉʳ décembre, 1925, p. 1983-1988. « La question des dédommagements pour les destructions de la guerre à cause de l'industrie roumaine de pétrole », in *Moniteur du pétrole roumain*, n° 181, 15 septembre 1923, p. 1304-1305. « Un premier pas pour payer les dédommagements de la guerre », in *Moniteur du pétrole roumain*, n° 11, 1924, p. 898-899. « La solution de la question des dédommagements pour les destructions par ordre », in *Moniteur du pétrole roumain*, n° 24, 15 décembre, 1926, p. 2291-2295.

[58] Ivănuş, Gh., Ştefănescu, I., Mocuţa, Şt.-Tr., Stirimin, Şt.N., Coloja, M.P., *op. cit.*, p. 204, 208.

Guerre mondiale a marqué une étape de régression quantitative, qualitative et technique.

À un niveau différent, les opérations militaires de la Première Guerre mondiale ont façonné le statut stratégique du pétrole dans les conflits militaires. Tous les États, grands ou petits, productifs ou non, ont inclus dans leurs préoccupations la nécessité de réaliser une politique du pétrole. Le pétrole était nécessaire dans la guerre et aussi dans l'étape du redressement. Après le conflit, il est devenu un élément de défense nationale, une garantie pour l'indépendance économique et politique d'un État[59]. Pour ces raisons, le pétrole a joué un rôle important dans la Conférence de la Paix à Versailles dans les années 1919-1920 ; beaucoup de décisions qui y furent discutées avaient l'odeur du pétrole[60].

L'évolution de la Première Guerre mondiale a mis en évidence aussi l'importance de l'industrie pétrolière roumaine. Quoique la production et l'exportation de la Roumanie n'aient pas occupé un pourcentage important de la production pétrolière mondiale, par sa position géostratégique, l'industrie pétrolière roumaine a eu un rôle très important.

[59] Buzatu, Gheorghe, *România și trusturile petroliere…*, p. 16.
[60] Bold, Emilian, *De la Versailles la Lausanne (1919-1932). Activitatea diplomației române în problema reparațiilor de război. (Contribuții)*, Iași, Editura Junimea, 1976, p. 10.

# La naissance d'une perspective géostratégique

## La participation française aux conférences interalliées du pétrole de 1918

Roberto NAYBERG

*Université de Panthéon-Sorbonne, France*

Trois éléments de contexte au début 1918 : il importe, pour la bonne compréhension des événements, d'avoir présents à l'esprit trois éléments du contexte du début de l'année 1918, bien connus : les besoins nouveaux, la crainte de la pénurie et la situation de guerre.

1) Les besoins nouveaux :

– une des caractéristiques de la Première Guerre mondiale est la motorisation et la mécanisation du conflit, qui provoquent nécessairement une forte augmentation de la consommation, et donc des importations, de produits pétroliers : 806 000 tonnes en 1913, 1 140 000 tonnes en 1918, soit + 41 % en cinq ans ;

– dans ce total, la part des essences, principalement utilisées comme carburant, croît, jusqu'à atteindre 49 % en 1918 (au détriment du pétrole lampant utilisé pour l'éclairage domestique).

2) La crainte de la pénurie :

Elle provient de trois causes :

– la décision allemande, prise au début 1917, de pratiquer une guerre sous-marine totale, qui a pour effet une diminution des quantités importées ;

– le risque de voir les navires pétroliers français battant pavillon britannique réquisitionnés par le gouvernement britannique à son profit ;

– une certaine surévaluation des besoins par les organes français chargés du ravitaillement, qui amplifie dans les esprits des responsables les effets des deux causes précédentes.

En décembre 1917, les stocks français sont au plus bas ; on redoute leur anéantissement en mars 1918.

3) La situation de guerre :

Après les revers du second semestre 1917 sur les fronts italien et russe, la signature en décembre de l'armistice de Brest-Litovsk et la quasi-disparition d'un front oriental, tout laisse prévoir une reprise des offensives allemandes sur le front occidental au printemps 1918.

C'est la conjonction de ces facteurs qui explique l'appel au secours lancé le 15 décembre 1917 par Clemenceau à Wilson, réclamant la fourniture du tonnage nécessaire sous peine de perte du conflit. Les trois conditions d'une prise de conscience par les responsables politiques et militaires français du caractère stratégique du pétrole sont désormais remplies : nécessité, unicité et perception. La nécessité qui veut qu'un produit, pour un état donné des techniques, soit indispensable à l'économie du pays ; l'unicité qui veut qu'on ne puisse substituer à ce produit, du moins pour les quantités nécessaires, un ou plusieurs autres produits ; la perception qui veut que les dirigeants de ce pays aient perçu et compris l'importance de ce produit au regard des deux premiers critères[1]. Cette prise de conscience intervient donc pour les Français dix ans après les Britanniques, dont l'attention avait été sollicitée par les besoins de la *Royal Navy* pour son avitaillement en mazout après le choix opéré en faveur de ce nouveau combustible.

## I. La genèse de la conférence interalliée du pétrole

Dès le printemps 1917, le gouvernement français se trouve confronté à une crise du transport maritime. Le sénateur Henry Bérenger, membre de la commission sénatoriale de l'armée, propose alors la constitution d'une conférence interalliée du pétrole.

La proposition de Bérenger est reprise par le ministre du Commerce Etienne Clémentel, mais transformée en création d'un organisme interallié supranational.

Bérenger, d'abord opposé à cette orientation, s'y rallie à l'automne (mais entre-temps il a été nommé à la tête d'un organisme consultatif, le Comité général du pétrole, et Clémentel est devenu son ministre de tutelle). En décembre, devant l'aggravation de la situation, Bérenger envoie une note à Clemenceau : il préconise la création d'un bureau interallié des pétroles réunissant des représentants des gouvernements alliés et associés. Dans son esprit, il s'agit d'un organisme supranational

---

[1]    J'ai développé ce schéma explicatif dans un article intitulé « Qu'est-ce qu'un produit stratégique ? L'exemple du pétrole », in *Défense nationale*, Paris, février 1997, p. 77-86.

aux larges pouvoirs, mais dont les compétences n'empiètent pas sur le domaine qu'il entend réserver à l'action proprement nationale (distribution intérieure, finances), susceptible de résoudre la crise du tonnage pétrolier aux moindres coûts politiques (notamment par l'égalité de représentation des nations participantes et la localisation du siège principal à Paris).

Début janvier 1918, alors même que les premiers effets positifs du télégramme de Clemenceau se font sentir, les responsables français apprennent que les autorités britanniques s'apprêtent à réquisitionner les pétroliers français battant pavillon britannique (8 navires d'un port en lourd total de 40 500 tonnes). Cette nouvelle provoque chez eux de vives inquiétudes et Clémentel envoie aussitôt un télégramme à son alter ego britannique. En réponse, le *Shipping Controller* (sir Joseph Maclay) se déclare d'accord pour laisser ces navires à la disposition de la France, sous réserve de l'appui français aux Britanniques auprès des Américains pour la constitution d'un organisme interallié des pétroles :

– il y a là un net et soudain renversement de la position britannique, jusque-là réticente aux projets français (qui s'explique vraisemblablement par la concurrence alliée dans les demandes d'affrètement de navires américains, et par le relatif succès des demandes françaises comparées aux demandes britanniques),

– on constate par ailleurs une instrumentalisation des Français dans les négociations anglo-américaines (qui se reproduira à de très nombreuses reprises lors des mois ultérieurs).

Une note remise le 9 février 1918 par l'ambassadeur britannique officialise l'échange de vues et propose la tenue à Londres d'une conférence interalliée, avec constitution d'un bureau permanent, pour échanger des informations sur les besoins respectifs en produits pétroliers et discuter des meilleures méthodes d'approvisionnement, ainsi que de la standardisation des spécifications des produits.

Bérenger exprime son accord, mais sous réserve :

– de conserver à la France le tonnage-citerne obtenu des Américains depuis décembre,

– et de poursuivre la politique d'économies et de restrictions des consommations entreprise depuis plusieurs mois.

Clémentel désigne Bérenger comme premier délégué français à la « Conférence permanente interalliée du pétrole ».

Plusieurs réunions préparatoires se tiennent à Londres les 25, 27 et 28 février 1918.

Un certain nombre de décisions sont prises :

- la compétence de la conférence ne sera pas limitée aux « produits blancs » (essences de pétrole et pétrole lampant) mais étendue aux huiles lourdes combustibles (gazoles et mazouts), indispensables à la marine britannique, et aux huiles de graissage ;
- les conclusions des discussions seront d'une application facultative par les pays membres (il s'agit donc d'un abandon du projet d'*executive* à compétence supranationale) ;
- on procède à des échanges d'informations sur les besoins (estimés à 6,7 millions de tonnes métriques pour le Royaume-Uni et 1,7 pour la France, soit un rapport de quatre à un) ;
- on convient du principe d'une réunion mensuelle, alternativement à Londres et Paris, avec l'institution dans chaque pays membre d'un bureau permanent d'information.

Citation extraite d'une déclaration de Bérenger illustrant bien la prise de conscience par les responsables français du caractère stratégique du pétrole :

> Le tonnage-citerne des Alliés doit donc être réparti de façon à assurer à la France, d'une manière permanente et méthodique, tous les tanksteamers supplémentaires, dont elle a besoin en plus de sa flotte citerne ordinaire. Ce n'est pas là une question de plus ou moins d'utilité, d'agrément ou d'argent. C'est une question de vie ou de mort, de victoire ou de défaite pour tous les Alliés.[2]

Après plusieurs mois de tergiversations, les Américains se prononcent fin avril 1918 pour une participation à la conférence et désignent deux représentants, en insistant sur l'égalité de vote entre toutes les représentations et en réaffirmant le caractère consultatif de cet organisme.

En résumé : une affaire qui a traîné un an, marquée par les hésitations françaises sur caractère supranational ou non de cet organisme et même sur l'opportunité de son existence (par crainte de perdre l'acquis des relations bilatérales franco-américaines, position défendue par le haut-commissaire de la République aux États-Unis d'Amérique, André Tardieu), hésitations qui ont permis l'instrumentalisation des Français par les Britanniques (sous la menace de la réquisition des pétroliers français). Cette situation et ce coup de force britannique expliquent les sentiments réservés et la prudence avec lesquels les délégués français abordent la première réunion officielle de la conférence.

---

[2] Note lue le 27 février 1918 au quatrième *meeting* préparatoire d'une *Interallied Petroleum Conference*, p. 3-4, in Archives nationales, carton F12 7715, dossier 380 « création d'un Petroleum Executive ».

## II. La première réunion de la CIP

Sur proposition de Bérenger, elle se tient à Paris les 6 et 7 mai 1918 (en plein milieu des offensives allemandes du premier semestre). La conférence établit les besoins des alliés sur le théâtre européen et méditerranéen, hors huiles de graissage, à 8 434 800 tonnes métriques (ces chiffres recouvrent à la fois les prévisions de consommation et la constitution de stocks de sécurité).

Ces besoins supposent, pour être satisfaits par les importations, la disposition d'une capacité de transport maritime estimée de 1 668 000 tonnes (en tablant sur une disponibilité moyenne par navire de 325 jours par an), à condition d'appliquer strictement le principe de l'importation depuis la source de production la plus rapprochée du lieu de consommation. La conférence valide ces chiffres, mais à la grande surprise des délégués français se voit proposer un double projet de circuits maritimes :

1. un projet britannique qui prévoit la fourniture aux alliés, par dérogation au principe énoncé ci-dessus, d'une certaine quantité d'essences importées d'Asie (pour la France quelque 132 000 tonnes, soit un peu plus de 10 % de ses besoins, dont 30 000 tonnes d'essence en provenance de Bornéo plus spécialement destinée au service des poudres pour la fabrication des explosifs ainsi qu'à l'aéronautique militaire) ;

2. un projet américain qui prône l'application stricte du principe de proximité, donc le ravitaillement total de l'Europe et du théâtre d'opérations méditerranéen depuis le continent américain ; une seule exception est admise : les essences asiatiques destinées aux fabrications des poudres et explosifs.

L'économie permise par le projet américain est estimée à 55 000 tonnes de navires-citernes (et supérieure d'environ 22 000 tonnes au projet britannique).

Enjeu apparent : 22 000 tonnes de port en lourd, soit un peu plus d'1 % du tonnage-citerne disponible, ou encore trois *tankers* selon les standards habituels de l'époque.

Enjeu réel : assurer des débouchés aux sources de production et de raffinage contrôlées par les uns et les autres et s'assurer de parts de marchés pour l'après-guerre.

Le pétrole asiatique était alors produit pour une faible part dans des pays sous domination britannique (Birmanie, Bornéo, Indes anglaises, Égypte), mais contrôlé en majorité par des sociétés à capitaux britanniques (Burmah Oil Company, Anglo-Persian Oil Company) ou à forte participation de capitaux britanniques (Royal Dutch Shell).

Avant-guerre, les importations asiatiques en France étaient inférieures à 2 % du total des importations françaises de produits pétroliers ; à la faveur du conflit mondial, elles avaient crû jusqu'à 14,5 % en 1917 (pour les essences, les chiffres étaient respectivement de moins de 3 % et plus de 21 %). En 1918, du fait de l'attribution de *tankers* américains, liée à l'importation de pétrole américain, les importations asiatiques tombèrent à moins de 9 % (12 % pour les essences).

On assistait là à un fait capital : à la rivalité commerciale de longue date qui opposait compagnies britanniques (ou anglo-hollandaises) et américaines se superposait l'intervention de la puissance publique, pour des raisons de « grande politique », signe que le pétrole avait acquis un statut de produit stratégique, d'une importance vitale pour la conduite des opérations militaires et navales, mais aussi pour son rôle futur dans l'économie des pays industrialisés (notamment dans le secteur des transports).

Les Britanniques se déclarèrent hostiles au projet américain et tentèrent de rallier les Français à leurs vues.

Ils recoururent pour ce faire à une argumentation pour le moins spécieuse : si les débouchés européens étaient fermés aux essences asiatiques, les raffineries asiatiques se verraient condamnées à détruire ces produits (dans l'impossibilité d'en stocker de telles quantités), les contraignant de ce fait soit à solliciter des gouvernements alliés le paiement d'indemnités préjudicielles (dont il était peu vraisemblable, dans l'état des finances publiques, qu'ils les obtinssent), soit à procéder au renchérissement du prix de vente des produits restant commercialisables (principalement le pétrole lampant utilisé par les populations asiatiques pour l'éclairage domestique) ; d'où une quasi certitude de fort mécontentement indigène et la possibilité de troubles de l'ordre public. Or les gouvernements britannique et français ne pouvaient que se sentir concernés (la France en raison notamment de ses possessions indochinoises), ainsi que des pays neutres (et principalement les Pays-Bas, du fait de leurs colonies indonésiennes). L'enjeu apparent mis en avant par les Britanniques résidait donc dans la tranquillité des possessions asiatiques et le maintien de bonnes relations avec les Pays-Bas.

La délégation française, prise complètement au dépourvu, refusa de s'engager sans consulter son gouvernement, mais se déclara sensible aux arguments britanniques.

Quelle alternative s'offre à France ?

- accepter le projet américain c'est se résigner à l'instauration d'un quasi-monopole de fait pour la fourniture de produits pétroliers par les grandes compagnies américaines ;

- favoriser la solution britannique c'est diminuer la dépendance de la France envers les États-Unis d'Amérique par la recherche d'un minimum de diversité dans les sources d'approvisionnement, mais risquer de mécontenter les Américains.

L'affaire est tranchée au conseil des ministres du 14 mai 1918, en faveur de la solution britannique.

On ne peut qu'être frappé du retournement des dispositions d'esprit des dirigeants français que dénote cette décision !

## III. La deuxième réunion de la C.I.P.

Une lettre de Cadman, président du *Petroleum Committee* britannique, à Bérenger proposa de tenir la deuxième réunion de la conférence à Londres, le 24 juin 1918.

Il informait Bérenger de l'existence de négociations bilatérales anglo-américaines pour trouver un compromis sur le point d'achoppement de la première conférence (définition des sources d'approvisionnement et des routes maritimes), montrant ainsi que les Français étaient hors jeu…

En annexe à son courrier, il formulait des propositions pour l'amélioration du contrôle du tonnage-citerne à destination de l'Europe occidentale, suggérant que la C.I.P. se concentrât sur l'instauration d'un système de contrôle et de répartition du tonnage employé, soulignant la gestion peu satisfaisante à ses yeux dans les ports français (caractérisée par la confusion et l'encombrement des installations), notamment dans la Manche, avec pour conséquence fâcheuse des pertes de tonnage conséquentes.

Cadman proposait, pour remédier à une telle situation, que

- tout navire transportant des produits pétroliers à destination des ports de Dunkerque, Calais, Boulogne, Le Havre et Rouen soit placé sous l'autorité du *ministry of shipping* britannique, avec affectation d'un officier de liaison français dans ce ministère ;
- qu'il en soit de même pour tous les approvisionnements à destination de la France et de l'Italie en provenance des gisements asiatiques, quel que fût le port de destination, transportés par pétroliers britanniques ou néerlandais.

Il était disposé en revanche à discuter de la situation des pétroliers américains à destination d'un port de Méditerranée, ou de la Manche au sud de la Seine, ou de l'Atlantique.

L'enjeu réel de cette proposition était clair : obtenir, par le contrôle du tonnage et des ports français, ce que la discussion sur les origines de production et les routes maritimes n'avait pas permis aux Britanniques d'emporter.

La réunion se tint à Londres, les 24 et 25 juin 1918.

Les Britanniques développèrent la proposition Cadman et se heurtèrent au refus catégorique des Français et des Américains.

Un accord put cependant être trouvé sur des points techniques secondaires :

- centralisation des informations sur les mouvements de pétroliers américains vers les ports français au *ministry of shipping*, à charge pour lui de les répercuter immédiatement au sous-directeur des essences et combustibles, pour la France, et aux délégués américains à la C.I.P., pour les États-Unis d'Amérique ;

- communication périodique par les autorités françaises de l'état des stocks dans les ports français (mais les autorités françaises continueraient de décider souverainement du port de destination des navires) ;

- établissement d'une ligne téléphonique directe entre le *ministry of shipping* et la sous-direction des essences et combustibles, au secrétariat d'État du ravitaillement.

Enfin, sans grande surprise, les délégués français eurent confirmation du non-aboutissement des négociations anglo-américaines sur la réorganisation des routes maritimes d'importation.

On citera un extrait du rapport établi par Bérenger à l'issue de la conférence :

Les délégués français ont pu constater à nouveau combien la question du pétrole et de l'essence était devenue au premier chef une question politique, constituant un des éléments de prépondérance et de suprématie commerciale et militaire.

Ils estiment nécessaire d'attirer l'attention du Gouvernement sur ce point de vue, afin que la France prenne en temps utile les mesures qui lui permettront de ne pas dépendre entièrement des autres nations pour assurer son ravitaillement en ces produits qui sont devenus au même titre que les Poudres et Explosifs, indispensables à la Défense nationale.[3]

## Conclusions

- Dans cette affaire, la France ressembla à un petit écolier dans la cour des « grands » : la délégation française, confrontée aux tactiques de ses alliés dans un domaine où ils étaient adversaires,

---

[3] Lettre n° 1 762 C.I.P. de Bérenger à Clémentel du 30 juin 1918, archives du Service historique de la Défense (Terre), carton 5N278, dossier « France (vie économique) – Pétroles et essences ».

n'eut jamais l'initiative, mais put néanmoins se dégager une petite marge de manœuvre en jouant l'un contre l'autre ;

- elle bénéficia d'une formation accélérée : si le second semestre 1917 fut pour les dirigeants français celui de la prise de conscience du caractère stratégique du pétrole, le premier semestre 1918 fut celui de l'apprentissage du caractère conflictuel, tant politique que commercial, des relations internationales appliquées au pétrole ;
- elle en retira la conviction de la nécessité d'une politique nationale du pétrole dont l'orientation cardinale serait la recherche de l'indépendance (gisements, outillage industriel, transport) ;
- il faut y trouver le fondement de la politique menée non seulement par le ministère Clemenceau dans l'année qui suit l'armistice, mais pendant tout l'entre-deux guerres.

Les conférences interalliées du pétrole de 1918 sont, avec la crise du transport maritime de 1917, l'événement traumatique primordial de la politique française en matière pétrolière.

## Bibliographie

Bérenger, Henry, *Le Pétrole et la France*, Paris, Plon, 1920.

Nayberg, Roberto, « Une stratégie pétrolière pour la France : la défense des intérêts nationaux dans les conférences interalliées du pétrole de 1918 », in *Revue Historique*, Paris, mai 1995, p. 459-491.

Nayberg, Roberto, « La politique française du pétrole à l'issue de la Première Guerre mondiale : perspectives et solutions », in *Guerres mondiales et conflits contemporains*, n° 224, Paris, 2006, p. 111-133.

# Petroleum Problem in China and America's Response, 1937-1945

Wu LIN-CHUN

*National Dong Hwa University, Taïwan*

## Introduction

Oil, "the blood of peace and the nerve of war", is ordinarily associated with images of armed confrontations, and is often perceived as one classic factor of conflicts. During the period of World War II the idioms of Chinese "one oil, one blood" or "oil is liquid gold even more valuable than the real gold" underlined the heavily deficient of oil source and forced the Chinese people to ponder how to save the oil for fighting Japanese war during the wartime.[1] In 1931, Japan occupied Manchuria and conspicuously planed to conquer China. Its plan was not only the mobilization for military invasion, but also the preparation for economical enduring. The Problem of controlling the petroleum supplies became urgent than ever, specifically Japan was an island country who was devoid of raw oil. To have access to oil sources, Japan turned to petroleum exploration in Western Pacific, as a result, it eventually to Pearl Harbor.

As Irvine H. Anderson's book, *The Standard-Vacuum Oil Company and United States East Asian Policy, 1933-1941* (1975), reminded us, Stanvac, Shell and the Anglo-American diplomatic corps accelerated the close cooperation, especially since Japan monopolized the economics of Manchuria and North China that violated the traditional principal of Open Door Policy. However, the *de facto* embargo policy of US and the Japanese resolved to seize the necessary supplies in the Indies made the companies involved inevitably in the formulation and execution of American policy before Pearl Harbor Incident. Building on Anderson's extraordinary research which has detailed the relationships between

---

[1] Li Ze-yan, "The oil, more valuable than the gold", *Dong Fang Za Zhi*, Vol. 39, No. 18 (1943:11), pp. 44-66.

American's government policy and Standard-Vacuum Oil Company concerning the "China crisis" before 1941, my paper will focus on the subject of the petroleum problem in China and the America's Response during the period 1937-1945.

During the Sino-Japanese War from 1937 to 1941, most of China's coastal area fell under Japanese control, and the imports of Petroleum products dropped to 50 percent of prewar level. Japanese bombing of the main railways which used to be the main arteries of Chinese transportation system made transport of military supplies using trucks and human resources indispensable. China depended upon the importation of petroleum products mainly via Hong Kong before 1941, after the year of 1941 Hong Kong fell into Japan's hand and since the invasion of Indo-China by Japanese in 1940, for part of China which was not under Japan's control ("unoccupied China" or "Free China" hereafter), its main supply routes had been through Rangoon and over the Burma Road. With the loss of Rangoon and the closing of the Burma Road in April 1942, her supply problem had become most acute. The effective way to solve the Petroleum problem was excavating the abundant China's oilfield that had been always convinced by Chinese. However, China need the technology assistance from American, the skilled, technically trained personnel and the helping hand from US government. This article will focus on two interrelated issues:

1. Japanese petroleum policy in the occupied China: In addition to exploit the oil field in Manchuria, Japan took the policy of petroleum monopoly, which got more serious in the beginning of 1940 that threatened the oil market of North China that usually dominated by American. How did the Japanese monopolize the petroleum market of occupied China? Concerning the Japanese petroleum monopolies policy, what were the impacts on the American Oil Companies and by how their relationships with US government were formed?

2. Unoccupied China's petroleum position: China endeavored to excavate the oilfield and the assistance from US became indispensable during the Sino-Japanese War. How did the Chinese resolve the problem of petroleum shortage and help China gain assistance from the US during the wartime?

## I. Japanese Petroleum Policy in the Occupied China and America's Response

Prior to her entry into World War II Japan was exploiting the oil fields of Formosa and Russian North Sakhalin in addition to those of Japan proper, situated in Northwest Honshu and central Hokkaiko.

Exploration outside the producing areas during this period was carried out by the Japanese in Manchuria and South Sakhalin. After Japan's entry into the World War in 1941, most of her effort was directed toward the rehabilitation and development of the rich East Indies oil fields to supply rapidly the oil needed for the maintenance of the long lines of communication necessary to accomplish her schemes of conquest in the Pacific.[2] The map I indicated the oil field that located on Japanese occupied area that had explored before 1941. It is clear that her indigenous resources could supply only a very small proportion of her domestic needs and her requirements for the prosecution of the Pacific War.

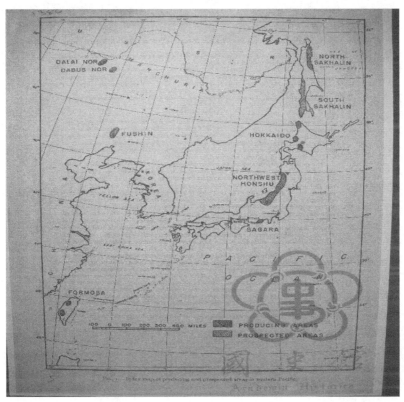

Source: Leo W. Stach "Petroleum exploration and production in western Pacific during World War II", *The Bulletin of the American Association of Petroleum Geologists*, August 1947; Vol. 31; No. 8; p. 1386.

---

[2]   Leo W. Stach, "Petroleum exploration and production in western Pacific during World War II", *The Bulletin of the American Association of Petroleum Geologists*, August 1947; Vol. 31; No. 8; pp. 1384-1403.

Considering the insufficiency of indigenous sources of petroleum, Japan expanded its economic presence and monopoly in the occupied areas of north and central China after the outbreak of Sino-Japan War in 1937. The petroleum monopoly policy of Japan in occupied China ignited concerns from the big companies of Texas and Standard Oil, and then US government, who initiated economic containment measures as a counterattack. From the second half of 1939, US prepared to abandon the Japan-US Treaty of Commerce and Navigation (also named Commercial Treaty of 1911), attempting to counterbalance Japan's economic monopoly in China. The US government further tightened its embargoes on Japan after the latter joined the Axis Alliance on September 1940.

From the beginning of Feb. 1940, it was becoming evident the three pioneering companies, included two famous American oil companies, the Standard-Vacuum Company and the Texas Company, together with the Asiatic Petroleum Company, a subsidiary of the Royal Dutch Shell interests, was serious threatened in North China by a group of Japanese importing firms with branches at Tsingtao, Tientsin and Peiping. Steps had taken with the support of the official Japanese Asia Affairs Board, to form a North China Petroleum Association composed of the leading Japanese petroleum products importers; the object of the Association, according to a Japanese press report, was "to effect smooth importation of Japanese manufacture petroleum products and unification."[3]

In the single province of Shantung with a population of 30,000,000, the Japanese oil companies quadrupled their kerosene importations from 1936 to 1940, the shipments into the territory had grown from 90,000 units in 1936 to 364, 203 units in 1939 (1 unit = 10 gallons).

**Table I: Quantities and Percentages of Japanese importations to total sales in Shantung**

| Year | Unit (1 unit = 10 gallons) | Percentages |
|------|---------------------------|-------------|
| 1936 | 90,000 | 6% |
| 1937 | 32,700 | 3.5% |
| 1938 | 158,000 | 24% |
| 1939 | 364,203 | 42% |

Source: Peking embassy to Secretary of State, March 13, 1940, NA, 893.6363/223.

The Japanese had embarked on a program to capture the important share of the Shantung market in kerosene and other petroleum products

---

[3]   TSINGTAO SHINPO, Jan. 26, 1940. Confidential US. State Department Central Files. China, 1940-1944: Internal Affairs (Frederick, MD: University Publications of America, 1984, hereafter cited as NA), Samuel Sokobin (American consul at Kobe), "Japanese kerosene and gasoline imports in North China from organization to control distribution and prices", Feb. 16, 1940, NA, 893.6363/222.

was also evidenced by the construction undertaken in Tsingtao in 1939 by the well known Japanese trading firm MITSUBISHI Shoji Kaisha (MSK) of 10 storage tanks with a total capacity of 18,000 tons. That amount was 60% of the total combined storage facilities in Tsingtao of the three American and British Companies. In October 1939, there were brought into Tsingtao from the United States in a single shipment on the Japanese vessel SAN PEDRO MARU, 130,000 gallons of gasoline, 6,000 unites of kerosene, 200 drums lubricating oil, 604 tons of diesel oil.[4]

Japan was a large purchaser of American petroleum. At the congressional committee hearing in Los Angeles, Japanese purchases of American oil were put at 100,000 barrels of oil daily.[5] However, Japanese purchased of American oil also included requirements for the expanding Japanese sales in North China. Not only was shipments of oil being made direct from United Sates to China for the account of Japanese oil dealers, but shipments of oil was known to have been brought into China from Japan, where oil production was barely 10% of consumption. The importation of the principal petroleum products into Tsingtao in the 1938-1939 as follows:

**Table II: The Petroleum Products imported to Tsingtao, 1938-1939**

| Year | 1938 | | | 1939 | | |
|---|---|---|---|---|---|---|
| Item | Total | Japan (%) | | Total | Japan (%) | |
| Gasoline (Gal.) | 237,000 | – | | 1,626,000 | 254,000 | 15.6% |
| Kerosene (Gal.) | 3,475,000 | 918,000 | 26.4% | 6,470,000 | 2,550,000 | 39.4% |
| Liquid fuel (Ton.) | 2,227 | 2,093 | 93.9% | 6,871 | 6,176 | 89.8% |
| Lub. Creases (Lbs.) | 92,700 | 72,700 | 78.4% | 170,800 | 160,200 | 93.7% |
| Lub. Oils (Gal.) | 179,900 | 150,600 | 83.7% | 752,000 | 694,000 | 92.2% |

Source: Standard-Vacuum oil Co., Tsingtao, NA, 893.6363/223.

According to the report of Texas Oil Company, the general-market conditions at the main cities and area during the period 1937-1941 as follows:

---

[4]  *Tsingtao's Telegram*, May 19, 1939, NA, 893.6363/210.

[5]  United Press item dated Los Angeles, Jan. 19, 1940, see NA, 893.6363/222.

## A. Shanghai District Office

Since the start of Sino-Japanese hostilities in 1937, the Yangtze River had been closed to free movement of commerce and consequently any shipments of kerosene or gasoline that went up the Yangtze must be arranged through Japanese connection. In the unoccupied area such as Ningpo, Shaoshing, Wenchow, etc., the fear of Japanese invasion prevented Texas agents from importing large quantities of stocks. During the first quarter of 1940 it was possible to make railway shipment out of Shanghai, but there was a shortage of railway cars and the main waterways were closed which hampered Texas agency activities considerably. During the second quarter sales fell off as a result of seasonal decline and further, owing to increased restrictions being placed by the Japanese authorities in favor of Japanese product. During the third quarter the Japanese blockaded the coast and the restrictions on shipment to up-country points were enforced further with detrimental results to Texas sales. Texas agents were left practically without stocks, but during the fourth quarter smuggling started on a rather large scale. This smuggling took the form of transporting in wheel barrows, sampans, bicycles and coolies. Officially no foreign oil was allowed to be imported intro any of the interior ports and consequently the Japanese companies considerably increase their sales.

As a result of all these restrictions on the movement of stock into the interior, freight rates had greatly increased and prices in retail markets had increased from 80% to 100% over and above those prevailing at the beginning of 1940. The Japanese Military applied all pressure possible to force all the business they could into Military Yen.[6]

In Nanking where the Petroleum Control Association had reached its most effective organization, the membership comprised the following Japanese firms: Idmitsu, Kiangnan, Asano Bussan, Fokuosu, Mitsuiyi, Dei Maru. All the members were permitted to import supplies from Shanghai under their own names once the necessary permits had been secured to export such products from Shanghai. In addition to the Nanking Petroleum Products Association there was a secondary organization called the Nanking Petroleum Products Small Dealer's Association consisting of 20 Japanese and 18 Chinese members.[7]

---

[6]   California Texas Oil Company Limited (New York) to Department of States, March 26, 1941. NA, 893.6363/244, pp. 1-2.

[7]   *Ibid.*, p. 3.

## B. Tsingtau District Office

Haichow and Eastern Lunghai Railway were closed to all foreign oil while the Japanese products were freely shipped. Petroleum products were imported by Japanese firms with favorable exchange facilities and were sold at 40% below official market prices making it impossible to compete or reestablish the Texas agency organization in many points, particularly in Tsingtau and neighboring markets.

Shipment of oil products from Chefoo to interior was prohibited since the Japanese occupation. In January of 1940 purchasing unions were formed under official control and absolute monopoly was given these unions for the importation of kerosene resulting in larger quantities of Japanese kerosene being imported; foreign products being excluded by refusal of permits.

MITSUBISHI built a Terminal at Tsingtau for oil storage and used powerful official connections to improve their situation. It was thought that this company was behind a move made by the New Asia Affairs Board in connection with all Japanese consumers of products had been given a quota with official instructions that they should buy Japanese products only and that the purchases should be made from MITSUBISHI. Another Japan Company named IDMITSU was expected to be officially approved as suppliers to the Japanese consumers and placed on the same standing as MITSUBISHI.[8]

## C. Tientsin District Office

The outstanding features of marketing conditions in Tientsin district during 1940 were decided increase in restriction on movement of products from railway zones into the interior coupled with drastic and discriminatory imported regulations for shipment to Mengchiang area. Price controls measured by Japanese authorities in all principal towns with the exception of the Peking-Tientsin-Shanhaikwan Line were widespread during 1940. In order to get stocks in, Mengchiang authorities raised their fixed prices so that agents of the three foreign companies (Texas, Standard, and Asia) made heavy shipments. After the shipments were made the fixed prices were lowered again that caused all agents for foreign companies a sales loss if they sold.

## D. Dairen District Office

Texas continued to sell in Dairen a monthly quantity allowed by the Exchanged Control authorities and over and above this Texas were

---

[8]   California Texas Oil Company Limited (New York) to Department of States, March 26, 1941. NA, 893.6363/244, pp. 4-6.

successful in selling several orders to MSK and SMR (belonged to Japanese). The future sales in Darien depended entirely upon stocks available and the amount of foreign exchange that could be obtained from the control authorities.

## E. South China District Office

The Japanese operated trade restrictions in occupied areas of South China during 1940. There were showing more discrimination against non-Japanese commerce at the time of occupation. As a result Texas's trade in Kongmoon, Swatow and Amoy was greatly affected by the Monopoly System and the necessity of securing special permits for the movement of stocks.[9]

According to the above report of Texas, they had tries to protest the monopoly situation which violated the open door policy of US, however all protests through the American consulate authorities had been no avail.[10] All the restrictions and controls in occupied cities were similar and it was under controls by the North China Petroleum Association. How the Association manipulated a delicate monopoly system and operated effectively in the petroleum market?

The North China petroleum products Association had its head office in Peking and directly under the control of oil Division of Koa-In; branch offices was established in Tientsin and Tsingtao. The import departments of the Association were controlled by "investing members" who were working on the basis of allotments from Japan authorities, the three most important parties were TA HWA Petroleum Co., MITSUBISHI and IDMITSU. This group was collectively known as "BUTSU-DO". They controlled all special sales to large consumers or distribution agencies and they had also formed what was known as a "Board of Distribution" which decided the share of distribution allotted to each member of the Association.[11]

The North China Petroleum Association was primarily concerned with the control of prices and imports of petroleum products from Japan into North China by Japanese firms. New import restrictions together with anticipated price control and import quotas indicated that foreign petroleum distributors would be entirely at the mercy of this association and the Peiping officer of the China Affairs Board (belonged to "provisional government" who took the orders from Japan authorities). The

---

[9]  California Texas Oil Company Limited (New York) to Department of States, March 26, 1941. NA, 893.6363/244, pp. 6-8.

[10]  *Ibid.*, pp. 6-8.

[11]  Texas Oil Company Limited (China) Ltd. Shanghai to the American Ambassador (Peking), Sep. 6, 1941. NA, 893.6363/254.

Yen bloc trade in these products was apparently operating on the basis of an "export profit pool", partially for the benefit of the China Affairs Board. To implement the new import restrictions and the Yen bloc trade, the China Affairs Board supervised all the establishments of import associations. These associations were organized by large Japanese firms and the Japanese Chamber of Commerce at Tientsin. Details of imports since January 1937 by commodities must accompany applications for membership. It was apparently impossible to register non-Japanese firms with Japanese consulates in China for that purpose or to obtain licenses to import from Japan commodities controlled by import associations.[12]

Through the operating of Federal Reserve Bank (FRB)[13], Japan could arbitrarily refuse to approve permits allowing imports into North China application to countries outside the yen bloc of commodities. Besides, Japanese would have in these import associations an effective weapon with which to drive out American and European competition and business enterprises in North China. These associations would control trade in goods from Japan not only with North Chin and Manchukuo but also with Shanghai.[14]

From the beginning of July 1940, Standard-Vacuum Company's Tientsin office was also requested by the Federal Reserve Bank to supply detailed information in regard to the company's previous business and estimates of its currency requirements for the future.[15]

According to the Standard-Vacuum's reports, that the activities of North China Petroleum Association and the policy of oil monopoly had interfered the interests of American oil Companies. They worried about the Japanese Companies would become a competitor in the North China, such as the PO HAI Petroleum Company, MITSUBISHI SHOJI KAISH and TA HWA Petroleum Company, had constructed tankages and godowns at Tientsin and Tangku for the storage of oil products.[16]

---

[12]  Tientsin's Despatches to the Peking Embassy, July 7, 1940. NA, 893.6363/232.

[13]  The Federal Reserve Bank found in Feb. 11. 1938 was under control totally by Japan. The headquarters was located at Peking, branches at Tientsin, Tsingtau, Jinan and Kaifeng in North China. See Li Lincoln, The Japanese Army on North China, 1937-1941, Problems of Political and Economic Control 1 (London: Oxford University, 1975), pp. 55, 144.

[14]  Tientsin's Despatches to the Peking Embassy, July 7, 1940. NA, 893.6363/232.

[15]  Division of Far Eastern Affairs, US. Department of Sates, Aug. 6, 1940, NA, 893.6363/232.

[16]  Tientsin Consulate General to the Secretary of State, "Activities of the North China Petroleum Association and Japanese Competition in the Trade for Petroleum Products." July 9, 1940, NA, 893.6363/234.

In March 1941, the representative of a leading American oil companies, the Standard-Vacuum Company and the Texas Company in Japan informed American consul at Kobe that because of the difficulties the Sino-Japanese air transportation Companies in China were experiencing in obtaining gasoline from the old established American and British oil Companies in Shanghai, those air transportation companies were resorting to subterfuges which are "as interesting as naïve". Japanese newspaper propagandized the two American companies in Shanghai "have received from US Board of Munitions to store no aviation gasoline in the future".[17] Samuel Sokobin, American consul at Kobe, said it illustrated the Japanese sponsored aviation companies in China obviously having difficulties and genuinely concerned about future supplies from the United States. He emphasized the urgency of carefully studying "the imports into China *by ports* in order to determine what proportions of our exports were going to Japanese-occupied ports".[18]

In the second half of 1941, almost simultaneously with the Japanese expanded her military invasion, the Japanese-controlled "North China Petroleum Association" had enlarged the union, The Standard vacuum oil Company informed the consulate that its agents believed they would have to join the Association in order to obtain permits to deal with the company; that the trade of Association members would be strictly controlled if the Association functions as planned; and that when this eventuated the company would request that a strong protest be registered with the competent authorities. The US embassy said they believed that the Association would serve as a further means of placing business of American and British oil companies in this area under Japanese control. However, US Government sat back and did nothing.[19]

In December 1941, Asiatic petroleum Company was planning to move its head office at Hong Kong to Manila, because of the fact that communications would be better at Manila than Hong Kong in the event of hostilities between Great Britain and Japan. A. G. May, the representative of Standard-Vacuum Company of New York asked whether the Department had any information that would justify the Company taking similar precaution in regard to the head office at Ling Kong of its South China Division. The Far Eastern Affairs expressed that if the Company should move its South China head office, it would probably move to Singapore and not to Manila, "however this question should

---

[17] *Osaka Mainichi*, March 7, 1941.

[18] American consulate, Kobe, Japan, March 10, 1941. NA, 893.6363/239. Subject: "Efforts by the Sino-Japanese Air Transportation Companies in China to Obtain Gasoline."

[19] Richard P. Butrick (Counselor of Embassy), Embassy of the United States of American to the Secretary of State, Peking, Sep. 4, 1941. NA, 893.6363/253.

come to the attention of higher officers of the Department."[20] Not long afterwards, Manila fell under Japanese control in the January of 1942.

Consequently, Standard Vacuum Oil and Texas Company both had pursued a very conservative policy in regard to petroleum stocks in Shanghai and North China but desired to avoid "going out of business". However, in spite of US government got involved in the "Far Eastern conflict", regarding the Japanese's economic monopoly in occupied China, specifically the importance of petroleum supplies, US did nothing but to counterblow by terminating its Commercial Treaty of 1911 with Japan. America's petroleum policy in occupied China was weak and hesitated until the broken of Pearl Harbor Incident.

Regarding the occupied area, Japanese government exploited the oil-field located in the area of Manchukuo. An oil field had been discovered in Fushin in 1938, and had a promising future from the beginning by Manchukuo Government stated "The new field is slightly smaller than that of Baku in the USRR, but in the quality the oil surpassed Soviet Oil".[21] Commissioner General Hoshino said "At any rate it is encouraging that oil has been found in Manchuria, contrary to former assertions that there was no oil in the country."[22] Nevertheless, due to the later following truth, neither aviation nor ordinary gasoline with an octane approaching could be produced in Manchuria,[23] Japanese moved the drilling equipment for Fushin to the oilfield of South Pacific while Japan occupied in 1943. The drilling work of Fushin suspended, until 1945 the War ended, had completed 81 wells, the quantity of crude oil were very small.[24]

## II. Unoccupied China's Petroleum Position and the Assistance from America

The plans for developing the oil fields and gasoline production in Kansu, if successful, will result in considerable financial loss to foreign oil companies that have been supplying the Chinese market with gasoline and other petroleum product... The enthusiasm for developing the oil field at present is largely encouraged by the desperate need for

---

[20]  Memorandum of Conversation, Division of State, Dec. 3, 1941. NA, 893.6363/261.

[21]  *Japan Weekly Chronicle*, Kobe, May 23, 1940.

[22]  Voluntary Report, subject: Importation on petroleum prospecting and discovered in Manchuria. Prepared by A. Bland Calder, Assistant Commercial Attache, July 9, 1940. NA, 893.6363 Manchuria/318.

[23]  The Foreign Serviec of United States of American, American Consulate, Darien, Manchuria, May 12, 1941. NA, 893.6363 Manchuria/319.

[24]  Zhong Guo Shih You Zhi (The record of China Petroleum) (Taibei: China Petrole-umc Company Ltd, 1976), pp. 901-902.

gasoline to operate trucks transporting war and other vital materials. – Nelson Trusler Johnson to Franklin D. Roosevelt, April 29, 1941.[25]

...May I respectfully suggest that a similar project be commenced in China at the earliest possible moment, in order that fuel and gasoline may be made more readily available for use against the Japanese? Any development of crude oil in China would relieve the overburdened transportation facilities, and should be a deciding factor in an earlier victory. – W.F. Jones to Franklin D. Roosevelt, July 10, 1943.[26]

The above two letters, one from US ambassador Nelson Trusler Johnson in Chungking, suggested the developing the oil fields and gasoline production in Kansu would be undertook immediately; and one from W.F. Jones an oil investor in California, commended himself to Franklin D. Roosevelt that he would like to organize "expedition" to undertake the development of oil in China. In these two letters both indicated the important of Chinese local production of petroleum and its substitutes must be relied upon to an extent greater than ever during World War II.

It was known that oil existed in Kansu, Shansi, Szechuan and Sinkiang, however, the oil development of China was handicapped by the lack of sufficient capital and advanced technology. Previously China had little hope for the development of her oil industry. During the period of Pacific War, due to new oil discoveries and expansion undertaken as a wartime measure this industry had been greatly stimulated. With modern equipment and adequate transportation facilities and the helping of US some people were optimistic that China had reason to hope for ultimate oil self-sufficiency.[27]

In 1930s in spite of the Chinese Mining law which contained some clauses that put foreign companies at disadvantage,[28] Chinese industrialists and bankers still preferred cooperation with foreign oil companies. They suggested that China could work with the Texas Company, Stand-

---

[25] Embassy of the United States of American (Chungking) to the Secretary of State, April 29, 1941. NA, 893.6363/241.

[26] W. F. Jones to Franklin D. Roosevelt, July 10, 1943. NA, 893.6363/2898. W.F. Jones got the oil information of China from the formerly Chinese Consul (Chan) at Los Angeles, California.

[27] Helen Smyth, "The China's Petroleum Industry", *Far Eastern Survey*, Vol. 15, No. 12(June 1946), pp. 187-190.

[28] The unfavorable items for foreigners such as:

1. Over half of the total share of a mining company must be owned by Chinese citizens.

2. Over half of the Director of a mining Company must be Chinese citizens.

3. The position of Chairman of the Board of Directors and General Manager of a mining company must be filled by Chinese citizens.

ard-Vacuum Oil, the Asiatic Petroleum and William Hunt & Company of Shanghai since oil development by the Chinese government itself might be too slow and that China lacked the proper resources for such large scale undertaking.[29] Standard Vacuum Oil had great ardor to cooperate with Chinese and expressed the hope "we should endeavor to play a cooperating part in the development of indigenous supplies of crude petroleum in China".[30]

However, the Ministry of Economic Affairs of China very much opposed to cooperate with any foreign company and insisted that the oil development project should be controlled entirely by the Chinese government. For the Chinese government, the oil industry was strictly government enterprise, the suggestion of joint-cooperation with foreign company was thus turned down and eventually National Resources Commission (NRC hereafter)[31] had the full power to undertake the work of oil development.[32] The development of Chinese local Oilfield from 1937 to 1941 as follows:

## A. Kansu

There had not been sufficient geological survey in China to determine the exact extent of Petroleum deposits before 1930s. In Nov. of 1936, G.S. Walden and P.W. Parker, Chairman of the Board and President of the Standard Vacuum Oil Company, left a memorandum with the US Department of State to record negotiation that had taken place on behalf of Standard-Vacuum with a Chinese Syndicate which at that time held exploration rights in Northwest China. Because the above mentioned restrictive features of the Chinese Mining Law, Standard Vacuum Oil Company was not able to assume the position of an active participant, but at the invitation of the Chinese Syndicate, Standard Vacuum supplied two American geologists who, with certain additional person-

[29] Embassy of the United States of American (Chungking) to the Secretary of State, April 29, 1941. NA, 893.6363/241.

[30] Department of Sate, Memorandum of Conversation, Nov. 23, 1943. NA, 893.6363/299.

[31] The National Resources Commission (NRC, Gúojiā zīyuán wěiyuánhuì) was a powerful organ of the Executive Yuan of the Republic of China that existed from 1932 to 1952 and was responsible for industrial development and the management of public enterprises. It was staffed entirely by technocrats who reported directly to the Nationalist leader Chiang Kai-shek. The significance of NRC stemmed from the leading role it played in industrial development during the two decades of Kuomintang "tutelage" over China. More detail see: William C. Kirby, "Engineering China: The Origins of the Chinese Developmental State." In Wen-hsin Yeh ed. Becoming Chinese (Berkeley, California: University of California Press, 2000), pp. 137-160.

[32] Embassy of the United States of American (Chungking) to the Secretary of State, April 29, 1941. NA, 893.6363/241.

nel supplied by the Chinese syndicate, carried out a reconnaissance geological survey over the greater part of the Province of Kansu in the years 1937 and 1939.[33]

During the courses of the said reconnaissance geological survey structure known as Shih-You-Ho anticline, situated near Yumen, in Kansu Province, was outlined as a wildest drilling prospect of some interest. Since the Sino-Japanese War became more critical, the war situation obviously made it impossible for a commercial enterprise just like Chinese Syndicate to undertake exploration work in such an isolated region, it was mutually agreed that Chinese Government would develop the project by State operation. The Chinese Government eventually started drilling on the Shih-You-Ho anticline and the first well was drilled in 1939.[34] Regarding the developing of the Kansu petroleum industry some groups advocated inviting foreign oil companies to help the oil wells with the NRC on a joint basis.[35]

In Feb. of 1941, NRC received new drilling and refinery machinery from an American firm. But how to transport the equipment to Yumen was an urgent problem. The possibility of having it shipped to Vladivostok and then via the Trans-Siberian Railway to Alma Ata from where it would be taken by trucks via Urumchi and Hami to Yumen was considered feasible. However Russia was very reluctant to grant permission to transport supplies over the Trans-Siberian Railway due to that had not been purchased in Russia.[36]

## B. Senhsi

Standard-Vacuum Company had cooperated with Yuan Shi Kai government to exploit the North Shensi oilfields from 1914 to 1915, because the internal political chaos and international interference in China, this cooperation ran to fail in the end. The Shensi wells were controlled and operated at first by provincial Government but took over later by NRC. Following the occupation by the Chinese communists of the territory in which the Shensi oil fields located, there were no plans for

---

[33] Department of Sate, Memorandum of Conversation, Nov. 23, 1943. NA, 893.6363/299. Enclosure: memorandum of Standard Vacuum, Nov. 19, 1943.

[34] *Ibid.*, 1943. More details see: Chang Li, "Oil industry in Senhsi and Kansu", *A Collection of Papers on China's Modernization* (Taibei: Institute of Modern History, Academia Sinica, 1991), pp. 477-505.

[35] Embassy of the United States of American (Chungking) to the Secretary of State, April 29, 1941. NA, 893.6363/241.

[36] *Ibid.*

developing the petroleum resources in Shensi.[37] Therefore, the Chinese government devoted most of its attention to the Kansu Oil fields.

## C. Szechuan

In Oct. of 1938, the National Geological Survey of the Ministry of Economic Affairs and the Szechuan Provincial Geological Survey organized a joint petroleum research expedition to try and then discovered some estimate of the oil reserves around Weiyuan and Junghsien districts in Szechuan. In addition to this work the NRC obtained an annual budget allowance of 1,500,000 (Chinese National Currency) commencing with the 1940 fiscal year to carry out exploratory drilling in other parts of Szechuan, especially in Pahisen and Tahsien districts. Unfortunately the work was too slow in getting started and the budget was not adequate.[38]

In 1939, an American experienced oil well driller, William S. Hammond, who was employed by the Yungli Chemical Industries Limited Co. at Wutungchiao, Szechwan. This Company had already acquired nice locations in the vicinity of Wutungchiao and was negotiating for the acquisition of three additional locations, all of which they expected to drill for oil. The equipment, aggregating 250 tons in weight, was shipping from New York. The Chinese had granted Yungli Co. an amount of US $ 4,500,000 in foreign exchanges for its projects, and had promised the firms US $ 5,000,000 additional.[39]

## D. Sinkiang

It was believed by some geologists that the deposits in Sinkiang were a continuation of the Baku oil field and some of geologists reported that Ningsinshan had one of the largest oil reserves in China. Due to Russian's influence in a large part of Sinkiang there was no probability that the Chinese government would develop the oil industry in that province. Exploration and development of the northern Sinkiang oil fields were carried on by the Russians before they withdrew in Jan. 1943.[40]

---

[37] More detail, see WU Lin-chun, *Standard-Vacuum Company in China, 1870-1933.* (Taibei: 2001), pp. 109-146. (*Mei Fu Shih You Gong Si Zai Zhong Guo*, Taibei: Daoxiang Publisher, 2001).

[38] Embassy of the United States of American (Chungking) to the Secretary of State, April 29, 1941. NA, 893.6363/241.

[39] Hammond's salary was paid by his American employer, the National Supply Company, which had lent him to the Chinese company in hopes that the latter would in time to discover an oilfield of commercial value and became an important purchaser of the American Company's products. NA, 893.6363/228.

[40] Embassy of the United States of American (Chungking) to the Secretary of State, April 29, 1941. NA, 893.6363/241.

In a word, the exploration and development of Northwest Kansu were the most promising one among all the Chinese oilfields, under the supervision of NRC, the oil project had combined closely with the policy of fighting war. According to report of *The China Handbook*, 1937-1943, taking 1940 as the base year of 100, lists the increase of output of Kansu crude oil production as an 876 percent increase in 1941 over 1940 and a 7,408 percent increase by 1942. The increase of the production of gasoline using 1940 as a base year of 100 rose in 1941 to 286 percent over 1940 and in 1942 to 2,425 percent. The increase in the production of kerosene was 332 percent in 1941 and 1,616 percent in 1942.[41]

Obviously, the quantity and quality of Chinese oilfield were not coped with the China's requirement. During the years of 1940-1941, Most of petroleum was imported through Indo-China from Ningpo and south China ports or through Rangoon from imported cargo or from Burma Local production as follows:

### Table III: Petroleum Shipments into Unoccupied China, 1940-41

| | Through Indo-China Ningpo and South China Ports | Through Rengoon from Imported Cargo | From Burma Local Production | Total |
|---|---|---|---|---|
| | 42 gal. bbls. | 42 gal. bbls. | 42 gal. bbls. | 42 gal. bbls. |
| 1940 | | | | |
| Aviation Gasoline | 4,417 | 9,021 | 7,202 | 20,640 |
| Motor gasoline | 131,493 | 161,493 | 83,978 | 376,964 |
| Diesel Oils. | 14,874 | 24,635 | 13,098 | 52,607 |
| Lubricants | 7,663 | 22,396 | — | 30,059 |
| Kerosene | 25,327 | 156 | 1,457 | 26,940 |
| Total | 183,774 | 217,701 | 105,735 | 507,210 |
| 1941 | | | | |
| Aviation Gasoline | — | 264,227 | 66,986 | 331,213 |
| Motor gasoline | — | 288,029 | 327,767 | 615,796 |
| Diesel Oils. | — | 39,541 | 10,247 | 49,788 |
| Lubricants | — | 66,683 | — | 66,683 |
| Kerosene | 3,461 | 62 | 6,033 | 9,556 |
| Total | 3,461 | 658,542 | 411,033 | 1,073,036 |

Source: Academic Historica, National Resources Commission of Chinese Government Archive, Taibei: No. 0030103060020.

In 1941, China was even more short of supplies due to transportation problem. With the closing of the Burma Road, these transportation problems had vastly increased and shortages would be extremely acute.

---

[41]  *The China Handbook*, 1937-1943, p. 484.

Thus local production must be depended upon to and extent greater than ever.

According to the report from D.F. Myers, an American technical adviser to the Ministry of Finance of China, that 100,000 gallons of gasoline entered unoccupied China monthly from Hong Kong Mirs Bay and that efforts were made to increase the volume coming in by that route to 200,000 gallons per month in 1940. Due to the danger encountered by persons carrying on the illegal trade, prices were abnormally high. Costs were also increased due to the fact that the Hong Kong taxes were paid when the gasoline arrived in the British colony and were not refunded when the product was exported since the methods used in conduction this trade was not legal. The gasoline was transported from Mira Bay into the interior by small river craft and then by rail to Kweilin from where it was distributed.[42]

Gasoline was also entering unoccupied China via the Burma Road, Ningpo and Russia. A large portion imported from Burma was consumed in its own transportation from the border to Kunming and Chungking. Ningpo was more satisfactory port of entry as the drums and tins of gasoline could be transported by water for a considerable gasoline coming from Russia faced the most difficult taken only as far as Lanchow in the Northwest and was used mostly for aviation purposes. While no figures were available showing the average monthly imports of gasoline.[43]

After the Pearl Harbor, US declared to join the war, NRC of China asked to American Government any suitable equipment not equally urgently in India, should put to work in the Kansu field forthwith. In 1942, the ambassador of Chungking C.E. Gauss, proposed the Kansu Petroleum Administration, the branch of the NRC to purchase two Petroleum Storage tanks at Chungking installation which would belonged to the Standard-Vacuum Oil Company. The local office of the Standard-Vacuum Oil Company in its reply to those proposals expressed its agreement under following conditions: (1) the necessary permits in question should be given to the company prior to the sale. (2) Chinese government should make a deposit in payment for the tanks, the amount of the deposit to be determined by an estimate of replacement costs made by the Standard-Vacuum Oil Company and (3) any agreement reached should be negotiated through the Embassy and a copy of the agreement signed should be placed in the files of the Embassy. In fact, this matter was arranged through the Chinese and American military

---

[42] Embassy of the United States of American, Chungking (Nelson Trusler Johnson) to the Secretary of State, Dec. 4, 1940. NA, 893.6363/237.

[43] *Ibid.*, subject: Gasoline imports into Free China.

authorities in March by Chinese General Ho Yin-chin and brigadier General John Magruder.[44] This agreement had transmitted to US Embassy in Chungking in June, and signed successfully. Because Chinese was anxious to resolve the oil storage tanks, furthermore, the agreement was reasonable and generous, such as the clause of agreement itemized "the Chinese government would make any additional payments which should prove necessary to cover the cost of replacing this property, but that if future replacement costs should be less than the estimated figures, this company would agree to refund to the National Government any difference between the deposit received any the amount of actual replacement".[45]

In April of 1943, Sam Bush, an oil drilling expert in the employ of the California Texas Oil Company, had been retained by the NRC to supervise its oil well and refining properties at Yumen, Kansu Province the only considerable producers of petroleum in unoccupied China during the period of Pacific war. In the meantime, Standard Vacuum sold the leading plant to the NRC. As a matter of fact, the NRC had been trying to buy this plant for a long time, but the Standard Vacuum had refrained from selling, which felt that the management of Kansu was not competent to use it properly. At the suggestion of the US Army, Standard Vacuum finally changed their mind to sell the plant.[46] It would be probably for the reason of the employment of Sam Bush, a Texas Co. engineer retained as adviser for Chinese Commission and supervisor of the Kansu Oil production, accelerated Standard Co. to change their mind. Due to the aggressive participation of Texas might challenge the pioneering role of Standard Co. which had cooperated with Chinese government since 1910s (as we mentioned the agreement with Shensi Oilfield), Standard Co. became cooperated more closely with US government and sell their tanks, plants and more American drillers sent to China.[47]

American government heavily encouraged the two American petroleum Companies to participate the exploration and exploiting of China Petroleum field. For example, the Standard-Vacuum Oil Company on

---

[44] Embassy of the United States of American (Chungking) to the Secretary of State, May 28, 1942. NA, 893.6363/268.

[45] Embassy of the United States of American (Chungking) to the Secretary of State, Aug. 3, 1942. NA, 893.6363/272.

[46] Embassy of the United States of American (Chungking) to the Secretary of State, April 15, 1943. NA, 893.6363/280. Academic Historica, National Resources Commission of Chinese Government Archive, Taibei: No. 0030207000605.

[47] H.K. Fenn (The office of censorship, the chief cable censor, USA) to George A. Gordon (Acting Chief, Division of Foreign Activity Correlation, Department of State), April 26, 1943. NA, 893.6363/284-1/2.

Oct. 22, 1942 made an agreement with the Ministry of Economic Affairs Kansu Oil Production and Refining Administration of the NRC for the sale of five tanks belonging to the Company located at Changsha, Siangtan and Hengyang, Hunan.[48] The Chairman of the Kansu Oil Mining Sun Yuen-chi expected under the engineering assistance of American, the production could be increased. In May 1943, Kansu Oil Mining had 3 wells, would have 7 by the end of September, but the facilities for refining could not be solved.[49]

In 1943, through the intermediary of US representative in Chungking, an opportunity presented to Standard-Vacuum Company to participate the exploration of Sinkiang Oil field.[50] Regarding to the Kansu field, the Standard Vacuum Oil geologists E.W. Belts, still not convinced by what he had heard of the abundant oilfield, he said with the limit of drilling equipment available, it would be difficult. Three American Oil drillers W.C. Field, F.U. Rhyner and Mike Bush, also indicated that the production of Kansu Oilfield was not entirely satisfactory.[51] Instead, Standard-Vacuum Company gave their great interests on drilling Sinkiang oil deposits. The president of the Company Philo Parker had discussed the question of participation of the prospective petroleum-producing area in Sinkiang province.[52] However during World War II, the oil obtained in the various area of Sinkiang could not be a quantitative indication of actual possibility.

Concerning with the increasing significant of China' Petroleum problem. The Foreign Petroleum Committee [US], subject to the Petroleum Administration for War [US] carefully considered the problem of petroleum supplies and its products to China and decided to establish a committee to consider Chinese Petroleum matters in 1943. This committee would be in touch with China Defense Supplies Corporation[53] in

---

[48] Embassy of the United States of American (Chungking) to the Secretary of State, June 11, 1943. NA, 893.6363/288. Enclosure: Chinese version of this agreement.

[49] Embassy of the United States of American (Chungking) to the Secretary of State, May 24, 1943. NA, 893.6363/286.

[50] Embassy of the United States of American (Chungking) to the Secretary of State, Oct. 15, 1943. NA, 893.6363/298.

[51] Embassy of the United States of American (Chungking) to the Secretary of State, July 31, 1943. NA, 893.6363/290.

[52] Department of Sate, Memorandum of Conversation, Nov. 23, 1943. NA, 893.6363/299. Enclosure: memorandum of Standard Vacuum, Nov. 19, 1943.

[53] China Defense Supplies Corporation was chartered in Delaware by Thomas G. Corcoran in 1941. It was part program of "Lend-Lease Act" to help the anti-fascism countries, at the suggestion of the president Franklin D. Roosevelt, named China Defense Supplies. It would be "the entire lend lease operation" for Asia. In order to provide the Corporation with the stamp of respectability, Roosevelt arranged for his elderly uncle, Frederick Delano to be co-chairman. The other chairman was

order that all possible aids could be offered to the technical advice and to secure through the various agencies prompt and efficient handling of Chinese petroleum matter. J. Terry Duce, Director of the Foreign Division [US] would serve as the Liaison Officer between the Chinese petroleum Committee and the Foreign Petroleum Committee.[54]

According to the memorandum for Deputy Petroleum Administration [US] Ralph K. Davies, the purpose of this joint-cooperation Committee would be responsible for the matter of organization of the Foreign Petroleum Committee and the problem of supplies of Petroleum and its products to China:

1. To establish such a permanent committee for the following reason:

A. The supply of oil to China is going to be an increasingly important factor in the winning of the war in the Far East.

B. The supply of oil for China will come from an increasing number of sources and will pass into China by a number of diverse routes. The requirements must be coordinated between the various agencies supplying the Chinese theater.

C. Because of the extreme difficulties of terrain on the Chinese boundaries, numerous technical problems will arise in handling this supply which may well be referred to a civilian body of experts who can offer constructive suggestions for the organization and maintenance of transportation systems necessary to carry the supplies into China.

D. The construction of refining plants in China and the development of indigenous production are among the gravest problem in connection with this supply and a technical committee should be available to advice on each problems.

2. This technical committee should be in constant touch with China Defense Supplies Corporation to that all possible aid can be offered to the Chinese in their petroleum problem, both by way of technical advice and in securing through the various agencies, prompt and official handling of Chinese petroleum matters. The China Defense Supplies Corporation should be promptly advised of the formation of this committee.[55]

---

T.V. Soong, Chiang's personal representative who frequently visited Washington to lobby for aid to his government. Soong was given the task of locating and acquiring goods, supplies, and weapons for the Chinese during the wartime.

[54]  George A. Gordon to H. K. Fenn, May 8, 1943, NA, 893.6363/284-1/2.

[55]  Memorandum for Ralph K. Davies (Deputy Petroleum Administration), May 5, 1943. NA, 893.6363/284.

The Chairman of the [US] Foreign Petroleum Committee appointed a permanent subcommittee on Chinese supply.[56] Under this decision, any oil field and refining equipment in India, not positively essential there and which could be used in China to aid her production, should be moved to China immediately. And the establishment of the said joint-committee would elaborately resolve the requirement of China's defense supplied. The truth indicated US government was determined resolutely to fix Chinese petroleum problem.[57]

## Conclusion

In the beginning of 1940, Ambassador Nelson T. Johnson in Peking reported how Japanese government carried out the plan of controlling the political and economics of North China as follows:

> The Japanese authorities are making use of a large of number state policy organizations which exercise a complete monopoly over every important branch of economic activity, including transportation, communications, industry, agriculture, and banking. Most of these organizations are joint-stock companies created by character of the "Provisional Government". They are supposed to be Sino-Japanese investments, but the Chinese portion is much smaller than the Japanese and, in most cases, represents Chinese properties seized by the Japanese. Although a Chinese has been put at the head of some of the larger organizations, all effective control is in Japanese hands.

Johnson expressed his worry and concluded the methods that Japan employed would be the counterpart of those adopted in Manchuria. "They are fundamentally opposed to the Open Door policy and, unless effectively challenged, will undoubtedly lead to the exclusion from this area of virtually all legitimate American trade."[58]

However, concerning the petroleum monopoly policy of Japan, American merchants in occupied China knew very well that any effort to protest through the American consulates had been without avail. "In Canton the monopoly owners gave permits at their own responsibility

---

[56]  Memorandum for Ralph K. Davies (Deputy Petroleum Administration), May 5, 1943. NA, 893.6363/284. This original decision was signed by James Terry Duce, Director, Foreign Division, Charles Rayaer, Board of economic warfare and G. Ruland Rebuans, Office of Land-Lease Administration.

[57]  Foreign Trade Office of National Resources, Chinese Government, New York Brand, 1941 June 11th, K.Y. Yin's (Yin Zhong-rong) summary for the article of Leo W. Stach, "Petroleum exploration and production in western Pacific during World War II". Academic Historica, National Resources Commission of Chinese Government Archive, Taibei: No. 0030103060020.

[58]  The Ambassador in China (Nelson T. Johnson) to the Secretary of State, Jan. 15, 1940, FRUS, 1940, Vol. IV, p. 262.

but in Swatow all business must be done through Japanese concerns. Our efforts, therefore, had been unsuccessful."[59]

Before US took the policy of *de facto* embargo, Japan was a large purchaser of American petroleum. The Japanese petroleum companies were forced to look to American Companies or the Dutch East Indies for their supplies and any restrictions at these points would be reflected throughout their distribution areas. At the war time, it seems as though the majority of stocks received in China by Japanese distribution companies were held as military reserves. In addition, Japanese purchased of American oil also included requirements for the expanding Japanese sales in North China and controlled the economic life of occupied area. As a consequence, it became a peculiar feature that Japanese brought the oil from American which turned to be "Japanese oil" and then the Japanese squeezed out the import of American oil in occupied China. Under the delicate manipulated system of North China Petroleum Association, Japanese monopolized all the petroleum market of occupied cities. US government ignored the protest of district office of Standard and Texas in China, made American Companies became no optional to reluctantly join the North China Petroleum Association in order to hold business.

As Waldo Heinrichs pointed out, during the year of 1939-1941, the effect of United States economic pressure on Japan was obscure, included the termination of its 1911 commercial treaty with Japan and afterward the economic coercion to Japan. The United States embarked on a program of progressive curtailment of exports to Japan, leading toward the final step of stopping oil shipments. It showed no inclination to halt this program when Japan paused in late 1940. On the contrary, once or twice per month new lists of barred goods appeared, American Government counted on the pressure to check Japan, but they also feared that an oil embargo would trigger Japanese seizure of the Dutch East Indies, and they were determined not to cross that threshold. However, an embargo stopping short of oil, gagging at the most crucial item, would reflect weakness. Thus the route of economic pressure might become a trap. And also Japan could make do with scrap and gas of lesser quality, the restriction had little more than symbolic effect.[60]

It is obviously during the Sino-Japanese War before 1941 US petroleum policy in China's market lacked initiative. After her participating

---

[59] California Texas Oil Company Limited (New York) to Department of States, March 26, 1941. NA, 893.6363/244, pp. 6-8.

[60] Waldo Heinrichs, "Franklin D. Roosevelt and the Risk of War, 1939-1941" in Akira Iriye & Warren I. Cohen eds. *American, Chinese, and Japanese Perspective on Wartime Asia, 1931-1941* (Wilmington, Del.: SR Books, 1990), pp. 154-156.

World War II US government pushed the American Oil Companies to help Chinese to explore the oilfield from Kansu, Szechuan, and then the remote area as Sinkiang on a large program. During the Pacific War, the development of Chinese oil field was controlled by the Chinese NRC. The success of Chinese oilfield project after the arrival and installation of the new machinery would undoubtedly decide whether the oil fields were going to be operated with the assistance of US Furthermore, the joint cooperation between US Petroleum Administration for War and China Defense Supplies Corporation, a system for supplying and transport the petroleum would be established in China in 1943 and benefit the local China's production of petroleum. Neither the quality nor quantities of oil products were satisfactory limited to the low technology at that time; nevertheless, it encouraged Chinese people to have "dream of oil" for self-efficiency and fighting to survive during the wartime.

According to the *Oil and Gas Journal*, March 9, 1944, the crude oil production of Free China in 1940 was officially reported at 10,456 barrels. *The Oil Weekly*, Jan. 29, 1945, listed the production of oil in Free China as about 60,000 barrels a year as a result of the stepping up of Kansu fields in 1942. The amount of oil available to China during the war was increased by a 1,800 miles-long pipeline from Calcutta, India, to China, completed early in 1945. It increased tremendously the amount of gasoline and oil delivered to China during the latter stages of the war. The utility of that pipeline doubtless demonstrated to the NRC in China the advantage of pipeline transportation of oil.[61] After World War II, Nationalist regime understood fully the importance of petroleum supplies during the wartime, it build up the first Chinese National Petroleum Company – a state-owned petroleum enterprise in 1946.

---

[61] Helen Smyth, "The China's Petroleum Industry", *Far Eastern Survey*, Vol. 15, No. 12 (June 1946), p. 190.

# Du charbon au mazout

## La révolution de la chauffe
## dans la Marine nationale (1895-1935)

Thomas VAISSET

*Département de la Marine, Service historique de la Défense*

Au début du XX$^e$ siècle, trois événements démontrent de manière spectaculaire la supériorité du pétrole[1] sur le charbon pour la chauffe des bâtiments de guerre. Les 27 et 28 mai 1905, dans le détroit de Tsushima, la marine nippone détruit une escadre russe partie de Baltique. Cette dernière était arrivée exsangue en mer du Japon en raison des difficultés rencontrées pour charbonner lors de son périple. Moins d'un an plus tard, en février 1906, le lancement du *H.M.S. Dreadnought*, marque un tournant de l'histoire navale. Dès son entrée en service, ce navire déclasse tous les cuirassés existants. Plus grand bâtiment de guerre jamais construit, premier *all-big-gun ship*[2], d'une vitesse sans équivalent grâce à ses turbines, il est le premier *capital ship* propulsé en partie au moyen de mazout. Enfin, en 1909 la *Great White Fleet* américaine achève son tour du monde. L'*US Navy* présente cette circumnavigation comme la démonstration de sa capacité océanique, et administre la preuve éclatante de ses nouvelles aspirations mondiales. Mais cette prouesse confirme également à la marine américaine sa dépendance à l'égard des dépôts de houille britannique et, donc, de la *Royal Navy*. L'abandon du charbon au profit du mazout pour la propulsion des bâtiments de guerre s'impose désormais à toutes les puissances navales ambitieuses sous peine de déclassement.

La marine française va réaliser cette mutation fondamentale en l'espace d'une quarantaine d'années, de 1895 à 1935. Les implications politique et stratégique, tout autant que l'observation des expériences

---

[1]  Dans cette contribution, nous utiliserons indifféremment les termes « pétrole », « mazout », « combustibles liquides » et « résidus de naphte ».

[2]  Un *all-big-gun ship* se distingue des autres cuirassés par une artillerie principale mono-calibre.

étrangères ou la volonté d'anticiper une guerre possible la structurent. Cette transition s'inscrit, en outre, dans la problématique plus large des rapports entre pétrole et Défense nationale, que Roberto Nayberg a analysés dans ses travaux[3]. Cette communication ambitionne ainsi de montrer les rythmes, les logiques et les enjeux de ce qui constitua une véritable révolution[4].

Trois étapes se distinguent. Tout d'abord, de 1895 à 1914, la période de transition technique et d'hésitations stratégiques. Ensuite, l'épreuve de la Grande Guerre, pendant laquelle, malgré sa préparation, la Marine s'avère incapable de pourvoir à son ravitaillement en hydrocarbures. Enfin, la généralisation de la propulsion au mazout dans le contexte de naissance de la question pétrolière en France, de 1918 à 1935.

## I. Transition technique et hésitations stratégiques (1895-1914)

Les premiers essais révèlent l'ampleur des avantages de la chauffe aux résidus de naphte pour les navires de guerre. Si la France reconnaît la supériorité du procédé, elle tarde à l'adopter. Des considérations stratégiques l'emportent sur le facteur technique. La Marine refuse de dépendre de l'étranger pour son approvisionnement pétrolier et des transports maritimes pour son acheminement.

### A. Essais techniques et avantages militaires du pétrole

Les navires chauffés au mazout sont apparus dans les années 1860-1870 sur la Volga et en mer Caspienne, à proximité des champs pétrolifères de Bakou. En France, le premier bâtiment militaire propulsé par ce combustible est un petit yacht impérial. Le 8 juin 1868, le *Puebla* permet à Napoléon III de descendre la Seine en compagnie de l'impératrice[5]. Les essais systématiques à bord des unités destinées à affronter la mer débutent véritablement une vingtaine d'années plus tard. Les ingénieurs français travaillent longtemps à un régime mixte alternant charbon et pétrole, alors que leurs homologues étrangers concentrent leurs recherches sur une chauffe exclusive aux résidus de naphte. En 1893, le Directeur du matériel de la Marine estime qu'« on peut donc considérer la question comme complètement résolue sur les torpilleurs en faveur du chauffage au pétrole seul ». Pourtant, il prescrit d'appliquer le chauffage mixte

---

[3]  En particulier dans sa thèse : Nayberg Roberto, *La question pétrolière en France, du point de vue de la Défense nationale, de 1914 à 1928*, Paris I-Panthéon Sorbonne, sous la direction de Pedroncini Guy, 1983, 737 p.

[4]  L'auteur tient à remercier Jean de Préneuf et Philippe Vial pour leur aide précieuse dans la préparation de cette communication.

[5]  *Revue Maritime et Coloniale*, tome 23, 1868, p. 1069-1072.

à une quinzaine d'unités[6]. Une hésitation d'autant plus singulière que les avantages militaires des combustibles liquides sont très nombreux et unanimement reconnus.

La chauffe au mazout, plus souple que celle au charbon, facilite les brusques changements de vitesse sans encrasser les chaudières. Sa production de fumée reste très réduite au regard des épaisses volutes noirâtres émises par la combustion de la houille. La discrétion ainsi assurée constitue un atout précieux dans un combat naval, car les progrès de l'artillerie autorisent des engagements à des distances croissantes. Le pouvoir calorifique du mazout double le rayon d'action d'un navire. Sa fluidité permet de le loger dans des parties du bâtiment jusqu'alors inaccessibles et diminue le temps nécessaire au ravitaillement d'une escadre. Avec le pétrole, l'équipage n'est plus astreint à l'épuisante « corvée de charbonnage », également baptisée « bataille des fleurs ». La subdivision des bâtiments en compartiments étanches gênait les opérations de manutention des briques de charbon. Ce problème disparaît, car les canalisations traversent aisément les cloisons. Enfin, dans la mesure où il n'est plus nécessaire d'aller chercher le combustible dans des espaces de plus en plus éloignés des foyers, au fur et à mesure de la traversée, le travail des chauffeurs est facilité[7].

D'autres facteurs, comme le primat de la vitesse dans un contexte de polarisation de la pensée navale française, entre écoles historique et matérielle[8], favorisent la transition vers le pétrole. Les partisans de la Jeune École se félicitèrent vraisemblablement de voir les torpilleurs dotés en priorité de ce procédé[9]. Son adoption par les sous-marins pour la navigation en surface encourage son développement. Enfin, alors que la *Regia Marina* est devenue « l'ennemi préféré[10] » de la flotte française, l'État-major général (EMG) s'alarme dès 1893 de l'avance de la marine rivale dans le domaine de la chauffe au mazout : « Les Italiens sont

---

[6] Service historique de la Défense – Département Marine (désormais SHD-DM), BB4 2736, note du Directeur du matériel pour l'EMG, 19 décembre 1893.

[7] Brunschwig Robert « Charbon et pétrole dans l'économie moderne », in *Annales de l'Office national des combustibles liquides*, n° 2, mars-avril 1933, p. 255-256.

[8] Pour une première approche, voir Coutau-Bégarie Hervé, « Les lignes directrices de la pensée navale au XXᵉ siècle », in *Guerres mondiales et conflits contemporains*, n° 213, 2004/1, p. 3-10. À compléter ensuite avec, du même auteur, « Réflexions sur l'école française de stratégie navale », in *L'évolution de la pensée navale*, vol. 1, Paris, Fondation pour les études de Défense nationale, 1991, p. 31-56.

[9] Motte Martin, *Une éducation géostratégique. La pensée navale française de la Jeune École à 1914*, Paris, Economica, 2004, 817 p.

[10] Préneuf Jean (de), « Du rival méprisé à l'adversaire préféré. L'Italie dans la stratégie navale française de 1870 à 1899 », in *Revue Historique des Armées*, n° 250, 2008/1, p. 34-52.

prêts, quand commencerons-nous à nous préparer ? »[11] Or, la Méditerranée, une mer fermée à proximité d'importantes bases de ravitaillement, constituerait le théâtre de cet affrontement dans lequel la vitesse serait probablement décisive.

En 1900, le Directeur du matériel de la Marine considère donc que « la période des tâtonnements doit être considérée comme close [...]. Ce qu'il importe maintenant c'est de se rendre compte sur un torpilleur d'un type moderne [...] des services que peut rendre le pétrole ». Il souhaite éprouver les combustibles liquides à bord de bâtiments opérationnels en conditions réelles[12].

## B. Une doctrine d'emploi conditionnée par des considérations stratégiques

Par ses nombreux avantages, la chauffe au mazout apparaît donc, au tournant du siècle, comme la solution idéale pour la Marine nationale. Pourtant, certains de ses responsables émettent des réserves si importantes à son utilisation qu'elles compromettent son adoption. Ainsi, dans un rapport, le directeur des constructions navales d'Indret tempère l'enthousiasme de ses subordonnés pour le chauffage mixte, par des considérations inattendues sous la plume d'un ingénieur :

> Les conclusions de ce rapport ne donnent lieu de ma part qu'à une seule réserve qui est la suivante : Je ne crois pas, comme le fait l'ingénieur Brillié, que la Marine française puisse compter sur l'emploi du chauffage mixte pour réaliser d'une façon normale les vitesses maximums de ses croiseurs, parce que la France étant tributaire de l'étranger pour l'approvisionnement du pétrole, serait très exposée à manquer de ce combustible précisément en temps de guerre[13].

Cette hantise de la dépendance représente l'élément structurant du retard français pour la chauffe au pétrole. Dès les toutes premières expériences de 1893, les responsables regrettaient « le prix très élevé du combustible et l'éloignement de [la métropole] de ses sources dont en temps de guerre la France sera complètement séparée ». À leurs yeux, cela constitue une entrave absolue « à un développement sérieux de ce mode de chauffage pour les bâtiments de guerre »[14]. La servitude imposée par les ravitaillements ne soulève pourtant pas une question nou-

---

[11]  SHD-DM, BB4 2736, note de l'EMG, 29 novembre 1893.
[12]  SHD-DM, 6DD1 339, note pour l'EMG, « Chauffe au pétrole des torpilleurs », le Directeur du matériel, 14 septembre 1900.
[13]  SHD-DM, 6DD1 339, rapport des essais de chauffe mixte effectués à l'établissement d'Indret sur une chaudière type « Jeanne d'Arc », 12 septembre 1900.
[14]  SHD-DM, BB4 2736, extrait du rapport sur les essais au pétrole entrepris sur le torpilleur 22, 12 avril 1893.

velle. L'approvisionnement en combustible se trouvait déjà au cœur des problèmes suscités par le passage de la marine à voiles à la marine à vapeur. L'abandon de l'énergie éolienne au profit du moteur engendra des inconvénients que l'amiral Castex, l'un des plus grands stratèges français, résumera par la formule suivante : « Les unités de combat ont maintenant un fil à la patte, et même une véritable chaîne »[15].

La possession de réserves de houille et de bases de ravitaillement devient un élément de définition de la puissance navale. Le charbon représente pour la France le garant de l'indépendance énergétique. Il est – à la différence de ce que sera plus tard le pétrole d'Hassi Messaoud – une ressource hexagonale et non pas seulement nationale. Il se trouve donc à l'abri d'une rupture des lignes de communication maritime. Les risques d'une dépendance à l'égard de l'étranger sont appréhendés de manière très différente en Grande-Bretagne. Riche du meilleur charbon de navigation, elle accepte d'importer un combustible dont elle est dépourvue, pour profiter de ses avantages militaires, confiante qu'elle est en son réseau mondial de points d'appui pour sa flotte, et probablement moins préoccupée que la France à l'égard d'un blocus qu'elle pratiqua plus souvent qu'elle ne subit.

La recherche de l'autonomie énergétique commande la doctrine d'emploi des navires militaires à chauffe mixte. L'utilisation du mazout doit demeurer exceptionnelle et « être réservée pour des cas spéciaux, d'autant qu'il s'agit d'un combustible qu'il faut faire venir de l'étranger, et qu'on aura souvent de très grandes difficultés à renouveler en cours de navigation »[16]. Ce raisonnement contribue à expliquer la persistance du charbon pour la propulsion des grands bâtiments de la flotte française. Au début du XX$^e$ siècle, la commission chargée d'étudier la chauffe au pétrole des cuirassés de 18 000 tonnes, les futurs *Danton*, conclut que « pour les grands bâtiments, il y a un intérêt militaire de premier ordre à alléger ou à activer, à un moment donné, le service de la chauffe par l'emploi de la chauffe au pétrole »[17]. Pourtant, ces bâtiments n'en sont pas dotés, car le Conseil supérieur de la Marine refuse de voir le pays « être tributaire de l'étranger pour le pétrole »[18]. Le fossé techno-

---

[15]  Castex Raoul (amiral), *Théories stratégiques*, tome III, *Les facteurs externes de la stratégie*, Paris, Société d'éditions géographiques, maritimes et coloniales, 1931, p. 159.

[16]  SHD-DM, BB4 2736, note pour la 4$^e$ section de l'EMG par le Directeur des Constructions Navales, 8 novembre 1898.

[17]  SHD-DM, 6DD1 640, « Rapport de la commission réunie pour étudier l'essai de la chauffe au pétrole sur l'appareil évaporatoire des cuirassés de 18 000 tonnes », 27 septembre 1907.

[18]  SHD-DM, BB8 2424 (10), Conseil supérieur de la Marine, séance du 23 octobre 1907.

logique ne cesse de se creuser avec la *Royal Navy*. Malgré l'entrée en service du premier croiseur de bataille, propulsé exclusivement au mazout, la France persiste à employer le charbon pour ses grandes unités. Ainsi, pour répondre au *H.M.S. Queen Elisabeth*, d'un déplacement de 35 000 tonnes et d'une vitesse de 24 nœuds, la Marine lance le cuirassé *Bretagne*, beaucoup plus léger, mais également bien plus lent :

|  | *H.M.S. Queen Elisabeth* | *Bretagne* |
|---|---|---|
| Date de lancement | 16/10/1913 | 21/04/1913 |
| Longueur | 195 mètres | 166 mètres |
| Déplacement | 33 000 tonnes | 22 200 tonnes |
| Vitesse aux essais | 24 noeuds | 21,5 noeuds |
| Type de chauffe | Pétrole | Charbon |

## C. Première ébauche de politique des pétroles avant-guerre

Entre 1907 et 1910, la France construit néanmoins quatorze unités légères chauffées uniquement au pétrole. Leur admission au service actif oblige la Marine à développer un programme de ravitaillement adapté au nouveau format de la flotte dont l'ambition est de tendre à l'indépendance énergétique. La rue Royale se préoccupe, en premier lieu, de diversifier l'origine géographique de ses fournisseurs. En 1909, inquiète de sa dépendance totale à l'égard du naphte russe, elle s'intéresse au mazout roumain. L'attaché naval à Rome enquête sur son utilisation par la *Regia Marina*, pendant que son homologue en Roumanie étudie les installations de Costanza, son port d'exportation[19]. En parallèle, malgré sa viscosité qui risque de le rendre impropre aux chaudières des bâtiments français, le pétrole mexicain est expérimenté en raison de « l'obligation possible, pour la Marine française, de recourir, un jour prochain, aux ressources du Mexique, afin d'assurer ses approvisionnements indispensables »[20]. L'état-major réfléchit également à l'avitaillement de ses unités éloignées des dépôts métropolitains. La mission en Extrême-Orient du croiseur *d'Entrecasteaux* est mise à profit pour tester le mazout de Bornéo[21].

Le second volet du programme consiste à garantir la pérennité des approvisionnements pétroliers et à en stabiliser le coût financier. Au moment où la *Royal Navy* acquiert une part importante du capital de l'*Anglo-Persian Oil Company* pour satisfaire à ses besoins, la Marine nationale tente une démarche similaire. Mais, écartant la méthode bri-

---

[19] SHD-DM, 6DD1 640, Note du Directeur Central des Constructions navales à l'EMG, 14 juin 1909.

[20] SHD-DM, 1DD3 521, rapport du chef du Service central de l'intendance maritime au ministre de la Marine, 7 avril 1913.

[21] SHD-DM, 6DD1 339, note au contre-amiral commandant la DNEO, 7 février 1900.

tannique d'une prise de participation majoritaire dans une entreprise privée, elle propose des contrats de longue durée pour l'achat du pétrole roumain. Les fournisseurs déclinent l'offre, car ils ne souhaitent s'engager ni sur cinq ans, ni même sur dix-huit mois. La portée de cet échec doit être relativisée, puisque l'institution ne possédait pas les moyens d'honorer de tels accords. Une lettre du ministre de la Marine à son homologue des Affaires étrangères révèle en effet l'incapacité de la flotte pétrolière à acheminer le combustible ainsi acheté et l'impossibilité de le stocker dans les ports militaires[22]. Le Département persévère dans son intention de ne pas subir la volatilité des cours. Il envisage de traiter directement avec les producteurs pour bénéficier d'un prix fixe, même si celui-ci s'avérait supérieur au tarif du marché « en raison des immenses avantages de sécurité qu'un tel marché ne manquerait pas de présenter pour la défense nationale »[23].

L'accroissement des capacités de stockage représente le troisième volet de ce programme d'autonomie énergétique. Dès 1900, un plan d'amélioration des installations portuaires métropolitaines affecte des crédits à la construction de réservoirs dans les ports militaires[24]. Les résultats demeurent cependant très insuffisants, puisqu'en 1910 encore, les résidus de naphtes sont reconditionnés afin d'être stockés en fûts dans des entrepôts. Cette rupture de charge a pour conséquence de doubler le prix de la tonne de mazout[25]. Pour mettre un terme à cette opération aussi longue qu'onéreuse, le budget 1911 de la rue Royale programme l'aménagement d'une première série de réservoirs jaugeant 42 300 tonnes. La loi navale, votée l'année suivante à l'initiative du ministre, Théophile Delcassé, multiplie les besoins, car elle envisage la réalisation à l'horizon 1919 de quatorze cuirassés mixtes et de trente contre-torpilleurs propulsés exclusivement au pétrole[26]. Leur entrée en service doit correspondre à la livraison d'une seconde série de cuves d'une contenance de 103 800 tonnes[27]. Si ce programme ambitieux avait abouti, 55 % de la capacité de stockage aurait été concentrée sur le littoral

---

[22] Ministère des Affaires étrangères, correspondance politique et commerciale nouvelle-série, Roumanie, vol. 21, lettre du ministre de la Marine au ministre des Affaires étrangères, 31 janvier 1913.

[23] SHD-DM, 1DD3 521, note confidentielle du commissaire Gigout au ministre de la Marine, 2 octobre 1913.

[24] SHD-DM, DD2 1569, note de l'Ingénieur en chef adjoint à l'Inspection générale des Travaux maritimes, 10 novembre 1900.

[25] Rapport n° 368, *Budget général de l'exercice 1911, ministère de la Marine*, par Paul Benazet, session de 1910.

[26] SHD-DM, BB4 2597, note pour la direction militaire de services de la flotte par l'amiral Aubert, 17 avril 1912.

[27] SHD-DM, 1DD3 507, rapport du Chef du Service central de l'Intendance maritime au ministre de la Marine, 18 mai 1912.

méditerranéen. Cette répartition confirme l'importance stratégique de la Méditerranée pour la flotte française, après la création de la Première Armée navale en 1911, sa concentration à Toulon et la signature des accords navals franco-britanniques de 1912.

Enfin, toutes ces mesures sont inséparables de l'aptitude de la Marine à acheminer elle-même son ravitaillement. Le dernier volet du programme repose donc sur l'acquisition de navires nécessaires au transport du combustible de la région de production à celle de stockage et de cette dernière aux unités en opération. Entre 1910 et 1913, la Marine achète ses trois premiers pétroliers, d'un port en lourd total de 18 000 tonnes.

## II. Les désillusions de la Première Guerre mondiale

La Marine nationale engage donc sa transition vers la chauffe au mazout selon une chronologie sensiblement similaire à celle de ses homologues étrangères. Cependant, les responsables français, hantés par le spectre de la dépendance énergétique, refusent de généraliser le procédé. Ainsi, malgré les avantages militaires unanimement reconnus des combustibles liquides, la très grande majorité des navires français utilisent encore le charbon le 3 août 1914. Cela n'empêche pas la France de connaître des difficultés considérables de ravitaillement en hydrocarbures à peine la guerre déclarée.

### A. La Marine livrée aux Anglais

Avant 1914, la Marine a posé les jalons d'une politique pétrolière cohérente et adaptée à son format. Elle possède une avance considérable sur les autres ministères. En dépit des efforts consentis, les responsables de la rue Royale restent inquiets. Si le budget 1912 autorise la constitution d'un stock de guerre de combustibles liquides, la construction des premiers réservoirs a pris un tel retard que les crédits votés n'ont pas été utilisés[28]. Dès la déclaration de guerre, l'état-major consacre une grande attention aux questions pétrolières. En quelques jours, la Marine double ses capacités d'acheminement du pétrole. L'attaché naval à Londres achète, avec l'intégralité de sa cargaison, le pétrolier géant *San Isidoro*. À Bizerte, les autorités saisissent le *Tsar Nicolas II*, battant pavillon allemand. En France, elles réquisitionnent le *Motricine*, un bâtiment neuf qui est d'ailleurs la première unité de la marine française de surface propulsée par un moteur diesel. Cette agitation trahit les incertitudes de l'institution sur les questions de logistique. Son comportement sur le marché pétrolier révèle l'ampleur de son désarroi. Pour l'année 1914, l'unique contrat passé prévoyait l'achat de 37 000 tonnes à la *Gulf*

---

[28] SHD-DM, 1DD3 521, rapport au ministre du chef du Service central de l'Intendance maritime, 5 mars 1913.

*Refining Company.* Dès le 15 août, une renégociation permet de le porter à 52 000 tonnes. En parallèle, le Département achète toutes les quantités disponibles. En deux semaines, 44 000 tonnes de mazout sont acquises, soit davantage que la quantité initialement programmée pour l'ensemble de l'année 1914[29] !

Ces achats rapides et massifs, mais incohérents au regard de la consommation réelle des unités interpellent l'Amirauté britannique. Le 22 août 1914, elle propose de fournir et de transporter le mazout nécessaire au ravitaillement de la flotte française. En échange, elle demande à assumer « dans l'avenir toutes les commandes nouvelles du gouvernement français, qui viendront s'ajouter aux commandes de l'Amirauté[30] ». Les responsables français s'empressent d'accepter. Ils décident qu'« à partir de ce jour, la Marine française s'adressera exclusivement à l'Amirauté britannique [...] pour obtenir les résidus de naphte qui lui sont nécessaires »[31]. Ils ne trouvent que des avantages à cette formule qui évitera aux deux puissances alliées de se concurrencer sur le marché mondial. Ils pensent bénéficier de prix plus faibles, en raison des volumes nécessaires aux Britanniques. Cependant, ils paraissent ignorer l'emprise qu'exercera ainsi la Grande-Bretagne sur la Marine. Par cette décision, ils désavouent la politique d'indépendance énergétique menée avant-guerre.

Dépossédée de son autonomie, la Marine redéploie son dispositif. Ses pétroliers sont rattachés à l'arsenal de Sidi Abdallah afin de pourvoir aux besoins de la Première Armée navale. Bâtiments militaires, les règles de la neutralité leur interdisent de charger la moindre cargaison aux États-Unis ou au Mexique. Ils sont par conséquent transformés en citernes flottantes sur le lac de Bizerte. En juin 1915, pour garantir la pérennité du système de ravitaillement par les Britanniques, la France cède à la *Royal Navy* un premier pétrolier[32]. La dépendance croissante à l'égard de l'*Admiralty* tourne à la vassalisation quand, enhardie par ces succès faciles, celle-ci obtient « dans l'intérêt commun » la cession d'une seconde unité de ce type[33]. La Grande-Bretagne fournit alors en résidus de naphte tous les services de la Marine en France et en Afrique

---

[29] SHD-DM, 1DD3 549, note pour le ministre du chef du Service central de l'Intendance maritime, 23 février 1915.

[30] SHD-DM, SS Xa 1, note du contrôleur de l'administration de la Marine pour l'Inspecteur général du Commissariat, 26 août 1914.

[31] SHD-DM, 1DD3 549, note pour le ministre du chef du Service central de l'Intendance maritime, 23 février 1915.

[32] SHD-DM, SS Xa 59, lettre du contrôleur Godin au ministre de la Marine, 17 février 1916.

[33] SHD-DM, SS Xa 59, du délégué à la Commission internationale du ravitaillement au ministre de la Marine, 25 juin 1915.

du Nord, jouant à la fois le rôle de fournisseur et celui de transporteur. Les envois sont décidés en fonction des réserves des ports et de la disponibilité des unités britanniques. En Méditerranée orientale, le système diffère car le vice-amiral commandant en chef de l'Armée navale conserve deux pétroliers à sa disposition pour se ravitailler en Égypte. Ainsi, dans cette région, les Britanniques n'assument pas le transport, mais uniquement la fourniture du combustible[34].

En deux ans, la Marine a donc renoncé à l'ensemble des composantes de son programme pétrolier. Elle se montre incapable de capitaliser l'expérience acquise avant le conflit et perd *de facto* le rôle qu'elle aurait pu jouer pendant, pour la conception d'une politique globale de ravitaillement pétrolier. Cette décision apparaît d'autant plus surprenante que, soumis à une pression encore plus importante, le ministère de la Guerre refuse l'engrenage et conserve son indépendance énergétique[35]. Cet affaiblissement ne peut manquer d'être mis en parallèle avec la marginalisation progressive de la Marine du commandement de la guerre sur le théâtre méditerranéen. Si la Conférence de Londres d'août 1914 avait consacré l'amiral français Boué de Lapeyrère « commandant supérieur des forces anglo-françaises en Méditerranée », la création d'un état-major naval interallié lors de la Conférence de Paris de mai 1918 se réalise au profit de l'amiral anglais Jellicoe qui est chargé de coordonner l'action navale en Méditerranée[36].

Cependant, la Marine nationale disposait-elle des moyens de pourvoir elle-même à son ravitaillement ? Ses principales sources d'approvisionnement se situaient dans des territoires difficiles d'accès pendant un conflit et, de surcroît, directement menacés par les armées allemandes. Ses unités de transport pétrolier ne possédaient pas la résilience nécessaire pour affronter les rigueurs de la guerre sous-marine. Ses parcs à mazout se localisaient sur les côtes françaises, très loin des zones d'opérations. Son train d'escadre, faiblesse traditionnelle de la flotte, était quasi-inexistant. Réaliste, le Service de l'Intendance anticipait dès 1912 que « la Marine ne se trouverait peut-être pas en mesure de suffire, pendant une longue période de guerre, aux besoins d'unités navales qui seraient soumises, selon toute vraisemblance, à une navigation particulièrement intensive »[37]. La *Royal Navy*, elle-même, connut les plus

[34] SHD-DM, SS Eb 95, lettre de Georges Leygues au Commissaire général aux Essences et Combustibles, 24 février 1919.

[35] Nayberg Roberto, *op. cit.*, p. 56-57.

[36] Pedroncini Guy, « Les alliés et le problème du haut commandement naval en Méditerranée 1914-1918 », in *Marins et Océans*, n° 2, Paris, Economica, Coll. « Études d'histoire maritime », 1991, p. 223-233.

[37] SHD-DM, 1DD3 507, rapport au ministre du chef du Service de l'Intendance maritime, 6 février 1912.

grandes difficultés pour assurer son ravitaillement. En 1917, ses réserves tombèrent à moins de huit semaines. Elle limita la vitesse des bâtiments de la *Grand Fleet* afin d'économiser le précieux combustible[38]. Elle pria l'*US Navy* de n'envoyer en Europe que ses vieilles unités, en raison de l'impossibilité de ravitailler les plus modernes, chauffées au mazout[39].

## B. Les perspectives de la sortie de guerre

Le conflit terminé, les responsables de la Marine jugent qu'« il serait nécessaire de pouvoir généraliser la chauffe au mazout sur tous les bâtiments de guerre, car l'emploi du charbon comme combustible, et même la chauffe mixte, ne permettent pas de réaliser et de soutenir les puissances demandées aujourd'hui aux appareils moteurs des bâtiments de combat »[40].

Les négociations de paix constituent donc l'occasion d'engager cette généralisation. Pour pérenniser ses approvisionnements, la Marine réclame l'augmentation des participations financières françaises dans les entreprises pétrolières étrangères. Le Département souhaite trouver dans cette opération « des facilités pour se procurer des ravitaillements qui lui sont nécessaires dans des conditions avantageuses pour le Trésor et en évitant les inconvénients d'avoir à s'adresser à un marché sous le seul contrôle étranger »[41]. Étaient particulièrement visées les sociétés d'exploitations en Roumanie et en Russie, partenaires privilégiés de la Marine nationale avant-guerre. À l'inverse, les ressources du Proche-Orient n'apparaissent que très timidement dans les sources dépouillées. La rue Royale reconnaît peut-être ainsi implicitement la prééminence de la *Royal Navy* dans une région où la Grande-Bretagne puise la majorité de ses approvisionnements.

Les traités offrent à la France des bâtiments ex-ennemis : cinq croiseurs légers, dix torpilleurs – dont neuf chauffent exclusivement au mazout – et dix sous-marins. L'état-major a revendiqué ces navires modernes car : « [ils] sont tous de modèles récents : la plupart d'entre eux ont été construits au cours même de la guerre. Ils nous permettront donc de retirer pour nos propres constructions futures des enseignements de

---

[38] Jellicoe John, *The crisis of Naval War*, London, BiblioBazaar, 2008, (première édition : Cassel, 1920), p. 147-148.

[39] Halpern Paul, *A Naval History of World War I*, London, Routledge, 2003, p. 404.

[40] SHD-DM, SS Ca 12, rapport et procès verbal de la Commission d'études des enseignements de la guerre, non daté.

[41] SHD-DM, SS Eb 95, lettre du ministre de la Marine au ministre des Finances, 18 juin 1919.

tous ordres. Ils apportent en outre à nos forces navales un renfort important »[42].

La Marine souhaite les étudier afin d'en tirer des leçons pour ses propres constructions navales. Dans l'immédiat après-guerre, celle-ci a donc assis son passage au pétrole sur des bâtiments d'origine allemande et austro-hongroise. En 1922, ces unités consomment une fois et demie plus de mazout que l'ensemble des unités de fabrication française[43].

Sans connaître l'ampleur du mouvement *back to coal* rencontré par l'Amirauté britannique, la généralisation de la chauffe aux résidus de naphte suscite en France des réticences[44]. En 1923, la Commission de la Marine à la Chambre subordonne l'utilisation du pétrole à la « maîtrise absolue de la mer ». Les parlementaires s'inquiètent d'une rupture des lignes de communication maritime en cas de conflit avec la Grande-Bretagne, dont la conséquence serait de priver la flotte de tout ravitaillement. Ils souhaitent par conséquent favoriser les approvisionnements par voie terrestre et restreindre l'emploi du mazout aux seuls sous-marins. Afin de diminuer la consommation de combustibles liquides de la Marine, ils envisagent même de demander le retour à la chauffe au charbon[45].

## III. S'adapter à l'après-guerre

Malgré ces réticences parlementaires, malgré les problèmes de ravitaillement rencontrés au cours du conflit, la Marine est déterminée à faire aboutir la transformation débutée au milieu des années 1890. Toutefois, le contexte a changé, car la guerre a démontré de manière éclatante le caractère stratégique du pétrole. Ainsi, dès le 21 novembre 1918, lord Curzon, alors secrétaire d'État au *Foreign Office*, déclarait à l'*Interallied Petroleum Conference* : « Les Alliés ont vogué à la victoire sur une vague de pétrole ». En la matière, la rue Royale ne peut désormais plus mener une politique de ravitaillement en hydrocarbures indépendante de celle du pays.

### A. Les constructions navales

Au lendemain de la Grande Guerre, l'intérêt de la chauffe aux résidus de naphte dépasse le strict cadre opérationnel. Dans le contexte de

---

[42]  SHD-DM, 1BB2 9, note « bâtiments ex-ennemis », 19 octobre 1919.

[43]  SHD-DM, 1DD3 646, note n° 2310 EMG 4, de l'amiral Salaün au ministre de la Marine, 25 novembre 1920.

[44]  Brown Michahel, *The Royal Navy's fuel supplies, 1898-1939. The transition from coal to oil*, Ph. D, King's College London, 2003, p. 244-258.

[45]  Archives nationales, C 14694, Commission de la Marine militaire, séance du 16 mai 1923.

crise des effectifs de l'époque, elle permet de réduire le nombre de soutiers et de chauffeurs. La fluidité du pétrole entraîne en effet la disparition du personnel nécessaire à la manutention de la houille dans les soutes. Il en va de même de celui destiné à la conduite des chaudières compte tenu de la mécanisation et de l'automatisation croissante des systèmes. Le passage à la chauffe au pétrole offre également une réponse aux limites de tonnage imposées aux navires par le traité de Washington. À puissance offensive égale, un croiseur chauffé pétrole est réputé déplacer 3 000 tonnes de moins qu'une unité semblable propulsée au charbon. Ainsi, tout en respectant formellement les conclusions des conférences de désarmement sur le tonnage maximum de la flotte, la Marine nationale peut disposer de davantage d'unités[46].

Au début des années 1920, les bâtiments légers, peu nombreux et démodés, constituent la principale faiblesse de la flotte française. Leur utilité a pourtant été largement démontrée, tant pour garantir la sécurité des lignes de communication, que pour la poursuite ou la destruction des corsaires, l'éclairage des escadres, la protection des grandes unités ou la guerre des mines. De plus, ces unités sont indispensables à la défense des colonies et au contrôle de la Méditerranée, face à la *Regia Marina*, l'adversaire le plus probable de la marine française en cas de nouveau conflit. Or le rapport de force sur mer est très favorable à l'Italie, comme l'illustre le tableau de la situation prévue en 1924[47] :

| Type de bâtiment | France | Italie |
| --- | --- | --- |
| Croiseurs légers | 5 | 8 |
| Contre-torpilleur | 1 | 8 |
| Torpilleurs | 41 | 50 |

La conjoncture est d'autant plus délicate que les navires italiens sont récents alors que les unités françaises sont de conception obsolète. La rue Royale lance donc la construction de bâtiments légers et rapides chauffés au mazout. Leur entrée en service accroît de manière spectaculaire la demande de la Marine en pétrole qui double entre 1925 à 1929[48] ! Ces navires modernes participent aux missions de prestige de l'institution à l'image de celles confiées, l'année même de leur lancement, aux nouveaux croiseurs lourds. Le *Duquesne* visite les ports africains après avoir transporté l'ambassadeur Paul Claudel aux États-Unis, tandis que le *Tourville* réalise un tour du monde. En 1929, la consom-

---

[46] SHD-DM, 1 CC 274, « Aspects militaires de la question du pétrole dans la Marine » travail de présentation à l'École de guerre navale du lieutenant de vaisseau Verny, session 1922-1923.

[47] SHD-DM, 1BB8 217, note du cabinet du ministre « L'impérieuse nécessité de continuer dès 1924 la reconstitution de notre flotte légère », non datée.

[48] Voir l'annexe I.

mation de ces deux unités représente le quart de celle de toutes les forces de la flotte française[49].

La Marine célèbre ce passage au mazout comme le symbole de la modernité et de la technicité, en opposition avec l'archaïsme du charbon, et dont témoignent les conditions de travail de « forçat » des chauffeurs :

> Naguère, dans les rues de chauffe où la température, malgré une ventilation énergique se maintenait accablante, les chauffeurs, le torse nu, devaient pousser, en cadence, avec leurs longues pelles, plusieurs dizaines de tonnes par heure, dans des brasiers aveuglants… Maintenant, le labeur est devenu facile […]. Des pompes puisent le mazout dans les citernes du bord […]. Ainsi, quelques pompes à lancer, quelques robinets d'admission à ouvrir ou à fermer, quelques appareils de contrôle à surveiller : c'est là le travail des chauffeurs d'aujourd'hui, mille fois plus heureux que leurs devanciers[50].

La transition vers les combustibles liquides des grandes unités ne se fait pas de manière aussi cohérente que pour les plus petites. Les conceptions de la rue Royale ne cessent en effet d'évoluer au gré de la conjoncture internationale. L'éventualité d'une refonte de la propulsion des grands bâtiments est envisagée au lendemain de l'armistice, car celle-ci était obsolète dès leur entrée en service. Cependant, en l'absence de cuirassé en construction à l'étranger, le Conseil supérieur de la Marine refuse d'entreprendre les travaux[51]. En 1931, la menace représentée par la reprise des programmes allemands et italiens, pousse la Marine à mettre en chantier le croiseur de bataille *Dunkerque*, sa première grande unité propulsée exclusivement au pétrole. Son admission est prévue pour 1936, soit près d'un quart de siècle après celle du *H.M.S. Queen Elisabeth*. Entre 1931 et 1933, les lancements des croiseurs de poche allemands de la classe *Deutschland*, très rapides car à propulsion diesel, rendent l'attente du *Dunkerque* très inconfortable. Pour pallier cette situation dangereuse, le chef d'état-major général de la Marine, le vice-amiral Salaün demande au ministre de consentir au passage au mazout des cuirassés *Bretagne*. Malgré la possibilité technique, la Direction des Constructions Navales désapprouve la refonte de ces unités vieillies[52]. Cependant, en raison de la menace allemande pesant sur les communications maritimes du pays, le Conseil supérieur de la Marine se résout à accepter leur modernisation, opération qu'il avait pourtant refusée douze

[49] SHD-DM, 1DD3 799, rapport au ministre n° 61 EMG, 25 janvier 1929.
[50] Benoist Marc, *La Marine française. Préface de M. François Piétri – Ministre de la Marine*, Paris, de Gigord, 1934, p. 68.
[51] SHD-DM, 1BB2 9, rapport au Conseil supérieur de la Marine de l'amiral Salaün, 19 juin 1920.
[52] SHD-DM, 1BB8 46, note n° 1186 CN4 du Chef du Service technique des Constructions navales au Chef d'État-major Général, 11 mars 1932.

ans auparavant. La crainte de n'avoir aucune unité rapide à opposer à l'Allemagne pendant la période de soudure a motivé cette décision[53].

## B. Retour à une politique d'autonomie

La totalité des bâtiments chauffant désormais au pétrole, les problèmes d'approvisionnement prennent une ampleur nouvelle. Renouant avec le programme mené avant la guerre, l'état-major cherche à diversifier ses fournisseurs. Toutefois, la fermeture du marché russe à la suite de la révolution bolchevique et les destructions subies par les installations roumaines de Costantza disqualifient ces deux partenaires traditionnels. Les ressources financières, davantage que des considérations stratégiques, dictent la géographie des approvisionnements de la Marine nationale. En septembre 1919, le naphte texan revient quatre fois moins cher que celui d'origine roumaine, plaçant *de facto* la Marine sous l'emprise des producteurs américains. La France s'emploie cependant à conserver des liens avec la Roumanie par l'intermédiaire des relations navales bilatérales[54]. La Marine continue à y passer des commandes pour ses bâtiments stationnés en mer Noire malgré les tarifs prohibitifs pratiqués[55]. En outre, en 1920, la cession de quatre canonnières à Bucarest est en partie payée en nature, *via* la fourniture de mazout[56]. Parallèlement, des tentatives de diversification visent à réactiver le marché russe, si important avant la guerre. Quelques mois avant la reconnaissance officielle du gouvernement de Moscou en octobre 1924, le Département est autorisé à acheter à des sociétés privées 7 000 tonnes de combustibles liquides d'origine soviétique[57]. Au début des années 1930, l'URSS est devenue un partenaire incontournable pour le ravitaillement de la flotte française, en une période de très forte croissance de ses besoins. Entre 1927 et 1930, le mazout soviétique représente ainsi 63 % du tonnage total acquis par la Marine ! La rue Royale se félicite de son faible prix, de sa bonne qualité, de l'efficacité des installations portuaires de Batoum et de l'utilisation rationnelle qu'elle peut faire de ses pétroliers[58].

---

[53] SHD-DM, 1BB8 42, rapport secret du Conseil supérieur de la Marine « Travaux de modification des cuirassés de 23 000 tonnes », 16 avril 1932.

[54] Boureille Patrick, « Les relations navales franco-roumaines (1919-1928) : les illusions perdues », in *Revue Historique des Armées*, n° 244, 2006/3, p. 50-59.

[55] SHD-DM, 1DD3 623, note de la Direction du Contrôle, approuvée par le ministre le 15 septembre 1919.

[56] SHD-DM, 1BB2 164, « Étude sur le ravitaillement de la Marine en produits pétrolifères » par la section Étude de l'EGM, 20 juin 1920.

[57] SHD-DM, 1DD3 714, note pour le ministre n° 54 Int. 4 du commissaire Charet, 29 avril 1924.

[58] SHD-DM, 1BB2 164, note n° 122 Int. 4 « Achat de mazout et de gas-oil en Russie », non datée mais postérieure à juillet 1930.

Les caractéristiques techniques du combustible utilisé constituent un paramètre d'ajustement possible pour accroître la diversité des approvisionnements. Les unités françaises se chauffaient avant-guerre avec du « type Marine », très fluide mais rare. Sa fourniture se trouve compromise dès 1920, car les sociétés américaines rechignent à élaborer un produit uniquement consommé par les bâtiments français. La recette change donc pour le « fuel oil A » qui, sans être véritablement commercial, est de fabrication plus courante. Cependant, la part croissante du pétrole mexicain dans la production mondiale oblige la Marine à envisager une nouvelle évolution. Pour permettre à ses unités de se ravitailler dans n'importe quel port du monde avec ce pétrole très visqueux, mais largement disponible, elle entreprend des essais de chauffe au « fuel oil C »[59].

La construction de réservoirs constitue l'ultime volet de cette politique d'autonomie pétrolière. Leur aménagement est facilité, car à partir de 1919 la Marine achète ceux bâtis par les États-Unis pendant le conflit. Le tonnage ainsi acquis représente presque la totalité de celui réalisé avant 1914[60]. De plus, un nouveau programme destiné à loger les stocks de guerre est décidé. À son échéance, en 1940, la Méditerranée doit concentrer 53 % des réservoirs, l'Atlantique 35 % et l'Outre-mer 12 %[61], preuve de l'attention, encore timide, portée par le ministère à l'établissement d'un réseau de bases ultramarines[62].

Une fois la Marine approvisionnée, le ravitaillement des forces navales en opération est à organiser. L'état-major étudie donc avec soin les contraintes logistiques posées par ce problème en cas de conflit. Les bâtiments opérant en Méditerranée, ou à proximité des côtes métropolitaines, seront soutenus par les petits pétroliers « ravitailleurs d'escadre ». Un mécanisme particulier est prévu pour ceux intervenant sur des théâtres lointains. Les grands pétroliers y assumeront le rôle de « parc mobile ». La rue Royale attribue à chacun une zone géographique à gagner dès la mobilisation, avec une base de relâche et des centres de ravitaillement en pétrole clairement identifiés[63].

---

[59] SHD-DM, 1DD3 714, rapport au ministre n° 323 EMG de l'amiral Grasset, 19 février 1924.

[60] SHD-DM, SS Eb 95, note pour la 2ᵉ section de l'EMG, 18 avril 1919.

[61] SHD-DM, 1BB2 159, Conférence du CF Fitte, 22 février 1934.

[62] Lasterle Philippe, « Les bases et points d'appui coloniaux (1919-1939) : une modernisation trop tardive », in *Les bases et les arsenaux d'outre-mer, du Second Empire à nos jours* édité par le Comité pour l'histoire de l'Armement et le Service historique de la Marine, Paris, Lavauzelle, 2002, p. 115-124.

[63] SHD-DM, 1BB2 156, « plan de ravitaillement en combustibles outre-mer », n° 150 EMG 4, 20 février 1931.

## C. La Marine face à la politique du pétrole du pays

Avant 1914, le faible intérêt général porté aux questions pétrolières offrait à la Marine une très large autonomie en la matière. Le conflit entraîne un profond revirement car, selon la formule de Clemenceau, le pays découvre qu'« une goutte de pétrole vaut une goutte de sang ». À partir de décembre 1918, les marins ne participent plus à l'élaboration de la politique pétrolière qui est confiée à des organismes civils. Cette marginalisation des militaires se poursuit jusqu'en juin 1922, date à laquelle le Conseil supérieur de la Défense nationale s'intéresse à nouveau au sujet[64]. La rue Royale adhère aux grandes orientations alors définies, mais veille attentivement à leur traduction militaire. Elle cherche notamment à maintenir une autonomie la plus large possible en matière d'approvisionnement. Le transport du mazout fait l'objet d'âpres discussions avec les responsables de la Marine marchande. Cette dernière souhaiterait assurer aux navires de commerce français l'exclusivité de l'acheminement du pétrole. Si l'État-major général exige de contrôler directement les pétroliers du train d'escadre, il accepte de recourir à la flotte commerciale, le plus largement possible, pour en favoriser le développement[65]. Cette bienveillance n'est pas dénuée d'arrière-pensées puisque les pétroliers ainsi construits pourraient être réquisitionnés en cas de guerre.

La définition d'une politique pétrolière est intimement liée à la question des relations à entretenir avec les majors du secteur[66]. Contrairement au modèle britannique, la Marine demeure réticente à se rapprocher d'eux, d'autant qu'elle juge très sévèrement leur comportement au cours du conflit. Elle leur reproche en effet d'avoir davantage prêté attention à la sécurité de leurs bâtiments qu'aux besoins des Alliés. Comme le rappellera le vice-amiral Grasset, chef d'État-major général au lendemain du conflit :

> La *Standard Oil* avait transféré tous ses transports pétroliers dans le Pacifique pour échapper aux risques de torpillage et qu'il a fallu l'intervention personnelle de M. Clemenceau auprès de M. Wilson et toute l'action de ce dernier sur la *Standard Oil* pour obliger cette société à faire naviguer ses transports dans l'Atlantique afin d'assurer notre ravitaillement[67].

L'attitude de la rue Royale à l'égard des majors est ambivalente. D'une part, elle souhaite les intéresser à son ravitaillement et les encou-

---

[64] Nayberg Roberto, *op. cit.*, p. 395.

[65] SHD-DM, 1BB8 27, note « La politique des pétroles en France », du Conseil supérieur de la Défense nationale, 10 novembre 1923.

[66] Nouschi Marc, *La France et le pétrole*, Paris, Picard, 2001, p. 37-56.

[67] SHD-DM, 1DD3 680, note au ministre n° 1481 EMG 4 de l'amiral Grasset, 2 août 1922.

rager à investir ou à construire des infrastructures industrielles dans l'hexagone. En cas de conflit, elles ne pourraient ainsi pas se montrer indifférentes au sort de la France et pourraient y sensibiliser leurs gouvernements. Mais, d'autre part, la Marine désire affermir la politique d'autonomie énergétique mise en œuvre sous l'égide de l'Office national des combustibles liquides (ONCL). Lors de la création de la Compagnie française des pétroles (CFP), la rue Royale envisage de lui réserver la majorité de ses contrats d'approvisionnement de service courant et la totalité de ceux nécessaires à la constitution de ses stocks de guerre[68]. En 1928, saisie d'une proposition d'une convention exclusive avec la *Royal Dutch-Shell*, elle refuse au motif que

> ce serait [...] diminuer les possibilités éventuelles de commandes à l'industrie de distillation du pétrole brut que l'on s'efforce actuellement de créer en France. Ce serait donc diminuer les chances d'essor d'une industrie dont la Marine attend une réalisation partielle de ses stocks de guerre.

En contrepartie de cette bonne volonté, la rue Royale exige en 1935 de l'ONCL qu'il se préoccupe davantage des ressources offertes par le territoire national, à Pechelbronn en particulier, qu'il accélère les recherches au Maroc et en Afrique équatoriale française et qu'il encourage les compagnies françaises à acquérir des concessions en Amérique latine[69].

## Conclusion

À la veille de la Seconde Guerre mondiale, la flotte française constitue bien un « remarquable instrument de combat ». Ses navires de guerre sont respectés à l'étranger. Leurs réussites impressionnent à l'image du record de vitesse de 43 nœuds du contre-torpilleur *Mogador*, allure inaccessible pour une frégate contemporaine. Pourtant, cette « "belle marine" de 1939[70] » n'a adopté que très tardivement la chauffe au mazout. Durant toute la Grande Guerre, la majorité de ses unités dépendent encore du charbon pour leur propulsion. Ses bases et points d'appui coloniaux sont insuffisants pour lui assurer le statut mondial auquel elle aspire. Son train d'escadre, malgré des progrès, reste sous dimensionné. De plus, à l'entrée en guerre, elle ne maîtrise pas encore complètement

---

[68]  SHD-DM, 1BB8 27, note « La politique des pétroles en France », du Conseil supérieur de la Défense nationale, 10 novembre 1923.

[69]  SHD-DM, 1BB2 159, note n° 221 EMG 4, du CV Fouace au Chef d'État-major général, 18 mai 1935.

[70]  Du titre du chapitre de Philippe Masson consacré à la Marine nationale dans le tome 3 de l'*Histoire militaire de la France*, sous la direction de Corvisier André, Paris, PUF, 1992, p. 443-470. La citation précédente est tirée de cet ouvrage, p. 454.

la procédure de ravitaillement à la mer, indispensable à une marine à vocation océanique[71].

L'innovation technologique, point fort de la Marine impériale dans la seconde moitié du XIXe siècle, semble négligée après 1895. La crainte de dépendre de l'étranger ralentit l'adoption de la chauffe aux résidus de naphte. La hantise du blocus et la peur d'une rupture des lignes de communication freinent également le développement de la chauffe au mazout. Les relations empreintes de méfiance à l'égard des majors retardent sa généralisation. Une étude complémentaire mériterait d'être engagée sur cette question en raison des rapports étroits entretenus entre la Marine et certains industriels du pétrole. Ainsi, en va-t-il d'Ernest Mercier, fondateur de la CFP, du corps des ingénieurs maritimes, envoyé en mission en Roumanie pendant la Grande Guerre[72], un pays où la compagnie qu'il dirigea avait de nombreux liens. Ou encore du directeur de Desmarais Frères, Robert Cayrol, qui était entré à l'École navale en 1904 et servit en 1914-1918 à la première section de l'État-major général comme chef du service des renseignements[73].

**ANNEXE I**[74]

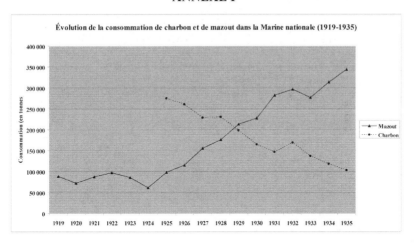

Évolution de la consommation de charbon et de mazout dans la Marine nationale (1919-1935)

---

71  SHD-DM, 1BB2 166, procès-verbal secret n° 122 MG, « Ravitaillement à la mer en combustible des bâtiments légers », 14 décembre 1939.

72  Grandhomme Jean-Noël, *Le général Berthelot et l'action de la France en Roumanie et en Russie méridionale (1916-1918)*, Vincennes, SHAT, 1999, p. 375-411.

73  Les archives du Service historique de la Défense conservent leurs dossiers personnels. Pour Ernest Mercier voir SHD-DM, CC7 4e moderne, 1112/11 et 3318/19 et pour Robert Cayrol, voir CC7 4e moderne, 814/14.

74  D'après SHD-DM, 1CC 262, conférence de l'École de guerre navale, « Notions générales sur le pétrole », par le commissaire en chef Voiron, 1937.

# DEUXIÈME PARTIE

## LA SECONDE GUERRE MONDIALE ET LA DÉCOLONISATION

# SECOND PART

## SECOND WORLD WAR AND DECOLONIZATION

# Protéger les établissements pétroliers en temps de paix et en période de guerre

## L'exemple des raffineries françaises (v. 1929-1945)

Morgan LE DEZ

*Université du Havre, France*

La fin de la Première Guerre mondiale marque l'entrée dans deux décennies de forte croissance de la consommation française de produits pétroliers. La Grande Guerre constitue aussi une rupture en termes de perception des hydrocarbures. Dès lors, ceux-ci font l'objet d'une attention particulière du Gouvernement français, du point de vue des équipements industriels et du contrôle des sources d'approvisionnement en cette matière première dont le pays est pratiquement dépourvu. Le pétrole acquiert une valeur stratégique d'un point de vue économique pour les politiques mais aussi du point de vue de la Défense nationale. Cette valeur stratégique est le fait de la quasi-absence d'une production pétrolière française et de la croissance de l'utilisation de ses dérivés, particulièrement dans les divers modes de transport. C'est ainsi que de nouvelles installations industrielles voient le jour et se développent en France durant l'entre-deux-guerres : des raffineries et de nombreux dépôts organisés en réseaux.

À travers l'exemple choisi des raffineries françaises, le but de cette communication est de mettre en évidence quelques aspects du caractère stratégique des établissements pétroliers existant tant en temps de paix qu'en période de guerre. La période étudiée (1928-1945) englobe ces deux situations. Les raffineries de pétrole françaises d'alors (cf. Doc.1), mises en service entre 1928 et 1935, sont au nombre de quinze. Elles se situent toutes aux frontières terrestres ou maritimes du pays, et nous apparaissent concentrées dans les estuaires des grands fleuves, exception faite des usines du Nord et de l'Est. Le nombre restreint des raffineries, leur dispersion sur l'ensemble du territoire, et la diversité des thèmes abordés par les sources disponibles relatives à leur histoire, permettent de s'interroger sur les relations entre acteurs liés à la Défense nationale (politiques, entreprises, militaires, etc.) dans les choix de localisation de ces usines, de leur construction, de leur exploitation, ainsi que leur devenir durant la Seconde Guerre mondiale. En effet, le caractère stratégique du secteur pétrolier pour la Défense nationale peut, dans un tel cadre, être compris aussi bien en termes économiques que militaires. Comment s'est organisée la nécessaire protection de ces établissements industriels, de leurs productions et de leurs personnels ? Nous allons successivement aborder les rapports entre entreprises pétrolières et autorités militaires dans le choix de la localisation des raffineries, puis poursuivre par l'étude du rôle de ces usines, une fois en service, dans le cadre de la Défense nationale. Enfin, nous mettrons en évidence les conséquences de la mobilisation, des combats liés à la guerre sur leur fonctionnement.

**Doc. 1 : Localisation des raffineries de pétrole françaises en service en 1935**

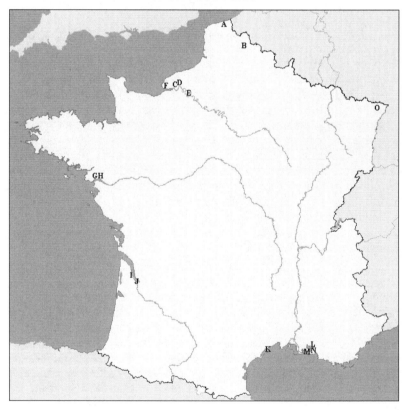

| Les raffineries de pétrole françaises en 1935 | | |
|---|---|---|
| **Repère** | **Villes** | **Raffineurs** |
| A | Dunkerque | Raffinerie de Pétrole du Nord (RPN) |
| B | Courchelettes | Société Générale des Huiles de Pétrole (SGHP) |
| C | N.D. de Gravenchon/ Port-Jérôme | Standard Franco-Américaine de Raffinage (SFAR) |
| D | N.D. de Gravenchon | Vacuum Oil Cy |
| E | Petit-Couronne | Société des Pétroles Jupiter |
| F | Gonfreville l'Orcher | Compagnie Française de Raffinage (CFR) |
| G | Donges | Société des Consommateurs de Pétrole |
| H | Donges | Pechelbronn Ouest |
| I | Pauillac | Société des Pétroles Jupiter |
| J | Bec d'Ambès | Société des Raffineries de Pétrole de la Gironde (RPG) |
| K | Frontignan | Vacuum Oil Cy |
| L | Berre | Compagnie des Produits Chimiques et Raffineries de Berre |
| M | Lavéra | Société Générale des Huiles de Pétrole (SGHP) |
| N | La Mède | Compagnie Française de Raffinage (CFR) |
| O | Merkwiller | Pechelbronn SAEM |

Source : D'après Faure, Edgar, *Le pétrole dans la paix et dans la guerre*, Paris, N.R.C., 1939, p. 141-142.

# I. Le choix de construire des raffineries en France

Dans cette première partie, nous allons voir le contexte dans lequel ont été créées ces raffineries, et la manière dont s'est fait le choix des sites d'implantation par les acteurs civils et militaires.

## A. Un contexte favorable

Le choix de construire des raffineries en France résulte globalement à la fois d'un contexte économique favorable et d'une volonté politique.

C'est tout d'abord une croissance continue et forte de la consommation de produits raffinés à partir de la fin de la Première Guerre mondiale. En effet, on constate sur le graphique ci-dessous que la consommation de produits pétroliers passe d'un niveau annuel de moins de 600 000 tonnes à près de 2 000 000 tonnes en 1929. Cet accroissement est dû essentiellement à la consommation d'essence et au développement des réseaux de distribution engendré par l'essor de l'automobile[1]. À ceci s'ajoute la découverte du pétrole irakien, pétrole que la France va pouvoir exploiter pour son propre compte par l'intermédiaire d'une

---

[1]     Les ventes d'essence automobile en France sont de 13 000 tonnes en 1913 et de 2 700 000 tonnes en 1938 d'après les statistiques nationales.

société privée nationale, la Compagnie française des pétroles (CFP)[2], fondée en 1924.

**Doc. 2**

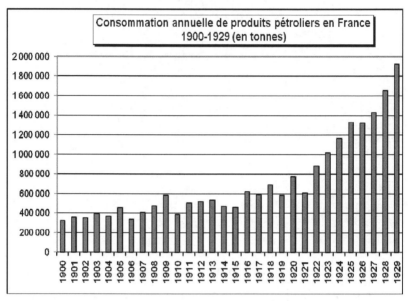

Sources : D'après les statistiques générales des Douanes françaises.

C'est dans ce conteste favorable, à la fois en termes de ressources et de débouchés, que deux lois, votées le 16 et le 30 mars 1928, vont permettre de créer et de protéger économiquement l'industrie pétrolière française[3]. Ce cadre législatif comprend un premier volet douanier favorable à l'importation de pétrole brut au détriment du raffiné et un second volet qui organise l'implantation des raffineries sur le territoire national. Cette seconde disposition législative donne à l'État le droit d'attribuer et de répartir les autorisations de raffinage entre les sociétés. Il dispose aussi du droit de contrôler l'implantation des établissements pétroliers (raffineries et dépôts).

---

2 Cette société a pris aujourd'hui le nom de Total.

3 Voir notamment à ce sujet : Philippon, A., « The French example. The 1928s Laws. Longevity and effectiveness of the approach to creating and maintaining a National Oil Industry in a Consumer country – Appearances and realities », in Beltran A. (ed.), *A Comparative History of National Oil Companies*, Brussels, P.I.E. Peter Lang, 2010, p. 21-53.

## B. Une initiative de l'État et des sociétés

C'est un organisme d'État, l'Office national des combustibles li-quides (ONCL), créé en 1925, qui est alors chargé d'instruire les de-mandes d'implantations d'établissements pétroliers en France, et de délivrer les autorisations nécessaires à leur construction.

**Doc. 3 : Organigramme structurel de l'Office national
des combustibles liquides ou ONCL (1925-1939)**

Sources : D'après Ursulet, L., *L'ONCL (1925-1939)*, 1999. Loi du 10 janvier 1925.

L'organigramme ci-dessus met en évidence la composition de l'ONCL en ce qui concerne son personnel de direction. Il rassemble principalement des représentants du monde politique, de l'industrie pétrolière et des militaires.

Ces derniers sont minoritaires (cinq membres sur trente et un), mais ils sont ainsi en permanence et étroitement associés aux décisions con-cernant les établissements pétroliers civils.

Après 1928, l'ONCL va donc autoriser la construction ou la moder-nisation de quinze raffineries sollicitées par dix sociétés de raffinage nouvellement créées. Celles-ci sont en majorité à capitaux étrangers, filiales françaises des grands groupes internationaux que sont la Standard Oil (Exxon), Vacuum Oil (Mobil Oil), Royal Dutch Shell et l'Anglo Persian Oil Cy (British Petroleum). Trois sociétés sont à capitaux majoritairement français : la Compagnie française de raffinage (CFR)[4], Pechelbronn qui dispose de son propre gisement de pétrole en France[5] et la Société des raffineries de pétrole de la Gironde. Seules trois usines existent déjà en 1928 et vont être modernisées (celles de Courchelettes, Frontignan et de Merkwiller).

La liste des raffineries (cf. Doc. 4) nous rappelle la localisation des usines : en dehors de celle de Pechelbronn, elles sont toutes situées à proximité d'un grand port d'importation. Ce choix résulte à la fois de l'existence d'anciennes raffineries datant du XIXe siècle près de ces mêmes ports, de l'accroissement et de la concentration des dépôts pétroliers dans ces ports encouragés par l'État dès 1926[6], mais aussi de la volonté des sociétés qui disposent déjà de réseaux de distribution organisés à partir de ces centres d'importation. Le territoire national est ainsi partagé en zones de distribution au sein desquelles il est possible d'implanter des raffineries. L'exemple des deux raffineries de la CFR illustre bien cette idée : l'une se situe au nord du pays (F sur la carte, à Gonfreville l'Orcher) et l'autre au sud sur la façade méditerranéenne (N sur la carte, à La Mède). Il faut souligner que la dispersion de ces raffineries va dans le sens de l'État qui souhaite éviter leur concentration pour des raisons plutôt liées à la Défense nationale.

Mais autant le choix de la situation géographique des usines ne pose pas de problème en général pour les membres de l'ONCL, autant ceux des sites, plus précis, font l'objet de débats dans certains cas.

---

[4]  Filiale de la Compagnie Française des Pétroles (CFP), aujourd'hui TOTAL.

[5]  Voir notamment au sujet de cette société : Walther, R., « Pechelbronn from 1918 to 1962, or Constitution of a National Oil Company Based on a Local Deposit », in Beltran A. (ed.), *A Comparative History of National Oil Companies*, Brussels, P.I.E.-Peter Lang, 2010, p. 199-214.

[6]  Dans une lettre du 17 octobre 1926, le président du Conseil consent à accorder des prestations en nature afin de développer quatre grands établissements maritimes (Dunkerque, Le Havre-Rouen, Bordeaux et Marseille). SHD 2N86/2-Note du 15/04/1929.

## Doc. 4 : Les raffineries françaises en 1935

| Repère sur la carte (Doc. 1) | Villes | Sociétés exploitantes | 1re mise en service/ Modernisation |
|---|---|---|---|
| A | Dunkerque | Raffinerie de pétrole du Nord (RPN) | 1933 |
| B | Courchelettes | Société générale des huiles de pétrole (SGHP) | 1863/1927 |
| C | N.D. de Gravenchon | Standard Franco Américaine de Raffinage (SFAR) | 1934 |
| D | N.D. de Gravenchon | Vacuum Oil Cy (VOC) | 1934 |
| E | Petit-Couronne | Société des pétroles Jupiter | 1929/1932 |
| F | Gonfreville l'Orcher | Compagnie française de raffinage (CFR) | 1933 |
| G | Donges | Société des consommateurs de pétrole | 1932 |
| H | Donges | Pechelbronn Ouest | 1935 |
| I | Pauillac | Société des pétroles Jupiter | 1932 |
| J | Bec d'Ambès | Société des raffineries de pétrole de la Gironde (SRPG) | 1929 |
| K | Frontignan | Vacuum Oil Cy (VOC) | 1904/1934 |
| L | Berre | Compagnie de Berre | 1932 |
| M | Lavéra | Société générale des huiles de pétrole (SGHP) | 1933 |
| N | La Mède | Compagnie française de raffinage (CFR) | 1935 |
| O | Merkwiller | Pechelbronn | 1873/1935 |

Source : d'après Le Dez, Morgan, Le commerce et l'industrie des pétroles dans la basse vallée de la Seine (1860-1940), Thèse, Le Havre, 2009, p. 308.

## C. La question des sites : entre les impératifs économiques et ceux de la Défense nationale

Les sites d'implantation des raffineries sont proposés par les sociétés et discutés à l'ONCL qui, seul, autorise la construction. Chaque membre du Conseil d'administration donne son avis. La majorité des sites proposés par les sociétés sont approuvés. Seules trois raffineries posent problème : celles de Dunkerque, de Lavéra et du Havre, car elles sont considérées comme trop proches du rivage par les militaires[7]. Le secré-

---

[7] Note secrète du secrétaire général du Conseil supérieur de la Défense nationale au président du Conseil en date du 24 novembre 1930. SHD Terre 2N86-CFR (1929-1930), pièce n° 4.

taire général de la Défense nationale représenté au sein de l'ONCL (Art. 2 de la loi du 30 mars 1928) souligne le fait que les sites choisis pour construire les établissements cités sont à portée d'un éventuel navire ennemi malgré leur répartition géographique jugée satisfaisante. Finalement, les emplacements des raffineries de Dunkerque (A sur la carte) et de Lavéra (M sur la carte) sont tolérés au regard du faible tonnage de pétrole brut qu'elles sont appelées à traiter. Seule la raffinerie envisagée par la CFR (F sur la carte), près du Havre, fait l'objet d'âpres débats compte tenu de son importance[8].

La Compagnie française de raffinage souhaitait implanter une raffinerie en bord de Seine, entre Rouen et Le Havre dès 1929 mais elle se heurte au manque de terrains disponibles. Face au refus de l'ONCL de voir s'implanter l'usine à côté de celles de la Standard (SFAR) et de la Vacuum à Notre-Dame de Gravenchon (C et D sur le Doc. 1), un nouveau site plus proche du port du Havre est proposé. Celui-ci satisfait les acteurs économiques locaux (Port, Chambre de Commerce, entreprises). Il se situe à la pointe du Hoc (A sur la carte). Mais cet emplacement est jugé trop proche du port et à portée de tir « d'un bombardement val[9] ». L'opposition à ce projet est du fait à la fois des militaires et d'une majorité des membres de l'ONCL. Finalement, la Compagnie française de raffinage, obtient d'installer son usine à Gonfreville L'Orcher (en B sur le Doc. 1) et ce, suite à un compromis obtenu grâce au soutien de la Marine nationale et d'élus havrais. En effet, cette dernière ne dispose pas de dépôt de combustibles au Havre mais dans son arsenal de Cherbourg. Implanter une grande raffinerie près du Havre et de son port facilite le ravitaillement du dépôt cherbourgeois. La CFR obtient également le soutien des élus normands car la venue de cet établissement annonce la création de nombreux emplois dans une ville alors touchée par une crise industrielle (mécanique navale, métallurgie, transport maritime).

---

[8]   La CFR s'est vue attribuée par Décret du 1er avril 1931 la mission de fabriquer dans ses deux raffineries 20,71 % des tonnages de produits pétroliers commercialisés en France chaque année. Sa future raffinerie normande est aussi la deuxième de France en termes de capacité de production après celle de la SFAR.

[9]   Le risque d'un bombardement aérien n'est pas évoqué ou est considéré comme paré par la seule dispersion géographique des usines.

### Doc. 5 : Les sites successifs envisagés pour l'implantation de la raffinerie de Normandie (1929)

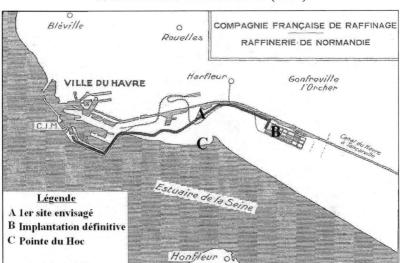

Sources : Extrait de CFP, La Compagnie française des pétroles et la Compagnie française de raffinage, avril 1935. Archives Total, Paris.

On voit, d'après cet exemple, que les arguments liés à la protection militaire des usines ne sont pas systématiquement pris en compte. Éloignement du littoral, dispersion des usines ou, plus généralement, intérêts économiques et politiques ne sont pas toujours conciliables. Cependant, les interventions de l'État et des instances militaires vont se poursuivre durant la phase d'exploitation de ces usines, même en temps de paix.

## II.  La nécessaire protection des usines

L'intérêt porté aux raffineries par les autorités militaires ne se limite pas au choix de leur localisation. Leur production doit également répondre aux besoins des armées en temps de paix et dans l'éventualité d'une guerre.

### A.  La protection en temps de paix

Les raffineries sont le maillon central de la chaîne pétrolière. Seuls les produits finis sont utilisables (essences, huiles, fuels). Les produire en France est important afin de répondre facilement et rapidement aux divers besoins. C'est la raison pour laquelle les forces armées sont clientes des raffineries, et de ce fait s'intéressent à leur production. Elles peuvent, en effet, avoir des besoins spécifiques concernant le matériel qu'elles emploient (essences aviation, fuel oil et Diesel oil marine, etc.).

### Doc. 6 : Contingentements et marchés envisagés de la raffinerie de Berre (1931) (en tonnes métriques)

| Produits | Contingents officiels (A 20) | Contingents pratiques résultant d'accords syndicaux ou intergroupes | Divers Marché Guerre | Total Débouchés France |
|---|---|---|---|---|
| Essences | 158 000 | 142 200 | Environ 15 000 | 157 000 |
| Pétroles | 17 500 | 10 500 | Environ 300 | 10 800 |
| Gas Oils | 17 250 | 17 250 | | 17 250 |
| Fuel-Oils de vente | Non contingenté | 120 700 | | 120 700 |
| Asphalte | Non contingenté | 20 000 | | 20 000 |
| Huiles | 30 000 | 15 000 | | 15 000 |
| Paraffine | Non contingentée | 2 700 | | 2 700 |

Source : D'après Service historique de la Défense-2N86, *Notice sur la raffinerie de Berre*, p. 1.

Ce tableau[10] est une étude réalisée par les services du Conseil supérieur de la Défense nationale sur la base des productions envisagées de la raffinerie de Berre située sur le littoral méditerranéen. Il met en évidence les achats annuels projetés par les armées auprès de cette raffinerie qui ne sera mise en service qu'en 1932.

Nous constatons la faible part des achats militaires en produits pétroliers. Mais ces valeurs sont à nuancer car il s'agit de besoins exprimés par rapport à une seule usine et en temps de paix. Ainsi, les forces armées peuvent compter sur des tonnages bien plus conséquents en cas de guerre, car garantis par les contingentements annuels de production fixés par l'État pour 20 ans (A 20).

La localisation des raffineries, par conséquent la répartition des capacités de leur production, est également un facteur important pour l'approvisionnement des armées, à la fois en termes de volumes disponibles et de distances de livraison.

---

[10]  Cf. Doc. 6.

**Doc. 7 : Répartition géographique du traitement du pétrole brut
entre les raffineries françaises en 1935 (%)**

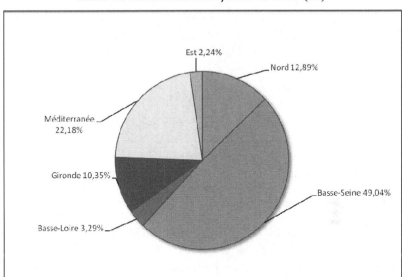

Source : D'après les capacités de raffinage de chaque usine en 1935.

Ce graphique montre la répartition régionale du traitement du pétrole brut en France en 1935, année de mise en service des dernières raffineries. La vallée de la Seine concentre à elle seule près de la moitié de la capacité de raffinage de la France. À ce déséquilibre régional, qui perdure à la fin de la décennie malgré l'augmentation des capacités de production, s'ajoute une autre contrainte pour les militaires. En effet, il faut faire une distinction entre les raffineries selon la gamme plus ou moins complète de produits qu'elles peuvent fabriquer. Par exemple, toutes les raffineries ne fournissent pas d'essence aviation et, sur la période considérée, certaines d'entre elles (comme la raffinerie de Normandie de la CFR (repère F sur le Doc. 1), n'en ont pas produit avant 1938[11].

Compte tenu de ces considérations, les raffineries peuvent-elles répondre en temps et en quantité aux besoins de la Défense nationale en cas de guerre ? C'est la question que se posent les militaires chargés d'inspecter les raffineries lors de leur mise en service.

---

[11] D'après les résultats d'exploitation de l'usine. Cf. Le Dez, M., *op. cit.*, p. 340.

## B. Les raffineries peuvent-elles répondre aux attentes des militaires en cas de guerre ?

Leurs rapports confidentiels, établis pour chaque usine et aujourd'hui déposés au Service historique de la Défense[12], abordent la question de manière globale mais pour chaque usine trois thèmes récurrents ressortent de ces rapports :

- la production,
- la protection des usines,
- la mobilisation du personnel et son impact sur l'organisation de l'usine.

En cas de mobilisation, la production est davantage tournée vers la production de produits légers tels que les essences (automobiles et surtout aviation). D'autres productions sont délaissées comme la paraffine, le fuel domestique et certaines huiles. C'est ce que confirment les résultats d'exploitation de la raffinerie de Normandie (CFR), sise à Gonfreville L'Orcher, pour sa période d'activité durant la guerre (septembre 1939 à juin 1940). On prévoit également qu'en cas de blocus naval empêchant l'approvisionnement en pétrole brut, les produits lourds, comme le mazout utilisé par la Marine, seraient transformés en essences par hydrogénation.

Au niveau de la protection des usines et de leurs personnels, un certain nombre de dangers sont définis par l'autorité militaire en 1938, ce qui laissera peu de temps pour mettre en place les mesures appropriées. Ces dangers sont :

- le bombardement aérien (et plus seulement naval),
- les sabotages des parachutistes,
- les investigations (espionnage),
- les agents de destruction (saboteurs),
- la propagande défaitiste orchestrée par l'ennemi.

Pour y faire face, les directeurs des établissements pétroliers concernés (dépôts et raffineries) doivent mettre en place cinq services de protection sous leur autorité :

- protection des matériels (par la mise en œuvre de mesures de camouflage),
- garde et surveillance visible (réalisés par des équipes de salariés, parfois armés, faisant des rondes dans l'établissement),

---

[12]   Cf. SHD-Terre 2N86.

- renseignements (surveillance secrète) : un service dont les fonctions relèvent de la lutte contre l'espionnage,
- secours et sauvetage pour la mise en œuvre de mesures spéciales en cas de bombardement, d'incendies, etc.,
- protection morale (soutien psychologique aux salariés).

La question de la mobilisation du personnel, en répondant aux besoins croissants de produits, pose un problème à l'armée de Terre chargée de vérifier les états de besoins en main-d'œuvre des usines de guerre dont font partie les raffineries de pétrole. Les salariés de ces usines sont des « affectés spéciaux » : ils restent à leur poste de travail en cas de guerre. Des exercices de mobilisation, effectués en 1935, ont mis en évidence le trop grand nombre d'affectés spéciaux dans les raffineries par rapport aux autres usines de guerre. De plus, les fréquentes mutations de ces personnels qualifiés au sein de leurs entreprises ont fragilisé l'organisation de la mobilisation dans ces usines récentes[13].

En septembre 1939, du fait de la mobilisation, on va se rendre compte que les effectifs restant pour assurer la marche des usines sont devenus trop peu nombreux pour assurer à la fois la production au service de la Défense nationale et la protection de ces vastes espaces industriels. De plus, les quelques militaires qui ont été, à une certaine époque, affectés à la défense de ces établissements pétroliers ont été envoyés en urgence au front au printemps 1940.

## III. Le sort de l'outil industriel pendant la Seconde Guerre mondiale

La mobilisation des raffineries, afin de répondre aux besoins des armées, avait été pensée et mise en service bien avant 1939 comme nous l'avons vu. Malgré cela, compte tenu de l'avance extrêmement rapide de l'armée allemande et du déploiement des forces aériennes, chaque raffinerie va construire sa propre histoire à partir du printemps 1940. Celles-ci sont liées aux aléas de la guerre, de l'occupation et de la libération.

### A. La défaite et l'occupation

L'offensive allemande de mai 1940 expose les raffineries françaises à de nouveaux dangers : l'outil industriel et les stocks de produits pétroliers risquent de tomber aux mains de l'ennemi. Face à cette éventualité de plus en plus précise fin mai-début juin, les autorités militaires régio-

---

[13] Rapport du général commandant la 3ᵉ Région militaire (Normandie) au ministre de la Guerre, daté du 18 septembre 1935, au sujet d'un exercice de mobilisation de la main d'œuvre effectué à Rouen. SHD-Terre 2N187/Dossier n° 2.

nales vont ordonner tour à tour la destruction des stocks de produits pétroliers et parfois du matériel (pompes, réservoirs, etc.).

Cette tâche est réalisée par les « affectés spéciaux » des usines et dépôts, parfois avec l'aide de soldats. Ces membres du personnel, réservistes, doivent imaginer les moyens d'incendier plusieurs centaines de milliers de tonnes de produits pétroliers tout en tentant de maîtriser la propagation du sinistre et en se protégeant. Aucune consigne n'est donnée par l'autorité militaire concernant les techniques à employer mais des essais sont pratiqués dans un certain nombre d'usines. C'est le procédé le plus simple qui est finalement adopté et mis en œuvre dès réception de l'ordre de destruction : il s'agit de jeter une balle d'étoupe enflammée dans les cuvettes de rétention des réservoirs préalablement remplies. Cette méthode manuelle expose les exécutants à de grands risques. C'est pourquoi, à la raffinerie des Pétroles Jupiter (Groupe Royal Dutch Shell) de Petit-Couronne (notée E sur le Doc. 1), est créé un procédé singulier de mise à feu électrique à distance. Ce système réalisé dans l'urgence est l'œuvre d'un sous-officier de réserve du Génie, artificier breveté et également membre du personnel de l'usine.

Les raffineries situées dans la zone de guerre jusqu'à l'armistice sont systématiquement arrêtées puis incendiées à l'exception de celle de Merkwiller (dans l'est de la France) dont les stocks et la raffinerie sont pris quasiment intacts par les Allemands. Les autres usines, celles des côtes atlantique et méditerranéenne sont endommagées à des degrés divers par des bombardements en 1940 ou bien lors des combats de la Libération. Certaines cesseront de fonctionner, uniquement faute de matière première.

Dans le cas des quatre usines de la Basse-Seine[14], les sociétés de raffinage se lancent dans des activités de remplacement. Ainsi, les personnels de ces raffineries arrêtées et occupées sont employés dans l'exploitation de tourbières et la fabrication de charbon de bois. Mais la majorité des personnels est partie, lors de l'exode, à destination souvent de leur région d'origine (Bretagne…), au sein de leurs familles, dans les fermes ou pour y exercer un autre métier. Il est aussi intéressant de noter qu'à partir de novembre 1940, une partie du personnel restant de la raffinerie CFR de Normandie est détachée auprès de celle de Provence, située en zone libre[15]. Parallèlement au maintien d'une présence dans sa raffinerie normande, la CFR loue en 1941 plusieurs usines en zone libre (Haute Garonne, sud-ouest de la France) qu'elle désigne sous l'appellation

---

[14] Cf. repères C/D/E & F du Doc.1.

[15] D'après la note de service du 29 novembre 1940 de la raffinerie de Normandie. Archives Total – 0AH358/6.

« des établissements du Comminges[16] ». Il s'agit des usines de Boussens et du Peyronet où on fabrique des huiles et où on conditionne du gaz avec de nouveaux moyens, sous couverture d'autres activités plus banales. Une partie du personnel normand et parisien y est affecté.

La présence française dans les raffineries n'empêche pas les réquisitions voire les enlèvements de matériels et d'appareils des installations pétrolières. Dès le mois de juillet 1940, les Allemands bloquent les stocks restants de produits pétroliers en zone occupée. Le 16 juillet, la commission allemande d'armistice déclare qu'elle considère l'essence se trouvant en territoire occupé comme butin de guerre. Il en est de même un peu plus tard pour les biens des sociétés britanniques et américaines ou leurs filiales qui sont placés sous séquestre. Certaines raffineries sont à la fois occupées par des équipes réduites de salariés des entreprises exploitantes et par des troupes allemandes.

C'est dans ce contexte que, dès septembre 1940, la Direction de la CFR demande au personnel de sa raffinerie normande de remettre en état en priorité la centrale électrique et ses appareils de distillation et ce, malgré l'absence de pétrole brut. Mais l'important, pour la CFR, est surtout d'occuper l'usine afin d'entretenir et de préserver du pillage les matériels bien plus que de remettre l'usine en service. Toutefois, la présence du personnel dans les raffineries n'empêche pas les réquisitions, voire les prélèvements, comme le précisent les nombreuses notes de service de la raffinerie de Normandie appelant les gardiens de l'usine à la vigilance[17]. En principe, les enlèvements de matériels de raffineries ne peuvent être effectués sans l'accord et donc la connaissance du commandement militaire allemand en France par l'intermédiaire du « Groupe Pétrole » constitué au sein de son état-major administratif[18]. Ce sont ces prélèvements organisés de matériels qui vont être, en partie, identifiés la paix revenue. Le tableau ci-après (Doc. 8), est issu des travaux réalisés par la commission créée en 1945 pour dresser l'inventaire et estimer les préjudices subis par le pays du fait des hostilités et de l'occupation ennemie. Ce document met en évidence la nature des matériels prélevés par les Allemands dans les raffineries françaises et en estime le coût. Seules cinq raffineries, sur les quinze en service en 1939, voient leurs demandes de réparations pour enlèvement de matériels prises en compte par la Commission. La nature du matériel enlevé relève proprement du

---

[16]  Archives Total – 03AH358/6.

[17]  Dans la note n° 10 du 22 janvier 1941, la Direction de l'établissement rappelle aux gardiens l'obligation de contrôler tous les véhicules sortant de l'usine sauf ceux de l'armée allemande... 03AH358/6, Fonds de la raffinerie de Normandie, Archives Total.

[18]  Ordonnance du Commandement militaire en France du 25 mars 1942 paru dans le bulletin n° 34 du COCL.

raffinage en vue d'une réutilisation près des champs pétroliers roumains ou autrichiens contrôlés par l'armée allemande.

**Doc. 8 : Nature des enlèvements de matériels effectués dans les raffineries françaises pendant la Seconde Guerre mondiale**

| Usines dédommagées | Matériels enlevés | | | | | Valeur en Francs 1939 par usine | % |
|---|---|---|---|---|---|---|---|
| | Matériel propre au raffinage | Installations électriques | Installations vapeur | Pompes | Installations air comprimé | | |
| Dunkerque (RPN) | | | | – | – | 73 092 816 | 16,01 |
| Petit-Couronne | | – | | – | – | 46 455 117 | 10,18 |
| Port-Jérôme (SFAR) | | – | | – | – | 157 532 194 | 34,52 |
| N.D. de Graven-chon | | | – | – | | 114 968 907 | 25,19 |
| Gonfreville l'Orcher (CFR) | – | | – | | – | 64 358 231 | 14,10 |
| Valeur totale | | | | | | *456 407 265* | 100 |

Source : D'après Commission consultative des dommages et des réparations, *Dommages subis par la France et l'Union française*. T. IV, Série B, n° 3, Industrie des carburants, Paris, Impr. Nationale, 1950, p. 60.

La répartition des dommages liés aux enlèvements de matériels est variable selon les usines. Ainsi, les raffineries des sociétés américaines contigües de Port-Jérôme (SFAR, notée C sur le Doc. 1) et de Notre-Dame de Gravenchon (Vacuum Oil Cy, notée D sur le Doc. 1) sont plus touchées que les autres. Mais il faut aussi tenir compte de la présence sur place du personnel de ces usines et du degré de destruction de ces dernières : l'autre grand dommage de guerre pris en compte à la libération. Ce sont donc des raffineries plus ou moins détruites, ou démontées qui sont libérées à partir de l'été 1944.

## B. La libération des raffineries

Après les bombardements allemands de mai 1940, les incendies commandés de juin, les bombardements alliés et les sabotages, les raffineries ont subi des dégâts très importants mais à des degrés divers selon les cas.

Ainsi, l'outillage enlevé ou détruit a diminué dans de fortes proportions la capacité totale de raffinage[19]. De 8 000 000 de tonnes en 1938, elle n'est plus que de 1 500 000 tonnes en 1944. Les raffineries ne

---

[19]  Cf. Commission consultative des dommages et des réparations, *Dommages subis par la France et l'Union française*. T. V, Série MP, n° 8, p. 20.

jouent qu'un rôle de second plan dans les opérations militaires de libéra-tion de la France. En effet, les Alliés privilégient l'importation des produits déjà raffinés, même une fois les usines libérées. L'opération PLUTO (Pipe Line Under The Ocean) permet d'approvisionner les armées alliées en carburant en attendant de pouvoir remettre en service les ports pétroliers de la Manche[20]. Par ailleurs, à la Libération, la pre-mière tâche des raffineurs est de remettre en état les dépôts et les ré-seaux de transports des produits raffinés. La priorité est de ravitailler le pays et les armées en produits finis. Le redémarrage des raffineries de la vallée de la Seine, parmi les plus touchées par la guerre, n'est réalisé que dans un second temps. Les raffineries françaises sont, en effet, plus ou moins détruites. Les dernières à être remises en service ne le sont qu'à l'aube des années 1950 (cf. Doc. 9).

Entre temps, le gouvernement, par l'intermédiaire de la DICA (Di-rection des carburants) qui succède à l'ONCL en 1939, pousse l'indus-trie pétrolière à concentrer son outil de production. En effet, reconstruire toutes ces raffineries aurait un coût trop élevé pour les finances des entreprises et de l'État[21]. Selon le directeur de la DICA, Pierre Guillau-mat, les raffineries reconstruites se trouveraient pour certaines régions en surcapacité de production. L'époque est alors au rationnement et à la reconstruction. C'est la raison pour laquelle la raffinerie de Courche-lettes ne sera pas remise en service au profit de celle de Dunkerque, laquelle est modernisée. Sur la façade atlantique, les deux raffineries de Donges se restructurent : un décret de 1948 approuve la fusion convenue par les industriels dès juillet 1945. Une nouvelle organisation du raffi-nage en France apparaît donc à la Libération : reconstruction, concentra-tion et modernisation des raffineries par l'adoption de nouveaux maté-riels. Elles restent malgré tout situées sur le littoral autour des grands ports pétroliers d'importation.

---

[20] Cf. à ce sujet Bauduin, Ph., *Quand l'or noir coulait à flots : The supply problem of the allies*, Bayeux, Éd. Heimdal, 2004. Ouvrage bilingue (français et anglais).
[21] Les réparations pour dommages de guerre ne le permettent également pas.

## Doc. 9 : Les raffineries françaises et la Seconde Guerre mondiale

| Groupe géographique | Sociétés | Raffineries | A=Arrêt Production I=Incendie B= Bombardement S=Sabotage | Date de libération | Remise en service |
|---|---|---|---|---|---|
| **Nord et Est** | SGHP | Courchelettes | BI : 19 mai 1940<br>B : 3 août 1944 | 2 sept 1944 | Non |
| | RPN | Dunkerque | BI : 19 mai 1940 | 9 mai 1945 | Mars 1950 |
| | Pechelbronn SAEM | Merkwiller | A : 14 juin 1940<br>S : 14 juin 1940<br>B : Août 1944 | 19 mars 1945 | Octobre 1945 |
| **Basse Seine** | Pétroles Jupiter | Petit Couronne | A : Fin mai 1940<br>I : 9 juin 1940 | 30 août 1944 | 14 février 1946 |
| | SFAR | ND Gravenchon | A : Fin mai 1940<br>I : 9 juin 1940 | 30 août 1944 | 1946 |
| | Vacuum | ND de Gravenchon | A : Fin mai 1940<br>I : 9 juin 1940 | 30 août 1944 | 1946 |
| | CFR | Gonfreville L'Orcher | A : Fin mai 1940<br>I : 9 juin 1940 | 12 sept 1944 | 7 décembre 1946 |
| **Basse Loire** | Consommateurs de Pétrole | Donges | A : 18 juin 1940<br>B : 24 & 25 juillet 1944 | 10 mai 1945 | 1947 |
| | Pechelbronn Ouest | | | | |
| **Gironde** | Pétroles Jupiter | Pauillac | B : 8 août 1944 | Fin août 1944 | 1947/1951 |
| | RPG | Ambès | B : 14 août 1940<br>A : Janvier 1942<br>B : 8 août 1944 | Fin août 1944 | 1950 |
| **Méditerranée** | CIP | Frontignan | B : 25 juin 1944 | 20 août 1944 | 1945 |
| | Cie des Produits Chimiques de Berre | Berre | | 21 août 1944 | 1945 |
| | SGHP | Lavéra | | 21 août 1944 | Fin 1945 |
| | CFR | La Mède | B : 2 juin 1940 | 21 août 1944 | Août 1945 |

Sources : D'après divers travaux historiques menés sur les usines, les sociétés qui les exploitent et les histoires locales.

## Conclusion

Dès sa création en France au début des années 1930, l'industrie du raffinage est l'affaire de sociétés privées dont les produits sont, avant tout, destinés à un usage civil. Mais la part croissante de l'utilisation du pétrole, notamment dans le secteur des transports et les faibles ressources dont dispose la France en ce domaine, en font une industrie dont l'État organise la protection. Celle-ci est économique (Lois de 1928) mais aussi militaire. Construite sur des bases nouvelles, à la fois techniques et juridiques, cette industrie stratégique à conduit à élaborer des mesures de protection en cas de conflit armé au même titre que les autres industries de guerre. Mais les références aux précautions prises lors de la Grande Guerre demeurent sans en augurer l'avenir. La Seconde Guerre mondiale constitue le baptême du feu pour les raffineries, mais également une épreuve dont elles sortent diminuées. L'ensemble des dommages de guerre (spoliations et destructions) subis font, qu'à la Libération, on estimait à quatre milliards de francs les importations nécessaires à la réfection de l'outil de raffinage français au cours de la première année de paix[22]. Pourtant, les évènements n'ont pas remis en cause les choix stratégiques de localisation des usines effectués en 1929. Leur quasi-totalité est remise en service moins de cinq ans après la fin des hostilités.

---

[22] Commission consultative des dommages et des réparations, *op. cit.*, t. V, Série MP, n° 8, p. 25.

# The Spanish Fuel Crisis during World War II

## Magic Pellets, Gasogene and the Allies

Wayne H. BOWEN

*Department of History, Southeast Missouri State University, USA*

Oil was the indispensable resource of World War II. The massive tank battle at Kursk, the Blitzkrieg across Western Europe, the liberation of France, and the Battle of the Atlantic, pitting Allied navies against German U-Boats, all depended on the refined byproducts of crude oil. As with many resources, its unequal distribution was an issue of endless frustration to the side without – in this case the Axis – and drove strategic thinking. The Nazi drive to attract Romania into its sphere of influence, the 1942 German summer offensive toward the Caucasus, and the efforts to stimulate anti-British uprisings in the Middle East, were all in large part related to the scarcity of petroleum in the Nazi zone of Europe. Hitler's Nazi Germany was not, however, the only nation that struggled to gain access to oil during World War II.

Neutral Spain, ruled by dictator Francisco Franco, also faced severe challenges in ensuring adequate oil supplies for its domestic economy, a struggle that in the end played a major role in keeping Spain out of the war. Spain's dependence on the Allies for this resource, but even more specifically the tight limits placed on Spanish imports prevented the building of stockpiles that would have been essential had Franco opted to enter World War II on the side of the Axis. This paper will examine the wartime fuel crisis experienced by Spain, and will argue that Allied restrictions played a key role not only in preventing Spanish belligerency, but also in making Spain less attractive to Germany as a potential wartime ally.

From 1936 to 1939, Spain was in the midst of a terrible Civil War. The Nationalists – a coalition of monarchists, conservatives, Catholics, and fascists – fought against the Republicans – a Popular Front of socialists, communists, regional separatists, and liberals. Both sides depended on external markets for oil supplies during the Civil War, with the Nationalists purchasing their petroleum products from Texaco and other US and British companies, and the Republican's relying on shipments from the Soviet Union. While there had been rationing in the Nationalist Zone, there had been availability of most products, including petroleum, in most regions during the conflict. The war's end on April 1, 1939, altered these arrangements, with the defeat of the Republicans. The Nationalists immediately faced dramatic shortages in a wide range of commodities, including petroleum, as they were forced to assimilate the large urban populations of Madrid, Barcelona, and other cities into what had been a distribution system based primarily in rural areas and small towns. In addition to adding millions of new inhabitants, the Franco Regime was confronted with the necessity to revive industrial production and begin national reconstruction in earnest. Again, it was the Republican zones that had experienced the most damage, with major destruction of transportation infrastructure and other key assets.[1]

After a brief period of free markets following the Nationalist victory, the Spanish Ministry of Industry and Commerce re-introduced rationing on May 18, 1939, along with bans on queuing outside food stores and distribution centers. Ration cards, prices and most supplies came under the supervision of the *Comisaría General de Abastecimientos y Transportes* (General Commissariat for Provisions and Transportation). Gasoline was particularly restricted, with even taxis and delivery vehicles allowed only a few liters per month, and government and Falangist offices ordered to reduce their numbers of vehicles. Party and government leaders, who had enjoyed making frequent inspection visits throughout the Nationalist Zone during the Spanish Civil War, had now to justify every trip as essential. Homes with more than one auto had to choose which one they wanted to use, and no private cars could operate at more than twenty-five horsepower. The regime even promoted the use of gasogene vehicles, which used an unsatisfactory combination of gasoline and wood or coal to produce combustion. Controlled prices were kept artificially low, thus decreasing the availability of combustible products on the open market, as producers attempted to minimize production of controlled products, or divert to the higher prices of the black market.[2]

---

[1]   Payne, Stanley, *The Franco Regime, 1936-1975*, Madison, University of Wisconsin Press, 1987, pp. 246-248.

[2]   Abella, Rafael. *La vida cotidiana en España bajo el regimen de Franco*, Barcelona, Argos Vergara, 1985, pp. 19-20, 46, 49; Ricardo De la Cierva, *Historia del Franquismo: Origenes y Configuración*, Barcelona, Editorial Planeta, 1985, p. 140; Guirao, Fernando, *Spain and the Reconstruction of Western Europe, 1945-1957*, Lomdon: Macmillan, 1998, p. 78; Catalán, Jordi, *La economía española y la Segunda Guerra mundial*, Barcelona, Editorial Ariel, 1995, p. 243; *YA*, May 14, 28, 1940; *Arriba*, April 1, 2, May 18, 1939, February 10, May 21, June 9, July 27, August 9, September 6, 1940.

During World War II, Spain suffered from petroleum shortages, resulting from Allied limitations on Spanish imports. The British and Americans imposed strict quotas, fearing that dictator Francisco Franco would sell surplus fuel to the Axis. At times of confrontation, such as when Spain refused to end sales of war-related commodities to Germany, the Allies embargoed petroleum. Faced with these quotas, the Spanish regime reduced rations and searched for creative ways to increase fuel resources. Gasogene engines, using wood, coal or other organic fuels to power automobiles, became common. The Spanish government also tolerated black markets in gasoline, fuel oil and diesel, hoping that unofficial goods and smuggling from Portugal could compensate for the failure of the official rationing system to provide adequate supplies.

Finally, Franco himself supported inventors who promised formulas for synthetic oil, "magic pellets" to stretch supplies, conversion of sea water into fuel, or processes to use olive oil to power engines. In the end, these attempts to circumvent Allied control over petroleum did little for Spain's economy, providing only marginal relief from external restrictions. The innovation that would have provided relief for Spain, adopting a genuinely neutral foreign policy, was rejected by a regime that had come to power through Axis assistance, and had declared itself a "moral belligerent" on the side of Nazi Germany and Fascist Italy early in the war. By the time Franco moved away from the Axis in 1944, it was too late to change the perception of Spain as sympathetic to the Third Reich, an association that had a negative impact on Spain's access to petroleum and other commodities as late as the 1950s.

In 1939 and 1940, Spain's balance of trade was vulnerable to several points of instability: the end of the Spanish Civil War, the beginning of World War II, and the imposition of the British naval blockade of Germany. At the same time, the British imposed restrictions on goods that the British feared could be purchased by Germany from third countries, such as Spain. From 1941 to 1944, until the Allied liberation of France, Germany was Spain's largest trading partner, with 30%-40% of the Spanish import and export markets. This was balanced, however, by the combined trade figures for Britain and the United States, which approximately equaled that of the larger Axis power. Italy and France, despite their proximity, were not significant participants in the Spanish economy.[3]

The most valuable imports from Germany were machinery, military equipment, chemicals (including fertilizers), food, and metals. Spanish exports to the Third Reich included minerals (especially tungsten ore),

---

[3]   Martín Aceña, Pablo (ed.), *Los movimientos de oro en España durante la segunda guerra mundial*, Madrid: Ministerio de Auntos Exteriores, 2001, p. 37.

animal products (including hides and manure) and chemicals, but did not rise above 2% of total German imports, 1941-45. Incredibly, even as the Spanish population went hungry, the Franco regime exported food, especially wheat and olive oil, to Germany and Italy. Commerce with Britain and the US was even more concentrated in imports of petroleum, food, textiles, and chemicals.[4] As the war developed, Spain was increasingly dependent on the Allies, chiefly the United States and the United Kingdom, for food and petroleum, necessities successfully exploited by London and Washington to pressure Spain to remain out of the conflict.[5]

The increasing reliance of Spain on British and American imports, particularly of petroleum and grain, were a major factor in determining Spanish foreign policy. British and US diplomacy played a role, with a combination of economic extortion and diplomatic finesse.[6] Francisco Franco's preference was for an Axis victory, and at several times early in the war considered entering the war in alliance with Nazi Germany and Fascist Italy. Franco looked at the hated Soviet Union and what he believed were decadent and weak democracies with contempt, and hoped to rebuild the Spanish Empire, especially in North Africa, at the expense of the Allies. Despite these ambitions, Spain's economy in 1940 could not even feed and fuel its own people, relying on imports from the US and Britain, goods which would have stopped entirely had Spain declared war on the Allies.

During late 1940, as German victories continued to mount across Europe, Franco wanted Spain to enter the war. His price to Hitler was steep, however, as the Spanish dictator knew that belligerence would cause the UK to impose an immediate embargo. In addition to significant territories in North Africa, Spain demanded a massive allocation of primary materials, including "a minimum of 300,000 tons of grain, 400,000 tons of gasoline, 200,000 tons of coal, 200,000 tons of fuel oil, and... diesel fuel." Stunned by the list, the Germans insisted they could not provide this level of assistance. Spain never did enter the conflict, despite Nazi promises to send as much aid as the German economy could support. An obstacle was German insistence that Spain would not

---

[4]   Martín Aceña, *Los movimientos de oro en España durante la segunda guerra mundial*, 32-36, 51-54, 58-60; Leitz, "Nazi Germany and Francoist Spain, 1936-1945," 141; Richards, Michael, *A Time of Silence: Civil War and the Culture of Repression in Franco's Spain, 1936-1945*, Cambridge, Cambridge University Press, 1998, pp. 136-138.

[5]   Catalan, *La economía española y la Segunda Guerra mundial*, 105.

[6]   *New York Times*, October 22, 1940; Smyth, Denis, "Franco and the Allies in the Second World War," in *Spain and the Great Powers in the Twentieth Century*, eds., Sebastian Balfour and Paul Preston, London: Routledge, 1999, pp. 195-196.

receive the requested supplies until after it entered the war, which did not encourage Spain to do so.[7]

Similarly, Franco's armed forces were in no condition to fight a protracted war. The Spanish army was large, over five hundred thousand when mobilized, but had no oil, little ammunition, and only two under equipped motorized divisions. The rest of the divisions marched on foot, and were perpetually short of fuel, food, uniforms, boots, and rifles, with most equipment dating from World War I. Even after several years of attempting to purchase arms from the Axis and the Allies, Spain was woefully short in almost every category. The air force had only a few modern fighter aircraft, mostly German Messerschmidt 109s and Heinkel 112s left over from the Civil War or purchased in small numbers thereafter. Most of the navy had been sunk during the Civil War, with one heavy cruiser, one light cruiser, one sea-worthy submarine, and a handful of destroyers able to defend Spain's coast and maritime interests. The army had almost no tanks, trucks, or modern artillery. This weakness came despite the high percentage of the national budget which went to the military: 45% in 1941, and as high as 34% even in 1945. Most critically, Spain had at most two days of fuel supplies for offensive operations, which would barely get Spanish troops out of their barracks before their vehicles ran dry.[8]

Despite his extensive battlefield and administrative experience, "the problem of military efficiency never seriously preoccupied General Franco."[9] Franco even argued that Spanish soldiers could make up through strength of will what they lacked in war materiel. Spain's international defiance of Allied demands to lessen German ties also had a negative impact on readiness. For example, the temporary British and US oil embargo in early 1944 was so catastrophic that military aircraft and armored vehicles did not have sufficient fuel to participate in the Victory Parade on 1 April, commemorating the fifth anniversary of the Nationalist triumph in the Spanish Civil War.[10]

This was not the face of a nation prepared for modern war or even minor offensive operations against Gibraltar or French North Africa. Even with an Axis victory, Spain would have suffered yet another blow

---

[7] Goda, Norman J.W., *Tomorrow the World: Hitler, Northwest Africa, and the Path to American*, College Station, Texas A&M Press, 1998, pp. 64-65, 122, 124.

[8] Nerín, Gustau and Alfred Bosch, *El imperio que nunca existió*, Barcelona, Plaza y Janés, 2001, pp. 30, 215; *US Army Military History Institute*, Carlisle Barracks, Box 62A, Letter and attached Memoranda, "Basic data pertaining to Spanish military, naval and air forces," October 26, 1944, US Ambassador and Military Attachés, Madrid, to Secretary of State.

[9] Cardona, Gabriel, *Franco y sus generales*, Madrid, Temas de Hoy, p. 56.

[10] Cardona, *Franco y sus generales*, 108-109.

to its fragile economy, leaving even more of its citizens hungry and desperate. While new territories in North Africa would have helped with food supplies, the costs would have been high, as France, even after being defeated by Germany, was more than a match for Spain's weak military. In the case of Spanish entry into the war, it seems likely that Hitler would eventually have sought to replace Franco with a more pliable leader.[11]

In an attempt to reverse this course, Germany offered to Spain, in early 1944, to sell it grain, rail cars, synthetic rubber, gasoline and artificial fibers in limited quantities.[12] This proposal, which in any case would have met only 10%-30% of Spain's needs in critical areas, did not convince Franco or the Spanish government to reverse course, thus leading to a continued deterioration in Hispano-German relations. Given its own shortages in nearly all materials, Germany would probably have failed to meet these minimal logistical promises.[13]

This collaboration upset the Allies, who saw the Blue Division and Squadron as indications of things to come. Britain and the US also protested at extensive Spanish intelligence cooperation with Germany and Italy, including its permitting of a German military intelligence post in Algeciras, near Gibraltar, to spy on Allied shipping and aircraft, and toleration of Italian violations of Spanish airspace and waters.[14] The British feared than Spanish legations embassies, including the one in London, served as surrogates for Nazi espionage in Allied nations. Spain also allowed German submarines to meet supply and fuel ships in the Canary Islands. A speech by Franco, in which he declared "the Allies are approaching the war the wrong way and have already lost it," was not well-received in London or Washington. For these words, as well as for the overseas activity of the Falange in the Americas, the US imposed an oil embargo on Spain, cutting the flow of petroleum to a trickle. These small gestures of collaboration, in addition to angering the Allies, did not satisfy the Germans, who wanted more from Spain. Even

---

[11]  Casas Sánchez, José Luis (ed.), *La postguerra española y la Segunda Guerra Mundial*, Córdoba, Diputación Provincial de Córdoba, 1990, p. 43; Hernández-Sandoica, Elena and Enrique Moradiellos, "Spain and the Second World War," in Neville Wylie (ed.), *European Neutrals and Non-Belligerents during the Second World War*, Cambridge, Cambridge University Press, 2002, pp. 248-249; *Arriba*, September 6-7, November 24, 1940, June 24, 1941, March 22, 1944.

[12]  *Archivo del Ministerio de Asuntos Exteriores (MAE)*, Legajo Renovador (LegR) 2300, Expediente 1. Minutes, June 13, 1944, conversation between German Ambassador and Spanish Foreign Minister.

[13]  *AMAE*, LegR 2300, Expediente 1. Minutes, April 21, 1944, conversation between German Ambassador and Francisco Franco. Fredborg, *Behind the Steel Wall*, 148.

[14]  D. Pastor Petit, *Espionaje: La segunda guerra mundial y España*, Barcelona, Plaza y Janés, p. 227.

after the Spaniards expelled some German military intelligence officers in 1943, it continued to allow an Italian military mission to operate in Ceuta, Spanish Morocco, until British protests forced the regime to order it closed, as well.[15]

The Allies became increasingly frustrated with Spanish opportunism in its trade with the Nazis, and in retaliation for Franco's refusal to end shipments to Germany, cut off all oil for four months, from February to May 1944. Although the regime continued to sell raw materials to Germany, it agreed to enter negotiations with the Allies to end this trade. The agreements between the US, UK and Spain which ended this impasse called for a gradual end of tungsten ore sales to the Third Reich, and the resumption of oil shipments. Spain promised to reduce its shipments of tungsten ore to twenty tons per month in May and June, and then forty tons monthly thereafter. By early June, rationed gasoline was once again available at normal levels, and the newspapers demonstrated the change with photos of before the agreement – with streets deserted by automobiles – and after – with traffic clogging the streets of Madrid. Despite its promises, Spain continued to smuggle tungsten ore to Germany, although in small amounts.[16]

In addition to the black market, there was also an explosion of fraud, with scam artists impersonating government officials, army officers and police to swindle a fearful population. A massive market in forged documents was discovered in December 1943. This network, with operatives and counterfeiters throughout Spain, sold twenty thousand forged coupons for cooking oil and ration cards for thirty thousand liters of gasoline.[17]

Even the government became a victim of con artists. The most embarrassing was the scheme of an Austrian exile, Alberto Elder von Filek. Filek convinced Franco that he had a formula to make synthetic gasoline based on distilled water, plant juices and secret elements. Filek received land grants and ten million pesetas to build a factory. He even received a patent, despite his inability to demonstrate his product or attract interest

---

[15] Javier Juárez Camacho, *Madrid, Londres, Berlín: Espías de Franco al servicio de Hitler*, Madrid, Ediciones Temas de Hoy, 2005, pp. 20-23, 101-104, 135-136; Casas Sánchez, *La postguerra española y la Segunda Guerra Mundial*, p. 51; *AMAE*, LegR2156, Expediente 117. Verbal Note, August 25, 1943, British Embassy to Spanish Foreign Ministry.

[16] *Arriba*, May 5, 1944. *YA*, May 3, 9, June 4, 1944; Paul Preston, *Franco*, London and New York, Harper Collins, 1994, pp. 511-512; Christian Leitz, *Economic Relations between Nazi Germany and Franco's Spain, 1936-1945*, Oxford, Oxford University Press, 1996, pp. 170-199.

[17] Abella, *La vida cotidiana en España bajo el regimen de Franco*, 85-87; *Arriba*, June 21, 1939, January 28, February 17, 1944.

by international oil companies in the invention.[18] Even Franco's chauffeur was involved in the swindle, telling the dictator that his official car
ran on the mysterious formula. Finally realizing that he had been de-
ceived by von Filek's fraud, Franco ordered the Austrian imprisoned.[19]
Although not rising to the level of Filek's swindle, Franco also expressed unwarranted optimism about another solution to Spain's petroleum needs: processing coal and shale into oil and gasoline, a costly and
difficult process, which also failed to make a dent in Spain's nearly
absolute dependence on imported fuels.[20]

Spain's pro-Axis policies had a direct impact on the willingness of
the US and UK to trade with it after 1940. In 1941, Spain's dispatch of
the Blue Division and Spanish workers to Germany led to a significant
reduction of petroleum shipments from the US. In 1940, Spain had used
one million tons of oil, almost all of it imported. For all of 1941, Spain's
oil imports were only 25% of what they had been in 1935, a crippling
reduction, which nearly paralyzed Spain's road and transportation network. In 1942, Spain was only permitted to import 350,000 tons, a slight
improvement but nonetheless insufficient for normal economic activity.
Not until 1946 did imports return to the 1940 level. Because of the lack
of gasoline, few buses ran, leaving only the tram and subway systems in
the major cities as available means of transportation, both of which saw
intensive growth during this period. A shortage of cars, however, meant
that public transportation was usually late, overloaded, and often people
rode without paying even the reduced fares introduced by the regime. A
new double-decker commuter bus line, inaugurated in Madrid in June
1940, had to have its schedule cancelled in August because of severe
gasoline shortages caused by Allied limitations on Spain's oil imports.[21]

Gasoline was perpetually in short supply during the war years, as a
result of Spain's nearly complete dependence on imports from British
and American controlled waters. Early 1944 saw the worst period for
this commodity, as the Allies had finally lost patience with Spanish
tungsten ore sales to Germany, and imposed an oil embargo. New

[18] Martí Gómez, José, *La España del estraperlo*, Barcelona, Editorial Planeta, 1995,
pp. 99-100; *YA*, January 7, 1940, May 15, 1942; Vegas Latapie, Eugenio, *La Frus-
tración en la Victoria: Memorias Políticas, 1938-1942*, Madrid, Actas, 1985,
pp. 311-312.
[19] *La Vanguardia*, 8 February 1940; Preston, *Franco*, 348.
[20] Payne, *The Franco Regime, 1936-1975*, p. 251.
[21] Catalan, *La economia española y la Segunda Guerra mundial*, 221; De la Cierva,
*Historia del Franquismo*, 142; Harrison, Joseph, *The Spanish Economy from the
Civil War to the European Community*, London, Macmillan, 1993, p. 51; Abella, *La
vida cotidiana en España bajo el regimen de Franco*, 57; Arriba, March 24, June 21,
August 2, 1940, March 22, 1944, January 18, 1945.

restrictions on gasoline began in February, with a complete ban on sales of gasoline for tourism or pleasure travel. Taxis were limited to forty-five liters per month in Madrid and Barcelona, and only thirty-five elsewhere. Reductions in rationing averaged 40%-50%, with some classes of automobiles and trucks being cut off completely from supplies. During these months, out of forty thousand automobiles in Madrid, only two thousand were on the road on an average day, due to the strict rationing imposed. Even taxis could only drive on alternate days, with half of commercial fleets banned at any one time. With the streets deserted by motor traffic, drivers ignored street signals, and pedestrians walked whenever and wherever they wanted, no longer watching for cars, buses or trucks.[22]

The regime, desperate to avoid a complete collapse of its economy, attempted once again to encourage gasogenic conversions, but the public proved resistant to this measure. While fifteen thousand gasogenese were built, this fell short of the government's expectation of forty thousand, and most of these were official vehicles. While more fuel efficient, private citizens did not want to install them on their automobiles. With the hybrid engines, vehicles drove lower and more sluggishly with the apparatus, which was also cumbersome and looked awkward. Many hoped to wait out the fuel shortages, cutting back on consumption until normal supplies resumed, rather than undertaking expensive and difficult conversions of already precious automobiles.[23]

Neither unfulfilled promises from the Germans, or miraculous inventions, or gasogene engines, could solve the fundamental challenge for wartime Spain: Francisco Franco persisted in policies that alienated the Allies, who during World War II controlled over 90% of the world's oil supplies. Attempting to waffle between genuine neutrality and moral belligerency in support of the Axis, Franco and Spain gained the worst of both worlds. Spain did not benefit from the territorial and economic gains that collaboration with the Nazis might have made possible, but also was mistrusted by the Allies. Britain and the United States maintained a hard line against Spain, and oil supplies to it, not only to punish Franco for collaboration with the Axis, but also to prevent petroleum from finding its way into Hitler's war machine. The suffering of the Spanish economy and people as a result delayed recovery from the Spanish Civil War, as well as the reintegration of Spain into the broader European market after World War II. While gasogene engines and magic pellets did not reappear in Spain after the war, the leader who had endorses these tactics did survive the conflict. His continued domination

---

[22]   *Arriba*, February 1, 2, 9, 1944.
[23]   *Arriba*, March 3, 15, 1944.

of Spanish politics until his death in 1975 goes a long distance in explaining why Spain remained sidelined for so long, not only from the European Union and other institutions, but also why even today the Spanish economy is the weakest of the major European states.

# De la fermeture du canal de Suez au sabotage des pipelines de l'Iraq Petroleum Company

## L'Occident face à l'arme pétrolière, novembre 1956-juin 1957

Philippe TRISTANI

*Université Paris-Sorbonne, France*

Au lendemain de la Seconde Guerre mondiale, un des phénomènes économiques capitaux est que le canal de Suez est devenu la principale route qu'emprunte le flot de pétrole du Moyen-Orient vers l'Occident. En 1955, près de la moitié du pétrole produit par les pays du golfe Persique transite par le canal de Suez. Par voie terrestre, l'Iraq Petroleum Company (IPC), à la fois consortium pétrolier international et société de droit britannique[1], achemine par ses pipelines 24 millions de tonnes (M/t) de pétrole brut iraquien jusqu'en Méditerranée orientale, soit, à elle seule, plus de 15 % de la production totale de pétrole brut des pays du golfe Persique. Si l'on ajoute les 16 M/t de brut saoudien acheminés par le Trans-Arabian pipeline (Tapline) de l'Arabian American Oil Company

---

[1] L'IPC est une société britannique mise en place en juillet 1928 comme successeur de la Turkish Petroleum Company qui possédait une concession en Irak. Depuis sa création, l'IPC est à la fois l'émanation des grands groupes pétroliers occidentaux et la concrétisation de la politique pétrolière au Moyen-Orient des grandes puissances occidentales que sont les États-Unis, la Grande-Bretagne et la France. C'est un consortium de production pétrolière, dont les activités se déroulent essentiellement en Irak, dans lequel prédominent les Anglo-Saxons. Il résulte d'accords de groupes entre huit compagnies pétrolières et un actionnaire minoritaire : Royal Dutch Shell, Anglo-Persian, Partex (fondée par Gulbenkian, « monsieur 5 % »), Compagnie française des pétroles (CFP) et les groupes américains qui se réunissent dans la Near East Development Corporation (NEDC) qui comprend : la SO de New Jersey (50 % de la NEDC), la SO de New York (ou Soconi Vacuum, Mobil en 1966), la Pan-American Petroleum & Impor, la Gulf Corporation, l'Atlantic Refining Company quittent la NEDC en 1929. Un accord entre les groupes, le *working agreement*, fixe définitivement, à partir de 1928, les participations aux niveaux suivants : Anglo-Persian : 23,75 %, Royal Dutch Shell : 23,75 %, CFP : 23,75 %, NEDC : 23,75 %, Gulbenkian : 5,00 %.

(ARAMCO), c'est 25 % de la production de pétrole brut du Moyen-Orient qui sont acheminés par pipelines jusqu'en Méditerranée orientale.

Le canal de Suez et le système de pipelines de l'IPC et de l'ARAMCO constituent donc les axes d'approvisionnement pétrolier majeurs de l'Occident et plus particulièrement des pays de l'Europe occidentale.

Le 8 août 1956, lors d'un discours radiodiffusé, Anthony Eden déclare : « Par le Canal passe environ la moitié du pétrole sans lequel l'industrie de notre pays, de l'Europe occidentale, de la Scandinavie et de bien d'autres contrées ne peut se soutenir. C'est une question de vie ou de mort pour nous tous. »[2]

Or, le 26 juillet 1956, Gamal Abdel Nasser nationalise le canal de Suez. Le 6 novembre 1956, alors que les forces anglo-franco-israéliennes attaquent l'Égypte, le canal de Suez et les pipelines de l'IPC sont mis hors service. Quand l'Arabie saoudite décide de mettre l'embargo sur les expéditions à destination de la France et du Royaume-Uni, l'Europe occidentale, du jour au lendemain, se retrouve privée des deux tiers de ses approvisionnements en pétrole. Pour la première fois depuis la fin du second conflit mondial, le pétrole est utilisé à des fins de pression, à la mise en place d'un blocus énergétique de l'Europe occidentale qui prolonge la crise de Suez au-delà de l'évacuation des Franco-Britanniques de la zone du canal et des Israéliens du Sinaï[3].

Comment expliquer la vulnérabilité du canal de Suez et des pipelines de l'IPC alors qu'ils constituent des éléments essentiels du système de transport pétrolier qui approvisionne l'Europe occidentale ? Quels sont les pays occidentaux les plus fragilisés sur le plan pétrolier ? Face à la première crise globale des approvisionnements énergétiques de l'après-guerre, les pays occidentaux sont-ils en mesure d'organiser une réplique commune ? Dans quelles mesures l'IPC et les compagnies pétrolières occidentales, les majors[4], sont-elles affectées par la crise de Suez ? Sont-

---

[2]    Fonds (F) Total (T), dossier Suez, documents non indexés, in bulletin SEDEIS, « Les conséquences de l'obstruction du canal de Suez » par Bertrand de Jouvenel, 15/11/1956.

[3]    Le canal de Suez ne sera de nouveau ouvert à la navigation qu'à partir des 8-10 avril 1957 et les pipelines de l'IPC ne recommenceront à écouler le pétrole iraquien qu'à partir du 11 mars 1957, et encore, qu'à 40 % de leur débit normal.

[4]    Le terme désigne les sept plus importantes compagnies pétrolières du monde, constituant un cartel informel de compagnies intégrées verticalement et contrôlant les neuf dixièmes de la production mondiale de pétrole brut et les deux tiers des capacités de raffinage et des pipelines en dehors des États-Unis et de l'URSS. Les « sept sœurs » sont composées de cinq compagnies américaines : Standard Oil (of New Jersey qui devient en 1972 Exxon), Mobil Oil, Texaco, Gulf Oil, Standard Oil of California, d'une britannique et d'une anglo-hollandaise : Anglo-Persian Oil Company (qui prend le nom d'Anglo-Iranian Oil Company (AIOC) en 1935 puis British Petroleum ou BP en 1954) et Royal Dutch Shell. On parle parfois d'une huitième

elles de taille à désamorcer l'arme pétrolière ? Quatre ans avant la création de l'OPEP existerait-il déjà un front uni des pays producteurs de pétrole ? La crise conduit-elle à une remise en cause de la dépendance pétrolière de l'Europe occidentale vis-à-vis du Moyen-Orient ?

À partir d'archives inédites du groupe Total et de la British Petroleum, de fonds du ministère des Affaires étrangères, nous montrerons que la réplique pétrolière des pays du Moyen-Orient à l'agression de l'Égypte est tout aussi efficace que désordonnée. Loin de constituer un groupe cohérent, les pays arabes du golfe Persique sont traversés par plusieurs clivages, comme celui entre pays passeurs et pays producteurs, entre pro-occidentaux et anti-impérialistes, pro-nasséristes et pays conservateurs. De la sorte, la rupture des pipelines de l'IPC est autant due à la crise de Suez qu'au conflit qui oppose l'IPC à la Syrie depuis 1952, mais également aux différends idéologiques qui opposent la Syrie à l'Irak. Nous montrerons également que l'interruption des flux pétroliers en Méditerranée orientale affecte plus les pays producteurs que les compagnies pétrolières, toujours à même de réorganiser les flux pétroliers mondiaux.

## I. La double dépendance de l'Europe occidentale vis-à-vis du Moyen-Orient : un système d'approvisionnement pétrolier particulièrement exposé

L'Europe occidentale est la région au monde qui connaît la plus forte croissance économique depuis la fin de la Seconde Guerre mondiale. En même temps que l'Europe occidentale développe son économie, ses besoins pétroliers augmentent. Alors qu'en 1947, l'Europe occidentale consommait 37 M/t de pétrole brut, en 1955 ses importations nettes totales sont de 109 M/t ; soit une progression de 13 % par an. Comparativement, dans le même temps, l'augmentation de la consommation pétrolière américaine n'est que de 6 %. Entre 1948 et 1955, la consommation par habitant en produits pétroliers s'accroît de 127 % en moyenne en Europe occidentale, dont 67 % pour la Grande-Bretagne, 146 % pour la France, 246 % pour l'Italie, ou encore de 362 % pour l'Allemagne de l'Ouest[5]. Même si la part du pétrole dans la consommation énergétique globale est variable d'un pays à l'autre, en fonction des ressources nationales en gaz, en hydroélectricité ou en charbon, elle n'en est pas importante. Si le pétrole ne fournit que 9 % de l'énergie totale consommée en Allemagne de l'Ouest, sa part est de 11 % en Grande-Bretagne,

---

major à propos de la Compagnie Française des Pétroles (CFP, devenue Total en 1991). Dans la suite de notre développement, nous utiliserons le terme de majors.

[5]   FT, *op. cit.*, First National City Bank, Monthly letter, Business and Economic Conditions, Aftermath Suez, janvier 1957.

20 % en France, 64 % en Suède, 73 % en Grèce et de 87 % pour le Danemark[6]. Au-delà de ces chiffres, pour l'ensemble des pays développés, l'utilisation des produits pétroliers dans tous les secteurs de l'économie, notamment celui des transports, rend inévitable le recours à des importations massives de pétrole brut et de produits raffinés. L'accès à une source d'approvisionnement pétrolier proche, abondante et bon marché devient donc une nécessité.

La majeure partie de cet approvisionnement pétrolier provient du Moyen-Orient. De fait, la formidable augmentation de la production pétrolière du Moyen-Orient va de pair avec la croissance économique de l'Europe occidentale. En 1945, elle représente 7,4 % de la production mondiale ; en 1955, près de 20 % (en incluant celle des États-Unis et de l'URSS, ou 35,55 % en l'excluant) ; en 1956, 20,9 %. L'abondance de pétrole (157 M/t de pétrole brut produites, soit un cinquième de la production mondiale) et 66 % des réserves prouvées mondiales donnent une importance énergétique de premier plan au Moyen-Orient. Une extraction fort peu coûteuse, la proximité géographique du marché européen et la possibilité de régler une partie des approvisionnements en devises européennes contribuent à orienter massivement les flux pétroliers depuis les pays producteurs du Moyen-Orient vers l'Europe occidentale (cf. document 1). Ainsi, sur les 109 M/t de pétrole brut consommées par l'Europe occidentale, 93 M/t, soit 85,32 % de l'approvisionnement pétrolier européen, proviennent du Moyen-Orient.

**Document 1 : Principaux mouvements pétroliers internationaux de janvier à octobre 1956 (taux annuel en M/t)**

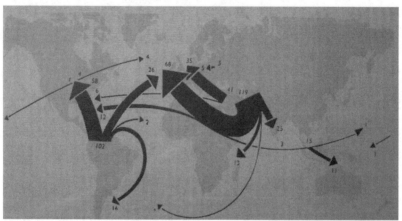

Source : Les besoins de l'Europe en pétrole. Incidences et enseignement de la crise de Suez, Comité du pétrole de l'OECE, OECE, Paris, janvier 1958, p. 14.

---

[6]   *Ibid.*, First National City Bank, *op. cit.*

Or, l'accès aux ressources pétrolières du Moyen-Orient est conditionné par le bon fonctionnement d'un nombre extrêmement restreint d'axes de transport : le canal de Suez en Égypte, véritable dorsale pétrolière transocéanique et les systèmes de pipelines qui aboutissent en Syrie et au Liban (cf. document 2), acheminant en Méditerranée orientale le pétrole brut d'Irak et d'Arabie saoudite. En 1955, l'Europe occidentale reçoit 2 millions de barils par jour (Mb/j) du Moyen-Orient : 320 000 b/j par la Tapline, 540 000 b/j par le système IPC (soit 35 M/t sur un total de 40 M/t transportées par les deux systèmes) et 1,14 Mb/j par le canal de Suez (58 M/t sur un total de 67 M/t transitées). Dans le cas du canal de Suez (cf. document 3), le trafic global de marchandises est tout aussi important puisque l'Europe est la source ou la destination de 85 % de celui-ci. Ainsi, la Grande-Bretagne est le plus important usager du canal, aussi bien pour le trafic nord-sud que sud-nord : près de 80 % de ses besoins en brut transitent par le canal, ce qui fait dire à la revue « Fortune » : « *In a literal sense the British Isles may be said to float upon the oil of Kuwait, Iran and Iraq.* »[7] Par ailleurs, ses relations commerciales avec ses anciennes colonies orientales expliquent que 25 % de son commerce extérieur transitent par le canal. Dans une moindre mesure, les Pays-Bas et leur commerce avec l'Extrême-Orient se trouvent dans le même cas. Le canal de Suez est également vital pour la France et l'Italie à cause de leurs très lourdes importations pétrolières en provenance du Moyen-Orient[8] : sur les 24,5 M/t de pétrole brut importées par la France, 23,2 M/t (94,69 %) proviennent du Moyen-Orient dont 10,5 M/t ont été acheminées par les oléoducs de l'IPC (42,85 %) et 12,7 M/t par Suez (51,83 %)[9]. Non seulement les pipelines et le canal conditionnent l'approvisionnement de l'Europe occidentale, mais ils permettent de maintenir un taux de fret bon marché. Par exemple, le plus court chemin et le moins onéreux pour les deux cinquièmes des approvisionnements français est d'aller charger le pétrole au débouché des pipelines de l'IPC à Tripoli. Pour une tonne de pétrole acheminée depuis Tripoli jusqu'au Havre, le coût du fret est de 5,5 $ (cf. document 4). Grâce au canal de Suez, la différence de prix est relativement faible entre une livraison en Méditerranée ou sur la côte de la Manche à partir du golfe Persique. Par contre, selon que les tankers chargent aux terminaux méditerranéens des pipelines ou dans le golfe Persique, le prix du fret peut quasiment doubler. Enfin, si on compare le

---

[7]   Fortune, octobre 1956 : « Oil East of Suez » par Charles J. V. Murphy, p. 131-135.

[8]   FT, *ibid.*, The Economist : The business world via Suez, le 04/08/1956.

[9]   FT, *ibid.*, Union des chambres syndicales de l'industrie du pétrole, « Relations publiques », Paris, 27/08/1956, presse quotidienne des 25 au 27 août 1956 : « La crise de Suez et les approvisionnements en pétrole » et « La vie française » du 03/08/1956, « Suez, route du pétrole » par G. Vidalenche.

coût entre les routes 4 et 5, l'augmentation des coûts est de plus de 78 % tandis que le prix du fret de la route 5, passant par le Cap, est quatre fois supérieur à celui de la route 2 empruntant Suez.

### Document 2 : Les principaux pipelines de pétrole brut et de produits raffinés au Moyen-Orient en 1955

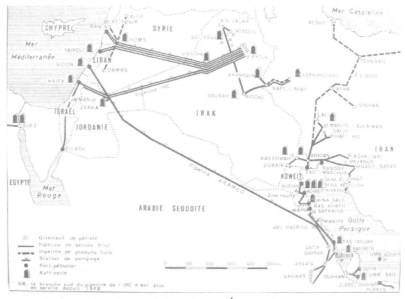

Source : FT 90.4/113, RAU, *Revue française de l'Énergie*, février 1967.

### Document 3 : Plan détaillé du canal de Suez

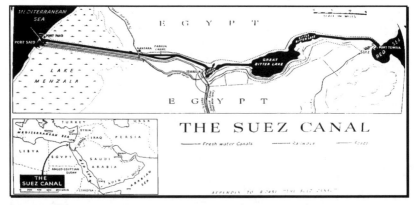

Source : *The Economist, op. cit.*

## Document 4 : Le coût de l'acheminement du pétrole depuis le Moyen-Orient

| Route | Trajet effectué pour une tonne de pétrole brut | Coût du fret par tonne en $ |
|:-----:|------------------------------------------------|:---------------------------:|
| 1 | Port de Fao (Sud de l'Irak)-Méditerranée orientale par Suez | 3 |
| 2 | Tripoli-Le Havre | 5,5 |
| 3 | Golfe Persique-Méditerranée par canal de Suez | 9 |
| 4 | Golfe Persique-Le Havre par canal de Suez | 11,20 |
| 5 | Golfe Persique-Europe par la route du Cap | 20 |

Source : Ministère des Affaires étrangères, Direction économique, papiers des directeurs, Afrique-Levant, microfilm 94 : Canal de Suez, pétrole 1956-1957, P 10752, Note sur le problème pétrolier français en 1957.

On mesure donc l'important degré d'exposition des pays européens aux risques d'interruption d'un passage libre par Suez et du pompage du pétrole dans les pipelines de l'IPC ou de la Tapline. Dès août 1953, l'ambassadeur britannique à Washington déclare au Département d'État : « *The maintenance of access to Middle East sources is therefore a vital interest to the entire western world both in peace and war.* »[10] Mais la vulnérabilité des pays occidentaux est d'autant plus forte que les facilités d'écoulement terrestres et maritimes des flux pétroliers du Moyen-Orient dépendent essentiellement de deux pays de transit : l'Égypte, pour le canal de Suez, et la Syrie, puisque les pipelines de l'IPC et de la Tapline traversent son territoire avant d'aboutir aux ports méditerranéens de Sidon, de Tripoli et de Banias. Or, ce sont dans ces deux pays que l'influence soviétique est la plus forte, où les contrecoups du conflit israélo-arabe sont les plus sensibles et qui sont à l'origine d'un mouvement nationaliste arabe radical.

## II. Les divisions entre pays de transit et pays producteurs et leurs répercussions sur le système d'écoulement de la production pétrolière du Moyen-Orient

Avec la défaite arabe contre Israël en 1948, s'ouvre l'ère des révolutions nationales qui accentue la division des pays arabes du Moyen-Orient. Deux groupes s'affrontent : les nationalistes arabes radicaux, qui sont des alliés objectifs sinon idéologiques de l'URSS et les nationalistes arabes conservateurs soutenus par le bloc occidental. Ces deux types de nationalisme recoupent également l'opposition entre les pays de transit pétrolier et les pays producteurs de pétrole.

---

[10]  Fonds (F) British (B) Petroleum (P), Box IPC 34, Foreign Office-general-août 1940-décembre 1960, Secret, « Skeleton » memorandum on Middle East oil.

En Syrie et en Égypte, les nouveaux régimes sont fondés sur le pouvoir des militaires, artisans de révolutions nationales, et sur un nationalisme anti-occidental. Ils veulent former un seul État arabe sur des bases socialistes et s'appuient sur une classe moyenne de plus en plus nombreuse et politisée. En Syrie, en 1949, trois coups d'État ont lieu au terme desquels Adib al-Chichakli prend le pouvoir, forme un gouvernement militaire et fonde en août 1952 un parti unique, le Mouvement de libération arabe, d'inspiration nettement arabiste[11]. Il doit à son tour s'exiler en 1954. De cette date à 1963, le parti *Ba'th* joue, au grand jour ou clandestinement, un rôle important grâce à son programme politique : refus de toute ingérence étrangère, réforme agraire, législation du travail[12]. D'où un rapprochement avec l'Égypte où la défaite contre Israël en 1948 a provoqué en juin 1953 l'abolition de la monarchie et l'arrivée au pouvoir, en mars 1954, de Nasser. Les deux pays partagent la même vision sur l'unité arabe qui trouve sa meilleure expression dans le nassérisme qui se définit comme un mouvement laïc, plaidant pour la modernisation, l'industrialisation et l'abolition de la société traditionnelle dans les pays arabes. Il se veut le promoteur d'un socialisme arabe en adoptant une voie originale entre capitalisme et communisme marxiste. Ce choix est inséparable de l'optique nationaliste : pour Nasser, le monde arabe, c'est-à-dire le cercle des pays arabes proprement dits, le cercle des pays islamiques et le cercle africain, finira par s'unir pour constituer un des nouveaux grands acteurs de la politique internationale. La conclusion d'un pacte égypto-syrien, le 20 octobre 1955, est la première manifestation concrète du projet panarabe de Nasser. Mais ce *leadership* est contesté au sein du monde arabe par un autre pays qui devient *de facto* l'ennemi à abattre, l'Irak.

L'ambition de l'Irak est de réaliser l'unité des pays du « croissant fertile », fédération assez lâche composée de la Jordanie et de la Syrie avec à sa tête la monarchie hachémite. L'Irak assurerait la direction grâce aux ressources financières issues des concessions pétrolières. Mais pour les Syriens et les Égyptiens, l'Irak est coupable de trahison vis-à-vis du nationalisme arabe : la conduite des affaires, depuis la fin de la Seconde Guerre mondiale, par Nuri Saïd, fait du pays un allié indéfec-

---

[11]  L'arabisme est la revendication d'une conscience arabe basée sur la langue et l'histoire.

[12]  Le Parti socialiste arabe *Ba'ath* syrien a été créé en 1947 à Damas et a pour but l'unification des différents États arabes en une seule et grande nation. Le mot arabe signifie en français « résurrection » ou « renaissance ». Les Ba'athistes ont toujours prétendu parler au nom de la nation arabe entière et pour le progrès des masses, bien que le parti soit demeuré extrêmement petit, factieux et souvent dépendant des nationalistes radicaux parmi les militaires. Cependant, son influence s'est rapidement étendue à d'autres pays arabes au cours des années 1954-1958, et des branches furent formées en Jordanie, au Liban et en Irak.

tible de la Grande-Bretagne et des États-Unis. Aussi, quand Nasser propose de souder le monde arabe tout en en prenant la tête du pacte de défense collective de la Ligue arabe, il exclut toute alliance bilatérale entre un État arabe et une puissance occidentale. En réponse, les Britanniques, soutenus par les États-Unis qui veulent compléter leur dispositif d'endiguement de la menace soviétique, mettent en place une alliance opposée dont le pivot est l'Irak. Le 24 février 1955, l'Irak, la Turquie, l'Iran, le Pakistan et la Grande-Bretagne signent le Pacte de Bagdad (ou MEDO pour Middle East Defence Organization). L'antagonisme entre Nuri Saïd, qui, en plus, contrecarre au sein de la Ligue arabe toutes les tentatives d'hégémonie de l'Égypte, et Nasser ne cesse de croître. La radio égyptienne, *La Voix des Arabes*, stigmatise Nuri Saïd et les « valets de l'impérialisme »[13]. En Irak même, la presse communiste clandestine s'en fait l'écho : « *The western pacts are a new road to slavery and a medium to maintain imperialist influence and secure its military and petroleum interests.* »[14]

La « fracture pétrolière » avive encore les tensions entre pays producteurs et pays de transit. À partir de la fin de 1950, la généralisation de l'accord *fifty/fifty* sur le partage des bénéfices dans tout le Moyen-Orient entre pays producteurs et compagnies pétrolières concessionnaires occidentales[15] provoque un rapide enrichissement des premiers. À titre d'exemple, alors que les revenus pétroliers ne représentaient que 16 % du budget total de l'État iraquien avant 1952, ils représentent 60 % de celui-ci en 1958-1959[16]. Exclus de ces accords, la Syrie et le Liban entendent forcer l'IPC et l'ARAMCO à les étendre en matière de transit pétrolier. En 1952, à la suite du Liban, la Syrie, déjà privée en 1947 du terminal de la ligne nord du pipeline de l'IPC et en 1949 de celui de la Tapline au profit du Liban, veut modifier les conventions qui régissent le transit du pétrole sur son sol[17]. La distance parcourue à l'intérieur du territoire syrien par les deux pipelines de 12'' et 16'' qui relient Kirkuk à Tripoli est de 423 km. Un troisième pipeline de 30'', relie Kirkuk au port syrien de Banias. En 1955, ce réseau d'oléoducs dispose d'une

[13] In FERRO M., 1956, Suez. Naissance d'un Tiers-Monde, col. La mémoire du siècle, éd. Complexe, Bruxelles, 2ᵉ éd., 1987, p. 30.
[14] FT 82.7/5, Note to CFP Paris, subject : communist litterature, 11/05/1956, Parti de la Libération, Qaida Press, 24/02/1956.
[15] In MOSLEY (L.), *Power Play, Oil in the Middle East*, Hardcover, Random House, 1973, p. 283-286 et CHESTER (E.), United States Oil Policy and Diplomacy. A Twentieth-Century Overview, Westport – London, Contribution in *Economics and Economic History*, Number 52, Grenwood Press, 1983, p. 242-243.
[16] FT 82.7/8, Relations de la CFP avec l'IPC, « la place des revenus pétroliers dans les revenus du gouvernement iraquien, 1951-1960 », 11/1960.
[17] FBP, *op. cit.*

capacité de 18 M/t pour la Syrie[18]. Entre 1952 et 1955, un bras de fer s'engage entre l'IPC et le gouvernement syrien. Ce dernier fait valoir le profit que réalise l'IPC en faisant transiter son pétrole par son territoire plutôt que de contourner la péninsule arabique par le golfe Persique, la mer Rouge et le canal de Suez. D'où une demande de partage des profits à hauteur de 50 % sur le modèle de l'accord passé le 3 février 1952 entre l'IPC et l'Irak, soit plus de 232 millions de livres[19]. Après l'échec des négociations à la fin de 1952, celles-ci ne reprennent qu'à la fin de 1954. Bien que les Soviétiques renforcent leurs livraisons d'armes à la Syrie, l'IPC compte sur l'instabilité politique en Syrie et l'arrivée au pouvoir d'un gouvernement pro iraquien qui lui serait favorable pour faire traîner les négociations. À l'inverse, la CFP et le gouvernement français, qui redoutent une éventuelle interruption du transit pétrolier iraquien[20], s'emploient activement à Londres et à Damas pour faire prévaloir une formule acceptable par les deux parties. Un accord est finalement conclu le 29 novembre 1955. Même si l'IPC débourse 6,5 millions de livres en 1956 au lieu de 1,4 million de livres en 1954, c'est son mode de calcul des redevances, fondé sur la base tonne/distance, qui est retenu et non pas un partage 50/50 des bénéfices. On est loin des 232 millions de livres initialement réclamés. C'est donc un échec pour la Syrie qui, en définitive, a subi la loi de l'IPC[21].

Quant à l'Égypte, la question pétrolière n'est pas absente de ses préoccupations. Dès août 1953 le département d'État américain avertit l'ambassade britannique à Washington : « *Egyptian interferance with the Suez Canal and the growing pressure of the Egyptian Government on the Suez Canal Company may endanger the passage of oil through the Canal.* »[22] Ainsi, quand en mars 1956 le secrétaire au Foreign Office, Selwyn Lloyd, déclare à Nasser que « La Grande-Bretagne considère le

---

[18] Pour plus de détails sur le réseau d'oléoducs aboutissant à la Méditerranée orientale voir : ZEINATY A., *L'industrie pétrolière au Liban. Le cas particulier des pays passeurs de pétrole au Moyen-Orient*, Société d'édition d'enseignement supérieur, Paris, 1970.

[19] FT 83, 3/1, Negociation with Syria, 18/12/1952.

[20] Ministère des Affaires (A) étrangères (E), DE-BE, série Affaires économiques et financières (AEF), Affaires bilatérales, Irak 1944-1960 n° 341, Relations économiques avec d'autres pays-Grande-Bretagne 271-1, Note du 17/05/1956. La France veille également à éviter que les conditions consenties pour l'exploitation des pipelines sur les bords de la Méditerranée orientale ne rendent difficile l'exploitation des gisements pouvant être découvert aux confins algéro-libyens.

[21] Pour plus de détails sur ces négociations voir KABBANJI J., *Les négociations pétrolières entre la Syrie, le Liban et l'Irak Petroleum Company durant les années 1950*, mémoire de Master 1 sous la direction de Samir Saul, Université de Montréal, Département d'histoire, 2008 et VERNIER B., La Syrie et l'Iraq Petroleum Company, *Revue française de science politique*, 17ᵉ année, n° 2, 1967, p. 299-307.

[22] FBP, *op. cit.*

canal de Suez comme partie intégrante du complexe pétrolier du Moyen-Orient », le *Raïs* lui fait remarquer que « les pays producteurs touchent 50 % du pétrole et l'Égypte ne touche pas 50 % des profits du canal. »[23] Problème dotant plus lancinant que l'Égypte a besoin de renforcer son armée à un moment où les incidents de frontières se multiplient avec Israël, que les États-Unis en dépit de leurs promesses donnent la priorité à l'armement de l'Irak et que la Grande-Bretagne conditionne son aide à l'adhésion de l'Égypte au pacte de Bagdad. La défection des Occidentaux est d'autant plus mal venue que Nasser a également besoin de capitaux pour moderniser son pays. Fidèle à son « neutralisme positif », pour contrebalancer la pression occidentale sur l'Égypte, Nasser se rapproche de l'URSS. En septembre 1955, il passe un accord secret d'armement avec l'URSS. Dans ce contexte, en juillet 1956, les Américains et les Anglais, après des promesses qui les engageaient, refusent de prêter à Nasser de quoi financer le barrage d'Assouan. En réponse, le 26 juillet 1956, Nasser décide de nationaliser la Compagnie maritime universelle du canal de Suez ; la crise de Suez commence.

## III. De juillet 1956 à juin 1957 : offensive occidentale et riposte énergétique du monde arabe

Pour les Occidentaux, la nationalisation du canal de Suez ne peut être que le prélude à une offensive plus vaste visant leurs intérêts au Moyen-Orient. Tout d'abord, avec le canal, Nasser contrôle la principale voie régulant le flot de pétrole du Moyen-Orient vers l'ouest, d'ailleurs, dès l'annonce de la nationalisation, les pétroliers de fort tonnage sont déroutés pour éviter la traversée du canal de Suez ; ensuite, la nationalisation par les Égyptiens d'une compagnie européenne risque de servir d'exemple aux pays arabes. Ils pourraient à leur tour nationaliser les compagnies concessionnaires pétrolières occidentales qui sont perçues comme des symboles de l'impérialisme britannique et américain. Ainsi, la politique de Nasser ne s'arrêterait pas au contrôle du canal de Suez mais aurait comme objectif la réalisation d'une confédération panarabe sous son commandement, comprenant les plus grands producteurs de pétrole. Dans cette perspective, Nasser serait en mesure d'interdire aux Occidentaux l'accès aux ressources pétrolières du Moyen-Orient.

Dès août 1956, les autorités européennes et américaines, probablement inspirées au moins en partie du conflit de 1952-1955 entre l'IPC et la Syrie, élaborent plusieurs scénarios quant à une rupture de leur approvisionnement en pétrole[24]. La première hypothèse, jugée « optimiste »,

---

[23]   FERRO, *op. cit.*, p. 30.

[24]   AE, DE, papiers des directeurs, 1944-1974, série AEF, sous-série Directeurs-Wormser (DW), Afrique-Levant (AL), microfilm 94, P10752 : canal de Suez, pétrole

suppose que les pipelines de l'IPC et de la Tapline, débouchant en Méditerranée orientale, continueraient de fonctionner. La fermeture du canal de Suez provoquerait alors une baisse de 25 % de l'approvisionnement pétrolier de l'Europe occidentale, soit 33 M/t. En cas de fermeture de ces voies d'approvisionnement, la seule alternative possible à partir du Moyen-Orient serait une route maritime partant du golfe Persique et qui passerait par le cap de Bonne-Espérance. Or, compte tenu de la distance, un aller-retour Europe-golfe Persique prendrait en moyenne 65 jours, contre 37 jours par Suez. Seuls 600 000 barils par jour (b/j) pourraient donc être acheminés jusqu'à l'Europe occidentale. L'hypothèse la plus pessimiste, la fermeture du canal, des pipelines et du golfe Persique, est écartée car : « [...] l'Irak, l'Arabie saoudite ont intérêt à vendre et les sources de l'Iran et de Koweït ne sont pas en danger. »[25] C'est oublié que les 50 % de l'approvisionnement pétrolier de la Grande-Bretagne fournis par le Koweït transitent par Suez ainsi que 15 % de la production de l'Arabie saoudite.

**Document 5 : Hypothèses sur l'approvisionnement français en 1957 en cas de crise au Moyen-Orient (en M/t)**

| Origine du brut / hypothèses | Approvision-nement normal | Suez fermé Pipelines ouverts | Suez et pipelines fermés |
|---|---|---|---|
| Brut national | 1,2 | 1,2 | 1,2 |
| Brut de l'Amérique et de l'Est | 1,2 | 2,2 | 2,2 |
| Brut pipelines Moyen-Orient | 10,5 | 11 | 0 |
| Brut du golfe Persique par Suez | 12,6 | 0 | 0 |
| Brut du golfe Persique par le Cap | 0 | 4,4 | 5,7 |
| Brut supplémentaire d'Amérique | 0 | 7,7 | 10 |
| Total | 25,5 | 26,5 | 19,1 |

Source : Ministère des Affaires étrangères, *op. cit.*, note n° 1 : « Sur le problème pétrolier français en 1957 », 04/09/1956.

Pour la France[26], la première hypothèse équivaut à une baisse de 6 M/t de ses approvisionnements en pétrole brut sur un total de 26,5 M/t. Au cas où le canal de Suez et les pipelines seraient fermés, elle serait privée de 19,1 M/t, soit 72 % de ses importations pétrolières. Dans cette deuxième hypothèse, la consommation d'énergie devrait être réduite de 3 à 5 %, la quantité de pétrole américain nécessaire serait de 10 M/t et devrait être complétée par des importations de brut en provenance du

---

1956-1957, note sur les « Mesures de pression économique ou financière » évoquées par les ministres des Affaires étrangères français, britannique et américain, le 04/09/1956.

[25] *Ibid.*

[26] AE, *op. cit.*, note n° 1 : « Sur le problème pétrolier français en 1957 », 04/09/1956.

golfe Persique ; à condition que la production de l'Arabie saoudite, de l'Iran, du Koweït et du sud de l'Irak soit poussée. Les 19,1 M/t ainsi importées coûteraient autant que les 26,5 M/t d'approvisionnements en période normale (cf. document 5).

Avec l'invasion du Sinaï par les Israéliens au débarquement des troupes aéroportées franco-britanniques à Port-Saïd, entre le 29 octobre et le 6 novembre, le scénario le plus improbable envisagé par les gouvernements occidentaux est devenu réalité. Les pipelines du groupe IPC sont immédiatement visés par une série de sabotages. Le 1er novembre, tandis que le canal de Suez est rendu inutilisable par les Égyptiens, les deux principaux pipelines de la Qatar Petroleum Company (QPC) sont sabotés au mile 32 et sont en feu. La ligne sud-est est réparée le jour même et la ligne nord le lendemain matin. Le 2 novembre, les installations de pompage des pipelines de l'IPC en Syrie (cf. document 6) sont détruites, provoquant l'interruption de la production des champs de Kirkuk et de ceux exploités par la Mossul Petroleum Co. (MPC) dans le nord de l'Irak[27]. Le 5 novembre, la principale ligne du système de pipelines entre la frontière syrienne et libanaise explose en deux endroits. Dans la nuit du 20 novembre, une section de la ligne au Liban est détruite mais est remplacée très rapidement. Dans un premier temps, les protagonistes de ces attaques ne sont pas clairement identifiés. La CFP est persuadée que ce sont des éléments isolés de l'armée syrienne tandis que Nuri Saïd y voit l'action des Soviétiques[28], ces derniers étant très présents en Syrie[29].

En fait, en dehors de l'action limitée de l'Arabie saoudite, prise pour ne pas paraître aux yeux des populations arabes en retrait vis-à-vis de Nasser, force est de constater que ce sont les pays de transit pétrolier qui réagissent à la triple offensive qui menace l'Égypte. Contrairement à l'action menée en 1973 par l'OPEP, l'arme pétrolière est brandie en 1956 par des pays qui en sont largement dépourvus. En revanche, nous avons constaté qu'aussi bien la Syrie que l'Égypte contrôlent l'accès aux plus grandes ressources pétrolières mondiales à partir d'un nombre extrêmement réduit de moyens d'écoulement. D'où la deuxième différence avec la crise pétrolière de 1973 : il ne s'agit pas ici de faire pression sur l'Occident en réduisant la production mais en en réduisant son écoulement. Peut-on pour autant parler d'une action concertée ? Probablement si on tient compte du rapprochement opéré entre l'Égypte et la Syrie depuis 1955 et de la simultanéité entre l'obstruction du canal de

---

27    FBP, Box IPC 328, Monthly report group Co., 1956.

28    FT 82.7/5, note CFP « Iraq/Syria/Lebanon », Paris, 2/01/1957.

29    FBP, Box IPC 122 : Middle East situation, décembre 1956-janvier 1957, lettre du 13/12/1956 de E.W. Tatge à A. Stebinger (Socony Mobil Oil Co.) – New York.

Suez et le sabotage des pipelines. Il est par ailleurs intéressant à constater que seuls les intérêts franco-britanniques sont visés. La section de
l'oléoduc de la Tapline qui traverse la Syrie ne subit aucune attaque
contrairement aux installations de l'IPC, perçue avant tout comme une
compagnie britannique. On peut néanmoins se demander si l'attitude
conciliante de l'ARAMCO lors des négociations engagées avec la Syrie
en 1950 à propos des tarifs de transit n'y est pas pour quelque chose,
sans compter que la Tapline achemine le pétrole saoudien. Il est tout à
fait probable que, par-delà les intérêts français et britanniques, la Syrie
ait visé sciemment les intérêts pétroliers iraquiens. N'accuse-t-elle pas le
gouvernement iraquien de tentative de déstabilisation après la découverte d'armes iraquiennes sur son territoire en décembre 1956[30] ? Cette
campagne contre Nuri Saïd que le gouvernement syrien orchestre n'est
que le commencement d'une vaste campagne visant à déstabiliser le Premier ministre iraquien de plus en plus en porte-à-faux avec ses positions
pro-occidentales vis-à-vis de l'opposition nationaliste intérieure et extérieure. Pierre de Vaucelles, ambassadeur de France en Irak, souligne
que : « [...] la collusion entre Israël, la France et l'Angleterre a permis à
ses ennemis politiques de le présenter comme un complice des ennemis
du monde arabe. »[31] D'où la fragilisation politique de Nuri Saïd, le meilleur allié des intérêts occidentaux au Moyen-Orient, qui ne peut s'opposer à la rupture des relations diplomatiques avec la France le 9 novembre
1956 sous la pression de l'opposition parlementaire iraquienne.

---

[30]  *Id.*

[31]  AE : DE-BE 340, 1945-1960 Irak, DE 267-2 Situation politique, économique et
financière, Pierre de Vaucelles à S.E. Christian Pineau, ministre des Affaires étrangères, A.S. rapport de fin de mission, 20/12/1956.

**Document 6 : Station de pompage T3 en territoire syrien, en 1955**

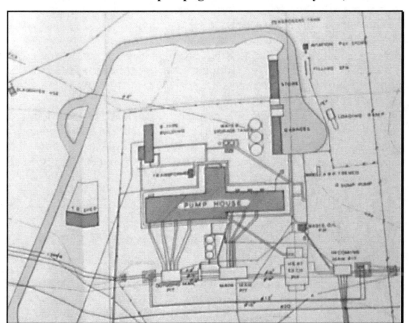

Source : FT 89.14/9 : Diagrammatic layouts of areas 1955.

Si le bilan politique est préoccupant, le bilan matériel et financier de la contre-attaque arabe ne l'en est pas moins. L'évaluation des destructions des installations de pompage est de 8,045 millions de livres[32] et la nationalisation puis l'obstruction du canal de Suez privent la Compagnie universelle du Canal maritime de Suez d'au moins 32 millions de livres. Mais plus lourdes encore sont les conséquences sur l'approvisionnement pétrolier de l'Europe occidentale. La Syrie subordonnant la réparation des infrastructures de pompage à l'évacuation de l'Égypte par les troupes françaises et anglaises et du Sinaï par les Israéliens[33], les exportations de pétrole iraquien, depuis les concessions exploitées par l'IPC et la MPC, cessent complètement jusqu'au 14 mars 1957. Lorsque le 9 novembre, l'Arabie saoudite annonce sa décision de mettre un embargo sur livraisons de pétrole destinées à la Grande-Bretagne, à la France et aux Pays-Bas, l'approvisionnement pétrolier de l'Europe occidentale est amputé de près de 2 M b/j. La seule solution de substitution immédiate, l'acheminement de pétrole depuis le golfe Persique via la route maritime du

---

[32] FBP, Box IPC 122, IPC Limited, notes on accounts for the year 1956, 23/05/1957.
[33] *Ibid.*

cap de Bonne-Espérance, ne pourrait fournir que 600 000 b/j à l'Europe en raison de la longueur du trajet et de la flotte de tankers disponible. Les navires ainsi détournés par le Cap ne livreraient leur chargement qu'à la fin du mois de décembre, ce qui ne ferait que ralentir la baisse des stocks pétroliers. Dans tous les cas, plus d'un million de tonnes de brut par jour manquent à l'Europe. Dès novembre, la situation est critique pour les plus importants usagers du canal que sont la France, la Grande-bretagne et les Pays-Bas. Le 18 novembre 1956, le ministère britannique des Combustibles et de l'Énergie annonce que les stocks de combustibles ne pourront garantir que 6 à 8 semaines de consommation normale. En France, les stocks s'amenuisent rapidement : de novembre à janvier, les approvisionnements n'ont atteint en moyenne que 36 % de la normale. Au 31 janvier 1957, les réserves en fuel-oil ne représentent plus que 7 à 10 jours d'approvisionnement, 15 à 20 jours en comptant les réserves stratégiques[34]. La rupture des stocks est prévue pour la fin de février 1957. Un rationnement de l'essence en Angleterre et en France est établi à partir de la mi-novembre jusqu'en juin 1957. Le manque d'approvisionnement pétrolier devient également préoccupant pour la Turquie, la Grèce et les pays scandinaves. Au total, la formidable expansion économique qu'a connue l'Europe occidentale depuis la fin de la Seconde Guerre mondiale risque d'être remise en question.

## IV. La stratégie globale des majors : la redistribution des flux pétroliers mondiaux

L'impossibilité pour l'Europe occidentale d'avoir accès aux ressources pétrolières du Moyen-Orient semble inaugurer un nouveau rapport de force entre pays consommateurs et pays producteurs. Cependant, en même temps que les Occidentaux envisageaient tous les scénarios possibles dans le cas de la rupture de leur système d'approvisionnement, ils mettaient en place, avec le soutien des États-Unis, une organisation internationale pour redistribuer les moyens d'approvisionnement et de transport pétroliers à l'échelle mondiale.

La coordination de l'action des compagnies américaines et européennes est assurée par la mise en place de deux comités. Depuis le début du mois d'août 1956, avec l'accord du gouvernement américain et en étroite relation avec l'United States Military Petroleum Advisory Board, treize compagnies américaines, composées de majors et d'indé-

---

[34] AE, DE, papiers des directeurs, 1944-1974, série AEF, sous-série Directeurs-Wormser (DW), Afrique-Levant (AL), microfilm 94, P10752 : canal de Suez, pétrole 1956-1957, télégramme au départ « réservé-priorité », direction des affaires économiques et financières à New York et communiqué à Washington, 04/01/1957.

pendants[35], se réunissent à l'intérieur d'un comité dénommé : Middle East Emergency Committee (MEEC)[36]. Son rôle est d'évaluer les besoins pétroliers de chaque pays du « monde libre » et d'estimer les quantités de pétrole pouvant être disponibles dans l'hémisphère occidental. À cette initiative américaine répond, en septembre, la création du Comité de Londres, qui prend le nom d'Oil Emergency London Advisory Committee (OELAC) composé de la BP, CFP et de la Royal Dutch Shell[37]. L'OELAC a pour but de fournir aux gouvernements des trois compagnies, la Grande-Bretagne, la France et la Hollande, un plan en cas de crise afin d'utiliser au mieux les ressources et les navires pétroliers (cf. document 7).

---

[35] Dans le vocabulaire international des pétroliers, le mot désigne habituellement toute compagnie autre que les sept majors : autrement dit, une compagnie qui ne possède pas un système global de production, de transport, de raffinage et de commercialisation. Ainsi, selon une définition américaine, le terme « Indépendants » s'applique à une compagnie qui dépend à plus de 70 % de l'extérieur pour l'ensemble de son approvisionnement.

[36] Il s'agit des compagnies suivantes : Arabian American Oil Co., Caltex Oil Products Co., Cities Service Co., Creole Petroleum Corp., Getty Oil Co., Gulf Oil Corp., Sinclair Oil Corp., Socony Mobil Oil Co., Standard Oil Co. of California, Standard Oil Co. (New Jersey), Standard-Vacuum Oil Co., The Texas Co., Venezuelan Petroleum Co., in FT 92.36/102 : Oil Emergency London Advisory Committe (OELAC)-1956, Middle East Emergency Committee, Tanker subcommittee, instructions, draft, septembre 1956.

[37] Un tel comité avait été formé au moment de la crise iranienne de 1951 pour collecter l'information concernant les approvisionnements, les transports et les besoins des marchés pour conseiller et prévenir les compagnies pétrolières internationales.

**Document 7 : Coordination entre les compagnies pétrolières
et les gouvernements occidentaux pour l'approvisionnement
des pays à l'ouest de Suez**

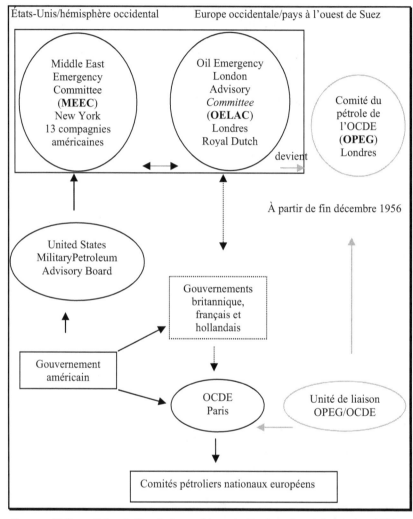

Source : Philippe Tristani d'après les archives de Total et du ministère des Affaires étrangères.

Il appartiendrait à la MEEC et à l'OELAC de répartir les rôles entre l'industrie pétrolière et les gouvernements. La première se chargerait des approvisionnements et de l'achat de bruts.

Les seconds organiseraient les rationnements éventuels et la répartition par pays et prendraient le Comité du pétrole de l'OECE comme organisme d'étude et de coordination. La coopération entre l'OELAC et la MEEC permettrait de coordonner les actions pouvant éviter une pénurie de produits pétroliers dans les pays à l'ouest de Suez : mise en commun des stocks, des terminaux pétroliers et des capacités de transport des compagnies pétrolières participantes, diversion des flux pétroliers en provenance du Moyen-Orient vers le continent américain et la façade atlantique de l'Europe au profit des marchés à l'ouest de Suez et remplacement de ces approvisionnements par l'augmentation de la production de pétrole brut des pays producteurs du continent américain et du golfe Persique dans une fourchette allant de 800 000 b/j à 1,3 million b/j en fonction des différentes hypothèses évoquées plus haut[38].

Fortes de leur expérience, les compagnies pétrolières montrent ainsi une très forte réactivité à la situation créée par la nationalisation du canal de Suez. Tandis que les gouvernements français et britannique envisagent secrètement, dès le début du mois d'août, une action militaire et que les États-Unis restent dans l'expectative, seule l'industrie pétrolière met en place une structure internationale capable de parer aux conséquences énergétiques d'un regain éventuel de tensions au Moyen-Orient. On peut se demander si les responsables des grandes compagnies pétrolières n'ont pas été avertis très tôt par leurs gouvernements de la réplique militaire envisagée par la France et la Grande-Bretagne. Si la documentation reste muette sur cette question, il est frappant de constater les démarches françaises et britanniques de participer, sous les auspices de Foster Dulles, aux négociations visant à mettre en place une nouvelle organisation de gestion internationale du fret passant par Suez et, simultanément, la préparation de l'offensive militaire contre l'Égypte. On peut cependant opposer à cette hypothèse qu'à la date du 20 septembre 1956, le Comité du pétrole de l'OCDE n'est pas encore au courant de l'existence du MEEC ni de l'OELAC[39]. On peut donc tout à fait supposer que seule l'expérience de situations antérieures de crise a motivé l'action précoce des compagnies pétrolières occidentales[40]. Quoi

---

[38] FT 92.36/101 : Middle East Emergency Committee (MEEC)-New York, note to CFP, subject : Platt's oigram news service, London 28/08/1956 et FT 92.36/99 : Problèmes ravitaillement OECE-1956 et FT 92.36/103 : Petroleum Industry Emergency Group 1957-1958, DMO, Note d'informations générales sur les travaux des comités MEEC, OPEG et OECE par Van den Broek, 18 décembre 1956.

[39] FT 92.36/102, *op. cit.*, subject : message to european area representatives, London, note to CFP Paris, 21/09/1956.

[40] L'organisation de l'OELAC a une structure comparable à celle qui avait été formée au moment de la crise de la nationalisation du pétrole iranien en 1951 pour collecter

qu'il en soit, cette entreprise ne va pas de soi et va même à l'encontre des intérêts économiques et commerciaux fondamentaux des compagnies pétrolières. Des informations sensibles pour Shell, BP et CFP sont ainsi centralisées par l'OELAC. Le représentant de la CFP au comité de Londres souligne que « [...] Jusqu'à présent le principal effet des travaux du "Comité" a été de dévoiler d'importants secrets commerciaux [...] »[41] ; encore que ces informations ne profitent pas à tous de la même manière : « C'est pour CFP une occasion, qui ne se représentera pas de sitôt, de connaître les secrets des autres compagnies (les nôtres étaient, je crois, bien plus faciles à percer pour elles). »[42] La coopération entre compagnies, qui restent par ailleurs concurrentes, ne semble donc pas exclure une certaine dose d'arrière-pensées.

Néanmoins, l'action conjointe menée par les gouvernements et les grandes compagnies pétrolières occidentales aboutit à une modification radicale des flux pétroliers à partir de novembre 1956. Si on compare le document 1 avec le document 8, trois changements majeurs apparaissent :

- les flux depuis le golfe Persique vers l'Europe occidentale se sont réduits de plus de la moitié et ne passent plus par Suez mais contournent le continent africain par le cap de Bonne-Espérance ;
- les flux depuis le golfe Persique vers le continent américain ont disparu ;
- les flux depuis le continent américain en direction de l'Europe se sont intensifiés et ont été multipliés par deux.

À partir du mois de janvier, les importations européennes de pétrole brut depuis le golfe Persique augmentent de 80 % par rapport au quatrième trimestre de 1956. La réplique occidentale au défi pétrolier lancé par les pays de transit semble ainsi particulièrement efficace. La crise de Suez semblerait donc avoir eu pour conséquence la constitution de deux camps bien définis, chacun s'organisant pour atteindre des objectifs communs. En fait, cette bipolarisation n'est qu'apparente et de nombreuses dissensions rendent la situation plus confuse et les alliances plus incertaines.

---

les informations concernant les approvisionnements, les échanges, le transport et les besoins des marchés puis de les transmettre aux compagnies concernées.

[41] FT, *op. cit.*, Compte rendu du séjour à Londres de J. Leveugle du 20 et 21 septembre 1956, 22/09/1956.

[42] *Ibid.*

**Document 8 : Principaux mouvements pétroliers internationaux de novembre à décembre 1956 (taux annuel en M/t)**

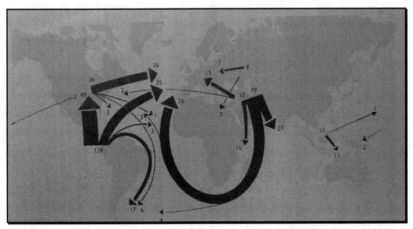

Source : Les besoins de l'Europe en pétrole. Incidences et enseignement de la crise de Suez, Comité du pétrole de l'OECE, OECE, Paris, janvier 1958, p. 15.

## V. Les Américains maîtres du jeu

Nous venons de voir la mise en place du système d'approvisionnement de l'Europe occidentale par les compagnies pétrolières et les gouvernements occidentaux. Cependant, même s'il existe une véritable cohérence dans cette organisation, il n'en demeure pas moins que des divergences fondamentales subsistent entre le gouvernement américain et les gouvernements français et britanniques dans l'approche du règlement de la crise de Suez.

La France et la Grande-Bretagne considèrent que le nationalisme arabe est soutenu par l'Union soviétique et orienté contre leurs intérêts dans la région et doit donc être combattu coûte que coûte. La nationalisation de Suez est ressentie comme le début de la destruction des positions occidentales en Afrique et au Moyen-Orient, le défi de Nasser ressemblant fort à celui de Mossadegh en Iran en 1951. Dès le 27 juillet, Londres est prêt à agir militairement. Le premier ministre britannique Eden déclare à un diplomate américain : « qu'il vaut mieux voir l'Empire disparaître avec fracas que de le voir grignoté »[43]. Il en va tout autrement pour les Américains qui jugent inévitable le nationalisme arabe et voient dans la nationalisation du canal une simple affaire juridique, sans compter que leur intervention dans le règlement de la crise est une façon

---

[43] NOUSCHI A., *Pétrole et relations internationales depuis 1945*, Paris, Armand Colin, coll. U, 1999, p. 67.

d'élargir leur champ d'action au Moyen-Orient aux dépens des Britanniques. Dans sa lettre du 2 septembre à Eden, Eisenhower présente ainsi une autre approche : « Je crois que nous devons nous attendre à voir les Arabes soutenir vigoureusement Nasser, si on recourt à la force, sans explorer sérieusement et épuiser tous les moyens pacifiques de régler ce différend. »[44] Ainsi, dès le 5 août, Washington accepte de verser aux Égyptiens les taxes de passage du canal. Parallèlement, des compagnies maritimes américaines envisagent de monter une société concessionnaire américano-égyptienne qui remplacerait l'ancienne Compagnie du canal et qui se chargerait des investissements nécessaires afin de développer les infrastructures du canal pour faire face à la croissance du trafic des 15 prochaines années[45]. Ce projet est très proche de celui du secrétaire d'État américain, John Foster Dulles. Il propose lors de la Conférence maritime de Londres, le 16 août 1956, un plan d'internationalisation du canal de Suez. Le 10 septembre, il met sur pied l'Association des usagers du canal (SCUA) pour garantir en principe les droits des usagers, mais qui dessaisit les Franco-Britanniques de leur capacité d'agir puisque désormais le Comité directeur du SCUA comprend sept membres de sept pays différents (France, États-Unis, Angleterre, Italie, Norvège, Iran, le septième restant à définir). Des négociations devraient définir la répartition des droits de transit qui seraient versés au SCUA par les ressortissants des pays membres de l'organisation, à la Compagnie universelle par les navires britanniques et français et aux autorités égyptiennes par les pays non-membres, soit approximativement 44 % de la totalité des droits[46]. Ce projet paraît d'autant plus diriger contre la France et la Grande-Bretagne que son auteur déclare publiquement que « naturellement, la SCUA n'exercerait pas ses droits par la force. »[47] Même si finalement Nasser rejette la proposition de création du SCUA, cet épisode montre la position anti-britannique des Américains qui ne fait que se renforcer après l'ultimatum franco-britannique du 30 octobre contre l'Égypte et l'attaque du 6 novembre 1956.

Dès le 26 octobre, les États-Unis utilisent le chantage aux approvisionnements pétroliers pour exercer une pression directe sur l'Angleterre et la France. Washington décide ainsi de suspendre les travaux du MEEC qui, dès le mois d'août 1956, était opérationnel. La reprise de l'activité de ce comité pétrolier américain ne se fera qu'à partir du

---

[44] *Id.*
[45] FT, dossier Suez, « L'affaire de Suez. Projet de reprise de l'exploitation du canal de Suez par un consortium international », 04/10/1956.
[46] AE, *op. cit.*, lettre de l'attaché financier de l'ambassade de France, Paul Leroy-Beaulieu, à Londres au ministre des Affaires économiques et financières, 06/10/1956, bordereau n° 1096.
[47] FERRO, *op. cit.*, p. 63.

30 novembre, ce qui retarde d'autant l'application du plan d'approvisionnement de l'Europe. Dans le même temps, les États-Unis font pression sur les autorités européennes pour remplacer l'OELAC, émanation des gouvernements britanniques et français, par un organisme sous contrôle du comité exécutif de l'OCDE, l'OEEC Petroleum Industry Emergency Group (OPEG)[48]. Or, cette prise de contrôle par l'OPEG désorganise la coordination du ravitaillement entre les pays européens qui a été entreprise par l'OELAC, faute de données précises et d'un manque de méthode dans la collecte des statistiques[49]. Cette pression diplomatique pour affaiblir les Britanniques et les Français au sein de l'Europe se double d'une pression financière et monétaire.

Le Moyen-Orient est inclus dans la zone sterling où les achats de pétrole se font en livre sterling ou en monnaies européennes. Cette situation est donc particulièrement favorable à la Grande-Bretagne et à la France, cette dernière pouvant payer en partie en franc sa part de pétrole provenant de l'IPC. Avec la nationalisation du canal de Suez et les menaces qui pèsent sur l'approvisionnement pétrolier européen, nous avons vu le projet de réorganisation des flux pétroliers mondiaux. Or, avec la substitution du pétrole produit au Moyen-Orient par celui d'origine américaine, se pose la question du règlement en dollar de ces approvisionnements. Pour pallier au problème des devises, en septembre, les États-Unis envisagent secrètement de fournir à l'Europe des dollars ou d'autoriser l'achat de pétrole en monnaies européennes. Mais il n'en va plus de même avec l'attaque franco-britannique contre l'Égypte.

Ainsi, à partir de la fermeture du canal de Suez et de la destruction des pipelines de l'IPC, la substitution du pétrole-dollar au pétrole-sterling draine les réserves de dollar de toute l'Europe occidentale. L'explosion des coûts de fret aggrave ce phénomène. Par exemple, le tarif calculé sur la distance forfaitaire du transport de pétrole entre Aruba, dans le golfe du Mexique, et le Havre a triplé, passant de 6,50 $/t à 19,60 $, tandis que celui pour un trajet entre le golfe Persique et Lavera par le cap de Bonne-Espérance a été multiplié par sept pour atteindre 128,80 $/t. Pour la France, les 18 ou 19 Mt de pétrole américain nécessaires à son approvisionnement coûteraient autant que les 26,5 Mt d'approvisionnement normal, soit 280 M$. Durant la crise, la France perd 20 M$ par mois. D'où une balance des paiements de plus en plus déficitaire avec un déficit par rapport à l'Union européenne des paiements qui est passé de 35 M$ au cours du premier semestre 1956 à plus de 100 M$ à la mi-novembre 1956. Dans le même temps, les réserves en or et en devises ont diminué de 700 M$ et ne représentent plus que

[48]   FT 92.36/102, *op. cit.*, Draft, minutes of a meeting of OELAC, 08/01/1957.
[49]   FT 92.36/103, *op. cit.*

1,3 milliard de dollars alors que la France contracte un emprunt auprès du Fonds monétaire international (FMI) de 262 M$. Cette situation financière extérieure très préoccupante est aggravée, sur le plan intérieur, par une reprise de l'inflation[50]. La position de la Grande-Bretagne est encore plus préoccupante. En janvier 1957, les quantités d'or et de dollars dans la zone sterling ne représentent plus que 1,965 milliard de dollars alors que le niveau considéré comme minimum pour garantir la parité entre la livre sterling et le dollar est fixé à 2 milliards de dollars. Alors que les bénéfices des compagnies pétrolières britanniques représentent un élément important de l'actif de la balance des comptes, la fermeture du canal de Suez et de pipelines de l'IPC entraîne une baisse des ventes de pétrole sur le continent européen et donc un manque à gagner de l'ordre de 15 M£ par trimestre. Le Trésor britannique privé de devises fortes doit en même temps payer en dollar du pétrole américain, soit une dépense de 25 M£ par trimestre. Entre la fin juillet et la fin octobre 1956, les pertes en devises sont de l'ordre de 161 M$. Cette hémorragie des réserves monétaires britanniques s'aggrave avec une spéculation à la baisse menée contre la livre. Le 6 novembre, sous les coups discrets des spéculateurs de Wall Street et de la Federal Reserve Bank de New York, la livre atteint le niveau au-dessous duquel elle doit être dévaluée ou renflouée. Les pertes en devise atteignent 279 M$ et se poursuivront au même rythme les quinze premiers jours de décembre. Seul l'appui du gouvernement américain et du FMI peut désormais enrayer le phénomène. Mais Washington annonce qu'un prêt ne pourra être consenti que si la Grande-Bretagne accepte le cessez-le-feu exigé par l'Assemblée générale de l'ONU ; ce qui est chose faite à partir du 6 novembre 1956. Le lendemain, privée de l'appui britannique, c'est au tour de la France de capituler.

L'antagonisme américano-britannique est donc le principal obstacle à la mise en place d'un système d'approvisionnement pétrolier occidental. Faire des économies de dollars est tout aussi important que d'épargner du tonnage et du temps. Ce qui explique qu'alors que le maximum d'économie serait réalisé en transportant à travers l'Atlantique le plus de pétrole possible depuis le continent américain, l'accent est mis sur le transport de pétrole à partir du golfe Persique, malgré l'allongement du trajet par le cap de Bonne-Espérance. D'autres considérations freinent encore l'efficacité du dispositif. La première est d'ordre structurel : il s'agit de l'insuffisance de la capacité des pipelines américains et du manque de navires pétroliers. À la fin de 1956, la flotte mondiale de tankers est composée de 2 509 navires, représentant un tonnage brut de 43,195 Mt, dont un millier est affecté au ravitaillement de l'Europe. Si

---

[50] AE, *op. cit.*, conséquences économiques et financières de l'affaire de Suez, 13/11/1956.

le renforcement du nombre de ces navires et la suppression des mouvements croisés à travers l'Atlantique optimisent l'approvisionnement de l'Europe, celui-ci ne couvre que 75 % des besoins du continent. Faute d'une quantité suffisante de navires pour écouler la production, la filiale de l'IPC dans le sud de l'Irak, la Basra Petroleum Company (BPC) ralentit les opérations de pompage à partir du 14 novembre pour les interrompre totalement le mois suivant. Entre le 24 novembre et le 1er décembre, la QPC réduit de manière drastique ses opérations[51]. D'une façon générale, la complexité des affrètements conduit à procéder de manière empirique pour le ravitaillement. À ce problème crucial du transport maritime s'ajoute celui du transport terrestre. Les pipelines américains ont un débit insuffisant pour permettre l'évacuation d'un surplus considérable de production jusqu'aux ports des États-Unis, du Canada et du Venezuela. Alors que la croissance de la production américaine pour combler le déficit de l'approvisionnement pétrolier de l'Europe a été évaluée à 2 Mb/j, elle n'est dans les faits que de 800 000 b/j, soit une augmentation de 11 % ; encore faut-il soustraire 300 000 b/j destinés à remplacer les importations américaines depuis le Moyen-Orient qui ont été détournées vers l'Europe. Au total, c'est donc 1,5 Mb/j qui manquent pour ravitailler l'Europe. Ces difficultés logistiques sont encore accrues par des considérations conjoncturelles. La production du Texas aurait pu, d'après les experts européens, être augmentée du jour au lendemain de 50 Mt, mais le gouvernement américain tient à ne pas trop tirer sur les réserves nationales afin de garantir la fourniture en pétrole des raffineries de la côte est. L'autre raison, avancée par l'ARAMCO, est l'action entreprise par le Département d'État pour freiner, dans la mesure du possible, les livraisons de brut de l'hémisphère occidental à l'Europe afin de ne pas mécontenter les pays arabes qui ont décrété l'embargo sur les livraisons destinées à la France et à l'Angleterre[52]. Dans cet ordre d'idée, on peut se demander si l'Arabie saoudite a entrepris cet embargo sans l'accord des États-Unis ; d'autant que le roi Ibn Saud, bien qu'officiellement ami de Nasser, reste neutre et use de son influence pour modérer les éléments nationalistes[53]. Outre les autorités de Washington, la puissante Texas Railroad Commission[54] refuse d'augmenter les quantités destinées à l'exportation

---

[51] FBP, Box IPC 328 : Monthly report group companies 1956.

[52] FT 92.36/100 : Conséquences de la crise de Suez sur les approvisionnements, mémo pour M. de Metz, 15/11/1956.

[53] Foreign Relations of the USA, 1955-1957, vol. XII : Near East Region ; Iran-Iraq, Operations Coordinating Board (OCB) Report, 22/12/1956, progress report on US objectives and policies with respect to the Near East (National Security Council, NSC 5428), p. 420, n° 178.

[54] Il s'agit de l'autorité qui gère le système américain de la *proration*. Du milieu des années 1920 au début des années 1970, l'industrie pétrolière américaine pour antici-

(*allowables*) sous la pression des compagnies indépendantes pour qui les stocks sont encore trop importants et qui réclament une hausse des prix, ne voulant pas faire la part belle aux compagnies internationales. L'augmentation de la production en janvier 1957 n'est donc que de 90 000 b/j au lieu des 200 à 300 000 b/j que réclament les majors[55].

Aux difficultés et au manque de cohésion de l'Occident répond l'absence de coordination entre les pays producteurs de pétrole du Moyen-Orient pour qui les conséquences de la crise de Suez ne sont pas moindres. Le pétrole apparaît comme une arme à double tranchant. Avec la nationalisation de la Compagnie universelle du canal et la fermeture de ce dernier, le budget égyptien enregistre un déficit pour 1956-1957 de 650 millions de livres égyptiennes. L'arrêt des pipelines prive de revenus les pays de passage : le Liban perd 380 000 $ et la Syrie 6,5 M$. Ces deux pays manquent d'ailleurs de produits pétroliers : fin décembre, les stocks de la raffinerie de Tripoli sont quasi épuisés et les autorités libanaises font savoir à la Syrie qu'à partir du 10 janvier 1957 elles ne pourront plus garantir la livraison de produits finis[56]. Encore faut-il nuancer la situation de la Syrie. Celle-ci fait appel aux Soviétiques qui envoient deux navires-citernes entre novembre et décembre[57]. Paradoxalement, les Syriens peuvent également compter sur les Américains qui veulent éviter d'être associés aux Français et aux Britanniques tout en préservant la Tapline. La Socony, la Shell et la Caltex approvisionnent la raffinerie de Tripoli pour permettre aux marchés jordanien, libanais et syrien d'être alimentés : « Les sociétés américaines se montraient tellement soucieuses d'approvisionner la Syrie [...], il paraissait évident qu'elles feraient l'impossible pour alimenter cette raffinerie. »[58] Malgré cet approvisionnement, la Syrie, le Liban et la Jordanie manquent de 24 000 tonnes de produits pétroliers pour satisfaire tous ses besoins. Mais ce sont les pays producteurs, à la fois dépendant des pipelines de l'IPC et des enlèvements par navires dans le golfe Persique qui sont les plus durement touchés. Depuis l'accord *fifty-fifty* de févier 1952 entre l'Irak et l'IPC, les *royalties* représentent près de 80,4 % de la totalité des revenus du gouvernement iraquien. Avec la fermeture du canal de Suez et l'arrêt des pipelines, les exportations pétrolières ne se font plus qu'à

---

per et éviter une pénurie est sous contrôle de l'État. Tous les puits, à l'exception des moins productifs, se voyaient octroyer des quotas de production définis au niveau des États ; le commerce inter-étatique était strictement contrôlé et limité.

55  FT 92.36/103, *op. cit.*, DMO. RGL/cb, MEEC-OPEG-OECE, note d'information n° 5, 31/01/1957.

56  AE, *op. cit.*, entretien avec M. de Montaigu, note du 26/12/1956.

57  FT 82.7/5, *op. cit.*

58  FBP, Box IPC 122, extrait de la note n° 6 du 20 décembre 1956 adressée à la CFP Paris en date du 02/01/1957.

partir du port de Fao dans le golfe Persique et ne représentent plus que 30 % du total. Avec 15,6 M/t produites en moins par le groupe IPC, les revenus iraquiens chutent de 28 M£. Le Premier ministre iraquien n'a d'autre solution que de demander à l'IPC un prêt du montant du déficit du budget de l'État, soit 25 M£, versé sur trois ans et remboursable sur les revenus pétroliers annuels à partir de 1960. Pour le directeur de l'IPC, Stephen Gibson : « [...] une telle assistance serait nécessaire tant pour consolider la situation politique de Noury Pacha (*sic*) que pour l'empêcher de s'engager à notre détriment dans une politique de surenchère anti-occidentale. »[59] L'Arabie saoudite quant à elle, en raison de l'embargo et du manque de navires pétroliers, a perdu 15,6 M£. Pour le Koweït, les pertes s'élèvent à 14 M£. Au total, la production pétrolière du Moyen-Orient a reculé de 13,3 %, ce qui représente une diminution de revenus de 65 M£. Cette situation doit cependant être nuancée. Au fur et à mesure que les pétroliers détournés de l'hémisphère occidental arrivent dans le golfe Persique, la production de cette région augmente, ce qui profite notamment à l'Iran et à la zone neutre du Koweït qui représentent 14,7 % de la production de pétrole brut du Moyen-Orient. Leur capacité de production a augmenté de 62 %. L'Iran, avec une production qui s'est accrue de 50 %, retrouve son rang de grand producteur pétrolier.

Trois enseignements peuvent être dégagés de ce tableau de la situation provoquée par la crise de Suez. Le premier est que l'arme pétrolière est à double tranchant : si les pays occidentaux ont besoin du pétrole du Moyen-Orient, les ressources des pays arabes producteurs de pétrole ou de transit pétrolier dépendent étroitement des marchés occidentaux. Le second est que les États-Unis sont le seul pays occidental à exercer véritablement un *leadership* sur le Moyen-Orient, ce que les Britanniques reconnaissent définitivement lors de la conférence des Bermudes en mars 1957. Le troisième est que la production pétrolière du Moyen-Orient est vitale pour les pays européens et par voie de conséquence pour les États-Unis, ce qui implique pour ces derniers de garantir à l'Occident l'accès à ces ressources.

## VI. Une dépendance énergétique assumée mais une réduction de la vulnérabilité de l'Europe occidentale sur le long terme

Durant la crise, seul un effort considérable de la part des États-Unis, du Venezuela, des pays européens et des compagnies pétrolières internationales, conjugué avec un hiver doux et la continuité du fonctionnement

---

[59]   AE, *op. cit.*, note du 22 décembre 1956, a. s. renflouement du budget irakien.

de la Tapline, a permis d'éviter un problème majeur de pénurie. Or, une étude de prospective du Département d'État prévoit qu'en 1965 les besoins de l'Occident seront de 23 Mb/j, soit 9 Mb/j de plus qu'en 1955[60]. En cas de nouvelle crise, les États-Unis ne pourront donc pas fournir de substantielles quantités à partir de leur propre production sans que cela n'entraîne un rationnement drastique de leurs besoins internes. De plus, la majeure partie de ces quantités devrait transiter par l'Égypte et la Syrie. Cette tendance est d'ailleurs confirmée dès 1957 : les 773 tankers qui sont passés par le canal en décembre 1957 représentent 69 % du tonnage net ayant transité par Suez, contre 66 % en décembre 1955. L'accroissement de cette dépendance est d'autant plus préoccupant que la crise de Suez a démontré la vulnérabilité des infrastructures pétrolières acheminant le pétrole du Moyen-Orient vers l'Europe, que ce soit la route maritime du golfe Persique, le canal de Suez, la Tapline ou les oléoducs de l'IPC. Ces moyens de transit restent menacés par l'activité et l'influence de l'URSS en Syrie, en Égypte et au Yémen, par la politique « subversive » de l'Égypte et de la Syrie menée au Liban, en Jordanie et dans les états du golfe Persique, par les tensions liées au conflit israélo-arabe. La première possibilité pour réduire ces menaces serait de diversifier les sources d'approvisionnement. Sur le continent américain, le Venezuela peut être une source alternative intéressante. Pour l'hémisphère oriental, l'Afrique du Nord est l'espace le plus prometteur avec les gisements algériens et libyens proches du marché européen et en dehors de la zone dollar. En Extrême-Orient, l'augmentation de la production pétrolière de l'Indonésie peut être envisagée. Cependant, rendre ces autres sources d'approvisionnement attractives demandera plusieurs années d'effort. Dans l'immédiat, le Moyen-Orient reste le seul espace susceptible de répondre à l'augmentation de la demande énergétique européenne. Dès mars 1957, lors de la conférence des Bermudes, les gouvernements américain et britannique s'engagent conjointement à trouver des solutions pour garantir l'approvisionnement du « monde libre » à partir du pétrole du Moyen-Orient[61]. La diminution des tensions au Moyen-Orient devient une priorité pour la diplomatie américaine et britannique afin de rétablir des relations stables et développer l'idée d'une communauté d'intérêts entre les États producteurs de pétrole et l'Occident. Cette politique implique, d'une part, la reprise de relations diplomatiques normales entre la France et l'Irak et, d'autre part, la mise au point d'un accord entre la Grande-Bretagne et l'Arabie

---

[60]  Foreign Relations of the USA, *op. cit.*, Backround paper prepared in the Department of State, 19/04/1957, n° 223, p. 515.

[61]  *Ibid.*, Paper ageed upon at the conference of Bermuda, 23/03/1957, n° 204, p. 473.

saoudite sur la fixation des frontières des États du golfe[62]. L'autre volet de cette politique est de faire en sorte que les ressources pétrolières des quatre principaux pays producteurs de la région, l'Iran, l'Irak, le Koweït et l'Arabie saoudite, augmentent au moins au même rythme que la demande européenne et qu'elles puissent transiter vers l'Occident sans dépendre de l'Égypte ou de la Syrie. D'où trois possibilités pour Washington : développer le canal de Suez pour qu'il atteigne une capacité de transit de 3,2 Mb/j en 1960 et de 5,5 Mb/j en 1965, mais le problème resterait le même en cas de fermeture, augmenter le nombre de navires, développer la capacité des oléoducs existants et développer de nouveaux pipelines qui éviteraient aux pays producteurs de faire transiter leur pétrole par l'Égypte et par la Syrie[63].

La crise de Suez a souligné l'importance d'avoir des navires supplémentaires pour faire face à l'augmentation du trafic maritime provoqué par l'interruption des moyens de transport du Moyen-Orient. Le problème financier que soulève cette politique pourrait être en partie réglé par la construction de super pétroliers de 60 000 à 80 000 tonnes permettant d'amortir le coût du fret par les quantités importantes transportées. Ils seraient 80 en 1965 dont 15 à 20 qui transporteraient 100 000 b/j de pétrole du Moyen-Orient jusqu'en Europe occidentale et en Amérique du Nord en passant par le cap de Bonne-Espérance. Cependant, en cas d'interruption du trafic de Suez et des pipelines, ils ne pourraient assurer que 50 à 60 % du trafic normal et ne changeraient rien aux mouvements pétroliers. Qui plus est, San Pedro et San Francisco sont les deux seuls ports au monde à pouvoir les recevoir en 1957[64]. La construction de ces pétroliers géants ne peut donc être envisagée que dans le cas d'un développement parallèle des infrastructures portuaires et de l'abandon des projets d'agrandissement du canal de Suez et de l'extension des réseaux d'oléoducs.

La future politique concernant les quantités de pétrole du Moyen-Orient à transporter vers l'Ouest par pipeline, en complément des tonnages enlevés par voie maritime, est étudiée sous plusieurs aspects comprenant les aspects techniques, financiers et juridiques. Deux projets majeurs sont envisagés : la dérivation d'une partie du pétrole des champs de Kirkuk vers la Turquie et vers le golfe Persique et le Middle East Pipeline ou Metline. Dans les deux cas, l'Irak est au coeur du nouveau système d'oléoducs envisagé au Moyen-Orient.

---

[62] *Ibid.*, Memo from the assistant secretary of State for Near Estern, South Asian and African affairs (Rountree) to the acting secretary of State, 13/04/1957, n° 220, p. 496.

[63] *Ibid.*, Memorendum from the acting secretary of State (Herbert Hoover Jr.) to the President (Eisenhower), 21/11/1956, n° 148, p. 343.

[64] *Ibid.*, National Intelligence Estimate, 08/10/1957, n° 266, p. 594.

Entre le 18 et le 20 mars 1957, 17 compagnies, dont 14 américaines, se réunissent à Londres et passent un accord pour la réalisation d'un pipeline reliant le golfe Persique à la Turquie via l'Irak et transportant le pétrole des quatre principaux pays producteurs du Moyen-Orient. Ce projet permettrait d'accroître les capacités de transport et donc de production dans une zone qui serait davantage sécurisée puisque le Metline éviterait l'Égypte et la Syrie et traverserait les pays du pacte de Bagdad (cf. document 9). Cet itinéraire serait 25 % plus économique que le transit effectué depuis le golfe Persique jusqu'en Grande-Bretagne, via Suez. En mai 1957, les conditions techniques et économiques de la construction du Metline sont à l'étude. La première section de ce gigantesque oléoduc, composée de deux lignes d'un diamètre de 34''-38'' ou de 38''-40'', devrait transporter 1,4 Mb/j sur 2 500 km, de Kirkuk au terminal turc d'Iskanderun (Alexandretta) sur la Méditerranée. La deuxième section relierait Kirkuk aux champs de Rumaïla au sud de l'Irak. La partie terminale du projet connecterait les champs pétroliers du sud de l'Irak au port en eau profonde et à la raffinerie koweitiens de Mina el Ahmadi. De la sorte, la production des champs de Rumaïla et de Zubair pourrait être accrue considérablement et exportée sans difficulté au cas où les champs du nord seraient à nouveau coupés de la Méditerranée. Une dernière extension du réseau se ferait par une ligne construite sur le territoire iranien et qui relierait le sud du pays à Kirkuk puis suivrait l'alignement de la conduite de l'IPC vers le port turc. Cette ligne devrait fournir une quantité de pétrole iranien identique aux quantités de pétrole provenant de la BPC et du Koweït. Le tronçon Alexandretta-Iran-Koweït parcourait 5 000 km. Une dernière extension permettrait une connexion avec la Tapline. Enfin, le système de pipelines en territoire syrien serait renforcé pour approximativement doubler les exportations de pétrole de la BPC et du Koweït en Méditerranée. L'ensemble du projet devrait être achevé dans la seconde moitié de 1962 pour un coût global de 904 millions de livres sterling[65]. Les majors insistent par ailleurs sur la nécessaire protection du gouvernement américain pour la réalisation de ce projet et sur son appui pour la création d'une filiale qui serait propriétaire du pipeline et responsable des négociations avec les pays concernés. La sécurité des investissements serait garantie par la mise au point d'un traité assurant la sécurité des installations et la pérennisation des conditions d'exploitation. Pour les compagnies pétrolières européennes, il s'agirait d'un traité général multilatéral englobant

---

[65] FBP, CRO : 5B 8138 : IPC and associated companies, Middle East pipelines, General I, mai 1957, Confidential Persian Gulf mediterranean pipelines via Iraq and Turkey, mai 1957 et AE *op. cit.*, Compte rendu de mission de M. R. Floc'h (attaché financier de l'ambassade de France au Liban) : la situation économique et financière de l'Irak, 12-19 avril 1957.

la protection de tous les pipelines du Moyen-Orient tandis que les compagnies américaines envisagent un traité à la portée plus restreinte ne concernant que le futur pipeline[66].

## Document 9 : Middle East pipeline project

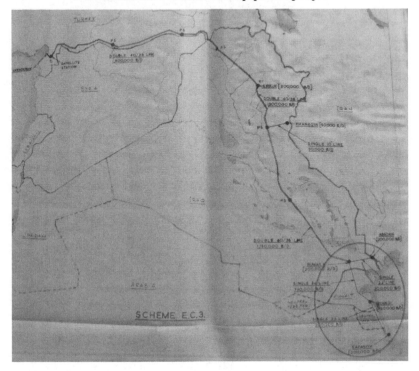

Source : FT 92.36/258 : Ingenierie Middle East pipeline project.

Si la Turquie est très favorable à ce projet, il n'en va pas de même pour les pays arabes. En Irak, ce dispositif est attaqué par l'opposition nationaliste qui accuse le Premier ministre de vouloir priver un « État arabe frère » des revenus pétroliers. Un front arabe uni se dessine pour empêcher que le pétrole « arabe », acheminé par un pipeline « arabe », n'aboutisse dans un pays non arabe. De plus, le Metline apparaît comme le pipeline du pacte de Bagdad, ce qui est d'autant moins acceptable pour les pays de la Ligue arabe. En dehors de ces conditions politiques, les pays producteurs ne sont pas tous intéressés par le Metline. Pour l'Arabie saoudite, la Tapline est le moyen le plus économique de trans-

---

[66] Foreign Relations of the USA, *op. cit.*, Memo of a conversation, Department of State, 04/04/1957, n° 210, p. 482.

porter le pétrole vers la Méditerranée, de Darhan vers Sidon, via la Syrie. Or, si l'Arabie saoudite ne s'associe pas au projet, il en va de même pour le Koweït : ce dernier est peu disposé à prendre le risque que l'Irak contrôle l'écoulement de sa production[67]. En raison de ces différentes oppositions, l'alternative au projet du pipeline transarabique est l'accroissement des capacités d'écoulement du tronçon iraquien et donc de la production pétrolière de l'Irak.

Le document 10 permet de visualiser les trois nouvelles sections qui renforceraient le système de pipeline de l'Irak. Le premier objectif est de développer la production du champ géant de Kirkuk pour que le tonnage de pétrole exporté passe de 25 Mt à 35 Mt en renforçant la capacité des conduites syriennes. Outre qu'il est le moins cher et le plus rapide pour augmenter la production, le gouvernement iraquien est particulièrement favorable à ce projet pour éviter tout nouveau conflit avec la Syrie dont l'Irak reste largement tributaire pour le transit des marchandises et des biens d'équipement destinés aux régions industrielles du nord du pays. Concrètement, il s'agirait d'adapter partiellement le système de pompage actuel de l'IPC depuis T1[68] en Irak en renforçant la station de pompage T3 en Syrie (celle qui a été détruite en novembre 1956). Dès 1958 les travaux commencent pour porter la capacité du pipeline jusqu'à 30 Mt. Cependant, un réseau de dérivation vers la Turquie pour contourner la Syrie en cas de crise est également à l'étude. La nouvelle ligne, d'une capacité de 20 à 25 Mt, serait installée entre K1 et un port turc. L'ensemble pourrait être achevé au début de 1960 et porterait la production de Kirkuk à 50 Mt. Le second objectif est de remédier à l'absence de port en eau profonde dans le Shatt al Arab qui handicape la production du sud de l'Irak. Il est alors prévu de relier par une nouvelle ligne le champ géant de Rumaïla au sud de l'Irak à K3 et à Kirkuk[69]. Parallèlement, la décision est prise en 1957 de construire une ligne reliant les champs de Rumaïla et de Zubair vers un port en eau profonde qui serait creusé à proximité de Fao. Ces réalisations permettraient de porter la capacité de production à 22 Mt vers la fin de 1961 contre 12 Mt en 1958. Outre l'augmentation de la capacité de production de la BPC, il s'agit là encore pour l'Irak de se protéger de son turbulent voisin syrien. En juillet 1958, le ministre iraquien de l'Économie jugeait indispensable la construction de ce pipeline : « *which would give an alternative outlet*

---

[67]   *Id.*, Memo from the Deputy under Secretary of State for Administration (Henderson) to the Secretary of State, 20/06/1957, n° 247, p. 548.

[68]   Les stations de pompage le long des pipelines sont indexées par une lettre majuscule suivie d'un chiffre croissant indiquant leur position depuis le champ pétrolier vers le débouché portuaire. Ainsi, la ligne reliant Kirkuk à Haditha est la ligne K1-K3, la ligne qui traverse la Syrie jusqu'aux ports de Banias et de Tripoli est T1-T4…

[69]   FBP : Box IPC 255, Secret note on Mediterranean pipelines, 27/02/1957.

*if things went wrong in Syria but otherwise could be used in reverse.* »[70] Une troisième ligne est envisagée, doublant la précédente mais aboutissant au Liban. Au total, pour que les exportations pétrolières iraquiennes atteignent 73 à 74 Mt par an, le coût serait de l'ordre de 88 M£[71]. La connexion des principaux gisements de pétrole iraquiens dessinerait ainsi un gigantesque système d'oléoducs de direction nord-sud et sud-nord possédant trois à quatre débouchés méditerranéens et un débouché dans le golfe Persique. Cet ensemble permettrait à la fois de développer significativement la production pétrolière de l'Irak pour répondre aux besoins européens et américains et de rendre son écoulement indépendant du canal de Suez et de la Syrie.

## Document 10 : Projets de développement des pipelines de l'IPC en Irak

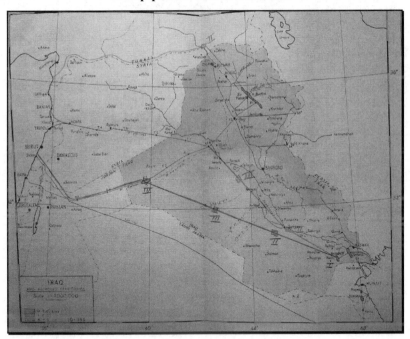

Source : FT 92.36/233 : Étude générale sur les pipelines du Moyen-Orient, 1939-1966, note CFP Paris du 2 mai 1956 « Iraq pipelines long term developments ».

[70] FBP, Box IPC 48 : IPC pipelines. General. Février 1947-31 mai 1973, Extract from notes of meeting with Minister of Economics in Baghdad on 5th July 1958.

[71] FT 82.7/5, *op. cit.*, note CFP Paris, Iraq – Estimates of Net Production for 1959, 19/02/1958.

Si la plupart des projets mentionnés ci-dessus répond à la prise de conscience qu'a provoquée la crise de Suez chez les Occidentaux, les solutions envisagées ne sont pas récentes. Il existe dès 1948 une Middle East Pipeline Company (MEP), appartenant à 60 % à l'Anglo-Iranian Oil Company et à 40 % à des compagnies pétrolières américaines, qui propose un trajet à peu près identique à celui du Metline. Le projet est abandonné en 1950 en raison de la dévaluation de la livre sterling de 1949 qui fait passer le coût de construction de 15 M£ à 85 M£, la multiplication des tankers de 28 000 tonnes et le surplus de pétrole brut américain[72]. De son côté, la CFP défend depuis 1947 le projet de la construction d'un pipeline turc de 30'' depuis Kirkuk jusqu'à Alexandretta. Ce sont les autres partenaires de l'IPC qui s'y sont alors opposés pour sauvegarder leur monopole de distribution de produits pétroliers en Turquie[73]. C'est encore la CFP qui, en juillet 1950, critique l'utilisation de vieilles pompes sur la ligne Kirkuk-Banias-Tripoli et propose de redéployer de nouvelles pompes plus performantes qui pourraient doubler la capacité de l'oléoduc de 12''[74]. D'une manière générale, la CFP est le seul partenaire de l'IPC à vouloir l'augmentation de la production pétrolière de l'Irak. Créée par le gouvernement français en 1924 pour gérer ses parts dans la Turkish Petroleum Company, la CFP reste fidèle à sa mission initiale : garantir le ravitaillement pétrolier de la France à partir du seul accès direct qu'elle possède au Moyen-Orient – et ce jusqu'à la découverte du pétrole saharien et par la suite africain. La logique de ses partenaires anglo-saxons est tout autre. Les majors américains et anglais ont une stratégie industrielle et commerciale globale, les gisements qu'ils possèdent au Moyen-Orient ne représentent qu'une partie de leurs ressources. Maîtres de la quasi-totalité des marchés pétroliers, en dehors du bloc communiste, les majors ajustent la production du Moyen-Orient strictement en fonction des impératifs de la loi de l'offre et de la demande. Ceci explique, contrairement à la CFP, leur peu d'empressement à développer des infrastructures puissantes pour évacuer le pétrole des pays producteurs du Moyen-Orient en général et de l'Irak en particulier. Ce pays occupe en effet une situation géographique déterminante, l'Irak étant à la croisée des flux pétroliers terrestres et maritimes du Moyen-Orient. Réduire les débouchés de la production irakienne permet ainsi de limiter la production d'un pays qui possède à lui seul 10 % des réserves pétrolières mondiales et 15,7 % des réserves

---

[72] FBP, archives AIOC n° 23208 : Middle East Pipeline c°, 17/01/1950-01/05/1950.

[73] FBP, Box IPC 38 : International pipeline from Persian Gulf to Mediterranean, mars 1957-28 avril 1960.

[74] FBP, Box IPC 256 : IPC pipeline system – technical report, mars-août 1950.

du Moyen-Orient[75]. Ainsi, en limitant les capacités d'exportation des pays producteurs du Moyen-Orient, les majors ont volontairement créé des goulots d'étranglement dans le système de transport pétrolier et ont donc contribué à aggraver la crise d'approvisionnement déclenchée par la crise de Suez.

## Conclusion

La crise de Suez a été une crise des transports pétroliers et non une crise de production et n'a duré qu'un peu plus de cinq mois. Dès le 8 avril 1957, le canal de Suez est de nouveau ouvert. À partir du 15 mars, l'écoulement des pipelines de l'IPC a repris et dès le 25 juin l'IPC rétablit les exportations de brut depuis l'Irak vers la Méditerranée orientale au même niveau qu'avant la crise. La production globale des pays producteurs du Moyen-Orient a même progressé par rapport à 1955, passant de 159,6 Mt à 169,5 Mt. La crise permet aux majors anglo-saxons, BP, Royal Dutch-Shell, Socony, Socal, Standard Oil of New Jersey et Texaco d'accroître leurs bénéfices de 18,5 % en 1956 par rapport à 1955. La CFP n'est pas en reste puisque son taux de profit (bénéfice net/capital) passe de 27,5 % en 1955 à 30,7 % en 1956. Le 30 avril 1958, un protocole d'accord est conclu entre les représentants de la République Arabe Unie (RAU) qui englobe l'Égypte et la Syrie et la compagnie du canal de Suez dans lequel l'Égypte s'engage a versé d'ici 1962 près de 35 milliards de francs aux actionnaires, ce qui est somme toute une bonne affaire pour ces derniers. Grâce aux projets des majors d'accroître la production pétrolière du Moyen-Orient et de garantir son acheminement jusqu'aux marchés de consommation en multipliant les moyens d'évacuation, le spectre d'un éventuel rationnement énergétique s'éloigne. La sécurisation de l'accès aux ressources pétrolières du Moyen-Orient par l'Occident, garantie par Washington, complète ce dispositif. La Jordanie, l'Irak, le Liban et l'Arabie saoudite adhèrent en 1957 à la doctrine Eisenhower : l'aide américaine leur est acquise « en cas d'une menace émanant d'une puissance contrôlée par Moscou et les communistes », à savoir l'Égypte ou la Syrie. Ainsi, pour les contemporains, la crise de Suez a été perçue comme un soubresaut sans lendemain dans les relations entre l'Occident et le Moyen-Orient. On ne voit d'ailleurs le concept d'arme pétrolière apparaître dans l'historiographie qu'à propos de l'embargo pétrolier au moment de la guerre du Kippour de 1973.

---

[75] Pour plus de précision sur la politique des majors anglo-saxons en Irak voir : TRISTANI P., L'Iraq Petroleum Company, les États-Unis et la lutte pour le leadership pétrolier au Moyen-Orient de 1945 à 1973, *Revue d'Histoire Économique et Sociale*, juin 2010.

Or, par son intensité et ses conséquences, la crise de Suez a été une crise majeure. Ceci est particulièrement vrai pour la France et la Grande-Bretagne qui perdent définitivement toute influence au Moyen-Orient et toute autonomie vis-à-vis des États-Unis dans cette région. Plus globalement, le coût de la crise de Suez pour le commerce mondial, a été, d'après un directeur de la Standard Oil, de 250 M$ par mois, en raison de l'augmentation du coût de transport et de celle des prix des marchandises qui en a résulté[76]. L'Europe occidentale a été au bord d'une crise énergétique et financière majeure qui risquait d'obérer pour longtemps les résultats de la croissance économique des dix années précédentes. La géopolitique du Moyen-Orient a été bouleversée à la fois par le triomphe du nassérisme et par l'intrusion de l'influence soviétique dans une zone considérée comme vitale pour l'Occident.

À deux doigts d'être éliminé de la scène du Moyen-Orient lors de la crise, Nasser a su transformer une défaite militaire en succès politique et diplomatique. La nationalisation du canal de Suez devient le symbole de l'égyptianisation de l'économie et du socialisme arabe prôné par Nasser. Ce dernier a trouvé, de façon inattendue, un allié de poids avec les États-Unis. En définitive, ce sont eux, plus que l'Égypte ou la Syrie, qui ont fait plier les Français et les Britanniques en brandissant l'arme pétrolière et financière. Les Américains, durant toute la crise, ont évité de se brouiller avec les pays arabes, soucieux de ne pas se compromettre dans une opération de type colonialiste afin de préserver leurs propres intérêts pétroliers. Ils vont même jusqu'à soutenir indirectement la Syrie. Dans le même temps, ils encouragent le développement de sources et de moyens d'approvisionnements alternatifs pour neutraliser Nasser qui est, à partir du 6 février 1958, à la tête de la RAU. Mais, quels que soient les projets de substitution envisagés, la route du pétrole passe toujours par le canal de Suez. Avec sa nationalisation, Washington ne peut empêcher le déclenchement d'un processus irréversible que les compagnies pétrolières, tant européennes qu'américaines, redoutaient : la prise de contrôle des ressources pétrolières par les pays producteurs. L'action conjointe de l'Égypte et de la Syrie s'est révélée être un moyen de pression particulièrement efficace contre l'Europe et constitue un précédent qui ne sera pas oublié en 1967 et en 1973. L'affaiblissement consécutif du Premier ministre iraquien, Nuri Saïd, facilite le coup d'État du 14 juillet 1958 d'Abd el-Karim Qassem, prélude à la nationalisation en juin 1972 de l'Iraq Petroleum Company, premier pas d'une décolonisation pétrolière globale du Moyen-Orient.

---

[76] FT, *op. cit.*, The Journal of Commerce : « Cost of Suez shutdown seen $ 250 millions month », 16/01/1957.

# Le pétrole a-t-il été sanctuarisé
# durant la guerre d'Algérie ?

Samir SAUL

*Université de Montréal, Canada*

Le conflit qui éclate en Algérie en 1954 n'est pas d'origine pétrolière. Bien que les compagnies prospectent activement, le pétrole ne jaillit qu'en 1956. La guerre est déjà engagée pour d'autres motifs. Néanmoins, le pétrole est incontestablement un enjeu, autant de la guerre que de la paix. Pays pratiquement dépourvu de ressources pétrolières propres, la France dispose désormais d'hydrocarbures dont elle contrôle la source. Du jour au lendemain, les réserves de l'Algérie font de la France une puissance pétrolière et de l'Algérie un pays pétrolier de premier plan. Comment la richesse pétrolière, découverte dans un territoire en proie à un conflit de souveraineté, s'insère-t-elle dans le déroulement de la guerre ?

Les installations pétrolières subissent relativement peu de dommages, alors qu'elles peuvent constituer des cibles naturelles. Certes, elles sont protégées et situées dans des zones désertiques, peu habitées et ingrates pour la guérilla. Mais l'on a supputé que le pétrole avait été consciemment et tacitement épargné, les deux belligérants souhaitant son développement. L'interprétation prend parfois la tonalité de la condamnation du capital « cosmopolite », soupçonné de promptitude à brader les intérêts de la « nation ». Fin 1961, par exemple, dans une question écrite, le député de la Corse, Pascal Arrighi, s'enquiert auprès du Premier ministre Michel Debré sur des tractations qu'auraient des sociétés pétrolières françaises et étrangères avec des dirigeants du FLN.[1] Intrigants, ces points de vue ne sont que de simples suppositions ; ils n'ont jamais fait l'objet d'un examen. Ils sont à l'origine du présent chapitre.

Rien dans les archives fréquentées par les historiens n'avait permis de jeter la lumière sur le sujet. Sans doute que, vu le caractère sensible d'un tel *modus vivendi*, la circonspection dictait autant au gouvernement

---

[1]   *La dépêche d'Algérie*, 19 octobre 1961.

français qu'au FLN de ne pas en consigner les termes par écrit, en tout cas de ne pas laisser de traces. Comment voir plus clair ? Comment aller plus avant ? En déplaçant le regard des sommets politiques aux terrains militaire et sécuritaire, c'est-à-dire en interrogeant les archives de l'armée française et ceux d'une entreprise pétrolière, la Compagnie française des pétroles (noyau de Total). Quels étaient l'attitude et le comportement des acteurs les plus concernés, les militaires et les pétroliers ? Quelles dispositions prenaient-ils ? Pour eux, les installations pétrolières étaient-elles épargnées ou menacées ?

Le but du chapitre est de vérifier, à partir des archives militaires françaises et celles de Total, la validité de l'hypothèse d'une entente franco-algérienne sur le pétrole. La démarche consiste à chercher dans les actions et les événements sur le terrain les indications de l'existence ou de l'inexistence d'un accommodement entre les deux parties. Peut-on objecter que les responsables politiques, militaires et/ou pétroliers, nécessairement discrets, auraient tenu dans l'ignorance les instances politiques, l'armée et/ou le personnel des sociétés pétrolières ? C'est théoriquement possible, quoique peu probable car le corollaire est la dépense inutile de centaines de millions de francs pour la protection d'actifs qui auraient été à l'abri du danger.

## I. Sécuriser le pétrole algérien

On y pense dès septembre 1956. Raoul Salan, le général commandant la $X^e$ Région militaire, en accord avec le ministre résident, décide de faire assurer la défense des camps de pétroliers au Sahara par les personnels qui y séjournent. Ils formeraient des unités territoriales spéciales, une pour chaque camp, ainsi que des aménagements défensifs. Tout le personnel français de souche serait rappelé par l'autorité militaire.[2] Les chantiers à protéger sont vastes. Outre les missions de géophysique, il y a de grands périmètres de forage et d'exploitation. Celui d'Hassi Messaoud, le plus important, s'étend sur un axe nord-sud d'environ 20 km et un axe est-ouest de quelque 12 km. Y travaillent 800 employés pour la Compagnie française des pétroles (Algérie), filiale de la CFP, et autant pour la SN REPAL. Il y a aussi le tracé prévu pour la pose d'un premier oléoduc d'évacuation du pétrole d'Hassi Messaoud à Touggourt, sans compter les voies de communication (chemins de fer, routes, pistes).

La sécurité est précaire autour des chantiers de forage. En juillet 1957, le Bureau de recherches du pétrole (BRP) demande que les autorités militaires prennent des mesures pour prévenir une attaque surprise.

---

[2]    Archives Total (AT), CFP (A), Dossier non classé 2, Extrait de la note relative à la mise sur pied d'unités territoriales et de son modificatif du 13 septembre 1956.

Des attentats auraient un grand retentissement et des répercussions sur l'opinion publique qui entraveraient la mise en valeur du pétrole.[3] Le 6 novembre 1957, un attentat au nord de Timimoun coûte la vie à des techniciens d'une équipe de géophysique de la Compagnie des pétroles d'Algérie (CPA) et à des militaires. Le problème de la sécurité devient plus immédiat. Compte tenu que les unités territoriales ne défendent que des chantiers fixes, restent exposées les installations éloignées et les équipes mobiles, dispersées et légères, de topographes, géologues, géophysiciens, transporteurs, ainsi que le personnel de reconnaissance.

Pour les sociétés pétrolières, même les unités territoriales sont des palliatifs car plusieurs kilomètres séparent les sondes, têtes de puits, camps et installations diverses, tels les réservoirs et stations de pompage. À Hassi Messaoud, cet actif est dispersé sur plus de 200 km². Les pétroliers considèrent comme insuffisantes les mesures d'autoprotection prônées par les militaires, même si elles sont indispensables en première ligne.[4] Ils réclament une protection convenable par des unités régulières de l'armée. À leurs yeux, l'armée est trop parcimonieuse et ses effectifs au Sahara inadéquats. Pour leur part, les militaires regrettent

> l'esprit de facilité et d'insouciance qui règne dans quelques-unes des compagnies... Entièrement occupés par leur magnifique et fécond travail, et persuadés de la fidélité totale du « Vieux Sud », [les représentants des sociétés] jugent avec une indulgence cordiale et souriante ce qu'ils appellent [le] pessimisme des autorités.[5]

De retour d'une tournée au Sahara, le général Maurice Challe constate « une tendance à négliger la notion de péril et une répugnance à s'astreindre à la vigilance. En fait, on n'y pensait pas ».[6] D'où leur surprise suite par l'attentat de Timimoun et la prise de conscience que les équipes étaient isolées et vulnérables car peu ou pas reliées à leurs bases.

Salan décide diverses mesures d'ordre opérationnel.[7]

---

[3] Service historique de l'Armée de terre (SHAT), 1H 2009, Yves Delavesne, directeur du BRP, au ministre de la Défense, 24 juillet 1957.

[4] SHAT, 1H 2011, P. Crosnier, directeur général de la CFP (A), à Max Lejeune, ministre du Sahara, 20 novembre 1957.

[5] SHAT, 1H 4795, Note sur la sécurité des compagnies pétrolières, des chantiers de recherche, d'hydrauliques et de constructions routières, 20 novembre 1957.

[6] *Ibid.*, Rapport concernant le voyage au Sahara du général Challe, 16 décembre 1957.

[7] SHAT, 1H 2009, Salan au ministre de la Défense nationale, 19 novembre 1957 ; Instruction sur l'emploi des renforts en provenance du Maroc, 16 décembre 1957 ; Directive pour les services, 19 décembre 1957 ; Salan au ministre de la Défense nationale, 26 décembre 1957 ; Sécurité des pétroliers au Sahara, 17 janvier 1958 ; Instruction particulière sur la mise en œuvre de l'appui aérien au profit des éléments civils isolés dans les départements sahariens, 1er mars 1958.

L'importance prise par ce théâtre [Sahara], écrit-il, en raison de ses richesses pétrolières, de nos besoins en champs de tirs expérimentaux et de l'existence de frontières communes avec des pays de fraîche indépendance, impose de juguler énergiquement les tentatives de subversion susceptibles d'y prendre naissance et de briser ainsi les visées de création d'un front saharien dont le retentissement mondial desservirait profondément nos entreprises.[8]

Parallèlement Salan demande que les pétroliers acceptent de se plier à certaines règles. Ils doivent informer les autorités militaires des opérations qu'ils ont immédiatement en vue sur le terrain. La réponse des pétroliers est affirmative ; aucune opération ne sera entreprise sans demander auparavant aux autorités militaires locales si les conditions de sécurité dans les zones visées en permettent l'exécution. Bien accueilli est le souhait de Salan que les équipes isolées prennent contact au préalable avec les autorités et entrent dans les réseaux de radio pour maintenir des liaisons avec le commandement local. Équipes et chantiers de forage seraient reliés à des centres d'écoute permanente situés au siège des commandements militaires. Salan demande la collaboration des pétroliers pour un contrôle efficace du personnel.

La limitation des recrutements opérés en Afrique du Nord et le remplacement éventuel de cette main-d'œuvre par de la main-d'œuvre européenne (main-d'œuvre italienne, par exemple) paraissent souhaitables, mais ce n'est qu'avec l'approbation des Pouvoirs publics que les Sociétés pourront mettre en œuvre de tels principes.[9]

Débutent entre pétroliers et militaires des interactions qui émaillent cette période. Débutent aussi des réunions périodiques entre les hautes autorités militaires et les représentants des sociétés pétrolières. Ces commissions mixtes se déroulent en Algérie ou à Paris. Le 28 novembre 1957, lors d'une réunion tenue à l'État-major du Commandement des troupes et services des territoires du Sud, il est convenu qu'aux sociétés incombait la défense passive et statique comportant l'installation de ceintures de protection autour des camps et des sondes, l'érection de clôtures autour des puits en production et la constitution d'unités territoriales. L'armée se chargerait de la protection de l'ensemble du point

---

[8] *Ibid.*, Instruction sur la conduite des opérations au Sahara, 23 décembre 1957.

[9] AT, CFP (A), Dossier non classé 2, Réunions, Réunion des présidents des sociétés sahariennes du 9 décembre 1957, Compte rendu. Sont présents : Crosnier pour la CFP (A), Kaplan pour la Compagnie des pétroles d'Algérie (CPA), Moch et Martin pour la Compagnie de recherche et d'exploitation de pétrole au Sahara (CREPS), ainsi que Blancard et Vaillaud pour la Direction des carburants (DICA, créée en 1939), et Delavesne, Rastoul et Nehlil pour le Bureau de recherches de pétrole (BRP, créé en 1945). La Régie autonome des pétroles (RAP, créée en 1939) et Shell sont propriétaires de la CPA à 35 %/65 % et de la CREPS à 65 %/35 %. La CPA et la CREPS sont constituées en 1953.

sensible et des interventions suite à des alertes données par les pétroliers. « L'impression retirée de cette réunion est que les hautes autorités responsables se préoccupent actuellement, sérieusement de la sécurité des pétroliers au Sahara. »[10]

Salan réunit les représentants des sociétés pétrolières à Alger le 6 décembre 1957 pour étudier les problèmes de sécurité et les dispositions à prendre pour leur autodéfense. Ses directives prescrivent que

1. les pétroliers communiquent régulièrement leur emplacement et leurs mouvements à l'Autorité militaire et tiennent localement le contact avec elle,

2. les pétroliers entrent dans les réseaux territoriaux locaux et fassent des émissions toutes les quatre heures, l'alerte étant déclenchée s'il n'y a pas d'émission,

3. l'armée assure la sécurité mobile et, dans les intervalles, les pétroliers assurent la sécurité sur place à l'aide de barbelés, de blockhaus et de réduits,

4. les pétroliers soient représentés dans les SAS et que chaque société ait un représentant auprès des généraux Salan et Quénard,

5. les sociétés facilitent « le contrôle du personnel non seulement de statut coranique, mais aussi des Européens qui sont quelquefois dangereux, et des transporteurs, car l'expérience prouve que ceux-ci sont probablement à l'origine des difficultés dans le Sud ».[11]

Le 7 décembre 1957, Salan émet une Instruction détaillée qui définit le partage des responsabilités. « L'Armée ne peut assurer la garde statique de toutes les installations en morcelant indéfiniment ses unités. La totalité de ses effectifs n'y suffirait pas et un tel dispositif serait illusoire puisqu'il laisserait le champ libre aux rebelles. »[12] L'ensemble du dispositif de défense repose sur le principe de base à l'effet que l'armée assure la sécurité des zones d'activité pétrolière, tandis que les sociétés prennent à leur compte la défense statique, rapprochée et immédiate, de leurs installations fixes ou mobiles dans le cadre de l'autodéfense (*voir le croquis annexé pour l'économie du dispositif*). L'Instruction équivaut à une sorte de charte de la protection du pétrole conçue pour l'Algérie en état de guerre.

---

[10] *Ibid.*, F. Lamorte, chef du service « Relations extérieures » de la CFP (A), Note pour Monsieur le Directeur général adjoint, 29 novembre 1957.

[11] *Ibid.*, Crosnier, Compte rendu de la conférence de sécurité tenue à la DICA le 9 décembre.

[12] SHAT, 1H 2009, Instruction pour l'organisation de la sécurité des recherches, de l'exploitation et de l'évacuation du pétrole au Sahara, 7 décembre 1957.

Lors d'une réunion à Paris le 9 décembre, les pétroliers expriment leurs réticences. Jean Blancard (DICA) et Paul Moch (CREPS), notamment, s'élèvent contre l'effort militaire attendu d'eux et regrettent que la CFP (A*)* y souscrive. Ainsi interpellé, Crosnier affirme que sa société désire être dégagée de toute obligation militaire et distingue cette position de principe de l'état de fait. Travaillant dans des zones d'insécurité et sans protection militaire, elle est contrainte soit de prendre des mesures de défense soit de renoncer à exploiter ses permis et risquer de les perdre.[13] Les pétroliers attirent l'attention sur les graves conséquences que peut entraîner la confusion des responsabilités. Prêts à ériger autour de leurs chantiers une infrastructure de défense passive, ils ne peuvent accepter la responsabilité d'une défense active de ces chantiers. L'emploi de vigiles, l'armement de leur personnel et l'emploi de moyens de surveillance éloignés posent problème.

Si, dans le passé, certaines Sociétés ont été amenées, pour pouvoir poursuivre leurs travaux, à accepter de semblables dispositions (recrutement d'anciens légionnaires pour la CFP (A), location d'un avion de reconnaissance pour la CEP [Compagnie d'exploitation pétrolière, fondée en 1955 par le BRP et des sociétés privées]), elles souhaitent qu'il soit mis progressivement fin à un pareil état de choses et que la garde de leurs chantiers passe aussitôt que possible aux mains des autorités militaires responsables.[14]

Les compagnies récusent le principe de l'autodéfense. Leur métier est de produire du pétrole ; la mission de l'armée est d'assurer la sécurité. Si certaines préconisent l'armement de leurs équipes, la plupart s'y opposent car la mesure serait d'une faible efficacité entre des mains inexpérimentées et susciterait des tentatives de vol parmi le personnel algérien. Par ailleurs, les miliciens chargés de défendre les chantiers, généralement d'anciens légionnaires, se désintéressent d'une tâche qu'ils exercent peu et cherchent à se faire embaucher à une fonction technique.[15] Réunis le 17 décembre 1957 au BRP, les présidents des sociétés pétrolières définissent une position commune en matière de sécurité au Sahara. Face à la demande d'assurer la défense rapprochée de leurs chantiers, ils expriment des réserves unanimes. Prêts à participer à une certaine infrastructure de défense, ils ne peuvent accepter de supporter la responsabilité de l'autodéfense. Ils soutiennent que leurs techniciens ne sont pas préparés à une activité de garde militaire, qu'ils n'offrent pas une sécurité suffisante, que le stockage des armes peut être

---

[13]   AT, CFP (A), Dossier non classé 2, Crosnier, Compte rendu de la conférence de sécurité tenue à la DICA le 9 décembre.

[14]   *Ibid.*, Réunion des présidents des sociétés sahariennes du 9 décembre 1957, Compte rendu.

[15]   SHAT, 1H 4795, Rapport concernant le voyage au Sahara du général Challe, 16 décembre 1957.

une cause supplémentaire d'insécurité et que l'autodéfense ne leur permet pas de donner des garanties de sécurité à leur personnel.[16]

Salan maintient son Instruction et en produit une autre le 17 janvier. Tout au plus, en ce qui touche la défense immédiate, quelques sous-officiers détachés temporairement s'occuperaient de l'encadrement initial des unités territoriales.[17] En janvier 1958, il décide la création de 11 compagnies sahariennes d'infanterie destinées à constituer l'infrastructure territoriale permanente et à assurer la sécurité des installations fixes pétrolières, ainsi que d'une vingtaine de compagnies aéroportées pour des missions d'intervention au profit des équipes pétrolières. Néanmoins Salan n'entend pas déséquilibrer le potentiel aérien en Algérie du Nord par d'importants transferts vers le Sahara.[18]

Afin de préparer des positions communes en vue de leur réunion du même jour à Paris avec le général Challe, les sociétés pétrolières se retrouvent le 24 janvier 1958. « Le gros de la discussion a porté sur la création des unités territoriales contre lesquelles MM. Moch et André Martin [CREPS] sont, à proprement parler, déchaînés. »[19] Devant la nécessité d'adopter une attitude plus nuancée, on convient de donner un accord de principe aux unités territoriales mais de prôner une application variée suivant les circonstances locales et un encadrement des unités territoriales par les militaires selon le degré de danger de la zone. Si Challe donne son accord pour qu'il n'y ait pas automatiquement remise d'armes aux unités, il refuse leur encadrement permanent par des militaires car il ne peut dégarnir ses troupes.[20]

Le 8 février 1958, l'État-major exige le passage à l'exécution en ce qui concerne les unités territoriales. Tout n'est pas réglé pour autant. La CREPS et la CEP ne veulent pas la responsabilité des armes et souhaiteraient leur stockage entre les mains des militaires. Il leur est répondu que, pour des raisons d'entretien et de distribution rapide en cas de menace, les unités territoriales doivent avoir leurs armes. La CFP (A), la SN REPAL et la CPA donnent leur accord mais le remettraient en cause si la CREPS et la CEP, toujours réticentes, ne sont pas mises en demeure d'obtempérer. De l'avis des militaires, les sociétés négligent la sécurité en raison du calme qui règne et, surtout, par souci d'économie.

---

[16]   SHAT, 1H 2009, Delavesne à Challe, 19 décembre 1957.

[17]   AT, CFP (A), Dossier non classé 2, Réunions, Compte rendu de la réunion tenue à l'État-major de la Xe Région militaire le 10 janvier 1958.

[18]   SHAT, 1H 4795, Salan au ministre de la Défense nationale, 16 janvier 1958.

[19]   AT, CFP (A), Dossier non classé 2, Réunions, Crosnier, Compte rendu de la réunion au BRP le 24 janvier 1958 pour préparer la réunion de sécurité.

[20]   *Ibid.*, Crosnier, Compte rendu de la Conférence de sécurité du 24 janvier 1958.

D'où les atermoiements.[21] À Alger, les pétroliers considèrent que l'obligation de constituer des unités n'est pas formelle mais fonction des circonstances. Rappelant la demande du 8 février, les militaires insistent que de l'armement sera délivré et stocké par les soins des sociétés. En temps normal, les unités territoriales sont en sommeil et les armes entretenues sous la responsabilité de leurs chefs. Les unités territoriales ne sont mises sur pied qu'en cas de besoin, sur ordre des commandants des territoires concernés. Mais les pétroliers maintiennent leurs réserves.[22]

Apparaît la distinction entre la constitution obligatoire des unités territoriales (l'établissement du contrôle des individus faisant partie de l'unité et la remise d'un stock d'armes) et leur mise sur pied ou activation éventuelle (l'ordre de mobilisation effectif) sur ordre de l'autorité militaire locale. En temps normal, les unités seraient en sommeil. Quand les circonstances l'exigeraient, l'appel à l'activité se ferait sur ordre de l'autorité militaire. À toutes fins pratiques, les unités sont subordonnées aux militaires. Les sociétés invoquent les difficultés relatives aux armes à livrer aux petites équipes mobiles et isolées. Comment mettre en sûreté ces armes ? Le fait d'être armés sans avoir la possibilité de garder leur armement en sûreté constitue un danger plus qu'une sécurité. Intervient un compromis qui assouplit l'Instruction du 17 janvier : il ne s'agira que de pistolets automatiques ou de revolvers ; ils seront distribués sur ordre de l'autorité militaire ; si un poste militaire est à proximité immédiate, les armes pourraient y être stockées.[23] Il est révélateur du niveau de subtilité atteint par ces tractations que les représentants de la CFP (A) n'aient pas relevé l'inflexion. Leur rapport retient que le stockage et la garde des armes et munitions des unités territoriales relèvent de la responsabilité des compagnies.[24]

L'application du principe de base de l'autodéfense inscrit dans l'Instruction du 7 décembre 1957 entraîne la mise en place d'une garde immédiate des installations et chantiers par les sociétés (unités territoriales ou gardiens recrutés) et l'organisation d'un système permanent de sécurité rapprochée (surveillance et intervention) par l'autorité militaire. En

[21] SHAT, 1H 4795, Procès-verbal de la réunion de la Commission mixte de l'Est algérien sur la sécurité des pétroliers [à Ouargla], 19 février 1958.

[22] *Ibid.*, Procès-verbal de la réunion de la Commission mixte d'Alger sur la sécurité des pétroliers, 25 février 1958.

[23] AT, CFP (A), Dossier non classé 2, Réunions, Conférence Sécurité du 25 mars 1958 ; Procès-verbal de la réunion du 25 mars 1958 relative à la sécurité des entreprises pétrolières au Sahara ; Procès-verbal de la réunion de la Commission mixte d'Alger sur la sécurité des pétroliers, 22 avril 1958.

[24] *Ibid.*, Compte rendu de la réunion de la Commission mixte qui s'est tenue à l'État-major de la X$^e$ Région militaire le 22 avril 1958 ; SHAT, 1H 4795, Procès-verbal de la réunion de la Commission mixte d'Alger sur la sécurité des pétroliers, 21 août 1958.

fait, en de nombreux points, la troupe assure des missions de sécurité immédiate et les sociétés logent des militaires dans leurs installations. Il est admis que, dans certaines circonstances et exceptionnellement, la sécurité immédiate (garde des chantiers) soit prise en charge par l'autorité militaire.[25]

Devant la Commission mixte de Laghouat du 26 août 1958, le général Then

> estime qu'un danger réel et immédiat existe au Sahara. Il s'agit d'une action voulue et étudiée qui se déclenchera probablement à l'intérieur même des chantiers ou des camps et probablement pas d'un assaut venant de l'extérieur. Des renseignements sûrs prouvent l'existence d'une cellule terroriste dans chaque Société, le ravitaillement en moyens de sabotage étant assuré par certains camionneurs et notamment par des camions citernes.[26]

Réunis au BRP à Paris le surlendemain, les représentants des sociétés notent que l'armement des personnels que prône le général Then paraît contraire à ce qui était demandé auparavant.

> Il avait été conseillé d'armer les équipes mobiles et, au contraire, de ne pas armer en permanence le personnel des chantiers fixes, tandis que, actuellement, il est plutôt conseillé de ne pas armer les équipes mobiles et d'armer en permanence une ou deux personnes sûres sur les chantiers fixes.

Or, des hommes armés en permanence peuvent constituer des cibles désignées et les exercices de tir de ces Européens auraient des effets psychologiques fâcheux sur les autres personnels de diverses origines. Néanmoins les sociétés prennent note du désir du général Then que leur recrutement se fasse au maximum dans le Sud et le moins possible dans le Nord.[27]

Dans une conférence faite le 22 mai 1959 aux responsables des sociétés pétrolières, le général Mirambeau, adjoint au général commandant interarmées au Sahara, souligne la menace que pose le FLN au Sahara. Évoquant un danger aérien, il affirme même que les pays de l'Est forment les fellaghas à piloter et leur fournissent des avions. Le danger aérien serait très grand à Haoud el Hamra en raison de la grande surface des réservoirs et de la très forte concentration des installations. La situation au Sahara se serait détériorée. Une organisation politico-administrative (OPA) découverte à Hassi Messaoud indiquerait la présence du FLN.[28] Un décret en date du 22 juillet 1959 rend applicable

---

[25] SHAT, 1H 2005, Le général de corps d'armée Allard, Note sur la sécurité des installations fixes ou mobiles des pétroliers, 29 janvier 1959.

[26] AT, CFP (A), Dossier non classé 2, P. Nehlil, représentant du BRP à Alger, à Delavesne, 27 août 1957.

[27] *Ibid.*, Compte rendu de la réunion du 28 août 1958.

[28] *Ibid.*, Compte rendu de la conférence.

à l'Algérie l'ordonnance du 29 décembre 1958 tendant à renforcer la protection des installations d'importance vitale. Partout, les entreprises sont tenues de coopérer à leur frais à la protection immédiate de leurs ouvrages ou chantiers contre tout acte de sabotage.[29]

La découverte d'OPAs et de cellules à Ouargla et à Edjeleh répand l'inquiétude au sein des sociétés au sujet du sabotage. À la réunion du 21 septembre 1959 de la Commission nationale de sécurité des entreprises pétrolières, tenue à Paris, le général Jacquier estime que la protection statique est insuffisante et qu'elle peut être palliée partiellement par un système de rondes et de surveillance fourni par les sociétés. Les pétroliers sont conviés à une prise de conscience plus nette de leurs responsabilités et du caractère actif du rôle qu'ils doivent jouer dans le maintien de la sécurité en général et la protection particulière des points sensibles que sont leurs installations et chantiers. Ils sont appelés à consulter les autorités militaires préalablement à la mise en place de leurs installations et à maintenir un contact étroit avec elles. Il faut créer des zones de contrôle renforcé, établir des cartes de travail et faire participer les militaires au contrôle et à la surveillance de la main-d'œuvre.[30]

De plus en plus, des vigiles embauchés et rémunérés à cette fin par les sociétés, tendent à remplacer le personnel pour la tâche de l'autodéfense des installations. Ils constituent des unités territoriales de type spécial, tandis que les unités originelles tombent en désuétude. Deux sociétés concurrentes fournissent ces contractuels : la Compagnie française de sécurité, dirigée par un ancien officier de police, et la Société saharienne de sécurité, dont le directeur est un ancien employé de la précédente. Les vigiles sont recrutés uniquement parmi les anciens militaires ayant servi au moins cinq dans une arme. À plus de 90 %, ce sont d'anciens légionnaires étrangers. Les « Français-musulmans » ne peuvent être des vigiles, nonobstant la pression exercée par le Service de la main-d'œuvre. Les sociétés s'engagent à ne pas débaucher les vigiles pendant la durée de leur contrat. L'armement, les munitions et l'équipement sont prêtés par l'autorité militaire du territoire concerné.[31] « Pratiquement, la défense immédiate statique des entreprises pétrolières n'a pas été mise en œuvre dans le cadre des u.t. mais a été assurée par des

---

[29] *Journal officiel de la République française*, 31 décembre 1958.

[30] SHAT, 1H 4792, Fiche sur la réunion ; AT, CFP (A), Dossier non classé 2, Réunions, Procès-verbal de la réunion.

[31] SHAT, 1H 2011, le capitaine de frégate Guitard, Fiche sur les vigiles, 15 mars 1960 ; 1H 2009, le général Crépin au délégué général du gouvernement en Algérie, 2 juin 1960.

vigiles, personnels recrutés et appointés pour une activité exclusive de gardien. »[32]

En février 1961, le gouvernement classe les principales installations pétrolières « Points sensibles d'importance vitale pour la Nation ». Cela entraîne pour les sociétés productrices l'obligation d'en assurer la protection par l'établissement d'un plan mettant en œuvre de puissants moyens de sécurité « étant donné le rôle qu'elles jouent dans la production où les services qu'elles rendent sont de première importance pour le potentiel de guerre ou la capacité de survie ».[33] Les sociétés doivent aussi mettre en place des moyens de défense rapprochée, constituer des unités territoriales spéciales et instaurer des mesures de contrôle du personnel. On craint les infiltrations de « rebelles » parmi les travailleurs venant du Nord. Les sociétés sont encouragées à préférer la main-d'œuvre saharienne à celle de « l'Algérie ». Quoique moins qualifiée, elle présente moins de risques. « Aucun ouvrier originaire d'Algérie ou de Métropole ne pourra être employé sur des chantiers au Sahara s'il n'a pas un contrat de travail avec la Société qui l'emploie. Ce contrat sera obligatoirement visé par le Service local de la main-d'œuvre. »[34]

Le 1er juillet 1962, les unités territoriales sont dissoutes par ordre de l'autorité préfectorale et leur armement remis aux autorités. La protection des installations d'importance vitale et des personnels incombe désormais à l'État algérien. La CFP (A) met son hélicoptère à la disposition de l'autorité militaire pour le transport des patrouilles sur son champ pétrolier.[35]

## II. Protéger l'oléoduc Hassi Messaoud/Bougie et annexes

Hassi Messaoud est le champ pétrolier le plus important et la protection des voies d'acheminement de son brut s'avère prioritaire. L'évacuation se fait d'abord par un oléoduc de 6 pouces allant d'Hassi Messaoud à Touggourt, raccordé à un chemin de fer Touggourt/Philippeville (Skikda), au nord de Constantine. La sécurité du pipeline et de la voie ferrée exige des moyens que Salan demande dès 1957.[36] À l'ouest de Constantine, la construction de l'oléoduc de 24 pouces Hassi Messaoud/ Bougie débute en mai 1958 et doit être complétée en novembre 1959. D'une longueur de 700 km du champ pétrolifère au port terminal, le

---

[32] SHAT, 1H 2009, Fiche sur l'autodéfense des entreprises pétrolières travaillant au Sahara, 9 avril 1960.
[33] AT, CFP (A), Dossier non classé 2, Réunions, Procès-verbal de la réunion tenue à Ouargla le 6 février 1961.
[34] *Ibid.*, 25 septembre 1961.
[35] *Ibid.*, D. Chevrière, directeur de la CFP (A), au préfet du Département des Oasis, s.d.
[36] SHAT, 1H 4792, Salan au ministre de la Défense nationale, 19 avril 1957.

tube est enterré sur l'ensemble de son tracé et assorti de stations de pompage. Il faut protéger un chantier étalé sur 20 km et comprenant 300 personnes, ainsi que le pipeline au fur et à mesure de sa pose.[37]

Le périmètre d'Hassi Messaoud comporte une vingtaine de points sensibles. On place d'abord le tronçon sud de Haoud el Hamra/ Touggourt, puis le tronçon nord. Chaque chantier se reporte sur le tronçon nord dès l'achèvement de sa tâche sur le tronçon sud. Le danger est plus grand au nord. Les mesures de protection représentent un dispositif mobile adapté dans le temps et l'espace aux différents chantiers de pose. Elles doivent être appliquées simultanément, selon la période, sur plusieurs chantiers opérant dans un même tronçon, et sur plusieurs chantiers opérant dans des tronçons différents. Après l'achèvement des travaux, « l'organisation défensive de la voie du pétrole doit être conçue dans le cadre des missions de défense en surface et basée essentiellement sur : l'occupation permanente des points sensibles le long de l'axe, et la mise en œuvre d'un dispositif mobile de surveillance et d'intervention ».[38]

Pour cette nouvelle mission, Salan demande qu'on lui attribue des renforts, sans lesquels « celle-ci ne pourrait être remplie que dans des conditions tellement précaires, voire épisodiques, à l'aide d'unités détournées en totalité ou en partie de leurs missions actuelles que je ne peux l'accepter sans réserves ».[39] Dans la région de Sétif, certains travaux sur le tracé de l'oléoduc sont interrompus, faute de moyens de protection.[40] Logique sécuritaire et impératifs techniques ne concordent pas nécessairement. L'autorité militaire désapprouve le tracé défini par la Société pétrolière de gérance (SOPEG), entrepreneur de l'oléoduc, parce qu'il s'écarte de la route et de la voie ferrée de 20 à 25 km. Cependant le choix s'impose par le relief et les chotts, et les militaires doivent assurer la sécurité au mieux des effectifs qui leur sont alloués. De fait, la surveillance du pipeline est reportée, seule la protection des travaux étant envisageable dans l'immédiat. Entre-temps les autres voies d'acheminement du pétrole ont la priorité.[41]

---

[37] SHAT, 1H 2005, Fiche sur le pipeline définitif d'Hassi Messaoud à la mer, 28 mai 1957.

[38] *Ibid.*, Note relative à l'organisation de la défense du pipeline Hassi Messaoud-Bougie, 17 novembre 1958.

[39] *Ibid.*, Salan au ministre de l'Algérie, s.d. [mars 1958]

[40] AT, CFP (A), Dossier non classé 2, Compte rendu de la réunion du 15 mars 1958 relative au tracé et à la sécurité du pipe Hassi Messaoud-Bougie.

[41] *Ibid.*, Réunion d'État-major mixte du samedi 15 mars 1958 ; SHAT, 1H 2009, le général de brigade R. de Crèvecœur au général d'armée commandant supérieur interarmées, 22 mars 1958 ; au ministre du Sahara, 15 mai 1958.

Au cours d'une inspection à Hassi Messaoud et Edjeleh en mars 1958, le colonel Journet constate que les appareils de forage (« têtes de sonde », derricks, « arbres de Noël ») sont vulnérables et qu'une explosion au plastic peut les faire sauter et mettre le feu au puits. Il met au point un dispositif de recouvrement des têtes de puits composé de divers matériaux. Mais les sociétés comptent plutôt sur l'installation de *storm chokes*, petites vannes de sécurité de fond à l'intérieur de la conduite qui fonctionnent automatiquement sous la pression du pétrole libéré brusquement par le sabotage de l'« arbre de Noël ». Pour l'heure, il n'y a à Hassi Messaoud qu'un système provisoire de barbelés et de garde statique.[42]

Entre les militaires et les entreprises de travaux, le différend est analogue à celui qui caractérise les relations entre militaires et pétroliers. Identique dans les deux cas, l'enjeu consiste à savoir à qui incombe le gros de la responsabilité et de l'effort pour la sécurité. Le 27 mai, deux ouvriers de la société Hetzel sont enlevés sur la route à trois kilomètres d'Akbou. La SOPEG demande que les militaires chargés de la protection des équipes topographiques campent sur le terrain afin d'éviter les déplacements préjudiciables au rendement des équipes. Or, une telle requête d'immobilisation permanente d'unités au profit de petits chantiers ne peut qu'essuyer un refus.[43] La SOPEG revient à la charge pour insister que les unités territoriales sont normalement en sommeil. L'appel à l'activité ne se fait que lorsque les circonstances l'exigent, et il ne saurait être qu'occasionnel et non systématique. Les personnels ne peuvent être activés et armés en permanence car le programme de construction, d'intérêt national, est serré. Il faut un rendement maximum d'équipements onéreux par un personnel hautement qualifié. Rare et difficile à recruter, il n'est pas sensé de le distraire par des tâches de défense. L'œuvre étant d'intérêt national, les ouvriers, spécialistes et ingénieurs doivent maintenir la cadence pour respecter les délais imposés, et les militaires assurer la sécurité.[44] Les pétroliers refusent de faire participer leurs personnels techniques à un service de garde nocturne au camp après 12 heures de travail sur le chantier. La veille et le déclenchement de l'alerte incombent à l'autorité militaire.[45] Le contractant, la

---

[42] AT, CFP (A), Dossier non classé 2, P. Germès, directeur général adjoint de la CFP (A), Note pour le directeur général, 17 mars 1958 ; directeur du BRP au pdg de la CFP (A), 21 avril 1958 ; SHAT, 1H 2005, Compte rendu de mission du colonel Journet, 15 mars 1958.

[43] SHAT, 1H 2009, Crèvecœur à J. Bouvet, directeur général de la SOPEG, 19 juin 1958.

[44] SHAT, 1H 2005, F. Paqueteau, chef des études de la SOPEG à Alger, au général commandant interarmées au Sahara, 15 juillet 1958.

[45] SHAT, 1H 2009, Fiche sur la réunion de la Commission mixte du pipe à Constantine du 28 juillet 1958.

Société commerciale et minière pour l'Afrique du Nord (SOCOMAN), n'arrive pas à embaucher des soudeurs en Métropole et subit des départs spontanés en raison de l'insécurité ambiante dans la Vallée de la Soummam, néfaste sur le moral des personnels et du rendement.[46]

S'adressant au directeur général de la SOPEG, le ministre des Armées souligne que les entreprises doivent coopérer à leur propre défense afin qu'elle soit efficace et supportable pour les finances publiques. Les pétroliers assumeraient des charges semblables. Comme il s'agit d'une politique du gouvernement, le ministre demande au destinataire d'intervenir pour faire mettre en place l'autodéfense, particulièrement les sentinelles assurant le guet la nuit. Il lui est répondu que ce n'est qu'en période d'alerte que le personnel civil peut être amené à assurer des gardes. Certains militaires voudraient que les chantiers fassent par leurs propres moyens une veille permanente de jour et de nuit, ce qui ne peut être effectué que par des vigiles recrutés à cet effet. Pour instaurer la confiance indispensable à la bonne marche des travaux, il importe que le dispositif de garde et d'alerte soit organisé et animé par l'armée elle-même. Les correspondants se tutoient mais le désaccord est patent.[47]

Le projet d'infrastructure de défense de l'oléoduc proposé par la X^e Région militaire étant trop coûteux, le ministre des Armées demande d'autres solutions et réunit les parties prenantes pour les dégager. Deux modes de protection sont possibles : un système « lourd » avec un couloir de pacification autour du pipeline et un minimum de 4 bataillons, au prix de 995 millions de crédits d'infrastructure ; ou un système allégé, au coût à déterminer, qui ne protège que les terminaux et les stations de pompage intermédiaires, le tuyau étant réparé par des équipes mobiles en cas de sabotage. Le consensus est que la solution lourde qui a la faveur de la X^e Région militaire constitue un minimum en deçà duquel le commandement ne peut accepter la responsabilité de la protection de l'oléoduc. Il faut donc trouver les 995 millions. Les représentants des sociétés acceptent de participer au financement des défenses des points sensibles (terminaux, stations de pompage) et à l'amélioration des portions de pistes d'accès et de surveillance parallèles au pipeline que l'armée utiliserait.[48]

Le déplacement du « cirque » des travaux vers le nord, région d'activité « rebelle », entretient les divergences de vue opposant pétroliers et militaires. Le personnel des sociétés essuie des coups de feu, les ca-

---

[46] SHAT, 1H 2005, Paqueteau au général commandant supérieur interarmées, 15 septembre 1958.

[47] AT, CFP (A), Dossier non classé 2, Pierre Guillaumat à Bouvet, 20 octobre 1958 ; réponse, 28 octobre 1958.

[48] *Ibid.*, Procès-verbal de la réunion tenue le 3 janvier 1959 au ministère des Armées.

mions sautent sur des mines et des abandons de poste s'ensuivent.[49] Si la SOPEG accepte de prendre à sa charge la défense immédiate des installations fixes dans des zones où la sécurité est assurée, elle se déclare incapable de faire de même pour les camps et chantiers mobiles traversant une région où règne l'insécurité. Elle redoute les incidents que pourraient provoquer des vigiles armés, véritables formations paramilitaires de qualité incertaine. L'objectif de l'achèvement des travaux et de la mise en service de la ligne fin 1959 ne peut être atteint

> que si la sécurité des chantiers de pose continue à être assurée par les dispositifs de protection militaire qui sont en place actuellement. La seule aide que nous puissions apporter sans risquer de compromettre cet objectif se trouve logiquement limitée à la garde des terminaux et stations de pompage que nous nous préparons à mettre en place sous peu.[50]

Tout en appelant à une participation plus active à l'autodéfense, l'armée reconnaît la faible valeur militaire du personnel civil.[51] Cela étant, elle demande à la SOPEG d'employer 100 vigiles au Sud et 200 au Nord pour défendre ses chantiers fixes ou mobiles. Celle-ci accepte de recruter des vigiles mais cherche à limiter leur rôle. Elle souhaite que l'armée en ait la supervision, les entreprises n'intervenant que pour le recrutement, la rétribution, le couchage, la nourriture et le licenciement.[52] Les pétroliers interviennent pour plaider

> que pour obtenir une unité d'action complète, la responsabilité de la sécurité doive continuer à incomber entièrement et uniquement à l'armée et nous pensons que, dans l'esprit des autorités militaires, il n'est pas question de déléguer à des sociétés civiles qui ne sont pas prêtes à cette tâche, une part de leurs attributions. Les vigiles devront, en conséquence, être placés sous le commandement direct de cadres militaires chargés de leur donner leurs consignes et de vérifier leur action.[53]

La SOPEG se dote de 84 vigiles (6 détachements de 14 hommes, comprenant chacun 2 cadres), satisfaite qu'ils seraient employés principalement à la garde des chantiers le jour et du matériel de nuit, et « que l'Armée prendrait toute la responsabilité de l'emploi des vigiles qui seraient sous le régime de la réquisition, qu'elle les encadrerait, les

---

[49] AT, CFP (A), dossier non classé 2, Note sur les incidents survenus sur les chantiers du lot nord, 20 mars 1959.

[50] *Ibid.*, Bouvet, Note sur la sécurité du pipeline Haoud el Hamra/Bougie, 23 février 1959.

[51] SHAT, 1H 2005, le général de brigade Delepierre au général commandant le Corps d'armée de Constantine, 21 janvier 1959.

[52] *Ibid.*, Procès-verbal de la séance de la Commission mixte réunie le 6 mars 1959 à Alger.

[53] AT, CFP (A), dossier non classé 2, les présidents de la CFP (A) et de la SN REPAL à Paul Delouvrier, délégué général en Algérie, 20 mars 1959.

armerait et même les prendrait en charge matériellement (nourriture, en particulier) (mais non pécuniairement), qu'elle les incorporerait à son dispositif de sécurité ».[54] En somme, la protection rapprochée est confiée à des vigiles rétribués par la SOPEG mais dirigés par l'autorité militaire. Il semblerait, d'après le témoignage de son ex-président, que la SN REPAL n'ait pas employé de vigiles. À Hassi-Messaoud, il y aurait eu un détachement militaire, des rondes sur les lieux des puits par le personnel et une surveillance par hélicoptère, mais pas de gardes privés.[55]

La question des moyens financiers demeure posée et le partage des coûts au titre de la sécurité est une autre pomme de discorde. Le ministre des Armées ne voit aucune façon de dégager sur les ressources de son département les sommes nécessaires au financement de la protection de l'oléoduc. Son budget a été rigoureusement plafonné sans que ces dépenses soient prévues. « Il s'agit en l'espèce d'une mission de protection individualisée, de nature très particulière, qui me paraît légitimer de ce fait une participation directe des sociétés d'exploitation pétrolière au Sahara intéressées par l'acheminement du pétrole d'Hassi Messaoud. »[56] Notant que le devis initial de 995 millions de F, présenté à la réunion du 3 janvier, a subi une forte majoration à 1 400 millions de F, le secrétaire général pour les affaires algériennes estime que les sociétés devraient en contribuer la moitié.

Quatre bataillons, soit 3 000 hommes, seraient affectés à la protection de l'oléoduc par la puissance publique. Pour réaliser leur implantation, il faut construire des infrastructures, notamment 4 postes de bataillons et 4 postes de compagnies. Bientôt l'évaluation du montant global des dépenses atteint 1 950 millions de F et les autorités demandent aux sociétés d'en assumer la moitié. En défalquant des 975 millions la somme de 150 millions pour le système de détection électrique déjà payé par les pétroliers, il leur est réclamé 825 millions, arrondis à 800 millions. Les pétroliers ne reconnaissent pas la répartition moitié-moitié et n'entendent pas verser plus de 150 ou 200 millions. En réalité, il faut soustraire des 1 950 millions d'abord les 150 millions, ensuite 600 millions représentant la main-d'œuvre militaire à laquelle on aurait recours pour la réalisation des travaux envisagés. À l'issue des échanges, le reliquat de 1 200 millions à dégager est ainsi réparti : 675 millions à la charge de l'Algérie, 225 millions au compte de l'Organisation commune

---

[54]   *Ibid.*, Bouvet à « Monsieur le Directeur général » [J. Blancard du BRP ?], 21 mars 1959.

[55]   *Entretiens avec Roger Goetze, haut fonctionnaire des Finances. Rivoli-Alger-Rivoli, 1937-1958*, Paris, CHEFF, 1997, p. 310.

[56]   SHAT, 1H 2005, Pierre Guillaumat au secrétariat général pour les Affaires algériennes (bureau du Premier ministre), 20 mars 1959 ; réponse, 16 avril 1959.

des régions sahariennes (OCRS), 300 millions aux frais de la SOPEG.[57] Delouvrier considère insuffisante la contribution des pétroliers et se propose de la faire augmenter en diminuant celle du budget de l'Algérie. La destination des redevances pétrolières n'étant pas fixée, l'Algérie contribuerait à la protection d'un pétrole qui ne profiterait qu'au Sahara et à la Métropole. Il pense à un partage à égalité entre la SOPEG, le Sahara et le budget métropolitain, mais il finit par accepter le règlement avec réserves pour ne pas retarder les travaux.[58]

Sur ces entrefaites, les pétroliers constatent que les vannes de sécurité de fond (*storm chokes*) ne donnent pas satisfaction. Elles doivent être retirées lorsque le débit est élevé. Aucun dispositif éprouvé n'existe pour les puits gros producteurs. Les cloches métalliques employées pour couvrir les têtes de puits (« arbres de Noël ») sont vulnérables à une faible charge explosive.

L'ensemble des études conduit aux conclusions qu'il n'existe actuellement pas de protection efficace des têtes de puits. On peut concevoir que la sécurité des grosses unités (camps, bases industrielles CFPA, SN REPAL, Unité de production, Station de pompage et de stockage SOPEG) soit assurée directement. Mais si on tient compte des autres points sensibles qui seront dispersés sur le champ : flow-line, câbles, lignes électriques, bases industrielles des sociétés de contracteurs, unités d'essai et équipes diverses de mesure et de contrôle, il semble évident que l'exploitation est une affaire de *sécurité générale* qui relève des autorités politiques et militaires. Actuellement l'autorité militaire, bien qu'avertie oralement, feint de croire à la réalité de la protection statique du champ et, en particulier, des têtes de puits par les compagnies.[59]

Aucune protection statique n'étant à l'épreuve d'un saboteur entraîné, il faut, tout en continuant à chercher les moyens de protéger les puits, combiner la défense statique et une surveillance fréquente. Les puits seraient entourés d'une enceinte grillagée, avec autour d'elle un réseau Ribard et des mines éclairantes. À cela s'ajouteraient des rondes en hélicoptères et en jeeps.[60]

---

[57] AT, CFP (A), dossier non classé 2, Delouvrier à Bouvet, 11 juin 1959 ; Compte rendu d'une réunion sur la sécurité du pipeline Haoud el Hamra/Bougie, 12 juin 1959 ; Procès-verbaux des réunions des 12 et 17 juin à l'État-major général de la Défense nationale.

[58] SHAT, 1H 2005, Travaux de protection de l'oléoduc Hassi Messaoud/Bougie, 26 juin 1959 ; AT, CFP (A), dossier non classé 2, Delouvrier à Michel Debré, Premier ministre, 30 juin 1959.

[59] AT, CFP (A), dossier non classé 2, D. Chevrière, adjoint au directeur général adjoint de la CFP (A), à Crosnier, 30 juin 1959.

[60] *Ibid.*, Crosnier, Note pour CFP (A) Alger, 14 août 1959 et 15 novembre 1960.

Hassi Messaoud réunit des installations sensibles et 7 000 techniciens, concentrés sur un périmètre carré de 50 km de chaque côté.[61] Un réseau FLN de collecte de fonds est découvert à Hassi Messaoud en mai 1959.[62] À quelques semaines de la mise en exploitation de l'oléoduc, une inquiétude se manifeste. Il faut protéger plusieurs installations : les infrastructures de production à Hassi Messaoud, le terminal de départ à Haoud el Hamra, les stations de pompage intermédiaires, le terminal d'arrivée au port pétrolier de Bougie et le tube de 500 km, avec ses points sensibles (vannes, clapets). Pendant les travaux de construction de l'oléoduc, le dispositif militaire était orienté vers la protection des chantiers fixes ou mobiles. L'entrée en exploitation nécessite une adaptation pour tenir compte de l'importance des répercussions économiques d'un sabotage éventuel des installations. Il faut coordonner le dispositif militaire avec celui de la société exploitante. Une protection sûre du tube étant irréalisable, sa sécurité dépend de son enfouissement.[63]

Le premier sabotage sur la ligne est détecté le 26 juillet 1960. En décembre 1960, le commandement militaire évoque l'éventualité d'attaques aériennes sur Hassi Messaoud par le FLN. Il est vrai que le commandant de l'Air au Sahara ne considère pas la menace comme alarmante. Cela n'empêche pas la CFP (A) d'y réfléchir, pour aussitôt abandonner l'idée de prendre des dispositions particulières sans l'accompagnement des autorités.[64] Suite à la conclusion des accords d'Évian, l'armée récupère la plupart des armes des unités territoriales.

En octobre 1960, la SN REPAL annonce son intention de construire un oléoduc de 295 km pour évacuer sur Haoud el Hamra les produits liquides obtenus à Hassi R'Mel après traitement du gaz de cet énorme gisement gazier découvert en octobre 1956. L'expédition du condensat serait assurée par une station de pompage située à Hassi R'Mel, puis d'une autre station intermédiaire à construire en 1968 sur le tracé de la conduite. Le tube serait enfoui à 0,50 m au-dessus de la génératrice supérieure en terrain généralement rocheux ; l'aplanissement des remblais après enfouissement ferait disparaître tous les repères permettant une localisation rapide de la canalisation ; la protection passive des vannes de sectionnement et de la station de pompage intermédiaire serait à la charge de la société concessionnaire au titre des installations d'impor-

---

[61] SHAT, 1H 2005, le général de division Morin au général d'armée aérienne commandant en chef des forces en Algérie, 7 novembre 1959.

[62] AT, CFP (A), dossier non classé 2, Compte rendu de mission effectuée par Monsieur Clayeux à Hassi Messaoud et à Ouargla du 26 au 28 mai 1959 ; Fiche concernant la protection de l'oléoduc, 4 décembre 1959.

[63] SHAT, 1H 2005, Compte rendu de la réunion du 20 novembre 1959.

[64] AT, CFP (A), dossier non classé 2, Germès à la CFP (A), 30 décembre 1960, 4 janvier 1961 et 28 mars 1961.

tance vitale au sens de l'ordonnance du 29 décembre 1958. L'autorité militaire donne son approbation.[65]

En décembre 1960, le BRP fait part à l'armée de son intention de procéder à des travaux préparatoires à la construction d'un oléoduc destiné à relier Ohanet et Haoud el Hamra. Chacune des trois équipes œuvrant sur les tronçons du parcours serait constituée en unité territoriale spéciale, armée par les soins de l'autorité militaire locale et renforcée par un effectif de 10 vigiles en vue d'assurer la garde et la protection immédiate des chantiers.[66] L'armée approuve le projet, sous réserve de certaines mesures de protection passive à prendre par l'entrepreneur : l'enfouissement à 0,60 m (et au moins à 0,70 m de la section Ohanet/Medarba) ; le camouflage de l'emplacement exact du tube par régalage des remblais ; la construction et l'entretien d'une piste d'accès longeant la canalisation pour permettre la circulation des véhicules militaires de surveillance et d'intervention ; des mesures appropriées de protection des vannes.[67]

## III. Défendre le gisement d'Edjeleh et l'oléoduc In Amenas/frontière tunisienne

Le grand champ pétrolier d'Edjeleh est découvert en mars 1956, trois mois avant celui d'Hassi Messaoud. Excentré, il est proche de la frontière libyenne. L'existence d'une importante structure de pétrole rend les autorités françaises méfiantes des activités d'exploration de la Standard Oil of New Jersey qui détient un permis de recherche en Libye, dans un territoire contigu de l'autre côté de la frontière.[68] Pour construire l'oléoduc d'évacuation du brut d'Edjeleh, la CREPS constitue sa filiale à part entière, la Compagnie des transports par pipelines au Sahara (TRAPSA), le 24 juillet 1957. Le pipeline débouchera-t-il à Bône (Annaba) ou Bougie (Bejaia) en Algérie, au port de La Skhira sur le golfe de Gabès en Tunisie ou à un terminal à Tripoli en Libye ? Restera-t-il sous une tutelle entièrement française ou passera-t-il partiellement sous le contrôle d'une Tunisie ou d'une Libye indépendantes ? La CREPS préfère La Skhirra, site naturel favorable à l'accostage de pétroliers de très gros tonnage. Pour des raisons d'économie, le BRP et la DICA favorisent la

[65] SHAT, 1H 2008, le général de division aérienne Jacquier, commandant interarmées au Sahara, au général de corps d'armée Crépin, commandant en chef des Forces en Algérie, 9 novembre 1960 ; réponse, 15 novembre 1960.

[66] SHAT, 1H 2006, Jacquier au délégué du BRP à Alger, 8 décembre 1960.

[67] SHAT, 1H 4795, Debré au ministre chargé du Sahara et au ministre de l'Industrie, 29 mars 1961.

[68] SHAT, 1H 4792, Marcel Champeix, secrétaire d'État aux Affaires algériennes, à Robert, Lacoste, ministre résident en Algérie, 17 février 1956.

solution libyenne. Le tracé du terminal de départ d'In Amenas à la frontière tunisienne s'entend sur une distance de 250 km.

Le ministre résident en Algérie, Robert Lacoste, engage une véritable campagne en faveur d'une option exclusivement algérienne.[69] Mettant de l'avant les désavantages et les risques des solutions « réputées "plus rentables" », il se place sur un terrain géopolitique plus général, celui de l'ensemble Métropole-Algérie-Sahara. D'une part, les conditions de sécurité de l'oléoduc et de l'approvisionnement de la France seraient pires. D'autre part, la valeur stratégique et l'unité économique du Sahara en état d'édification, dont l'OCRS est conçue comme la mandataire, en pâtiraient.

> L'ensemble « Métropole-Algérie » constitue ainsi le support naturel et ir-remplaçable de l'OCRS à sa naissance et l'Algérie, la pièce maîtresse de sa défense. C'est donc au regard de l'économie de cet ensemble et dans ce cadre de défense qu'il convient de peser les avantages et les inconvénients des diverses solutions qui se présentent et non au niveau de l'entreprise iso-lée… Détourner vers l'étranger les premières ressources du sous-sol saha-rien apparaîtra comme une frustration dont la Métropole subira en fin de compte tout le préjudice.

Lacoste redoute qu'au cours d'une guerre, les convois soient anéantis dans le golfe de Gabès ou au moment de doubler le cap Bon. « C'est, en tout cas, jouer la difficulté que d'aller chercher dans l'est du détroit de Sicile le ravitaillement qu'on peut amener directement à la côte algé-rienne. C'est aussi compter inconsidérément sur des disponibilités de la flotte pétrolière. » Orienter vers l'extérieur toute l'activité d'Edjeleh provoquerait l'atrophie des voies de communication indispensables à l'intérieur du Sahara. « Qu'une menace vienne à s'exercer sur ce flanc du Sahara, elle trouvera pour porter ses coups tout un faisceau de routes et de pistes, braqué depuis Gabès et Tripoli sur Edjélé, et permettant d'isoler en un tournemain le Massif du Hoggar et ses probables gise-ments d'uranium. »

Auprès du secrétaire d'État à l'Énergie, Lacoste plaide en faveur du rattachement de l'évacuation d'Edjeleh à celle d'Hassi Messaoud.[70] Il conteste les critères économiques entendus comme décisifs dans le choix à opérer, à savoir les délais du démarrage de l'exploitation d'un oléoduc algérien entraînant un manque à gagner assorti d'une hémorra-gie de devises, et l'incidence du coût du transport sur le prix de revient. En tenant compte du fret, aucun avantage économique ne compense les inconvénients politiques liés à un terminal sur le golfe de Gabès. En outre, la solution de l'évacuation vers la côte algérienne a « les plus

---

[69]  *Ibid.*, Lacoste au président du Conseil, 2 mai 1957.

[70]  SHAT, 1H 2009, Lacoste au secrétaire d'État à l'Énergie, 21 juin et 24 août 1957.

grandes chances d'être bénéficiaire à l'échelle des délais d'amortissement admis pour les investissements initiaux, sans compter l'allègement ultérieur qu'assure la suppression de toute redevance ». Le secrétaire d'État ayant attiré son attention sur les facilités d'accès qu'offrirait la voie libyenne pour l'approvisionnement d'Edjeleh, Lacoste insiste sur le point de vue géopolitique. « Il s'agit, en effet, (et c'est le fond même de la thèse) d'assurer à l'infrastructure saharienne, encore à l'état d'ébauche, le développement cohérent et continu indispensable à notre pénétration et à notre établissement définitifs au Sahara. »

La lettre de Lacoste au ministre des Affaires étrangères se monte à 11 pages, soit 6 de plus que pour la missive au président du Conseil, sans compter les annexes.[71] Il y prend position en faveur du rattachement de l'évacuation du gisement d'Edjeleh à celle d'Hassi Messaoud. « Face à un choix dont la portée est essentiellement politique, les seuls arguments financiers ne sauraient, en effet, l'emporter en faveur de la solution libyenne ou tunisienne qu'à la condition d'être écrasants. Ils ne le sont pas. » Se livrant à une analyse détaillée aux plans technique et financier de chacune des options, Lacoste conclut à un résultat nettement bénéficiaire pour la formule algérienne, abstraction faite des retards possibles à la mise en production. « Il me paraît dès lors inutile de s'attarder à une controverse technique et financière. Le choix peut librement faire appel désormais aux seules considérations d'intérêt politique et militaire qui sont en fin de compte déterminants. » Un argument à tonalité eurafricaine est ensuite avancé.

La géographie commande ici : non pas à l'échelle des commodités locales et de l'« attraction » que peut exercer la côte la plus proche sur le gisement d'Edjélé, mais à l'échelle d'un vaste ensemble qui, d'un continent à l'autre, doit étendre à travers la Méditerranée occidentale et l'Algérie la continuité de ses structures jusqu'aux confins du Sahara.

Acheminer le pétrole d'un des premiers gisements algériens vers la Libye ou la Tunisie présupposerait un rapprochement politique que rien ne laisse présager.

Le 25 juin 1958, le conseil du Cabinet français tranche en faveur de l'itinéraire tunisien et la convention autorisant le passage est signée le 30 juin 1958 entre la TRAPSA et le gouvernement tunisien. Au départ de la station d'In Amenas, près d'Edjeleh, l'oléoduc de 60 cm aboutit au port tunisien de La Skhirra après un parcours de 770 km. L'ouvrage est aux deux tiers à l'extérieur de l'Algérie. La Tunisie a droit à des redevances. La ligne est inaugurée et le premier pétrolier chargé le 11 septembre 1960, mais la crise de Bizerte (juillet-octobre 1961) mène à l'abandon de La Skhirra au profit de Bougie, via Hassi Messaoud. Le

---

[71] *Ibid.*, Lacoste au ministre des Affaires étrangères, 7 décembre 1957.

détournement du pétrole hors de l'Algérie contrarie le FLN et fait craindre une menace sur les installations pétrolières de l'Est algérien.[72]

> Il est curieux, écrit le directeur général de la CFP (A), de constater le revirement des représentants de la CREPS et de CEP entre les deux réunions qui se sont produites chez le général Challe. Quand leurs sociétés n'étaient soumises à aucun danger rebelle, elles ont fait une obstruction systématique à toute mesure d'auto-protection telle qu'unités territoriales, armement, etc., et elles n'hésitaient pas à déclarer que ces mesures étaient de nature à attirer les coups. Depuis qu'elles ont été menacées elles-mêmes, elles ont constitué leurs unités territoriales, se sont armées, et sont absolument désireuses d'entrer dans un système de protection cohérent auquel elles participeraient.[73]

Un débat s'engage entre la TRAPSA et les autorités militaires sur la profondeur de l'enfouissement du tube, compte tenu du niveau maximum accessible par les engins de pose normalement utilisés.[74] « Le danger principal reste, à mon avis, celui des saboteurs opérant isolément en petits détachements de l'ordre de quatre à cinq hommes bénéficiant ou non de complicités sur place. »[75] La protection rapprochée et éloignée des principales installations fixes dans le bassin d'Edjeleh (terminal et station hydro-électrique d'In Amenas, station de pompage d'Hassi Edjerene) est assurée. L'éventualité d'actions d'envergure contre les installations concentrées est à exclure. Il y a donc un allègement des moyens consacrés à la défense statique au bénéfice de ceux appelés à assurer une défense mobile. À la conception ancienne de permanence de la protection est préférée celle à base de moyens de déplacement rapide et à grand rayon d'action. Cependant les possibilités de sabotage demeurent et la sécurité absolue des 250 km de l'oléoduc d'In Amenas à la frontière tunisienne et des installations dispersées (derricks, « arbres de Noël », chantiers divers) ne peut être garantie. Tous ces actifs sont exposés à divers degrés. Quant à la sûreté intérieure et immédiate des points sensibles, laissée à la charge des sociétés pétrolières, elle présente de sérieuses lacunes.[76]

---

[72]  AT, CFP (A), dossier non classé 2, Réunions, Compte rendu de la réunion de la Commission mixte tenue à l'État-major de la X^e Région militaire à Alger le lundi 4 août 1958 ; Compte rendu de la réunion de la Commission mixte tenue à Laghouat le mardi 26 août 1958.

[73]  *Ibid.*, Crosnier, Compte rendu synthétique de la réunion du 2 octobre 1958 à l'État-major général de l'Armée.

[74]  SHAT, 1H 2006, Challe à Debré, 21 septembre 1959 ; le général d'Armée P. Ely au chef du secrétariat permanent de la Défense nationale, 2 octobre 1959 ; 1H 4795, Debré au ministre d'État chargé des affaires du Sahara, 14 avril 1960.

[75]  SHAT, 1H 2006, Challe au ministre des Armées, 11 octobre 1959.

[76]  *Ibid.*, Challe au ministre des Armées, 5 mars 1960 ; Jacquier au général de corps d'armée commandant en chef des Forces en Algérie, 6 septembre 1960.

Les « arbres de Noël » nombreux et très dispersés peuvent être partiellement protégés par des procédés techniques acceptables. La faible pression au niveau du sol empêchera le sabotage d'avoir des répercussions graves sur l'ensemble des champs de production. Mais les équipes de forage et d'entretien sont vulnérables. Les installations de stockage intermédiaires des diverses structures, qu'elles comprennent ou non des stations de dégazification, sont très sensibles, et leur remise en état, coûteuse. L'oléoduc, lui, est extrêmement vulnérable. En revanche, il est facilement réparable, et la capacité des réservoirs au terminal de La Skhirra permet de pallier les à-coups du débit. Par contre, la remise en état des stations de pompage, centrale thermo-électrique et réservoirs de stockage après un sabotage exigerait des délais et des travaux importants.[77]

Le 9 octobre 1960, un mois après l'entrée en service de l'oléoduc, un vol important de matériel est perpétré sur les chantiers de la CREPS à In Amenas. L'armée incrimine les négligences qu'aurait commises la CREPS en matière de recrutement, de contrôle et de surveillance de son personnel, ainsi que sa répugnance à mettre en œuvre, en liaison avec l'autorité militaire, des plans particuliers de protection de ses installations.[78] Les militaires demandent et obtiennent le classement comme étant « d'importance vitale » de toutes les installations concentrées, de l'oléoduc et des stations intermédiaires, ainsi que l'imposition aux sociétés exploitantes de plans de protection conformes au décret du 17 décembre 1959. Le but de cette réglementation est de donner aux préfets des Départements sahariens des oasis et de la Saoura le moyen d'obliger les entreprises à adopter des mesures de sécurité sous peine de graves sanctions.[79] Par décision du ministre d'État chargé du Sahara du 19 décembre 1960 sont désignées comme installations d'importance vitale les entreprises opérant à Hassi Messaoud, Hassi R'Mel et Edjeleh. Le renseignement doit être convenablement organisé sur la base d'une étroite collaboration de tous les organes responsables de la prévention et de la répression des actes de sabotage.[80] « Il faut reconnaître que, jusqu'à maintenant, aucune mesure sérieuse n'a été prise dans ce domaine, en dehors de la désignation par la CREPS d'un agent de sécurité et qu'aucune coopération efficace n'a encore pu s'établir entre les autorités militaires et les sociétés locales. »[81]

---

[77] SHAT, 1H 4795, Crépin au ministre des Armées « Terre », 2 novembre 1960.

[78] *Ibid.*, Jacquier au ministre d'État chargé du Sahara, 7 et 12 novembre 1960 ; ministre d'État chargé du Sahara au président de la CREPS, 13 décembre 1960 ; préfet des Oasis au ministre d'État chargé du Sahara, 17 décembre 1960.

[79] *Ibid.*, Fiche relative aux installations d'importance vitale dans les départements sahariens, 17 novembre 1960.

[80] *Ibid.*, Debré au ministre d'État chargé du Sahara, 9 janvier 1961.

[81] *Ibid.*, le général de brigade Petit au ministre d'État chargé du Sahara, 3 mars 1961.

Contrairement aux installations d'Hassi Messaoud, que leur situation géographique met à l'abri d'attaques sérieuses, celles d'Edjeleh, à proximité de la frontière libyenne, sont à la portée de groupes armés.[82] Mais les seuls coups de main sont le fait de l'OAS. Le premier acte de sabotage se produit le 5 mars 1962 lorsqu'une forte charge explosive détruit la vanne de commande de l'oléoduc secondaire In Amenas/Ohanet et endommage l'oléoduc principal. Le 25 avril 1962, d'autres explosions abîment une vanne au nord d'In Amenas et trois puits à Edjeleh.[83]

## IV. La raffinerie d'Alger dans la tourmente

La construction de la raffinerie d'Alger débute en juin 1961 à Sidi Arzine, près de Maison-Carrée ; elle entre en service en février 1964. Ses origines chevauchent les plans d'industrialisation élaborés durant la guerre d'Algérie et ceux de l'époque de l'indépendance. Elle constitue un chantier de travaux au moment où la guerre traverse sa phase finale. L'autorité militaire du secteur conseille à la Société de la raffinerie d'Alger (SRA), pour assurer sa garde, de faire appel à des vigiles, idée que l'entreprise n'accueille pas avec enthousiasme.

> Je ne suis pas emballé par les propositions du capitaine Delaume qui nous suggère de passer convention avec la SSS [Service de sécurité saharien, entreprise privée de gardiennage]. Vous vous rappelez que je vous ai parlé de cette société qui recrute son personnel dans un milieu de paras, légionnaires et commandos, groupe qui ne comporte aucun musulman ; je crains, sur le plan politique, des répercussions fâcheuses. Je serais tenté de proposer l'organisation d'un groupe de surveillance à nos frais et sous notre responsabilité.[84]

La SRA demande l'avis des autorités politiques en Algérie. Mais le cours des événements s'accélère. Des incidents à l'usine Cérès à 2 km de son chantier décident la SRA à recourir aux services de la SSS à compter du 21 août 1961 et à demander aux autorités de lui attribuer des armes pour 9 vigiles appartenant à cette agence de sécurité. Leur nombre augmenterait à 12, plus un chef, après le 1er janvier 1962.[85] Sur les conseils de la Préfecture de police, la SRA demande au préfet de réqui-

[82] SHAT, 1H 2006, le général d'armée P.E. Jacquot au ministre des Armées, 7 juin 1960. Jacquot effectue une tournée au Sahara en mai.

[83] *Ibid.*, Rapport du lieutenant Dusautoir, 14 mars 1962 ; Rapport du capitaine Ferrero, 2 mai 1962.

[84] AT, 83.10/131, Jean Lygrisse, secrétaire général de la SRA, à R. Pimor, directeur général adjoint, 5 août 1961.

[85] *Ibid.*, Lygrisse au directeur adjoint des Affaires politiques, 8 et 16 août 1961 ; au préfet de police, 17 août 1961 ; au colonel commandant le secteur de Maison-Carrée, 18 août 1961 ; à la SSS, 28 décembre 1961.

sitionner les vigiles afin « de rendre l'État responsable en cas d'accident terroriste ».[86]

Les bureaux et les employés des sociétés pétrolières à Hydra, près d'Alger, sont l'objet d'actes de violence – enlèvements, vols par effraction, vols à main armée – auxquels le personnel réagit par des grèves.[87] Les membres d'un Comité de sécurité du personnel du Sud demandent à la direction de la CFP (A), d'une part, les moyens matériels de déplacer leurs familles d'Alger à la Métropole ou près d'eux à Hassi Messaoud et, d'autre part, des contrats particuliers pour les garantir contre la perte de leur emploi dans l'éventualité de changements politiques.[88] Début 1962 les troubles atteignent la SRA. L'OAS jouit d'une certaine audience auprès des personnels des sociétés pétrolières, notamment les ingénieurs.[89] Lorsqu'elle décide une grève générale le 28 janvier 1962, tous les pétroliers participent. Le 7 février 1962, un car transportant des employés de la CFP (A) est mitraillé, faisant trois victimes. Les personnels de toutes les sociétés pétrolières déclenchent une grève de 24 heures le surlendemain. Le 19 mars, lendemain de la signature des accords d'Évian, l'activité sur le chantier de la raffinerie est complètement arrêtée. Le cessez-le-feu officiel proclamé ce même jour n'est guère respecté. Sur le chantier, l'activité est au ralenti et la situation dans la localité très tendue, à quoi s'ajoute la mauvaise météo : « fusillades dans toute la ville durant toute la nuit, grèves multiples, insécurité région usine, coupures électricité répétées, pluies fréquentes ».[90] Le 26 janvier, manquant d'armes, la SRA avait sollicité l'attribution de quatre fusils de chasse, calibre 16, avec munitions correspondantes.[91]

---

[86] *Ibid.*, *Lygrisse* à Pimor, 26 août 1961.

[87] *La dépêche d'Algérie*, 5 janvier 1961, 18 décembre 1961, 10 février 1962, 2, 7 et 10 mars 1962 ; *La dépêche quotidienne*, 16 décembre 1961 ; *Le Journal d'Alger*, 16 et 18 décembre 1961, 27 février 1962, 1er mars 1962.

[88] AT, CFP (A), dossier non classé 2, Motion à la direction CFP (A), 16 février 1962. Un dossier de télex rend compte des enlèvements, disparitions, agressions, etc., du personnel de la CFP (A) du 2 avril au 18 septembre 1962. AT, CFP (A), dossier non classé 1.

[89] *Entretiens avec Roger Goetze*, p. 307. Le 21 mai 1958, un Comité de salut public du pétrole adressait, au nom du personnel des sociétés pétrolières en Algérie, une motion demandant la constitution en France d'un gouvernement de salut public (« adjurons nos collègues de la Métropole et de l'Union française d'œuvrer de toutes leurs forces pour l'intégration définitive de l'Algérie à la France ; sommes de tout cœur avec la magnifique fraternisation franco-musulmane qu'il serait odieux de décevoir »). AT, dossier non classé 1.

[90] AT, 83.10/131, Lygrisse à la Compagnie française de raffinage (CFR, Paris), télex du 23 mars 1962.

[91] *Ibid.*, Lygrisse au préfet de police, 8 mars 1962.

Comble de l'ironie, à la première difficulté, le système de surveillance du chantier de la SRA se révèle inopérant. Dans la nuit du 29 mars, sept des vigiles qui assuraient la garde des chantiers disparaissent, dérobant les armes et les munitions confiées au contingent par l'Administration. Désarmés, les six autres sont retirés par la SSS.[92] N'ayant aucun espoir de faire remplacer les vigiles par des militaires, la SRA multiplie les sollicitations en vue d'obtenir 10 fusils de chasse, calibre 16, avec munitions, pour permettre le retour des agents de la SSS.[93] Tandis que « l'atmosphère [devient] de plus en plus lourde à Alger », l'insécurité grandit dans la région de Maison-Carrée et aux abords du chantier de la SRA, laissant craindre le retrait des ouvriers des entreprises métropolitaines chargées de construire la raffinerie et l'arrêt des travaux.

> En plus des graves événements qui ont été enregistrés dans l'agglomération même au début de cette semaine, les ouvriers de nos entreprises rencontrent dans le périmètre de Sidi Arzine des barrages constitués par des musulmans sans uniforme qui se livrent à des fouilles systématiques des voitures et de leurs passagers européens. La nuit dernière, les bureaux installés sur notre chantier ont été fouillés après effraction, des vols ont été commis.[94]

Le 20 avril, un « Européen » est blessé dans son auto, deux « musulmans » sont tués et 30 blessés à Maison-Carrée. Deux ouvriers de Viasphalte (terrassement), constructeur des assises de réservoirs pour la SRA, sont l'objet d'un attentat sur la route et le chef de chantier de Bompard (clôtures électrifiées) subit une rude fouille corporelle. La Société parisienne pour l'industrie électrique (SPIE) exprime son inquiétude. Après un arrêt des activités suite à de violentes pluies, le retour du beau temps permet la reprise du travail. Cependant, en raison de l'« effervescence », les ouvriers doivent sortir sous la protection d'un convoi militaire.[95]

L'exécution du projet se poursuit. Début mai, la situation est normale, avec présence de 83 ouvriers, et les travaux de terrassement des réservoirs suivent leur cours. Mais « le moral des ouvriers est chancelant » et la SRA n'a plus pour toute protection que deux portiers sans

---

[92]   *Ibid.*, Lygrisse à la SSS, 30 mars 1962.

[93]   *Ibid.*, Lygrisse au préfet de police, 2 avril 1962 ; à Pimor, 11 avril 1962.

[94]   *Ibid.*, Lygrisse à Pimor, 18 avril 1962 ; au préfet de police, au haut commissaire de la République en Algérie, et au chef d'état-major du commandant de la zone d'Alger-Sahel, 20 avril 1962.

[95]   *Ibid.*, Lygrisse à la CFR, 21 et 23 avril 1962, 3 mai 1962 ; Viasphalte à l'Entreprise nord-africaine de constructions (LENAC), 24 avril 1962 ; SPIE à la CFR, 4 mai 1962.

armes.[96] Aussi faut-il que soit accordée l'autorisation du préfet de police, en instance depuis un mois, d'acheter les 10 fusils de chasse. La démarche du pdg de la SRA, Irénée Baron, permet de l'obtenir le 10 mai. Mais, difficulté inattendue, « personne ne veut transporter les armes d'Alger à Maison-Carrée de peur de tomber sur un barrage FLN ».[97] La SRA intervient auprès de l'autorité administrative pour que le transport soit assuré par des policiers. Le 18 mai, les armes arrivent et le service est en place le même jour. Effectue le gardiennage une équipe de 10 vigiles munis de fusils de chasse, commandée par un sous-officier de gendarmerie et complétée par deux gardiens se tenant en permanence dans les bureaux et à la porte du chantier.[98] Cependant les entrepreneurs n'attendent pas ; tous débraient le 16 mai en raison de la recrudescence de l'insécurité dans le secteur de Maison-Carrée. Certains reviennent au courant de la semaine. « Deux tendances se sont fait jour : la première comprenant les entreprises qui terminent leur marché et désirent finir leurs travaux, les seconds qui n'ont pas débuté et qui multiplient les raisons pour ne pas commencer le travail. »[99] Tour à tour, SPIE, LENAC et la Société générale d'entreprises se désistent entre le 23 mai et le 1er juin.

Le 22 mai, la SSS apprend que, par décision administrative, tous les services de gardiennage seront supprimés à compter du 1er juin ; cette société est liquidée le 30 juin. La SRA obtient l'autorisation du préfet de recruter elle-même du personnel et de lui confier les fusils de chasse et les munitions attribués aux vigiles de la SSS. Elle a ainsi 5 vigiles armés. Le référendum sur l'autodétermination du 1er juillet est suivi de la proclamation de l'indépendance de l'Algérie le 3 juillet. Maintenir la sécurité est désormais la responsabilité des nouvelles autorités algériennes. Le chantier de la SRA est visité et les armes et munitions restituées.[100] En vue de rassurer les entrepreneurs, la SRA les réunit le 19 juillet pour leur faire part qu'elle avait obtenu des nouvelles forces de l'ordre des garanties sur le convoyage des personnels, l'implantation d'unités de l'ALN sur le chantier, avec patrouilles permanentes intérieures et extérieures et gardes fixes à l'entrée, et la délivrance de laissez-passer à tous les surveillants de travaux et à tous les véhicules devant se rendre sur le chantier. Les activités redémarrent sur le chan-

---

[96] *Ibid.*, Lygrisse à la CFR, 8 mai 1962 ; au siège social de la SRA à Paris, 3 mai 1962 ; SPIE à la CFR, 4 mai 1962.

[97] *Ibid.*, Lygrisse à Pimor, 15 mai 1962.

[98] *Ibid.*, la SRA à la CFR, 14 mai 1962.

[99] *Ibid.*, J. Thomé (SRA) à la CFR, 16 mai 1962 ; Lygrisse à la CFR, télex du 17 mai 1962.

[100] *Ibid.*, la SRA au préfet de police, 22 mai 1962 ; Lygrisse à Thome, 29 mai 1962 ; Thome à Baron, 19 juin 1962 ; Thome au préfet de police, 23 juillet 1962.

tier.[101] SPIE reconnaît que « d'une manière générale, la reprise des travaux s'effectue avec des conditions d'exécution très nettement différentes de celles qui existaient au début de l'année ».[102]

## Conclusion

Il convient d'écarter l'idée que les autorités ou les sociétés pétrolières françaises et le FLN se soient entendus pour épargner le pétrole et le mettre à l'abri des combats. Non seulement n'y a-t-il aucune trace d'un arrangement, mais la permanence de l'effort pour protéger les installations pétrolières contre les insurgés atteste, au contraire, de la crainte qu'elles soient des cibles. Les sociétés réclament continûment la protection de l'armée. Le peu d'actions contre le pétrole est attribuable à la pénurie de combattants nationalistes dans des zones peu peuplées et lointaines des régions favorables au FLN. En outre, les mesures défensives prises par l'armée et les sociétés pétrolières ont pu être dissuasives.

Lors des négociations de 1961-1962, le pétrole a été âprement disputé. À qui appartient le Sahara ? Sous quelle souveraineté est-il placé ? Compris par les nationalistes comme partie intégrante de l'Algérie, il est revendiqué par la France. Les responsables français s'y étaient préparés en 1957 dès les premières découvertes d'hydrocarbures. L'OCRS réunit les pays de la région, tandis que l'institution des départements des Oasis et de la Saoura en août 1957 fait du Sahara algérien une entité politico-administrative distincte.

L'idée de diviser l'Algérie en lui retirant le Sahara fait s'enliser les négociations entre Paris et le GPRA engagées à Évian en mai 1961. La délégation algérienne refuse le partage 50/50 des bénéfices pétroliers.[103] Le 5 septembre 1961, de Gaulle, dans sa conférence de presse, reconnaît l'unité du territoire algérien et recentre la négociation sur les intérêts économiques, en premier lieu, le pétrole et le gaz. Il était irréaliste d'espérer faire transiter des hydrocarbures de l'intérieur vers la côte à travers des pays hostiles à une présence française au Sahara. La séparation de la question de la souveraineté de celle de l'exploitation du sous-sol ouvre la voie à un règlement.[104]

Sur le plan pétrolier, les accords d'Évian sont un compromis révélateur du bras de fer engagé depuis près d'un an. Pour la partie algérienne,

---

[101] *Ibid.*, Compte rendu de la réunion du 19 juillet 1962 entre la SRA et les entreprises ; la SRA aux entreprises, 23 juillet 1962.

[102] *Ibid.*, SPIE à la CFR, 16 août 1962.

[103] *L'opinion économique et financière*, 22 juin 1961, p. 553.

[104] Bernard Tricot, *Les sentiers de la paix, Algérie 1958-1962*, Paris, Plon, 1972, p. 257-273, 295-296.

le statu quo pétrolier, sur la base de la reconnaissance des titres miniers et du Code pétrolier saharien de 1958, est le prix à payer pour mettre un terme à la guerre. En juin 1962, le Conseil national de la révolution algérienne critique les accords d'Évian. Pour la partie française, les actifs pétroliers sont préservés, mais à court terme seulement.

## Annexe

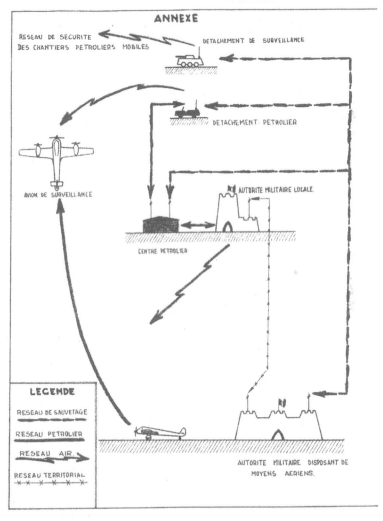

SOURCE: SHAT, 1H 2009, Instruction pour l'organisation de la sécurité des recherches, de l'exploitation et de l'évacuation du pétrole au Sahara, 7 décembre 1957.

# TROISIÈME PARTIE

## LE PÉTROLE AU CŒUR
## DE LA GÉOPOLITIQUE CONTEMPORAINE

# THIRD PART

## OIL AT THE CENTER
## OF CONTEMPORARY GEOPOLITICS

# The Cold War in Energy Markets

## British Efforts to Contain Soviet Oil Exports to Non-communist Countries, 1950-1965

Niklas JENSEN-ERIKSEN

*University of Helsinki, Finland*

Oil has played a significant role in warfare over the last hundred years, as is shown in many of the articles in this volume. This equally applied to the Cold War, although the struggle between the Western alliance and the Eastern bloc never escalated to open, full-scale warfare. In the decades following the end of World War II, oil became an increasingly important source of energy for both capitalist and communist states. Cheap oil fuelled the economic growth of the superpowers and their allies, but it also made them vulnerable to price shocks and supply disruptions. Since the two sides used all of the methods available to them, except direct military attack, in order to gain an upper hand in the global struggle, it was not surprising that oil received substantial attention from politicians, officials and soldiers in most industrialised countries.

When World War II ended, the United States was the largest producer of oil in the world; but during the 1950s, many new competitors began to appear. One of these was the other superpower, the Soviet Union. The exports of cheap "red oil" grew at such a strong pace that many Western observers became seriously concerned. A republican US Senator, Kenneth Keating, declared in July 1962 that, "Soviet oil exports are the latest and in some ways the most effective weapons the Soviets have found in their well-stocked arsenal [...] Khrushchev has threatened to bury us on more than one occasion. It is now becoming increasingly evident that he would also like to drown us in a sea of oil if we let him get away with it".[1]

---

[1]  Quoted in Jentleson, Bruce W., "From Consensus to Conflict: The Domestic Political Economy of East-West Energy Trade Policy," *International Organization* 38, No. 4 (1984), p. 639.

Similar comments were heard on the other side of the Atlantic, where the British government took a leading role in drafting a North Atlantic Treaty Organization (NATO) resolution in 1962 which urged its members to adopt a policy of "caution and restraint" towards the "red oil".[2] Oil was of paramount importance to Britain: "Without oil and the profits of oil, we c[oul]d not exist", Prime Minister Anthony Eden told John Foster Dulles, the United States Secretary of State, in 1956.[3] However, were the British seriously concerned about the political implications of Soviet oil exports? How did they react to the Soviet oil offensive on the world markets? These are the questions under scrutiny in this article, which is mainly based on previously classified internal British government records.

The UK is an interesting case for two reasons. Firstly, Great Britain was still a major power in the international oil trade, and British Petroleum (before 1954 the Anglo-Iranian Oil Company) and the Anglo-Dutch concern Royal Dutch Shell were among the largest oil companies in the world. Together they held a 35 per cent share of the international trade in oil, as well as controlling substantial oil assets in many producing countries and large international distribution networks.[4] Secondly, the UK was still a prominent political power in global politics, although of course it had much less influence than the two superpowers, the United States and the Soviet Union. The UK retained worldwide interests and was willing to defend these against hostile forces. It is argued here that the British recognised that the Soviets could use oil as a weapon against some of their smaller customers; but in most cases, the British were more concerned about their own economic interests.

## I. The Soviets Return to the International Oil Markets

The Soviet Union had been an oil exporter during the interwar years, but its oil industry was in a weak state immediately after World War II. Production in 1945 was only 60 per cent of the level reached in 1941. During the war, the Soviet oil industry had suffered from fighting, under-investment and over-exploitation. It was thus no surprise that the Soviet dictator Josif Stalin began to demand for oil concessions in Iran

---

[2]  National Archives, Kew, London (Hereafter NA). "Soviet oil. Brief for Mr. Stevenson's meeting with Members of the US House of Representatives, 11th December, 1962."

[3]  Catterall, Peter (ed.), *The Macmillan Diaries. The Cabinet Years, 1950-1957*, London, Pan Books, 2004, p. 590.

[4]  NA. T298/202. R.O.(61)2.

even before the war had ended. The Anglo-American powers resisted these demands, and the Soviets ultimately withdrew their requests.[5]

The Soviets were not able to draw Iran into their orbit, but during the late 1940s and 1950s, they were able to rebuild old oil installations and expand domestic production enormously. Baku, in the Caucasus, had been the most important oil producing area of the Soviet Union and the old Russian Empire, but the region was militarily vulnerable. During the war, the German forces had reached the Northern Caucasus, and although Hitler's armies had been defeated, the Baku oilfields were still not secure, being within striking distance from the Iranian and Turkish borders. In April 1946, Stalin explained to the US Ambassador that, "saboteurs – even a man with box of matches – might cause us serious damage. We are not going risk our oil supply".[6]

In fact, the Soviets had already found a way to minimise this risk. A new oil production area, nicknamed "Second Baku", had begun to emerge in the Ural-Volga region deep inside the Soviet Union.[7] Between 1950 and 1955, Soviet crude oil production rose from 38 to 70 million metric tons,[8] which not only satisfied domestic needs, but also allowed the county to become an oil exporter again, albeit only a minor one. Some of the exported oil landed in the UK, and yet the British government and British oil companies were not initially very concerned about the return of Soviet oil. The scale of Soviet sales was so limited that there was no question of the UK becoming dangerously dependent on communist oil. It was even possible that Soviet oil would soon disappear again from foreign markets, as the demand increased in its domestic markets. After all, industrialisation had made the Soviet Union a net importer of oil during the 1930s.[9]

However, the Soviets could re-export some of the oil that it bought from Romania, one of its new satellites, to other countries.[10] It was for this reason, to a large degree, that the British ended up banning all imports of oil from the Soviet Union for a few years in the early 1950s. When the Iranian government led by Muhammad Musaddiq nationalised

5 Yergin, Daniel, *The Prize: The Epic Quest for Oil, Money and Power*, London, Pocket books, 1993, pp. 420-422.

6 Quoted in *ibid.*, 421.

7 "U.S.S.R.: The Next Five Years", *Petroleum Press Service*, February 1956, pp. 45-47; "The U.S.S.R.'s Export Pipelines", *Petroleum Press Service*, May 1959, p. 170.

8 "New Five-Year Plans for Eastern Europe", *Petroleum Press Service*, January 1956, p. 29.

9 Campbell, Robert W., *The Economics of Soviet Oil and Gas*, Baltimore, Published for Resources for the Future, Inc. by The Johns Hopkins Press, 1968, p. 225.

10 NA. FO371/110175. UES1176/15. "Russian and Roumanian oil exports". T.R.D. Belgrave, 6 May 1954.

the oil installations owned by the Anglo-Iranian Oil Company in 1951, the company was forced to resort to other sources. Among other things, it bought 200,000 tons of fuel oil from Romania. The company, along with the Treasury and the Foreign Office, which approved the deal, calculated that this would show the Iranians that the UK could survive without their oil. The British hoped that this demonstration would strengthen their hand in the negotiations with the Iranians, and hence decided to publicise it.[11]

Ironically, it was the Americans who reacted most strongly to the purchase. The Romanian government had confiscated Anglo-American oil assets in the country after World War II, and hence the Americans regarded Romanian petroleum as "stolen oil". When the Anglo-Iranian purchase from Romania was officially announced in September 1951, Standard Oil of New Jersey immediately contacted Shell and the Anglo-Iranian Oil Company to complain that the British were buying "stolen oil" from Romania at the same time that they were urging others not to buy or handle confiscated Iranian oil.[12] The British Ministry of Fuel and Power, which had no desire to undermine the position of the Anglo-Iranian Oil Company in the Persian Gulf or British relations with the United States, acted quickly: it consulted the Treasury and the Foreign Office and then decided to ban all future imports of oil from Romania to the UK. Since most of the oil that was sold by the Soviets to foreign markets originated at this time from Romania, imports from the Soviet Union were banned as well.[13]

The embargo on Soviet oil lasted until February 1954, when it was removed (although this did not include the ban on Romanian oil) as a result of a review of British policies on East-West Trade launched by the Board of Trade, the department responsible for British industrial and trade policies. Since the end of the 1940s, the Western alliance had severely restricted the sales of strategic materials to communist countries. The Board of Trade hoped that the removal of the oil embargo would foster Anglo-Soviet trade in both directions: if the Soviets acquired more sterling, then they could buy more from the UK. The oil

---

[11] NA. POWE33/1867. A minute by D.G. le Butt, September 1951; L.P. Murphy, Ministry of Fuel and Power (MFP), to C.H. Baylis, Board of Trade (BOT), 3 May 1952; Telegram No. 197 from Foreign Office (FO) to Bucharest, 24 September 1951, copy for FO.

[12] NA. POWE33/1867. Telegram from Wilkinson, New York, to Guepin, Shell, London, 25 September 1951, copy for MFP.

[13] NA. POWE33/1867. L.P. Murphy, MFP, to C.H. Baylis, BOT, 3 May 1952; Telegram No. 77 Fuel from MFP to Washington, 3 October 1951; FO371/110175. UES1176/4. C.H. Baylis, BOT, to A.E.K. Beckett, MFP, 5 February 1954, copy for FO.

embargo was, according to the Board of Trade, "indefensible". Because the Soviets had publicly offered to increase their purchases from the UK, if they first acquired more sterling, the ban had become "even more embarrassing".[14] The removal of the ban might indeed lead to actual imports: a number of offers of oil were received from the Eastern bloc and from British companies involved in the East-West trade. John Langford-Holt, a Conservative Member of Parliament who sat on the board of one such company, Stevinson Hardy & Co., even lobbied actively in Whitehall for the removal of the ban.[15]

Other British government departments were not particularly anxious to defend the oil embargo, and neither were the major oil companies, although they were not planning to buy Soviet oil themselves.[16] The officials at the Foreign Office and at the Ministry of Fuel and Power recognised that, if Soviet oil was sold to the West on a substantial scale, this would make them dangerously dependent on the communist super-power and would also help the Soviets to expand one of the most strategic sectors of their economy.[17] However, the likely level of Soviet exports to the UK would be relatively low, and hence this would pose neither an economic nor a political threat. It could be argued that Soviet oil was "stolen oil" in a similar manner to Romanian oil, but British oil interests in Russia had already been confiscated after the revolution of 1917.[18] By this time, this event had become "almost ancient history", as the Ministry of Fuel and Power observed. The fact that Soviet oil had been imported to the UK during the interwar years made it even more difficult to defend an embargo on Soviet oil.[19]

The removal of the embargo on Soviet oil did not disturb the Americans,[20] and in 1955 the State Department even encouraged the British to

---

[14] NA. FO371/110175. UES1176/4. C.H. Baylis, BOT, to A.E.K. Beckett, MFP, 5 February 1954, copy for FO.

[15] NA. POWE33/1867. A minute by A.H. Norris, 5 March 1954; "Minister of State Office Minute 1441". J.C. Burgh, 8 February 1954, copy for MFP; FO371/110175. UES1176/8. "Imports of Russian Oil". D. Wilson, 5 March 1954.

[16] NA. FO371/110175. UES1176/6. Telegram No. 11 Fuel from MFP to Washington, 23 February 1954.

[17] NA. POWE33/1867. A minute by J.A. Beckett, 13 November 1953; FO371/110176. UES1176/37. C. Spearman, FO, to J.E.H. Simon, MFP, 5 January 1955.

[18] NA. FO371/110175. UES1176/3. A.C. Campbell, MFP, to I.H. More, BOT, 5 February 1954, copy for FO; T.R.D. Belgrave, FO, to A. Campbell, MFP, 15 February 1954.

[19] NA. FO371/110175. UES1176/6. Telegram No. 11 Fuel from MFP to Washington, 23 February 1954.

[20] NA. FO371/110175. UES1176/15. "Russian and Roumanian oil exports". T.R.D. Belgrave, 6 May 1954.

buy Soviet oil in order to save dollars,[21] of which there was a scarcity. In practise, the removal of the embargo did not lead to a great flow of "red oil" to the UK. Trade remained at a low level, but when the Egyptians nationalised the Suez Canal in July 1956, the British interest in Soviet oil increased. The UK government urged British Petroleum (BP) and Shell to consider the USSR as a supplier on the same terms as any other non-dollar producer, provided that Britain did not become overly dependent on the Soviet Union.

At the end of October 1956, Israeli forces invaded the Sinai, and a few days later an Anglo-French task force attacked the Canal Zone. The interruption of oil shipments through this crucial waterway and the decision by Saudi Arabia to forbid oil sales to the UK and France forced the British to seek alternative supplies desperately from other sources, of which the Soviet Union was one. BP in particular increased its purchases from the Soviet Union. The value of all Soviet oil exports to the UK, which had been only £415,000 in 1955, increased to £2.5 million in 1957.[22] When the crisis was over and the canal had re-opened, British interest in Soviet oil declined again, and the value of shipments declined to £704,000 by 1958.[23]

## II. The UK and the Soviet Oil Offensive

Production in the Ural-Volga region continued to grow and new discoveries were made in other areas of the Soviet Union. In November 1957, the new Soviet leader Nikita Khrushchev declared that the annual crude oil production of the USSR was going to rise from 98 to 350-400 million metric tons over the next 15 years.[24] By the end of the 1950s, the Soviet Union had become such an important oil exporter that it forced those states and companies that had long dominated the industry to take note. While the Soviets still supplied only a small share of the total world requirements, their exports were growing at an alarming rate. Between 1955 and 1965, the annual average rate of growth of Soviet oil exports was 23 per cent.[25] In 1960, Soviet output surpassed that of

[21]  NA. POWE33/2443. A minute by D.G. Le Butt, 2 December 1958.
[22]  NA. POWE33/1869. "Imports of Russian Oil". B. Gottlieb, 6 December 1957; A memo by P.E. Thornton, 10 April 1959.
[23]  NA. POWE33/1869. A memo by P.E. Thornton, 10 April 1959.
[24]  "Mr. Khrushchev Prophesies", *Petroleum Press Service*, December 1957, pp. 445-446.
[25]  Campbell, *Economics*, p. 226.

Venezuela, making the communist superpower the second most important oil producer in the world.[26]

During the early 1950s, Soviet oil exports had been so limited that they did not create substantial anxiety in the West, although the British and Americans recognised that the Soviets could use economic methods to promote their political goals. An official from the British Foreign Office summarised these views in May 1954:

> The primary Russian motive in increasing Soviet oil exports is no doubt economic. Oil is a valuable earner of the foreign currency the Russians need if they are to try to balance East-West trade at the increased level which they now appear to want. Nevertheless they will not have overlooked as an additional motive the possibilities of dislocating the largest Western international business and also of using offers of oil as a political weapon.[27]

The acceleration of Soviet oil exports during the late 1950s dramatically increased the fear that oil could indeed be used as a political weapon. Many US policymakers and observers argued that there was a definite link between the new Soviet oil offensive and the global political aims of the communist superpower. Allen Dulles, the director of the US Central Intelligence Agency, argued in 1958 that, "The free world faces a quite dangerous situation in the Soviet capacity to dislocate established markets".[28]

In some cases, this potential threat actually materialised. As a result of the Suez crisis of 1956, the Soviets suddenly stopped shipments of oil to Israel.[29] The cessation of oil sales was one of the economic weapons that the Soviets used against other countries, including Finland, Yugoslavia, China and Ghana. In addition, they tried to diminish the Western influence in many Third World countries by dealing mainly with government-owned enterprises and offering technical aid to those countries that were interested in developing their national oil industries.[30]

The British recognised that the Soviets had gained political influence in certain countries by selling them oil, but UK officials were not partic-

---

[26] *Soviet Oil in the Cold War, a Study Prepared by the Library of Congress at the Request of the Subcommittee to Investigate the Administration of the Internal Security Act and Other Internal Security Laws*, Committee on the Judiciary, United States Senate, Eighty-Seventh Congress, First Session, US Government Printing Office, Washington, 1961, p. 3.

[27] NA. FO371/110175. UES1176/15. "Russian and Roumanian oil exports". T.R.D. Belgrave, 6 May 1954.

[28] Yergin, *Prize*, p. 515.

[29] "The Scope of Russian Exports", *Petroleum Press Service*, January 1957, p. 7.

[30] Klinghoffer, Arthur Jay, *The Soviet Union & International Oil Politics*, New York, Columbia University Press, 1977, pp. 1, 12-13.

ularly concerned about the global impact of Soviet oil exports until the end of the 1950s. The Joint Intelligence Bureau of the Ministry of Defence continued to argue in September 1958 that the Soviets could not disrupt international markets over the next three years because of the limited quantities they had available for export.[31] The British were less likely than the Americans to interpret the Soviet oil offensive as a political operation. The Soviets needed to earn hard currencies, and the British believed that this was the main reason behind their attempts to increase exports to Western European countries. However, the Soviets would also "take full advantage of any political opportunities which came their way". In underdeveloped countries, the Soviets were interested in promoting their political aims: "there is certainly a strong element of economic warfare [involved]", Sir Roger Stevens, Deputy Under-Secretary of State for the Foreign Office, argued in August 1960.[32] The Ministry of Power (previously the Ministry of Fuel and Power) agreed that, in Europe, the Soviets were eager to earn foreign exchange, but elsewhere "political and economic penetration predominate more".[33]

From the political perspective, it was thus not clear whether the British should oppose the expansion of Soviet exports in all directions, or only those made to small and un-developed countries, where the communist superpower could increase its influence through expanding its trade. In economic terms, the situation was more clear-cut, since Soviet exports seemed to represent a clear commercial threat to the British oil industry. British Petroleum, which was half-owned by the UK government, and the partly British Royal Dutch Shell were among the largest oil companies in the world. They controlled many important oil fields in South America, the Middle East and East Asia, and made substantial positive contribution to the UK balance of payments. Since these companies traded in sterling, the British did not have to spend foreign currencies when they imported oil. This alone was a great advantage in the 1940s and 1950s, when the British balance of payments position was often precarious; but the companies also spent considerable sums on British goods and services, paid taxes, remitted profits to the country and employed Britons both at home and abroad. Although companies

---

[31]  NA. POWE33/2443. "Note on Soviet Bloc oil exports to the Free World". 16 September 1958.

[32]  NA. T298/203. Working Party on Russian Oil. R.O.(61), 2nd Meeting, 18 August 1961 (1st quote); FO371/150062. UES10310/8. "Soviet Bloc Oil Exports". 4 August 1960 (2nd quote).

[33]  NA. FO371/150062. UES10310/21. "NATO Study Group on Russian Oil. Discussion note by the Ministry of Power", 29 November 1960, copy for FO; See also POWE33/2443. "Russian oil imports". Ministry of Power, 13 May 1960.

representing many other British industries had invested money overseas, none of these could challenge the importance of the oil assets. In the early 1950s, no less than two-thirds of the net income that the British earned from overseas came from the oil industry.[34]

The British had a lot to lose in economic terms if the expansion of Soviet oil exports continued. By the late 1950s, supply had overtaken demand in the world oil markets. The new Soviet oil offensive led to a further decline in oil prices, particularly because the Soviets were willing to cut their prices considerably in order to win orders. The British companies lost customers and received a lower price for those products which they did manage to sell; but what was bad for the UK might be good for other countries. "In the world as a whole a general reduction in the price of oil benefits more people than it harms", John Richmond, the main British diplomatic representative in Kuwait, observed in August 1960. He continued: "To attack Soviet sales without appearing mainly concerned to keep the profits of big companies up therefore presents some difficulty".[35]

However, arguments about the security implications of Soviet oil exports offered a way out of this dilemma. The British could stress that it was dangerous to rely on Soviet oil exports. As the Ministry of Power observed in November 1960, when NATO was about consider this issue: "The obvious line for the Nato Alliance is to question the wisdom of becoming 'dependent' upon or taking too much of the enemy's oil".[36] Hence, the British should "continue to watch for the opportunity to turn our friends and allies against these supplies through the agency of NATO and OEEC".[37] The British Ministry of Power calculated in 1960 that many of their allies had economic motives for opposing Soviet oil exports: The US was the most important oil producer; the French were eager to market Saharan oil; Belgium and West Germany wanted to defend their coal industries, although they were also consumers of oil; and The Netherlands had a major stake in the oil industry through Royal Dutch Shell. The Norwegians did not yet produce oil, but they did own a

[34] Shonfield, Andrew, *British Economic Policy since the War*, Harmondsworth, Middlesex, Penguin Books, 1958, pp. 112, 121n; Hartshorn, J.E., *Oil Companies and Governments. An Account of the International Oil Industry in Its Political Environment*, London: Faber and Faber, 1962, p. 235; NA. POWE33/2074. "Russian Oil. Note by the Ministry of Power". 19 March 1959.
[35] NA. FO371/150062. UES10310/8. J.C.B. Richmond, Kuwait, to R. Stevens, FO, 9 August 1960.
[36] NA. FO371/150062. UES10310/21. "NATO Study Group on Russian Oil. Discussion note by the Ministry of Power", 29 November 1960, copy for FO.
[37] NA. POWE33/2443. "Russian oil imports". Ministry of Power, 13 May 1960.

fleet of tankers.[38] During the early 1960s, many Western European countries began to express concerns regarding the expansion of Soviet oil exports. The Commission of the European Economic Community (EEC) even drafted a plan for a common system of import controls for Soviet oil,[39] but the Italians, who had bought substantial quantities of communist oil, and other countries to a lesser degree, resisted the demands to limit trade with the Eastern superpower.[40]

BP and Shell did not welcome the re-entry of the Soviet Union into the world market because this put pressure on oil prices, which were already declining due to international overcapacity. They were also worried about a hostile American reaction.[41] The two oil companies received strong support from the Ministry of Fuel and Power and the Foreign Office. The Ministry of Power and the two major oil companies co-operated closely in order to resist Soviet oil exports. BP and Shell gathered information about Soviet activities and sent this to the Ministry,[42] which in turn consulted BP and Shell actively when formulating its policies.[43]

## III. International Distribution Networks under Pressure

British oil companies had built extensive international distribution networks, and it was their subsidiaries that formed the first line of defence against the Soviet oil offensive in many countries. The Soviets rarely had distribution networks of their own, and hence they had to find

---

[38]  NA. FO371/150062. UES10310/21. "NATO Study Group on Russian Oil. Discussion note by the Ministry of Power", 29 November 1960, copy for FO.

[39]  NA. POWE61/275. "Soviet oil. Brief for Mr. Stevenson's meeting with Members of the U.S. House of Representatives, 11th December, 1962"; "E.E.C. plan for Soviet oil imports", *Financial Times*, 27 September 1962.

[40]  Wall, Bennett H., *Growth in a Changing Environment. A History of Standard Oil Company (New Jersey) 1950-1972 and Exxon Corporation, 1972-1975*, New York, McGraw-Hill, 1988, pp. 344, 347.

[41]  NA. POWE33/2074. "Russian Oil. Note by the Ministry of Power". 19 March 1959; "Purchases of Russian Oil. Note of a Meeting held at Ministry of Fuel and Power on 18th April, 1956." MFP, 18 April 1956; "United Kingdom Imports of Russian Fuel Oil. Memorandum by the Treasury." Ca. 1961; POWE33/1868. J.H. Brook, MFP, to M.E. Johnston, Treasury, 25 July 1956; POWE61/2. "Russian Oil" by K.L. Stock, 25 May 1960; "Russian Oil Exports" MFP memo, July 1960.

[42]  See for example NA. POWE33/2074. F.T. Stratton, BP, to B. Gottlieb, MFP, 20 May 1958; A.B. Powell, Ministry of Power (MOP) to O. Thompson, Shell, 2 March 1961; POWE33/1868. Shell's J.N. Cooper's letters to MFP.

[43]  NA. POWE33/2480. Minutes by A.B. Powell, 5 January 1960 and 30 May 1960; "Note for the File", A.B. Powell, 24 May 1960; POWE61/2. Minutes by A.B.Powell, 19 May 1960 and H.J. McNeill, 28 September 1960; "Note for the File" A.B. Powell, 24 May 1960; "Competition from Russian Oil". Shell (London)'s memo to associated companies, July 1960; "Russian Oil" A.B. Powell, 23 June 1960.

local companies that would dispense their products to the end-users, such as industrial companies. Given the fact that the Anglo-American oil giants had managed to get a tight grip on the retail markets of many countries, they could try to refuse to handle Soviet oil and thus effectively prevent this new competitor from acquiring a firm foothold in non-communist countries.[44] Oil could not simply be imported and distributed on a substantial scale by the average man in the street. In order to participate in the oil trade, one required the necessary installations. The Anglo-American oil companies were vertically integrated companies who had gradually built such facilities in order to market the oil originating from their own sources, and thus had no desire to handle their competitors' oil.[45] A reversal of this policy would have had a severe effect on their prosperity. The British Ministry of Power, which kept a close eye on the activities of the major oil companies, pointed out that, "the great bulk of the profit on the whole integrated operation of producing and selling oil is taken normally in the price of crude oil".[46]

However, the Soviets had advantages of their own. While the oil companies were willing to receive payment for their products only in convertible currencies, the Soviets were often willing to conclude barter deals with the consumer countries. Soviet oil was thus exchanged, for example, for Egyptian cotton, Uruguayan wool, Cuban sugar and Israeli citrus fruits during the 1950s.[47] Iceland was the clearest example of this kind of trading. When a fishing dispute with the United Kingdom led to a cessation of Iceland's seafood exports to Britain, the Soviets stepped in and sold the small country all of the oil products it needed. As a result of these exchanges, the Soviet Union became Iceland's biggest trading partner.[48] Another small Nordic country, Finland, was actually the Soviet Union's most important non-communist customer of oil for most of the 1950s. No hard currencies were exchanged between the two countries, expect in rare cases, but the trade grew as the Finns sold engineering goods, ships and a variety of other manufactured items to the Soviets in return for oil and other raw materials.[49]

---

[44]  Odell, Peter R., *Oil and World Power*, Eight ed., Harmondsworth, Middlesex, Penguin Books, 1986, p. 58.

[45]  NA. FO371/110176. UES1176/38. A.C. Campbell, MFP, to P.F. Hancock, FO, 30 November 1954.

[46]  NA. POWE33/2443. "Russian oil imports". MOP, 13 May 1960.

[47]  NA. POWE33/2443. "Russian oil imports". MOP, 13 May 1960; Klinghoffer, *Soviet Union*, pp. 21-22, 60, 140-141.

[48]  *Ibid.*, 25.

[49]  On the Finnish case, see Jensen-Eriksen, Niklas "The First Wave of the Soviet Oil Offensive: The Anglo-American Alliance and the Flow of 'Red Oil' to Finland during the 1950s," *Business History* 49, No. 3, May 2007; Kuisma, Markku, "A Child of

The British government offered strong diplomatic support to those British-owned oil companies that came under pressure to distribute Soviet oil.[50] In the case of Egypt in 1954, the Foreign Office even advocated a tougher line than Shell was willing to adopt. Shell felt that a direct refusal to accept Egyptian proposals would "play into the hands of the anti-Western elements". The company also felt that it had "no strong weapons" at its disposal, and hence decided to "stall, in order to gain time, and meanwhile to try to lobby over the heads of the hostile elements".[51] The Foreign Office warned that, if Shell would give up without a strong protest, it would be difficult for the British government to defend the company's subsidiaries in other countries.[52] Shell nevertheless concluded a compromise deal with the Egyptian government, but did explain to the British and Egyptian officials that they were only cooperating under duress.[53]

Despite the warnings expressed by the Foreign Office in the Egyptian case, the department continued to defend the subsidiaries of Shell and BP in foreign countries. The British government representatives also warned many other governments of the dangers of relying on Soviet supplies. For example, in July 1954, Anthony Nutting, the British Parliamentary Under-Secretary of State for Foreign Affairs, explained to a Finnish diplomat that, "he had heard it said that Soviet Russia was trying to get the Finns to agree to take 98% of their oil imports from the Soviet Union. This would not be the first time that a European dictator-

---

the Cold War – Soviet Crude, American Technology and National Interests in the Making of the Finnish Oil Refining," *Historiallinen Aikakauskirja*, No. 2 (1998); Jensen-Eriksen, Niklas "Market, Competitor or Battlefield? British Foreign Economic Policy, Finland and the Cold War, 1950-1970", Ph.D. thesis, London School of Economics and Political Science, University of London, 2004.

[50]   NA. FO371/110176. UES1176/38. A.C. Campbell, MFP, to P.F. Hancock, FO, 30 November 1954.

[51]   NA. FO371/110178. UES1179/7. "Egyptian imports of Russian oil". N.G.S. Beckett, 4 March 1954.

[52]   NA. FO371/110178. UES1179/7. "Egyptian imports of Russian oil". N.G.S. Beckett, 4 March 1954; Telegram No. 902 from FO to Washington, 9 March 1954; UES1179/10. "Russian oil and Egypt". T.R.D. Belgrave, 18 March 1954.

[53]   NA. FO371/110178. UES1179/12. A minute by N.G.S. Beckett, 24 March 1954; Telegram No. 132 from FO to Cairo, 26 March 1954; UES1179/14. Minutes by C. Spearman, 11 June 1954; Commercial Department, Cairo, to Economic Relations Department, FO, 20 May 1954; This was not, however, the end of the story. During the Suez Crisis in 1956, Shell's assets were sequestered. After the conflict was over, they were returned to original owners, but were again nationalized in 1964. Tignor, Robert L., "The Suez Crisis of 1956 and Egypt's Foreign Private Sector," *The Journal of Imperial and Commonwealth History* 20, No. 2 (1992), p. 288; Chandler, Geoffrey, "The Myth of Oil Power: International Groups and National Sovereignty," *International Affairs* 46, No. 4 (1970), p. 713.

ship had dealt in oil politics. He hoped that the Finns would not allow the Russians to use oil as a further means of the economic entanglement of Finland with the Soviet Union".[54]

The British trawling industry imposed a private ban on purchases of Icelandic fish in 1952 because the Icelandic government had extended its fishing limits to four nautical miles. The small country was left with sizeable stocks of fish that it could no longer sell to the vitally important UK market. However, a solution to this problem was soon found when the Soviets agreed to exchange surplus fish for oil. The Soviet oil shipments were large enough to satisfy almost all of Iceland's needs, and hence British oil, supplied by Shell and the Anglo-Iranian Oil Company, was excluded.[55] Although Iceland's oil market was small, it was still "reasonably lucrative",[56] and hence not only Shell but also the British Ministry of Fuel and Power and the Foreign Office regretted the intervention of the Soviets. The British Minister in Reykjavik was more concerned about the political and the economic repercussions of the Soviet intervention:

> The Russians have been quick to cash in on an opportunity of damaging the British oil companies, the British exporter, and the British good name for fair dealing. One must admit that the Russians are smart. They are at the same time, in company with their satellites, accumulating a large percentage of the trade of a N.A.T.O. country (a somewhat unwilling N.A.T.O. country) into their clutches, and you know them well enough not to doubt that they will know how and when to use that source of power.[57]

"Iceland is Part of the Cold War Front Now", the *Daily Mail* wrote.[58] However, it was hard for the British government either to defend Shell or the Anglo-Iranian Oil Company or to block Soviet advances. It was clear that the fishing dispute could not be settled easily and that Iceland had to find new markets for its fish, not only because of the loss of the British market but also because of earlier balance of payments problems. "There is, I fear, little that we can do to help Shell in this situation", a Foreign Office official concluded.[59] The department did convey the oil company's anxieties to the UK fishing industry, but J. Croft Baker, the

---

[54]  NA. FO371/111452. NF10338/18. Telegram No. 177 from FO to Helsinki, 17 July 1954.
[55]  NA. FO371/106341. N11338/1. P.J.L. Homan, BOT, to H.J. Gummer, MFP, 29 June 1953, copy for FO; N. Statham, FO, to H.J. Gummer, MFP, 9 July 1953.
[56]  NA. FO371/106341. N11338/1. H.J. Gummer, MFP, to N. Statham, FO, 26 June 1953.
[57]  NA. FO371/106341. N11338/8. J. Thyne Henderson, Reykjavik, to H.A.F. Hohler, FO, 27 November 1953.
[58]  *Daily Mail*, 27 August 1954. Quote from the title.
[59]  NA. FO371/106341. N11338/1. N. Statham, FO, to H.J. Gummer, MFP, 9 July 1953.

President of the British Trawler Federation, dismissed Shell's concerns as frivolous. The quantities of oil sold to Iceland were a "drop in the ocean", and the British fishing industry alone used more oil than the small country. Furthermore, Croft Baker suggested that Shell had been selling oil to Iceland at an "excessive price", and if the oil companies were forced to cut prices, then "the fishing industry would have done a good day's work for British industry in general".[60]

In the end, the Anglo-American companies operating in Iceland had only two options: either to distribute Soviet oil or to close down.[61] They decided to stay and wait for better days. In Egypt, the Anglo-American oil companies again had to give in and distribute Soviet oil; but in other countries, where the local governments had less strong motives to promote purchases of Soviet oil, the Anglo-American governments and oil companies were more successful in resisting the Soviet oil offensive.[62]

In its domestic market, the UK imposed an almost total embargo on imports of Soviet oil in 1959, when the scale of the new Soviet offensive became clear and began to threaten the British oil and coal industries. The Ministry of Power was the strongest supporter of this policy. However, not all the British government departments agreed with this. The Board of Trade and many British manufacturing companies favoured buying Soviet oil because this would increase Soviet sterling holdings and allow them to buy more British manufactured goods. At the same time, the costs of fuel for British industry would decline, which would make them more competitive in the world markets. During the early 1960s, the Board of Trade campaigned actively within the government machinery to get the embargo decision of 1959 reversed. It received some support from the Treasury and other departments, but the Ministry of Power managed to defend the embargo successfully, and it remained in place until the early 1970s.[63]

The disputes between Whitehall departments about British oil imports spilled over onto the international stage. The Ministry of Power favoured joint Western European action to contain Soviet oil exports, but the Board of Trade and the Treasury were less keen on any such action. Above all, they wanted to ensure that the British would not tie

[60] NA. FO371/106341. N11338/3. A minute by H.A.F. Hohler, 20 August 1953.
[61] NA. FO371/110176. UES1176/24. Telegram No. 4 from Henderson, Reykjavik, to FO, 7 July 1954.
[62] NA. FO371/110175. UES1176/15. "Russian and Roumanian oil exports". T.R.D. Belgrave, 6 May 1954.
[63] See for example, NA. T236/6441-6442; POWE 61/93-95; Klinghoffer, *Soviet Union*, p. 220.

their hands by accepting strict limits on trade with the Soviets. The UK should retain the freedom to alter its domestic fuel policy in the future.[64] Hence, they "deliberately ensured that the NATO recommendation on Soviet oil was so framed as not to inhibit our freedom of action to take limited quantities of Soviet oil into the United Kingdom if we so decided".[65]

## IV. The "Normalisation" of Soviet Oil Exports

By 1962, concern about Soviet oil exports were reaching intensive levels in many countries, and the issue was discussed in the EEC, NATO and in the capitals of their member states. The major oil companies, and Standard Oil of New Jersey in particular,[66] warned Western governments about the Soviet threat; but in some countries, the oil majors managed to contain the expansion of Soviet oil. In 1963-1964, Standard Oil and Gulf Oil agreed to sell Italy substantial quantities of crude oil at knock-down prices, thereby reducing Italy's need for additional purchases from the Soviet Union. Shell in turn invested $150 million in a joint petrochemical enterprise with an Italian company.[67]

Ironically, at this particular moment, the threat of Soviet oil began to diminish. The Soviet Union had managed to capture eight per cent of the Western European market by the beginning of the 1960s,[68] but it gradually emerged that they were unable to advance much further than this. The growth rate of Soviet oil exports began to decline, and within a few years it became clear that it was difficult for the Soviets even to defend their existing market share. Concern about Soviet oil exports faded even among the Anglo-American oil companies, and by the late 1960s most of these were already willing to conclude business deals with their erstwhile enemies. British Petroleum began to sell oil in substantial quantities to many small communist countries,[69] and Shell bragged that they had better commercial relations with the Soviet bloc countries than other oil majors.[70]

---

[64] NA. T236/6237. "NATO Study Group on Soviet oil". J.E. Lucas, 24 January 1961; T236/6441. "Russian oil. Minister of Power's letter of 14 June to the President of the Board of Trade." A. Mackay, 15 June 1961.

[65] NA. T298/202. R.O.(62)8, 26 April 1962. "Working Party on Russian oil. United Kingdom Imports of Russian Fuel Oil. Report-Final Revise."

[66] Wall, *Growth in a Changing Environment*, pp. 339-341.

[67] Jentleson, "From Consensus to Conflict", pp. 643-644.

[68] NA. T236/6441. "Russian Oil and the Western World." MOP, 15 June 1961.

[69] NA. POWE33/133; Klinghoffer, *Soviet Union*, p. 189.

[70] NA. POWE63/129. "Note of a meeting in Room 1135 Thames House South at 1500 on 18 December 1972". J.P. Burnett, 21 December 1972.

In the early 1970s, the US government and US oil companies, which had previously been highly critical of Soviet oil exports, were already developing ambitious co-operative energy projects with the Soviet Union.[71] Political concern about Soviet energy exports to the Western world never entirely disappeared, but when the first oil crisis broke out in the autumn of 1973, it became clear that the Organization of the Petroleum Exporting Countries (OPEC) was a much bigger threat to Western oil interests than the Soviet Union was. Soviet involvement in Middle Eastern politics and its decision to import oil from countries that had traditionally been suppliers of non-communist European countries did raise eyebrows in Western capitals. As Arthur Jay Klinghoffer stated in 1977, "the Soviet threat to Western interests has now shifted from that of an exporter seeking additional markets to that of an importer, middleman and cheerleader acting to restrict the flow of Arab oil to Western states and to reduce Western control over production in the Middle East".[72]

## V. Cold War Energy Security in Retrospect

Nikita Khrushchev had a habit of making overly ambitious predictions, but as far as oil production was concerned, the Soviet Union did reach the goal he had set in 1957. In 1972, the Soviet Union produced 395 million metric tons of crude oil.[73] Soviet oil exports also grew substantially, but their impact on non-communist markets was ultimately weaker than most Western observers had originally expected. The Soviets managed to get through the first line of defence that had been set up by the Western oil companies, and captured a leading role in some smaller markets. However, they were unable to undermine the foundations of the Western oil companies. As long as the Soviet oil offensive lasted, it did put pressure on the oil prices, which reduced the profit margins of the Western oil companies. In general, Soviet oil exports were more an economic than a political threat to the major Western oil powers like the UK and the USA.

The Soviets were not usually willing to endanger their most important export markets, such as West Germany or Italy, but they were willing to use energy as a weapon against their smaller customers, although not as extensively as the most ardent "Cold Warriors" in the West believed. In most cases, the Soviets wanted to promote their own major economic interests. In the same way, the British were willing to

---

[71] Jentleson, "From Consensus to Conflict", pp. 645-646; Wall, *Growth in a Changing Environment*, pp. 255, 266.

[72] Klinghoffer, *Soviet Union*, p. 58.

[73] *Ibid.*, p. 51.

defend their central role in the international oil trade because of the economic benefits that it brought to the country. However, even if energy exporters were simply interested in promoting their economic interests, their customers still had to think about energy security. Fighting for economic and commercial reasons can be almost intense as a fight for political ends.

After the Soviet Union disappeared in 1991, the new Russian Federation inherited its position as a major energy exporter. During the last few years, increasing attention has been paid to the issue of energy security among the buyers of Russian oil and gas. There is an interesting parallel between the concern that Soviet oil exports created during the 1950s and 1960s with the anxiety that the energy policies of the Russian government has created in many European countries at the beginning of the new Millennium. Russia's ability to put effective economic pressure on major Western industrial nations is limited, but it has been both willing and able to use energy as a tool to promote its interests in smaller Eastern European countries. For the new Russia, energy is probably an even more important political instrument than it had been for the Soviet Union. The communist state was, despite its underlying economic problems, a military and political superpower. In these sectors, the present Russia is much less influential. Partly because of this, some Russian commentators have begun to argue that it should become an "energy superpower".[74]

## Bibliography

Campbell, Robert W., *The Economics of Soviet Oil and Gas*, Baltimore, Published for Resources for the Future, Inc. by The Johns Hopkins Press, 1968.

Catterall, Peter (ed.), *The Macmillan Diaries. The Cabinet Years, 1950-1957*, London, Pan Books, 2004.

Chandler, Geoffrey, "The Myth of Oil Power: International Groups and National Sovereignty." *International Affairs* 46, No. 4 (1970), pp. 710-718.

Hanson, Philip. "Kremlin Oil: State Intervention in the Russian Oil and Gas Sector, and Russia's Relations with the West." In David Dusseault (ed.), *The Dynamics of Energy in the Eurasian Context*, Helsinki, Aleksanteri Institute, 2007, pp. 30-44.

Hartshorn, J.E., *Oil Companies and Governments. An Account of the International Oil Industry in Its Political Environment*, London, Faber and Faber, 1962.

---

[74] Philip Hanson, "Kremlin Oil: State Intervention in the Russian Oil and Gas Sector, and Russia's Relations with the West," in David Dusseault (ed.), *The Dynamics of Energy in the Eurasian Context*, *Aleksanteri Series 3/2007*, Helsinki, Aleksanteri Institute, 2007, p. 33.

Jensen-Eriksen, Niklas, "The First Wave of the Soviet Oil Offensive: The Anglo-American Alliance and the Flow of 'Red Oil' to Finland during the 1950s," *Business History* 49, No. 3, May 2007, pp. 348-366.

–. "Market, Competitor or Battlefield? British Foreign Economic Policy, Finland and the Cold War, 1950-1970." Ph.D. thesis, London School of Economics and Political Science, University of London, 2004.

Jentleson, Bruce W., "From Consensus to Conflict: The Domestic Political Economy of East-West Energy Trade Policy," *International Organization* 38, No. 4 (1984), pp. 625-660.

Klinghoffer, Arthur Jay, *The Soviet Union & International Oil Politics*, New York, Columbia University Press, 1977.

Kuisma, Markku, "A Child of the Cold War – Soviet Crude, American Technology and National Interests in the Making of the Finnish Oil Refining," *Historiallinen Aikakauskirja*, No. 2 (1998), pp. 136-142.

Odell, Peter R., *Oil and World Power*. Eight ed. Harmondsworth, Middlesex, Penguin Books, 1986.

Shonfield, Andrew, *British Economic Policy since the War*. Harmondsworth, Middlesex, Penguin Books, 1958.

*Soviet Oil in the Cold War, a Study Prepared by the Library of Congress at the Request of the Subcommittee to Investigate the Administration of the Internal Security Act and Other Internal Security Laws*. Committee on the Judiciary. United States Senate. Eighty-Seventh Congress. First Session. US Government Printing Office, Washington, 1961.

Tignor, Robert L., "The Suez Crisis of 1956 and Egypt's Foreign Private Sector," *The Journal of Imperial and Commonwealth History* 20, No. 2 (1992), pp. 274-297.

Wall, Bennett H. *Growth in a Changing Environment. A History of Standard Oil Company (New Jersey) 1950-1972 and Exxon Corporation, 1972-1975*, New York, McGraw-Hill, 1988.

Yergin, Daniel, *The Prize: The Epic Quest for Oil, Money and Power*, London, Pocket books, 1993.

# Les transports maritimes de Total et la sécurité des approvisionnements énergétiques de la France (1939-1992)

Benoît DOESSANT

*Total et Université Paris-Sorbonne*

La question des transports maritimes est névralgique pour l'industrie du pétrole pour une raison simple : les sources de production sont séparées par les mers des principales zones de consommation. Les transports maritimes sont également un maillon indispensable pour les États qui souhaitent sécuriser leurs approvisionnements pétroliers en temps de paix et réquisitionner leur flotte nationale en cas de conflit. Ainsi, l'État français a tiré les conséquences des difficultés d'approvisionnement en produits pétroliers pendant la Première Guerre mondiale en fixant des règles contraignantes en matière d'importation (obligation d'importer les 2/3 de pétrole brut sous pavillon français).

C'est pourquoi Total, unique major française et groupe intégré par excellence, a dû à la fois assurer son indépendance sur le plan maritime pour accompagner le développement de ses activités et répondre aux impératifs fixés par l'État dans le cadre de sa politique pétrolière. Sa flotte, importante par son tonnage ou par le nombre de ses unités, a emprunté (et emprunte) les principales routes maritimes mondiales (golfe Persique, canal de Suez, Méditerranée) sujettes à des tensions géopolitiques (crise de Suez de 1956, guerre des Six Jours en 1967, guerre Iran-Irak dans les années 1980, guerre du Golfe en 1991).

Comment Total a-t-il répondu aux obligations imposées par l'État en matière d'approvisionnement énergétique pendant les conflits auxquels il a été confronté ? Quelles en ont été les conséquences sur la gestion de sa flotte ? S'appuyant principalement sur les archives de Total, la présente communication débute en 1939 avec le déclenchement de la Seconde Guerre mondiale et se termine par la loi du 31 décembre 1992 portant réforme du régime pétrolier français.

# I. Construction, destruction et renaissance de la flotte (1939-1953)

## A. *Caractéristiques et enjeux du transport maritime pétrolier dans l'entre-deux-guerres*

La Première Guerre mondiale a souligné la précarité de l'approvisionnement de la France en pétrole en raison de l'absence de ressources sur le territoire national, d'une véritable industrie du raffinage et de la dépendance des transports maritimes à l'égard des grandes entreprises pétrolières étrangères, notamment américaines. En 1917, les unités pétrolières sont décimées par la guerre sous-marine et les armées françaises subissent des difficultés d'approvisionnement en produits pétroliers. C'est le sens du câble de Georges Clemenceau, président du Conseil français le 15 décembre 1917 au président américain Wilson :

> Ces bateaux citernes existent. Ils voyagent en ce moment dans l'océan Pacifique au lieu de voyager dans l'Atlantique. Une autre partie peut être prélevée sur le contingent des nouveaux bateaux citernes en construction aux États-Unis… Si les Alliés ne veulent pas perdre la guerre, il faut que la France combattante à l'heure du suprême choc germanique, possède l'essence, aussi nécessaire que le sang dans les batailles de demain.

Éclairé par l'importance que prend le pétrole, soumis à la fois à la loi du marché et aux considérations pleinement politiques de la sécurité des approvisionnements, l'État français est décidé, au sortir de la guerre, à réaliser l'indépendance énergétique du pays autour de deux volets : la mise sur pied d'une industrie pétrolière nationale et la recherche de sources d'approvisionnement. La France institue notamment, par la loi du 30 mars 1928, le régime du monopole délégué en disposant que toute entreprise exerçant l'importation en gros de pétrole brut, de ses dérivés et résidus, le fera sous le contrôle de l'État, soit sous le régime de l'autorisation[1]. La question des transports maritimes pétroliers apparaît rapidement comme un autre élément fondamental de la politique française qui va se mettre en œuvre dans les années 1920. Les gisements étant généralement éloignés, rien ne sert de s'être assuré des participations dans des gisements si les moyens de transporter l'huile brute ou les dérivés des lieux de production aux lieux de consommation venaient à faire défaut au moment d'une guerre.

Dès lors, la construction et l'affrètement d'une flotte pétrolière nationale bénéficient d'un soutien financier direct de l'État. Un système

---

[1] JORF, Loi du 30 mars 1928 relative au régime d'importation du pétrole. Cette loi va régir pendant plus de 50 ans le régime d'importation en produits pétroliers de la France. Elle est remplacée par la loi n° 92-1443 du 31 décembre 1992 portant réforme du régime pétrolier.

d'encouragement est inscrit dans l'article 7 de la loi du 10 janvier 1925 : la moitié de la taxe à l'importation perçue par l'Office national des combustibles liquides (ONCL)[2] est affectée à subventionner les navires-citernes construits en France, battant pavillon français. Le volume des encouragements financiers est fortement majoré par le décret du 14 juin 1938 : les trois quarts du produit de la taxe à l'importation au profit de l'ONCL sont désormais distribués à l'armement français. Des mesures plus directes viennent compléter le dispositif jugé encore insuffisant par l'État. Les titulaires de licences d'importation de pétrole brut ou de dérivés sont tenus, d'après le texte même du décret de renouvellement des autorisations (décret du 2 octobre 1937, article 8) « d'importer au moins 50 % de leurs besoins sur des navires leur appartenant en propre »[3]. L'obligation de pavillon a comme principale caractéristique que le capitaine, les officiers et les hommes d'équipage doivent être de nationalité française. Si cette condition n'est pas remplie, le pétrole pourra être importé sur d'autres navires pourvu que la charte partie soit approuvée par le gouvernement. Ce décret est le couronnement de la politique française du pétrole qui, depuis plusieurs années, vise à créer une flotte susceptible d'importer le pétrole brut vers les raffineries sur le territoire français.

## B. Naissance de la Compagnie française des pétroles (CFP) et de ses premières filiales

Une politique nationale du pétrole suppose une société pétrolière nationale apte à organiser l'approvisionnement en pétrole de l'économie français. Dans une lettre en date du 20 septembre 1923 à celui qui sera son premier président, l'industriel Ernest Mercier, le président du Conseil Raymond Poincaré fixe les objectifs de la société pétrolière française à créer :

> Le gouvernement désire créer un outil capable de réaliser une politique nationale du pétrole. La société devra donc être essentiellement française et demeurer complètement indépendante. Elle s'efforcera de développer une

---

[2]  L'Office nationale des combustibles liquides (ONCL) est créé en 1925. Il est chargé de centraliser la politique du pétrole de la France.

[3]  JORF, Décret du 2 octobre 1937, article 8 : « Les titulaires de licences d'importation de pétrole brut sont tenus d'importer au moins 50 % de leurs besoins sur des navires leur appartenant en propre (ou importé sur des navires dont les chartes parties sont approuvées par le Gouvernement) ». Contrairement à ce qui a souvent été affirmé, il n'y a pas de traces explicites d'obligation de transport sous pavillon français dans la loi du 30 mars 1928 sur le régime de l'autorisation spéciale d'importation de produits pétroliers.

production de pétrole à contrôle français dans les différentes régions productrices[4].

La Compagnie française des pétroles (CFP), société contrôlée exclusivement par des intérêts français, est constituée en mars 1924 pour gérer la part française dans les pétroles du Moyen-Orient et pour veiller d'une façon plus générale aux intérêts pétroliers français. Elle est investie d'un mandat à caractère public tendant à assurer le contrôle sur les approvisionnements en produits pétroliers. En juillet 1924, trois mois après sa création, elle acquiert 25 % de la Turkish Petroleum Company (TPC), part offerte à la France au traité de San Remo au titre de réparation de guerre, participation ramenée à 23,75 % à l'issue du Working Agreement (Ligne Rouge) de 1928 entre les actionnaires[5]. Cette participation se matérialise, en octobre 1927, avec la découverte majeure de pétrole dans le nord de l'Irak à Kirkouk. En 1931, l'Iraq Petroleum Company (IPC), nouvelle appellation de la TPC, engage, parallèlement au développement du gisement les travaux de constructions des pipelines de 12'' d'une capacité globale de 4 millions de tonnes reliant le champ de Kirkouk à la Méditerranée. Au Moyen-Orient, ces pipelines constituent le seul moyen pratique pour transporter de grandes quantités de brut depuis les puits dans les régions les moins accessibles jusqu'à un port de mer en vue pour le transport ultérieur par pétroliers. En 1934, les premiers tonnages extraits de ce champ atteignent les ports de Tripoli et d'Haïfa[6].

Dans le même temps, la CFP consolide sa situation en France : en 1929, elle participe à hauteur de 55 % à la fondation de la Compagnie française de raffinage (CFR). Celle-ci construit la raffinerie de Normandie, la plus importante de France, à Gonfreville près du Havre en 1933, et la raffinerie de Provence à la Mède, sur l'étang de Berre, en 1935. Le brut, que la CFR traite, lui est fourni principalement par la CFP. Désireuse de posséder une flotte pour le transport du brut du Moyen-Orient

---

[4] Archives Total, Lettre de Raymond Poincaré, président du Conseil, à Ernest Mercier sur la charte de fondation de la Compagnie, 20 septembre 1923.

[5] Le Working Agreement de 1928 règle le fonctionnement entre les actionnaires de la TPC. Les actionnaires sont désormais les suivants : quatre actionnaires ayant chacun 23,75 % du consortium, à savoir l'Anglo-Persian, la Royal Dutch-Shell, la CFP et un groupe de sociétés américaines appelé Near East Development Company (NEDC) ; enfin les 5 % restants sont attribués à Calouste Gulbenkian. L'essentiel de l'accord tient en deux points : d'une part le TPC est une coopérative de production dans laquelle chacun peut enlever le pétrole correspondant à sa participation, d'autre part les sociétés s'interdisent de se concurrencer à l'intérieur d'un périmètre appelé Ligne Rouge comprenant l'essentiel du Proche-Orient actuel.

[6] Le pipeline qui évacue l'huile produite à Kirkouk se sépare en deux tronçons à proximité de la frontière irakienne, l'un vers le Liban, sous mandat français, l'autre vers la Palestine, sous protection britannique.

vers les raffineries de la CFR, la CFP crée le 31 décembre 1931 la Compagnie navale des pétroles (CNP) dont elle détient 99,96 % des actions. L'impératif des transports maritimes pour la CFP est double : sa principale filiale la CFR, comme tous les raffineurs français titulaires d'une licence d'importation, doit répondre à l'obligation d'importer la moitié (50 %) de ses besoins en pétrole brut sous pavillon français. Elle souhaite également assurer son indépendance et ne pas dépendre des entreprises de transports maritimes anglo-saxonnes :

> Son premier rôle sera d'affirmer, par son existence, la liberté absolue de la Compagnie française des pétroles, aussi bien à l'égard de l'utilisation du fret pouvant exister actuellement, qu'à l'égard de tout programme de construction de bâtiments neufs. D'établir une documentation aussi complète que possible sur la flotte pétrolière, les ports, les courants de transport et les frets pétroliers[7].

Le premier objectif de la CFP, créer un groupe pétrolier intégré, à l'exemple des grands trusts pétroliers étrangers, depuis la production, la transformation du pétrole en produits finis ainsi que le transport maritime, est achevé. Dans l'esprit des fondateurs – Ernest Mercier (son inspirateur), Jules Meny (son premier président) et Roger Gasquet (son directeur général) – la CNP doit jouer en permanence le double rôle d'armateur et de courtier d'affrètement pour satisfaire l'ensemble du Groupe en transports maritimes.

Pendant près de trois ans, la CNP assure les transports du Groupe par des affrètements de navire, soit au voyage (spot), soit à court ou moyen terme (à temps) via notamment la Compagnie auxiliaire de navigation (CAN)[8]. Puis, la CNP, désireuse de posséder une flotte de mer en propre, passe commande le 26 juillet 1935 aux Chantiers de France à Dunkerque, de son premier long-courrier l'*Emile Miguet*, de 21 340 tonnes de port en lourd (tpl). Le navire, lancé le 12 avril 1937, est le plus grand du monde et il a été spécialement étudié pour transporter, dans de bonnes conditions économiques, le pétrole brut arrivant par pipelines à Haïfa et à Tripoli et destiné à être traité à la raffinerie de Normandie. Le programme de construction de long-courrier conduit le 9 juillet 1938 à commander également aux chantiers de Saint-Nazaire le pétrolier *Palmyre*, sister-ship de l'*Emile Miguet*. Le 8 juin 1939, pour-

---

[7]    Archives Total, Conseil d'administration de la Compagnie navale des pétroles du 10 février 1932.

[8]    La Compagnie auxiliaire de navigation a été créée le 21 septembre 1912 pour transporter du charbon depuis le Pays de Galles, puis s'est tournée vers le transport de pétrole en 1921, alors que la Première Guerre mondiale vient d'en démontrer son importance. La CAN est la première à prendre en charge pour le compte de la CFP le pétrole d'Irak au port de Tripoli en 1934 avant de l'évacuer vers la raffinerie de Normandie.

suivant son programme d'accroissement, la CNP commande deux navires de 15 000 tonnes de port en lourd aux chantiers d'Odense au Danemark. Ses dirigeants agissent dans un contexte fragile dans lequel les risques de conflit deviennent chaque année plus manifestes.

## C. La flotte pétrolière française à la veille de la Seconde Guerre mondiale

À la veille de la guerre, le tonnage sous pavillon français est loin d'effectuer la majeure partie de l'approvisionnement du pays. Si des progrès notables ont été enregistrés à cet égard depuis le début des années 1920 où le tonnage national ne réalisait pas le dixième (10 %) des importations françaises de produits pétroliers, en 1939, la flotte française peut transporter à peine un quart (25 %) des quantités nécessaires au ravitaillement national. L'armement anglais assure un autre quart (25 %) des importations, les tankers norvégiens s'attribuant la part la plus importante avec un tiers (33 %) des expéditions vers les ports français. En cas de conflit, cette proportion apparaît d'autant plus insuffisante que d'une part les besoins seraient accrus et, d'autre part, il serait sans doute fait appel à des sources d'approvisionnement élargies ; les voyages étant plus longs, les quantités transportées seraient alors plus faibles.

Les approvisionnements français restent dépendants des flottes étrangères appartenant majoritairement aux grandes compagnies pétrolières[9]. Edgar Faure souligne cette dépendance dans sa thèse sur *Le pétrole dans la paix et dans la guerre* publié en 1939 :

> La plus grande partie de la flotte pétrolière mondiale dépend des principaux trusts et voyage sous pavillon anglais ou américain. L'armement libre se réduit à quatre ou cinq cents unités naviguant principalement sous pavillon norvégien. Ainsi a-t-on vu les conflits d'Éthiopie, d'Espagne et de Chine, bien qu'ils n'aient provoqué qu'une demande relativement modérée de carburants, entraîner une hausse remarquable des frets pétroliers. La nécessité d'être pourvu en cas de guerre d'un certain nombre de tankers sous pavillon national et ne dépendant d'aucune puissance étrangère de droit public ou de caractère économique, vient donc immédiatement après celle de stockage et de dépôts[10].

Ce constat est fait avec le souvenir de la dépendance dans laquelle la défense nationale fut placée en 1917 à l'égard des compagnies pétrolières anglo-saxonnes, uniques détentrices des moyens de transport. En

---

[9]  À la fin de 1933, la flotte de la Standard Oil est évaluée à 1 957 000 tpl ; celle de Royal Dutch-Shell à 1 818 000 tpl.

[10]  Edgar Faure, *Le pétrole dans la paix et dans la guerre*, Éditions de la nouvelle revue critique, 1939, p. 160.

1939, la flotte française s'établit à 450 000 tonnes de port en lourd (tpl) à comparer aux 20 000 tpl au sortir de la guerre en 1919. La marine militaire française est, quant à elle, assez mal pourvue, puisqu'elle ne gère qu'une demi-douzaine de pétroliers ne représentant guère plus de 40 000 tpl. Il convient également de signaler la création, en septembre 1938, de la Société française de transports pétroliers (SFTP), société constituée à la demande de l'État, avec sa participation et sous son contrôle en vue d'acquérir, d'armer et exploiter des navires-citernes.

## D. Destruction et renaissance de l'outil de transport maritime du Groupe (1939-1948)

Avec l'Armistice et la mise sous séquestre par les Anglais de sa part dans l'IPC en vertu du *Trade with the Ennemy Act* du 12 juillet 1940, la CFP se voit privée pendant toute la guerre de ses livraisons de brut en provenance d'Irak. Dans ces conditions, elle ne peut alimenter les usines de la CFR, son principal client. Progressivement, les navires de transport sont mis hors d'usage ou réquisitionnés par les autorités françaises, puis allemandes. Revenant du golfe du Mexique, au retour de son premier voyage après la déclaration de guerre, le premier navire de la CNP, l'*Emile Miguet*, est torpillé le 12 octobre 1939 par un sous-marin alle-mand. En juillet 1943, les contrats passés avec les chantiers d'Odense sont modifiés pour leur exécution après-guerre. Enfin, en août 1944, le *Palmyre* est coulé par les Allemands pour constituer un barrage dans la Loire en aval de Nantes.

La Seconde Guerre mondiale a brisé net l'élan de la CFP qui doit faire face à plusieurs enjeux majeurs avec le retour de la paix : reconsti-tuer rapidement son appareil productif (reconstruction et remise à niveau des raffineries de la CFR), commander de nouveaux navires pour la CNP et rétablir ses droits au sein de l'IPC. La CFP finit par récupérer sa rente en 1945 mais elle doit faire face à des rapports conflictuels avec ses partenaires. Elle mesure aussi la portée de sa dépendance à l'égard du pétrole irakien. À côté des majors, présentes dans diverses régions du monde et disposant de nombreuses sources de brut, sa position est fra-gile. La CFP cherche donc rapidement à multiplier ses sources d'appro-visionnement par une internationalisation accrue. Elle doit pouvoir s'appuyer, à travers sa filiale la CNP, sur une flotte importante et indé-pendante capable de répondre à ses ambitions internationales et d'ali-menter ses raffineries aussi bien en France que dans ses filiales à travers le monde.

La CNP lance un programme de reconstruction de sa flotte entre 1945 et 1948. L'*Emile Miguet* est remplacé : la CNP reçoit le *Bagdad* presque identique, qui prend la mer en 1949. Les contrats d'Odense, qui avaient été confirmés en juillet 1943, sont exécutés dans les plus courts délais et la CNP prend la possession du *président Meny* en juin 1948 et du *Novice le Maou* en mars 1949, deux pétroliers de 16 000 tpl. Elle exploite deux pétroliers T2[11], l'*Orcher* et le *Gonfreville* qui lui ont été cédés en location-vente par le gouvernement français au début 1948. Elle peut à nouveau, dès 1948, prendre en charge, pour le compte de la CFR, le pétrole irakien aux débouchés des conduites transcontinentales (principalement Kirkouk-Tripoli)[12]. L'année 1950 voit l'achèvement en France de la première étape du redressement maritime, celle de la reconstruction en quantité du tonnage en service au niveau de 1939. L'origine du pétrole est alors la suivante : 63 % pour le Moyen-Orient par les côtes du Levant de Syrie et du Liban, 27 % pour le Moyen-Orient par le golfe Persique et Suez[13], 10 % pour le Venezuela et pour les Antilles[14]. La France se trouve encore plus dépendante du pétrole irakien avec une proportion qui passe entre 1939 à 1950 de 40 % à 63 %[15].

## E. La CNP accompagne le développement de la CFP (1948-1953)

L'État renforce encore l'obligation de pavillon pour les raffineurs au sortir de la guerre, obligation qui passe de la moitié aux deux tiers (66 %) en 1950[16]. L'objectif est double : assurer la sécurité d'approvisionnement du marché français à partir des ressources de pétrole et réduire les coûts en devises de la facture pétrolière. Cette obligation se révèle rapidement efficace car les navires français transportent 36 % du pétrole brut destiné aux besoins français en 1949, 43 % en 1951 et 53 % en 1952 (contre 25 % avant-guerre). La CFR, pour répondre à ses

---

[11] Devant les énormes besoins en produits pétroliers prévus par les états-majors, les chantiers navals américains ont entrepris un effort sans précédent de construction, concentrant tous leurs moyens sur un seul type de navire demeuré célèbre : le T2. Il s'agit d'un tanker relativement lent et de tonnage peu élevé, mais qui présente l'avantage de se plier facilement à la préfabrication par éléments en dehors de cales. Il a été lancé en très grandes séries : pendant les années 1943 et 1944, deux T2 quittaient tous les trois jours leurs cales américaines de construction.

[12] Avec la création de l'État d'Israël, le pipeline de 12 pouces vers Haïfa, d'une capacité de 2 millions de tonnes par an, est fermé à partir de 1948.

[13] La CFP importe uniquement du brut d'Irak alors que les autres majors importent du pétrole en provenance d'Iran et d'Arabie (Saoudite, Qatar, Koweït).

[14] *Journal de la marine marchande*, Le transport de pétrole brut par mer, tendances et perspectives, 1951, p. 110.

[15] En 1939, 40 % des importations françaises proviennent d'Irak, 22 % des États-Unis, 9 % du Venezuela et 8 % de Roumanie.

[16] JORF, décret du 1er septembre 1950, article 6, relatif à l'attribution d'autorisations spéciales d'importation de pétrole brut, dérivés et résidus : « Le titulaire doit justifier qu'il importe les deux tiers du tonnage de pétrole brut nécessaire à la fabrication des produits destinés au marché intérieur ».

obligations, signe régulièrement des chartes parties avec la CNP et la CAN, en affrètement en continu des navires pour plusieurs années[17]. De manière générale, près de 43 % du tonnage pétrolier mondial appartiennent aux filiales maritimes des grandes sociétés pétrolières. Le reste, à l'exclusion des navires des États, est aux mains de propriétaires indépendants qui opèrent soit comme fréteurs à terme pour les sociétés pétrolières, soit comme transporteur au voyage[18].

La CFP connaît en 1952 un accroissement spectaculaire de sa production en raison de deux évènements majeurs : d'un côté, l'ouverture d'une nouvelle conduite de 30'' qui permet l'évacuation en grande quantité (15 millions de tonnes par an) de pétrole brut de Kirkouk à Banias (Syrie) avec un accès à un port en eau profonde pour les navires-citernes, contrairement à Tripoli (Liban)[19]. De l'autre, l'inauguration du port d'enlèvement de Fao en Irak permet la mise en valeur des gisements de Rumaila dans le sud de l'Irak et l'évacuation du pétrole du gisement de Zubaïr de la Basrah Petroleum Company. Dans le même temps, le gisement de Dukhan au Qatar est mis en production (1950). La zone du golfe Persique prend encore de l'importance pour la CFP avec sa prise de participation (6 %) en 1954 dans l'Iranian Oil Consortium (IOC) opérant la production pétrolière iranienne pour le compte de la National Iranian Oil Company (NIOC). La CNP, pour répondre à l'ensemble de ces besoins, lance en 1951 un premier programme de construction et entre en flotte pour la première fois des pétroliers d'un port en lourd supérieur à 30 000 tpl que l'on appelle déjà *supertankers*[20], bientôt suivi par un deuxième programme d'investissement en 1955-1957 avec la catégorie des 50 000 tonnes[21]. En 1953, la CFP a décuplé sa production d'avant-guerre ; elle a diversifié ses sources, ayant accès à des terminaux en Méditerranée et dans le golfe Persique, via le passage du canal de Suez. La CFP est non seulement en mesure de satisfaire une part importante d'une consommation française en expansion, mais de devenir le fournisseur de raffineurs étrangers.

---

[17] Archives Total, 82.8/461, Charte partie entre la CFR et la CNP (1948). Les navires sont utilisés en voyages consécutifs avec un taux de fret aménagé à partir du marché libre des affrètements déterminé d'un commun accord au début de chaque voyage entre la CFR et la CNP.

[18] *Petroleum Press Service*, Janvier 1952. *Les problèmes de l'exploitation des tankers.*

[19] Potentiellement, la CFP a droit à 23,75 % de ces 15 millions de tonne, soit 3,5 millions de tonnes. Mais conformément au Gentleman Agreement de 1948, elle se réserve la possibilité de prendre une part plus importante en accord avec ces partenaires de l'IPC à savoir l'Anglo-Iranian, Royal Dutch Shell, NEDPC et Partex.

[20] *Djemila, Zubaïr, Biblos, Ninive, Samarah, Astrolabe, Butmah.*

[21] *Altair, Polaire, Rigel, Croix du Sud, Sirius, Vega.*

Une première période remontant aux origines de la Française des pétroles, et qui a duré jusqu'au début des années 1950, s'achève. Durant cette période, le brut dont dispose la CFP, en presque totalité originaire d'Irak, a eu comme unique débouché la CFR. Une deuxième période commence vers 1953, les ressources en pétrole brut de la CFP au Proche-Orient d'abord, puis en Algérie, grandissent rapidement et dépassent désormais les besoins d'approvisionnement français.

## II. L'exploitation d'une flotte moderne et économique pour répondre aux enjeux du ravitaillement français (1953-1973)

### A. La crise de Suez (1956-1957)

En 1956, l'Europe occidentale doit importer 90 % de ses approvisionnements de pétrole, le Moyen-Orient fournissant presque 70 % des approvisionnements européens (avec une répartition de 70 % par le canal de Suez et 30 % par les pipelines de la Méditerranée orientale)[22]. Avec la nationalisation du canal de Suez, intervenue le 26 juillet 1956, les gouvernements européens s'organisent et créent en septembre un organisme industriel, l'Oil Emergency Adversory Committee (Londres) (OELAC)[23]. Il est patronné par les gouvernements du Royaume-Uni, des Pays-Bas et de la France et comprend les principales compagnies intégrées européennes : la Royal Dutch-Shell, la British Petroleum et la Compagnie française des pétroles. Le but de ce comité est de conseiller les gouvernements sur les problèmes d'approvisionnement en pétrole provoqués par la crise de Suez, de déterminer les dispositions à prendre en cas de perturbation dans les transports du Moyen-Orient et de collaborer avec la MEEC (Middle East Emergency Committee), comité placé sous le patronage du gouvernement américain et dans lequel les compagnies internationales américaines sont représentées[24].

Les évènements s'accélèrent en octobre et en novembre 1956 suite à l'intervention franco-britannique et israélienne en Égypte et ont pour conséquence un blocage complet du canal de Suez et la mise hors service des pipelines de l'IPC par la destruction des installations de

---

[22] Les pipelines de l'IPC acheminent de Kirkouk et de Mossoul en Irak vers Banias en Syrie et Tripoli au Liban, quelque 25 millions de tonnes par an.

[23] Archives Total 92.36/102, Compte rendu de la réunion du Comité de Londres du 7 septembre 1956, note pour Victor de Metz du 10 septembre 1956. Archives Total 92.36/101, Mémo pour Victor de Metz concernant l'Organisation et le rôle du Comité de Londres, 20 septembre 1956.

[24] Archives Total 92.36/99, Maintien des ravitaillements de pétrole en Europe occidentale, OECE, Comité du pétrole, 6 octobre 1956.

pompage[25]. Le problème posé par la désorganisation des communications est donc essentiellement la question du transport[26]. Pour assurer pleinement les approvisionnements de l'Europe, en déroutant par le Cap le pétrole qui transitait auparavant par le canal de Suez ou les pipelines de Banias et Tripoli, il faut un tonnage supérieur de 80 % à celui qui desservait auparavant normalement l'Europe. Ce tonnage supplémentaire n'existant pas, le seul moyen de faire face à la situation consiste à substituer les ressources du Moyen-Orient par celles de l'hémisphère occidental (États-Unis et Venezuela) car le parcours transatlantique ne représente que 5 000 milles, tandis que l'itinéraire par le Cap comporte 11 000 milles.

Les transports maritimes constituent bien la clé du maintien de l'approvisionnement européen via la réorganisation des itinéraires des pétroliers et la rationalisation des dispositifs d'approvisionnement vers les pays européens. La répartition des approvisionnements en pétrole exige la création d'un groupe industriel institué sur une base très large sous les auspices de l'OECE[27] ; c'est pourquoi le 30 novembre, le conseil décide de créer un Groupe industriel spécial de l'OECE pour le pétrole (OPEG), chargé de conseiller le Comité du pétrole sur les approvisionnements en pétrole disponibles pour l'Europe et de l'aider dans la mise en œuvre de ses recommandations. La Royal Dutch-Shell, la BP et la CFP sont priées, en leur qualité de compagnies pétrolières internationales, de désigner des experts pour les représenter au sein de l'OPEG. Ce groupe prend la suite de l'OLEAC[28]. Avant la fin de l'année 1956, les approvisionnements venant de l'hémisphère occidental sont acheminés vers l'Europe par l'itinéraire le plus court à une cadence satisfaisante (prélèvement sur les stocks de pétrole brut du golfe du Mexique, quantités supplémentaires disponibles au Venezuela, augmentation sensible de la production aux États-Unis, etc.). Les mois suivants, la situation géné-

---

[25] La seule possibilité qui reste d'acheminer les pétroles vers la Méditerranée orientale est l'utilisation de la Tapline à partir de l'Arabie saoudite, mais celle-ci a décidé de mettre l'embargo sur les expéditions à destination de la France et du Royaume-Uni.

[26] On estime qu'un pétrolier allant du golfe Persique en Europe via le Cap ne peut transporter plus de 60 % environ du pétrole qu'il peut acheminer dans une période donnée en passant le canal de Suez. De même un pétrolier faisant le service depuis les pipelines de la Méditerranée orientale ne peut transporter, par la route du Cap, plus de 25 % du tonnage qu'il achemine dans des conditions normales.

[27] [Wikipedia] : L'Organisation européenne de coopération économique (OECE) est l'ancêtre de l'OCDE. Fondée en 1948, pendant économique de l'OTAN, elle eut la charge initiale de répartir les crédits accordés par le Plan Marshall entre les pays de l'Europe occidentale. Elle contribua également à la libéralisation des échanges et permis le renforcement de la coordination économique entre les pays membres.

[28] Archives Total, 92.36/102, Lettre de René de Montaigu (CFP) au directeur des Carburants, 17 janvier 1957.

rale s'améliore et le Comité du pétrole procède à la dernière répartition des quantités disponibles pendant sa session du 3 avril 1957. Le rôle actif de l'OPEG et du MEEC est suspendu le 31 mai 1957, le Canal étant redevenu navigable depuis le 9 avril. L'OPEG, dont la création avait eu pour seul motif la crise de Suez, cesse officiellement d'exister le 31 juillet 1957.

La crise de Suez a montré que la sécurité des approvisionnements est assurée par l'intégration de l'industrie pétrolière au marché mondial. Seule une faible proportion (10 %) de la flotte internationale est affrétée au voyage contre 90 % appartenant aux compagnies pétrolières ou affrétés à long terme par ces dernières. En raison de leurs organisations poussées et de leurs caractères internationaux, les compagnies pétrolières ont pu s'adapter rapidement à des situations nouvelles sans compromettre l'équilibre de l'Europe et de la France. Les majors, dès le décret de nationalisation du canal de Suez, avaient jeté les bases d'une action éventuelle, en vue de parer aux défaillances des régions productrices et d'assurer une organisation des transports sur un plan nouveau. Aussi a-t-on pu agir efficacement dès la fermeture du Canal. Un mois après, les envois américains débarquaient en Europe. La France a reçu 69 % de ses besoins en novembre-décembre 1956, 79 % en janvier et février 1957, 90 % en mars et avril, soit une moyenne supportable de 80 % durant la période de la crise. La flotte sous pavillon français était capable de transporter 70 % des besoins de la France en pétrole brut ; en 1957, ce taux est tombé à 63 % pour l'ensemble de l'année. Les importateurs français ont dû recourir à l'aide étrangère[29]. Les mesures prises collectivement par les gouvernements et les industries ont empêché une hausse excessive de frets pétroliers après le blocage du Canal.

Mais le transport des bruts du Moyen-Orient pose des problèmes inquiétants. La route de mer par le Canal, les routes de terre par les pipelines ne sont pas sûres dans des pays troublés comme ceux qu'ils traversent. Même ouvert à la navigation dans les meilleures conditions possibles, le canal de Suez tend à être encombré en service normal. On en vient à envisager d'autres solutions : combiner, par exemple, le trajet par Suez avec le trajet par le Cap, en faisant effectuer le voyage d'aller, d'Europe au golfe Persique, par Suez, leur voyage de retour par le Cap.

## B. La CNP devient le premier armement français (1957-1967)

Les courants d'importation de pétrole en France ont évolué de façon saisissante en France. En 1938, elle importait son pétrole auparavant de deux sources principales : le Moyen-Orient pour 39,9 % ; le Venezuela

---

[29]  René Musset, « La crise de Suez et le pétrole », annales de Géographie, année 1959, volume 78, numéro 366, p. 164.

et les États-Unis pour 54,2 %. En 1955, l'hémisphère ouest ne fournit que 6,6 % tandis que la part du Moyen-Orient atteint 90,79 %. Dans les années suivantes (à partir de 1959-1960), un nouveau changement intervient de fait des importations en provenance d'Afrique du Nord. Et en 1964, les importations françaises de pétrole brut ont pour origine l'Afrique (en grande partie le Sahara algérien, puis la Lybie et, à un moindre degré, l'Afrique équatoriale) pour 39,7 %, le Moyen-Orient pour 47,7 %, le Venezuela pour 6,4 % et quelques autres sources (dont l'URSS) pour 6,2 % seulement. Au cours de la période 1960-1964, ce sont en définitive les importations d'Algérie et du golfe Persique, qui couvrent la quasi-totalité de l'augmentation des besoins français. Le rôle de la CFP dans les importations de l'Afrique et du Moyen-Orient a progressé avec les tonnages dont elle dispose grâce à ses participations (IPC et compagnies sœurs pour le Moyen-Orient) et à ses filiales (CFP-Algérie). La découverte et la mise en exploitation des pétroles sahariens ont pour principale conséquence le raccourcissement de la distance moyenne d'approvisionnement (6 jours en moyenne contre 17 à 33 jours pour celui du Moyen-Orient) et amène donc une diminution relative de la capacité nécessaire des transports[30]. Les dirigeants de la CFP, souhaitant maintenir un taux de couverture autour de 50 % de la part de la CNP, s'engagent dans une politique attentiste entre 1957 et 1960 où aucune nouvelle commande n'est passée.

La CNP devient en 1961 le premier armateur français devant les armements de transport de voyageurs et les armements de transport de marchandises avec 503 784 tpl devant la Société maritime Shell (354 350 tpl), la SFTP (316 667 tpl), la CAN (294 388 tpl) ou Esso-Standard (220 795 tpl) en ce qui concerne les filiales des compagnies pétrolières[31]. En 1962, la CNP passe commande de ses premières unités de la série des 100 000/120 000 tpl[32], compatibles avec les contraintes imposées par le canal de Suez. Les besoins de transports maritimes sont clairement identifiés à cette époque pour le Groupe : la CFR, en raison, de l'obligation de pavillon, se concentre sur les trafics d'importation de brut vers la France tandis que la CFP se spécialise sur les trafics de distribution et de brut entre pays tiers via des livraisons à des clients ou à des filiales autres que la CFR. La CNP se voit cantonnée à un rôle d'opérateur, certes privilégié, de la CFR et de la CFP qui préfèrent, pour des raisons financières et de souplesse, utiliser l'ensemble des possibilités dont elles disposent pour gérer au mieux leurs besoins de transport maritimes. En règle générale, l'armement français exploite principale-

---

[30]   Archives Total, La place du groupe Total dans le monde du pétrole, 1966, p. 34.

[31]   Archives Total, 92AA060/39, Principaux armateurs pétroliers français port en lourd au 1er janvier 1961.

[32]   *Roger Gasquet, Alderaban, Betelgeuse, Cassopié.*

ment un marché à destination de la France mais abandonne peu à peu les trafics étrangers, ne pouvant maintenir des prix concurrentiels, les usages intercontinentaux en matière de transports maritimes s'opposant à toute discrimination de pavillons.

Les prévisions de croissance de la demande pétrolière pour l'Europe restent très élevées au milieu des années 1960, de l'ordre de 8,5 % par an. Les armements français se lancent alors dans d'ambitieux programmes de construction de navires afin de répondre à la fois à la forte croissance en hydrocarbures ainsi qu'à l'obligation de pavillon. L'émergence de la classe des 200 000 tpl ou VLCC[33] constitue une étape importante du développement de la flotte des transporteurs de pétrole brut. Ce pétrolier possède les dimensions idéales du navire pouvant transiter par Suez sur ballast à l'aller, emprunter en pleine charge la route du Cap au retour avec un prix de revient à la tonne transportée très économique (meilleur qu'un 100 000 tpl empruntant le Canal à l'aller et au retour). De plus, il peut entrer en pleine charge dans les principaux ports pétroliers européens. L'augmentation des dimensions des navires est une aubaine pour les armateurs français car elle permet d'obtenir le prix de revient le plus économique à la tonne transportée en diminuant les besoins en main-d'œuvre. La CNP doit répondre à une croissance des ressources du Groupe qui atteint un taux moyen de 12 % par an entre 1960 et 1970 (mises en production d'Abu Dhabi en 1962, d'Oman en 1967 et de Dubaï en 1969). En 1966, la CNP commande un premier navire de 180 000 tpl. Celui-ci est livré en 1970 avec un port en lourd de 223 000 tonnes, soit 40 000 de plus que le tonnage initialement prévu. Entre-temps, la fermeture du canal de Suez a changé la donne.

## C. La fermeture du canal de Suez et la course au gigantisme (1967-1973)

La fermeture du canal de Suez à la suite de la guerre des Six Jours a des conséquences immédiates sur les programmes de transport de produits pétroliers. Toutes les grandes compagnies pétrolières prennent l'initiative de nombreuses mesures pour faire face à ces difficultés. La préoccupation essentielle de la CFP demeure, comme lors de la crise de 1956, d'assurer dans les meilleures conditions possibles, l'approvisionnement de la France en produits pétroliers même au prix de charges exceptionnelles suite à l'allongement des parcours pour les bruts originaires du golfe Persique et de l'augmentation des taux de frets du marché. La situation est cependant différente de la crise de Suez de 1956 car les importations du Moyen-Orient (golfe Persique et Méditerranée orien-

---

[33] Les VLCC (Very Large Crude Carriers) sont de très gros transporteurs de brut pouvant atteindre 250 000 à 300 000 tonnes de brut.

tale) représentent moins de 45 % des approvisionnements du marché français contre 90 % dix ans plus tôt. La fermeture accroît de 35 % les besoins totaux de navires par rapport à la situation normale (jusqu'à 70 % pour le brut persique qui doit être détourné par le Cap)[34]. La crise de 1967, comme celle de 1956, n'a donc pas touché la production de pétrole brut, mais son acheminement jusqu'aux lieux de consommation. La fermeture du canal de Suez allonge en effet chaque fois de façon considérable les routes maritimes et provoque une très forte tension sur les frets tout en imposant une période de « soudure » pendant laquelle le produit est rare. L'obligation de pavillon, supportée par les raffineurs français, a permis de faire face aux deux crises. À cet égard, le tonnage immatriculé sous pavillon français est passé de 1,8 Mtpl en 1956 à 3,7 Mtpl en 1967[35].

Avec la fermeture prolongée du canal de Suez pour plusieurs années, les armateurs cessent de se préoccuper de donner à leurs bateaux des caractéristiques permettant un éventuel passage par Suez et donnent une nouvelle impulsion aux commandes de navires bien au-delà des 200 000 tpl. Il faut préciser que quand la taille du navire augmente, la baisse des coûts de transport est d'autant plus sensible que la distance d'acheminement est plus longue. Les très gros pétroliers sont donc placés en priorité sur des trafics longs tels que golfe Persique-Europe. La CNP, qui reçoit deux nouvelles unités en 1971, le *Jade* (260 000 tpl) et le *Rubis* (220 000 tpl), enlève du brut pour le compte de la CFP ou de la CFR dans les terminaux en eau profonde de Das (Émirats arabes unis), Tripoli (Syrie), Koweït, Kharg (Iran) pour décharger à Fos (France), Le Havre (France) et Rotterdam (Pays-Bas). En une décennie (1961-1971), le tonnage moyen de la CNP a triplé passant de 28 830 à 105 582 tpl.

Au début des années 1970, le marché des transports pétroliers est sous tension avec une croissance rapide de la consommation européenne et japonaise, un développement limité des ressources de brut proches des lieux de consommation et le maintien des longues routes maritimes, Suez étant fermé et aucun grand pipeline n'étant construit au Moyen-Orient. En 1972, les importations de pétrole de l'Europe ne dépassent pas 25 % de la consommation mondiale mais représentent 55 % du

[34] Archives Total 82.8/461, Augmentation du coût d'approvisionnement du marché français du fait de la fermeture du canal de Suez (de mi-1968 à fin 1969), 18 octobre 1967.

[35] Archives Total 87.1/17, Audition par la commission des Affaires économiques du Sénat, 1978.

trafic maritime pétrolier mondial[36]. Les principaux circuits d'approvisionnement sont alors les suivants : golfe Persique-Europe, Afrique de l'Ouest-Europe (Nigeria notamment) et Méditerranée-Europe. Cette situation conduit à une recrudescence, en 1971-1972, des commandes de supertankers notamment par les filiales des compagnies pétrolières, toujours à la recherche d'économies d'échelle. Elles se lancent dans une course vers le gigantisme avec des commandes portant sur des navires de 250 000, 275 000 voir 300 000 tpl. La CNP, dépendante presque exclusivement des bruts du Moyen-Orient suite à la nationalisation du pétrole algérien en 1971, est condamnée à accroître sans cesse le rendement de sa flotte pour pouvoir faire face à la concurrence et à un problème économique de coût. Elle commande au début des années 1970 quatre navires, chacun d'un port en lourd d'au moins 260 000 tpl, le *Turquoise*, le *Saphir*, l'*Onyx* et l'*Opale*. Le prix de revient du transport maritime reste la préoccupation essentielle de la CNP comme pour les autres transporteurs français (intégrés ou non).

Compte tenu de l'évolution à terme des besoins de tonnage qui vont, pense-t-on alors, continuer à augmenter plus vite que prévu initialement, de l'allongement des délais de construction à 4-5 ans, les compagnies pétrolières cherchent à se couvrir et mènent des politiques d'affrètement à temps (time-charters) massifs de 2, 5 ou 8 ans. De ce fait, le marché des affrètements au voyage reste marginal et ne cesse de diminuer passant de 9,5 % du transport total de pétrole en 1966 à 6 % en 1971, les navires appartenant aux grandes compagnies ne couvrant globalement que 30 à 40 % de leurs besoins en transport[37]. La politique suivie par le groupe Total est d'édifier une flotte moderne et économique constituée dans une proportion élevée de grands navires de 220 000 à 280 000 tpl dimensionnée pour satisfaire environ 35 à 40 % des besoins de transports globaux du Groupe[38]. En 1970, la CFP décide de resserrer ses liens avec la CAN afin de sécuriser ses besoins en transports maritimes alors que la plupart des navires de la CAN sont affrétés à long terme pour les besoins du groupe CFP, en particulier la CFR depuis plusieurs décennies. La CFP prend 25 % de la CAN en 1970 tandis que la CAN prend une participation de 25 % dans la CNP. Cette intégration, prélude à la fusion des deux armements en 1978, doit permettre également une

---

[36] Archives Total, 93AH180/176, *Études économiques internes. La crise pétrolière et son incidence sur le marché des navires pétroliers*, par Etienne Dalemont, président de la CNP, 1975.

[37] Archives Total, 93AH180/177, Études économiques. Philippe de Dietrich et Yves Poulizac, Le prix du transport maritime du pétrole, Revue française de l'énergie, novembre 1971, p. 138.

[38] Archives Total, 93AH180/175, Études générales transports maritimes. Politique du groupe Total en matière de transports maritimes, 20 juin 1975.

coordination plus étroite dans les programmes d'emploi des navires et de commandes de construction neuves au moment où des tensions se font sentir dans le secteur de la construction navale[39].

## D. L'industrie pétrolière française à son sommet : 1973

Avec 135 millions de tonnes de pétrole brut importées et raffinées en France en 1973, pour 128 millions de tonnes réellement consommées, l'industrie du pétrole est à son sommet. Cette année est charnière, alors que le marché français progresse en volume de près de 12 %. La CFP écoule cette année-là 42 millions de tonnes de pétrole brut dont 37 pour sa filiale la CFR. Ces filiales maritimes, CNP et CAA, ont transporté à elle seuls près de 26 millions de tonnes de brut principalement vers la CFR. La politique pétrolière de la France peut se résumer ainsi : les groupes pétroliers français (la CFP et ce qui deviendra la SNEA en 1976) doivent produire dans le monde un tonnage égal à la consommation française. Ils doivent alimenter entre 50 et 55 % du marché français, les groupes internationaux alimentant à partir de leurs raffineries en territoire français, 45 à 50 % du marché intérieur[40].

**Tableau n° 1 : Ressources propres en tonne de la CFP -Total de 1945 à 1993**

Source : rapports sur l'exercice de Total

Le groupe Total a réussi à maintenir ses positions au Proche-Orient alors que les grands pays producteurs entendent resserrer leurs contrôles sur les exportations de pétrole réalisées par les groupes internationaux à

---

[39]  Archives Total, 86.12/36, Conférence des analystes financiers, 16 mars 1972.

[40]  Archives Total 87.1/17, Lacunes, incertitudes et contradictions de la nouvelle politique pétrolière française, Comité exécutif de la CFP du 23 octobre 1978.

partir de leur territoire. En février 1973, la CFP signe avec la société irakienne INOC un contrat de 10 ans en vue de conserver les ressources de brut dont elle avait disposé à l'intérieur de l'IPC avant sa nationalisation en 1971. Ce contrat conclu en application de l'accord gouvernemental franco-irakien du 10 juin 1972 permet à Total de poursuivre au rythme antérieur ses enlèvements en provenance d'Irak. Pour situer l'importance de cet accord, il suffit de rappeler que le tonnage obtenu par la CFP en Irak en 1973 s'élève à 31 % des ressources propres du Groupe. De même en juillet 1973, un accord intervient en Iran entre le Consortium et Téhéran et consolide pour 20 ans le droit exclusif du Consortium au rachat d'huile disponible après satisfaction des besoins locaux et des contrats d'exportation de la Compagnie NIOC. Cet accord permet à la CFP de conserver ses droits en Iran, ceux-ci représentant en 1973 plus de 21 % des ressources propres du Groupe. À la fin de l'année 1973, il apparaît donc que le groupe Total conserve un contrôle appréciable des volumes dont il a besoin pour l'approvisionnement du marché français comme pour celui de son réseau international. Plus de 80 % du brut écoulé par la CFP en France provient du Moyen-Orient : Irak, Iran, Qatar, Abu-Dhabi, Dubaï et Oman. En dehors du Moyen-Orient, la source essentielle d'approvisionnement reste l'Algérie. Les achats de brut sont réalisés dans les pays où la CFP n'exerce pas d'activité concessionnaire comme le Koweït, le Nigeria ou l'Arabie saoudite et s'intègrent souvent dans une politique d'échange[41].

Le deuxième cycle de la CFP entamé vers 1953 prend fin avec le Premier Choc pétrolier : si les ressources en pétrole brut de la CFP restent après 1973 très supérieures aux besoins de la CFR, sur le plan juridique comme sur le plan économique, elles vont changer profondément de nature.

## III. La crise de surcapacité de la flotte et la disparition du transport maritime en propre de Total (1973-1992)

### A. *Les transports maritimes de Total face à la crise pétrolière (1973-1978)*

Le Premier Choc pétrolier, provoqué directement par la guerre du Kippour (octobre 1973), renforce les tensions entre pays producteurs, États consommateurs et compagnies pétrolières. Les États arabes décident une réduction progressive de leur production et un embargo sélectif des livraisons, l'OPEP multiplie par quatre le prix affiché des pétroles bruts au cours du dernier trimestre 1973. Le monde entre soudain dans

---

[41]    Archives Total, Total information n° 84. Total et l'approvisionnement français, 1983.

une pénurie apparente d'énergie. La CFP décide de fournir de façon préférentielle sa filiale française, la CFR, en réduisant sa clientèle étrangère (Japon, Espagne, etc.). Après une période de forte croissance de l'ordre de 8 % par an depuis le début des années 1960, l'arrêt de l'augmentation de la consommation des produits pétroliers dans les pays occidentaux (États-Unis, Europe et Japon) est brutal. De ce fait, apparaissent rapidement, aussi bien en France qu'à l'étranger, des surcapacités importantes dans le transport maritime et dans le raffinage du pétrole brut. Les programmes d'investissements engagés avant la crise pour satisfaire la croissance prévue des besoins sont mis en œuvre à un moment ou la consommation est en régression. Dorénavant, le commerce international du pétrole et donc les conditions dans lesquelles le marché français peut être approvisionné sont transformés. Au lieu de chercher à accroître ses volumes de vente, il faut chercher à consolider ses ressources.

Tous ces aspects de la crise pétrolière et de ses répercussions sur l'économie mondiale sont à l'origine de la crise extrêmement grave à laquelle vont être confrontés les transports maritimes pétroliers. La flotte pétrolière mondiale continue de s'agrandir au rythme des livraisons prévues en 1972-1973 et passe d'un tonnage de port en lourd de 195 millions de tonnes début 1973 à 335 millions de tonnes à la fin 1979[42]. L'état d'équilibre relatif entre l'offre et la demande en 1973 fait rapidement place à une situation de surcapacité de la flotte pétrolière mondiale dès 1974. Le mois de novembre 1974 marque un tournant pour l'industrie navale : pour la première fois depuis la Seconde Guerre mondiale, les chantiers de construction navale dans le monde ne reçoivent aucune commande de pétrolier. L'ensemble des acteurs du secteur (compagnies pétrolières, armateurs, courtiers maritimes et chantiers navals) s'accordent, dès 1974-1975, à prévoir une crise de longue durée jusqu'au début voir au milieu des années 1980.

Les compagnies de transports pétroliers maritimes prennent dans un premier temps des mesures d'ajustement avec le ralentissement général de la marche des navires de 3 et 4 nœuds afin de réduire la consommation en fuels lourds et de diminuer le nombre de rotations. Le ralentissement des navires ne suffisant généralement pas, il faut procéder à des décisions plus radicales : désarmements de navires pétroliers, annulations de commandes, envoi de navires à la démolition, utilisation de navires comme stockage flottant. La CNP reçoit en livraison l'*Opale* et l'*Onyx* en 1975, augmentant sa capacité de transport de 20 % de 1 852 314 tpl à 2 346 562 tpl. La CNP, qui se trouve dans une situation excédentaire, est obligée de retarder l'entrée dans la flotte de l'*Opale* (il

---

[42]   Archives Total, *Les transports maritimes pétroliers à travers la Crise* (Les conférences du 1er cycle). Citation de L. Bouzols, directeur des transports maritimes de la CFP et PDG de TCFN, p. 3.

ne s'agit pas d'un désarmement à proprement parler mais plutôt d'un non-armement), de recourir au ralentissement de sa flotte et de sortir définitivement les derniers navires de 50 000 tpl et de 100 000 tpl vers sa filiale sous pavillon économique MATRACOR[43] ou d'autres armateurs indépendants.

Les armateurs doivent supporter des abandons de commande très onéreux, des cessions ou des reports d'unité encore non livrées. Ils ne peuvent se débarrasser des pétroliers qu'ils possèdent en surnombre car ils sont devenus invendables. Des centaines de pétroliers sont immobilisés dans les fjords norvégiens, en Grèce, attendant d'hypothétiques chargements au large des côtes d'Iran ou du Nigeria. Ces surcapacités ont un effet dépressif sur le niveau des prix de transport[44]. Selon les analystes, « le taux d'affrètement dégringole. On peut même dire que le marché des affrètements n'existe plus »[45]. Les frets spot sont en 1977 de l'ordre d'un tiers du coût d'exploitation des navires des compagnies pétrolières. Les armateurs français intégrés ou indépendants subissent en plus le surcoût lié au pavillon français. Ce phénomène est l'un des éléments (avec l'accroissement des coûts de pétrole brut, des coûts industriels du fait des surcapacités par rapport au niveau de consommation, de l'accroissement des charges financières et des charges de salaires, etc.) de la crise du raffinage très profond en France. « Si l'on n'allège pas les obligations liées au pavillon français, notre raffinage, handicapé, n'est plus compétitif. Si l'on allège cette obligation, la probabilité la plus grande est que cela se fera au détriment de la flotte pétrolière »[46]. L'industrie du raffinage supporte la surcharge du monopole de pavillon et une implantation géographique trop française. Les groupes pétroliers français et les filiales des majors se retrouvent avec un double problème : le transport et le raffinage, le premier étant en partie responsable de la crise du second.

La période des supertankers touche à sa fin alors que de nombreux paramètres viennent encore fragiliser les transports maritimes : réouverture du canal de Suez en 1975 (seules les unités de 100 000 tonnes

---

[43] La CNP créé en 1969 une filiale détenue à 100 % au Libéria, la Marine Transport Corporation (MATRACOR) pour accueillir les navires dont l'exploitation sous pavillon français n'est plus possible. L'idée est de transférer des navires français, qui ont atteint leur limite d'âge physique ou économique, sous pavillon économique.

[44] Archives Total 87.1/15, Comité exécutif du 12 décembre 1977. Lettre de l'Union des chambres syndicales de l'industrie du pétrole, Lignes d'action à moyen terme de l'industrie du raffinage et de la distribution, 9 décembre 1977.

[45] Archives Total, 93AH180/175, Études générales transports maritimes. Les flottes pétrolières en perdition, Journal Entreprise n° 1015, 20/26 février 1975.

[46] Archives Total, 87.1/17, Comité exécutif du 23 octobre 1978. Lacune, incertitudes et contradictions de la nouvelle politique pétrolière française.

peuvent passer en charge), projets de développement des pipelines (Iran-Méditerranée par la Turquie, le long du canal de Suez en 1977 avec le SUMED Suez-Alexandrie), rapprochement des centres d'extraction (mer du Nord, Canada, Alaska, Italie), constitution de flottes nationales dans les pays producteurs (l'Iran, l'Arabie saoudite constituent leurs propres flottes en 1975 à partir des revenus qu'ils ont engrangés suite au Premier Choc pétrolier), etc. La réduction des coûts devient de plus en plus difficile car il n'existe plus le puissant facteur qu'est la progression constante de la taille des navires. Or l'ensemble des armateurs intégrés, à commencer par la CNP, s'est positionné sur ce type de navires pour des raisons de coût. La crise a donc mis en évidence, en France ou dans le monde, le problème de coût des filiales intégrées alors que le marché des transports maritimes se trouve très concurrentiel. Les choix effectués au milieu des années 1960 avec des classes de navires toujours plus grands (VLCC et ULCC) vont se retrouver rapidement mal adaptés à la nouvelle situation alors que les lieux de production, et donc les routes maritimes, sont sur le point de se modifier.

La consommation de pétrole en France est de 118 millions de tonnes en 1978 contre 128 en 1973 soit 10 millions de tonnes de moins. L'approvisionnement en pétrole de la France effectué par le groupe Total reflète bien ces tendances. Les volumes ont baissé par rapport à 1973 de 8 millions de tonnes de brut (de 38 millions de tonnes en 1973, à 30 millions de tonnes en 1978). Si la nature juridique des ressources est désormais le plus souvent fondée sur des contrats d'achat conclus auprès des pays producteurs, les courants d'approvisionnement restent en 1978 marqués par la prédominance du Moyen-Orient : 76 % du brut livré par le groupe Total en France est tiré de cette région. On note toutefois une diminution sensible des achats en provenance d'Iran et d'Irak, alors que l'Arabie saoudite apparaît désormais comme un fournisseur important pour la CFR. En dehors du Moyen-Orient, l'Algérie reste la principale source de pétrole. Les économies d'énergie et le rapprochement des lieux de production, avec le démarrage de la production de la mer du Nord, permettent de réduire les importations françaises de pétrole[47]. Dans le même temps, la flotte française a doublé sa capacité de transport passant de 8 millions à 16 millions de tonnes de port en lourd. Quant à la flotte de la CNP et de la CAN, elle a subi un rythme de croissance légèrement inférieur, passant de 2 millions à 3,2 millions de tonnes de port en lourd, soit une augmentation d'un tiers[48], alors qu'elle a diminué entre temps le tonnage de brut enlevé dans la même période

[47] Archives Total, Total information n° 84. Total et l'approvisionnement français, p. 8.

[48] Archives Total, Les transports maritimes pétroliers à travers la Crise (Les conférences du 1er cycle). Citation de Louis Bouzols, directeur des transports maritimes de la CFP et PDG de TCFN, p. 4.

(19 millions de tonnes en 1978 contre 26 millions en 1973). La CFP, face à ces nouveaux enjeux, doit restructurer sa principale filiale maritime (fusion définitive CNP-CAN en 1978 sous le nom de Total Compagnie française de navigation/TCFN) et élaborer une nouvelle politique de transport maritime (création d'une Direction des transports maritimes en janvier 1978 en charge de la politique du Groupe dans ce domaine).

### Tableau n° 2 : Enlèvements de pétrole brut en tonne de la CFP-Total au Moyen-Orient de 1945-1990

Source : rapports sur l'exercice de Total

## B. Une crise de surcapacité qui n'en finit pas (1979-1987)

Au cours du quatrième trimestre 1978, les événements d'Iran, qui affectent le secteur pétrolier dès le 20 octobre, aboutissent à une suppression totale des exportations à partir du 26 décembre, et conduisent au Second Choc pétrolier dont les conséquences vont se révéler encore plus importantes que le précédent. La cessation des exportations iraniennes développe la psychose généralisée de pénurie. L'OPEP décide alors une nouvelle augmentation brutale des prix qui va, en l'espace de 18 mois, aboutir à multiplier par 2,5 le prix officiel du baril d'arabe léger. À partir de 1979, il apparaît que l'économie mondiale n'est pas en mesure de supporter les dernières augmentations de prix décidées par l'OPEP. La demande d'énergie baisse et l'on assiste à une réduction très forte des ventes des produits pétroliers. Sur le marché français, où l'État engage un important programme nucléaire, la consommation intérieure civile de pétrole, qui avait baissé de 5 % en 6 ans entre 1973 et 1979, s'effondre de 50 % en 8 ans de 1979 et 1987 (de 126 millions de tonnes à 66 millions de tonnes). La tendance à la réduction des chargements à partir des pays producteurs s'accélère et il apparaît, dès la fin 1981, que le marché a changé de nature. De 1974 à 1981, le monde a vécu dans un climat de pénurie. À partir de 1981, émerge un nouveau marché compétitif où tout producteur doit lutter pour conserver ses clients. On assiste, pour les groupes pétroliers, à un changement de politique commerciale, la priorité étant donnée systématiquement à la recherche de la compétitivité par rapport à celle de la sécurité. Depuis 1974, les compagnies veulent pouvoir s'approvisionner grâce à des contrats à long terme conclus auprès des pays producteurs. Ces contrats semblent désormais d'un coût trop élevé, les groupes pétroliers, dont les résultats financiers se détériorent (le groupe Total enregistre par deux fois un résultat net négatif en 1982 et 1986), cherchent à recouvrer leur liberté de mouvement pour avoir recours à des achats à court terme beaucoup moins onéreux[49].

Le pétrole brut livré en France par le groupe Total, suivant la tendance du marché français, s'effondre également de 50 % entre 1979 et 1987, soit une réduction de 16 millions de tonnes (de 32 millions de tonnes en 1979 à 16 millions de tonnes en 1987, son point le plus bas). La constatation la plus intéressante porte sur les changements intervenus dans l'origine de ce pétrole. Si, de 1973 à 1978, seules quelques modifications mineures étaient apparues dans l'origine géographique du pétrole livré, il n'en est plus de même de 1978 à 1984 : le Moyen-Orient ne représente plus que 50 % des fournitures du groupe Total sur le marché français. Le rôle traditionnel de l'Irak et de l'Iran est réduit à peu de chose à la suite du conflit qui oppose les deux pays. Pour la première fois depuis 1934 (hors la période de la Seconde Guerre mondiale), la CFP n'enlève plus de brut en provenance d'Irak. Au Moyen-Orient, le Groupe a désormais recours pour l'essentiel de son approvisionnement à l'Arabie saoudite et aux Émirats arabes unis (Abou Dhabi et Dubaï). En revanche, le groupe Total importe dorénavant près de 10 millions de tonnes de brut en provenance d'Afrique, d'Union soviétique, d'Europe ou d'Amérique latine. Si l'Algérie conserve son rôle de fournisseur traditionnel avec 4 millions de tonnes, on voit apparaître le Mexique comme fournisseur important de la CFR à la suite du contrat d'achat de 10 ans conclu entre la CFP et la société PEMEX, qui est entré en application en 1980. Le groupe Total doit adapter continuellement ses objectifs aux circonstances, entre le risque de ne pouvoir accorder au consommateur la sécurité d'approvisionnement auquel il a droit et celui d'être contraint à livrer un produit à un prix supérieur à celui du marché. Il a fallu ainsi s'efforcer de disposer de ressources avec des contrats à terme tant que pesait sur l'approvisionnement un risque de pénurie. Le temps de la dépendance exclusive à l'égard des gisements du Moyen-

---

[49] Archives Total, *Total information* n° 84, *op. cit.*, p. 9.

Orient est donc révolu : Total entretient des rapports commerciaux avec tous les pays exportateurs d'importance.

**Tableau 3 : Importations de pétrole brut en tonne
en France de 1938 à 1993**

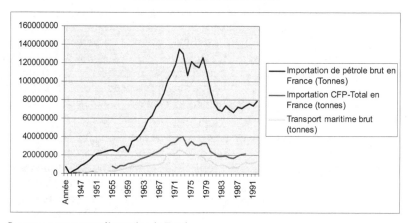

Sources : rapports sur l'exercice de Total

La crise de surcapacité de la flotte pétrolière est dramatique dans les années 1980 avec la baisse de la demande de produits pétroliers, alors qu'elle n'a toujours pas absorbé la crise de 1973. Le bouleversement apporté aux flux pétroliers va porter le coup de grâce à l'armement pétrolier. Les bruts proches (mer du Nord, Afrique de l'Ouest, Mexique) se substituent aux bruts du Moyen-Orient, entraînant une baisse considérable des besoins de capacité de transport et plus particulièrement de la flotte de VLCC. La crise est donc à la fois la conséquence de la baisse des approvisionnements et de la diminution des importations en provenance du Moyen-Orient. Jusqu'en 1981, cette flotte, bien que fortement excédentaire par rapport aux besoins, et encore plus par rapport à l'obligation de pavillon des raffineurs français, va être à peu près utilisée grâce à une exploitation à vitesse très réduite et au niveau encore élevé des importations en provenance du golfe Arabo-Persique, tout en entraînant des charges financières considérables pour les utilisateurs. Mais à partir de 1982, les besoins de capacité de transport se réduisent de telle façon qu'il n'est plus possible d'éviter des retraits de la flotte de navires qui ne sont d'ailleurs plus adaptés à ces besoins. Ces retraits de navires se traduisent le plus souvent par des ventes à la démolition (l'exemple le plus symbolique étant les supertankers français de plus de 500 000 tpl de la CNN ou de la Shell vendus à la démolition). Ainsi, en 1986, la flotte pétrolière française est composée de 26 navires avec un port en lourd de 5,6 Mt dont près de 1 Mt se trouvent désarmés. La survie de la flotte pétrolière française est posée au milieu des années 1980 alors que l'ensemble des verrous de la loi 1928 sont en train de disparaître un à un. Dans ces conditions, comment imposer la contrainte des pavillons ? Il reste qu'une nation comme la France a besoin pour la sécurité de ces approvisionnements, d'avoir une flotte pétrolière à sa disposition[50].

## C. L'État face à la crise du pavillon français (1987-1992)

À la fin des années 1980, la France tente de sauver sa Marine marchande en améliorant sa compétitivité. L'objectif est d'éviter que les armateurs français privilégient les pavillons économiques, dits de complaisance, et de garder une flotte suffisante pour maintenir l'indépendance de la France dans ce domaine. Le registre « bis » des Terres australes et antarctiques françaises (TAAF), couramment appelé « pavillon Kerguelen » est créé en 1986[51]. Sous cette immatriculation, 35 % seulement de l'équipage doivent être composés de navigants français, pour lesquels par ailleurs le taux de charges sociales patronales est réduit des deux-tiers environ. L'ensemble de ces mesures, malgré la persistance d'un coût d'exploitation supérieur à celui d'un pavillon économique, doit permettre le maintien d'une flotte compétitive sous pavillon français. Cette immatriculation devient accessible à tous les transporteurs de pétrole brut français en vertu d'un arrêté du ministre de la Mer du 3 novembre 1992. L'État français cherche à « répondre aux impératifs de compétitivité et du maintien d'une flotte pétrolière sous pavillon français », alors que l'évolution du taux de couverture lié à l'obligation de pavillon s'effondre (33 % au début des années 1990 contre 65 % en 1987)[52]. Cette immatriculation aux TAAF était demandée depuis longtemps par les armateurs pétroliers. Elle arrive deux mois à peine avant la loi du 31 décembre 1992, portant réforme du régime pétrolier français, succédant ainsi à la loi du 30 mars 1928 relative au régime d'importation du pétrole. Tout en libéralisant l'ensemble des opérations pétrolières sur le territoire national, la loi de 1992 fait obligation aux sociétés pétrolières de détenir une capacité de transport :

> Tout propriétaire d'une unité de distillation atmosphérique dans une usine exercée de raffinage de pétrole brut en France métropolitaine est tenu de disposer, en propriété ou par affrètement à long terme, d'une capacité de

---

[50]   Archives Total 00AA279/307, Louis Bouzol (président de TCFN), La crise pétrolière et ses conséquences sur le transport maritime pétrolier, 11 mars 1986, p. 17.

[51]   JORF, Arrêté du 17 juin 1986 instaurant un registre dérogatoire d'immatriculation dans les terres australes et antarctiques française.

[52]   Archives Total, 00TE030/6, Stratégie transport maritime, 1992.

transport maritime sous pavillon français proportionnelle aux quantités de pétrole brut qui entre dans ladite usine[53].

Cette capacité de transport, visée par cette loi, est fixée à 5,5 % des quantités de pétrole brut entrées dans une usine de raffinage au cours d'une année civile[54]. Pour les pouvoirs publics, cette obligation est essentiellement motivée par la sécurité des approvisionnements pétroliers en cas de crise. Seuls les navires sous pavillon français peuvent être réquisitionnés (comme ce fut le cas au Liban en 1988 et pendant la guerre du Golfe en 1990-1991) et protégés par la Marine nationale dans les eaux internationales. En contrepartie, l'ouverture au registre TAAF est une réponse aux besoins d'alléger les contraintes maritimes imposées aux raffineurs.

## D. La fin de l'intégration verticale chez Total : la vente de l'armement (1993)

Au début des années 1990, Total comme toutes les grandes compagnies pétrolières internationales est à la fois armateur-opérateur (flotte en propre) et affréteur (recours au marché). Total, via sa filiale TCFN rebaptisée Total Transport maritime (TTM) en 1990, contrôle encore une activité détenue à 100 %, en supporte donc les risques opérationnels à 100 %, alors que sa flotte est d'un âge élevé et que va se poser la question de son renouvellement. Son armement n'atteint plus la taille critique nécessaire avec seulement 7 navires pour un port en lourd de 1 195 086 tpl. L'analyse des flottes contrôlées par les majors montre un déclin des flottes en propre et affrétées en faveur d'une plus grande utilisation du marché des affrètements spot (cas notamment d'Elf-Aquitaine, Mobil et BP) même si le taux de couverture des besoins de transport par la flotte contrôlé est encore compris entre 50 et 60 %.

Face à cette situation, trois options s'offrent au Groupe : maintenir le statu quo, devenir un affréteur pur (à l'instar d'Elf-Aquitaine) ou continuer une activité armateur-opérateur en association avec un partenaire (afin de partager les risques et les coûts). C'est cette dernière option qui va prévaloir. En septembre 1993, au terme d'un accord avec la Compagnie nationale de navigation (CNN), Total apporte ses deux derniers pétroliers battant pavillon français, Autan (278 220 tpl) et Borée (283 861 tpl), contre 14 % du capital de la filiale maritime du groupe

---

[53] JORF, article 6 de la Loi n° 92-1443 du 31 décembre 1992, loi portant réforme du régime pétrolier.

[54] JORF, Décret du 4 mars 1993 fixant à 5,5 % le rapport entre la capacité de transport qui doit être maintenu sous pavillon français et les quantités de brut entré en raffinerie.

Worms[55]. Pour la première fois depuis 1937 et le lancement de l'*Emile Miguet*, Total n'est plus propriétaire de navires pétroliers. Par le même accord, Total confie à la CNN la gérance de ses cinq navires sous pavillon économique (Libéria et Bahamas). Total Transport Maritime disparaît définitivement en 1996, 65 ans après la création de la Compagnie navale des pétroles. La politique de transport maritime du Groupe (affrètement spot et à temps) est définitivement intégrée au sein de sa branche Trading-Shipping, placée entre ses branches Amont (exploration et production) et Aval (raffinage et distribution).

**Tableau n° 4 : Ressources en pétrole brut en tonne
de la CFP-Total de 1945 à 1992**

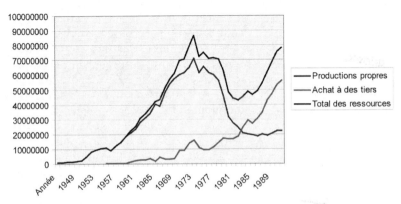

Source : rapports sur l'exercice de Total

## Conclusion

Aujourd'hui, les compagnies pétrolières françaises ont abandonné leur armement maritime au profit d'armateurs indépendants via le marché du transport spot extrêmement actif. La flotte pétrolière française, à son apogée dans les années 1970, a aujourd'hui pratiquement disparu sans que ni les compagnies pétrolières, ni les armateurs, y soient vraiment pour quelque chose. La rupture se situe en 1973, avec le Premier Choc pétrolier, qui a créé un énorme excédent de tonnage pétrolier

---

[55] En 1986, Worms reprend la Compagnie nationale de navigation à Elf-Aquitaine et y intègre les pétroliers de la SFTP. La CNN récupère lors des années 1980 et 1990 une partie des navires des filiales françaises des multinationales. En 1995, la CNN s'associe avec la Compagnie maritime belge (CMB) pour fonder Euronav, avant que la totalité des actifs d'Euronav ne soient cédés à la CMB en 1998 suite au démantèlement du groupe Worms suite à une OPA boursière. À cette date, les activités de transports maritimes n'existent plus.

pendant quasiment vingt ans (en 1983, le surplus de tonnage est de 33 % c'est-à-dire un tiers de la flotte pétrolière mondiale). Dans ces conditions, et avec l'écroulement des niveaux de frets qui tombent en dessous des coûts d'exploitation des navires les plus économiques, les armateurs et les compagnies pétrolières n'ont eu d'autres choix que de se séparer de leurs navires qui sont partis essentiellement à la casse. Leur modèle économique, fondé sur une baisse des coûts liée à la taille des navires, s'est écroulé avec la baisse de la consommation en produits pétroliers et le rapprochement des gisements de production des lieux de consommation. L'économie pétrolière a complètement changé également. Les sources d'approvisionnement, après la crise pétrolière, se sont considérablement diversifiées, l'importance relative du Moyen-Orient ayant diminué au profit de nouveaux horizons comme l'Afrique, l'Asie du Sud-est, l'Amérique latine ou la mer du Nord. Les grandes zones d'importation sont également multipliées et par conséquent les flux des transports sont devenus plus volatiles et plus diversifiés. Le temps où les compagnies pétrolières contrôlaient à la fois la production et le raffinage, transportaient son pétrole sur ses propres navires, pour le raffiner dans ses propres installations, est désormais révolu. Il est devenu rare pour un pétrolier de traiter son propre brut dans ses propres raffineries. Le ratio pour le groupe Total est de 10 % seulement au début des années 2000, alors qu'il était presque de 100 % au sortir de la Seconde Guerre mondiale[56]. L'État, face à des considérations d'ordre stratégiques liées à la sécurité des approvisionnements énergétiques, a de tout temps contraint les entreprises pétrolières raffinant en France de disposer d'une capacité de transport maritime de pétrole brut sous pavillon national. La question de l'efficacité de ces mesures et du maintien d'une compétence et d'un savoir-faire français dans le domaine du transport pétrolier reste aujourd'hui encore posée.

---

[56] Bertrand Thouilin (Directeur des transports maritimes de TotalFinaElf), *La nécessité d'un renforcement du contrôle des ports par les États est-elle une réponse adaptée et suffisante à la défaillance des États du pavillon ?*, La revue maritime n° 459, mai 2001, p. 2.

# Petroleum and War

## The Forgotten Chaco War

George LANDAU

*Prismax Consulting, Brazil*

## Introduction

The Chaco War of 1932-35 provides a vivid if tragic illustration of the interplay of oil and war in the bad old days of Latin America's imperial history. Quite aside from the Iberian conquest of the region, which was a naked grab for natural resources, there are other illustrations of conflicts on the continent, in the 20th century, where at least in part the quest for petroleum, indeed the greed for "black gold" spurred peoples to civil strife or international warfare: the Mexican Revolution of 1917, the Falklands War of 1982, and others. But few had the devastating effect that the Chaco War wrought on the two poorest nations of South America, Bolivia and Paraguay, who had served as proxies for two powerful global oil companies, one on each side, coveting the same inhospitable territory: the Chaco Boreal, a veritable hell on earth, suspected of containing petroleum – which in the end did not exist. It is estimated that close to 100,000 soldiers died in the conflict, and in both cases the native foot-soldiers were mere cannon fodder, commanded by mostly foreign officers, some of which were, by any standards, staggeringly incompetent.

There had been precedents with regard not to petroleum, but to rubber, where the interests of an Anglo-American Bolivian Syndicate almost led to a war between Bolivia and Brazil for the possession of the territory of Acre, in the jungles of Amazonia; it culminated with a peace agreement, the Treaty of Petropolis (1903), due to the diplomatic skill of Brazil's foreign minister, Rio-Branco. There, too, a foreign company served as a catalyst for the conflict.

Other noteworthy episodes occurred with the Pacific War of 1879-83, which pitted Chile against Bolivia and Peru – there the object was *salitre*, nitrates – and the Guyana dispute between Venezuela and then British Guiana, dating back to 1844, and having as its modern fulcrum the oil-rich lands of the Essequibo region; or the Guyana-Suriname border dispute for oil-bearing territories offshore, only resolved by an arbitral award in 2007; etc. History presents us with innumerable instances, even today, with the raging wars ongoing in the Middle East, where the appetite for oil lies at the root of major conflicts. The Suez crisis of 1956 was one such instance (because of the strategic importance of the Canal, a conduit for most Middle Eastern oil), the Iraqi invasion of Kuwait in 1991, another. Even the current Afghanistan war can be indirectly related to oil, as the country is to some extent a passage for the oil produced in the Caucasus and Central Asia.

In Latin America, petroleum has thus far not been a principal motivation for aggression; but the memory of the Chaco War lingers on as evidence of the vulnerability of weak states to corporate greed. Regrettably, there are many examples to corroborate this assumption: United Fruit Co. in Central America, Firestone in Liberia, the *Union Minière* in the Congo. The question is whether the lesson has been learned.

Bolivia's land-locked status, since the Pacific war, left it isolated from most of the world. While the country lies on enormous mineral riches and has the second largest reserve of natural gas in the hemisphere (after Venezuela's), it was in the 1930s, and remains to date, dirt-poor. Paraguay was devastated by the war it waged in 1865-70 against the Triple Alliance (Argentina, Brazil and Uruguay), and never quite recovered. It certain hadn't in the 1930s.

The Chaco War, as it became to be called, waged by proxy, in the remotest jungles and deserts of South America, was so obscure that even a seminal, encyclopaedic work detailing the history of oil and war, Daniel Yergin's *The Prize*, makes no reference to it whatsoever. He does, however, refer to the early antagonism between the interests of the Rockefellers' Standard Oil Co. (the predecessor of contemporary Exxon-Mobil) and those of Shell Oil, which later became Royal Dutch Shell. It was the rivalry and competition between their corporate interests, at a time when there was a world scarcity of oil, that turned into a full-fledged war. International oil companies had already begun prospecting for oil in the southern half of Bolivia, in the foothills of the Andes around Villa Montes, and sought to explore as well that portion of the Chaco lying within Paraguay's borders, such as they were.[1] It was they

---

[1]  Even though no major oil deposits were found at the time – and thus the Chaco War was fought in vain – it is noteworthy that today's largest natural gas deposits in Bolivia are found in the adjacent department of Tarija.

who nudged Bolivia into waging a war which, in the end, it could not win.

Paraguay was at this stage a virtual economic colony of Argentina. Following the war of the Triple Alliance (1865-70), in which Argentina enriched itself, Argentine capital began to buy extensive land properties in Paraguay, and dominated the country economically. Due to the close alliance between Argentine and British capital, the United Kingdom also gained a firm foot-hold in Paraguay. Anglo-Argentine railway interests also began to plan for the extension of Argentine railways to Bolivia, which had tacitly been acknowledged as lying within Brazil's sphere of influence, and the Brazilian government viewed with increasing apprehension the extension of Argentina's reach. Irrational as it may seem today, Brazil suspected Argentine plan to use Bolivia to encroach on the Brazilian Amazon region. In all of this, both Bolivia and Paraguay were but geopolitical pawns. In Argentina itself, the Standard Oil Co. of New Jersey and Royal Dutch Shell were already, in 1930, competing for oil concessions, and extended their competition to the Chaco region.[2]

## I. Historical Antecedents of the War

Historically, throughout the Spanish empire in Central and South America, boundaries in remote, mountainous areaswere ill-defined, ambivalent and unreliable, with the result that, over the centuries, territorial disputes have often flared up between neighbouring states, and even today there is dissatisfaction if not irredentism in some quarters, with the borders inherited from the colonial period. These controversies, dregs of empire, tend to be aggravated whenever there is the possibility that the lands contested may contain hydrocarbons.

In the late 1920s, there was strong suspicion, especially in Bolivia, that this might be the case of the Chaco region, also known as Chaco Boreal,[3] shared by two land-locked countries, Bolivia and Paraguay.

---

[2]    The Chaco, however, remains as desolate and undeveloped as ever, and the Guaraní Indians often live in semi-slavery, serving on large cattle ranches. L.A. Moniz Bandeira, "A Guerra do Chaco", in Revista Bras. De Pol. Int'l. (RBPI), Vol. 41, No. 1, Jan-Junho.

[3]    The Chaco Boreal covers an area of approximately 260,000 $km^2$ in northwestern Paraguay, southeastern Bolivia and a small portion of northern Argentina. It is divided by the Paraguay river into two zones: West of the river, there are flat-lands covered by scrub, woods and forests; East of the river, there are savanna brush, forests and grassland suitable for cattle-grazing. At the time of the Chaco war, neither Bolivia nor Paraguay had attempted to settle this inhospitable, desolate, arid land, with little water and very high temperatures. Mostly small groups of Guaraní Indians lived there and eked a meagre subsistence from farming, livestock, the cultivation of *mate* (vital to the Paraguayan economy) and the *quebracho* tree, which yields wood and tannin.

This particular geographic configuration led the two governments to seek to control the Paraguay River, which runs through the Chaco territory. In the case of Bolivia, it sought access to the Atlantic Ocean by means of the river, and to this end had staged since 1928 a series of skirmishes and attacks on Paraguayan border garrisons and fortifications, which led to a proactive Paraguayan defence of its national integrity. In 1932, Bolivia, stimulated by foreign interests, sought to free itself from its land-locked position[4] by seeking access to the Paraguay river and, through it, to the Atlantic ocean. To this end, Bolivia frontally attacked Paraguay, on 15 June 1932, by shooting at a fortified border town on the river, Vanguardia. Bolivian troops were commanded by a German officer, general Hans von Kundt, whose egregious strategic mistakes eventually cost him his command (in 1934), but also tens of thousands of Bolivian lives.

The Bolivian Army consisted mostly of Indians from the *Altiplano*, the high Andes – a very different landscape and climate from the Chaco – pressed into military servitude. The Paraguayans, with the advantage of fighting for their own land, had the advice of two White Russian officers, Ivan Belaieff and Nicholas Ern, who served them well with the design of fortifications. Thus, World War I trench warfare was fought again in the nettles of the dryest and hottest of South American deserts, insect and snake-ridden, submerged in yellow fever and malaria. Many more soldiers died of disease rather than bullet wounds. The war continued for three tragic years, until both countries were depleted, in human and material terms, and could no longer afford to fight. By 1935, the Bolivian troops for a short while were winning battles, but in the end Paraguayan forces, led by general Estigarribia, practically ejected the Bolivian invading troops from the Chaco.

While the military operations themselves are of little interest for purposes of this paper – other tham the fact that they included acrial bombardment, heavy artillery, naval confrontations and the use of tanks, albeit unsuited to the terrain – there were many bloody incidents, protracted sieges and full-fledged battles. Von Kundt believed in mass infantry attacks against fortified positions, World War I-style, and one such encounter, at Fortín Nanawa in 1933, became known, for good reason, as the "Verdun of South America".

---

[4]    To this day, Bolivia is negotiating with Chile a sovereign outlet to the Pacific Ocean – which it lost in the Pacific war of 1879-83. Interestingly, Bolivia's trump card in this negotiation may be the possibility of supplying natural gas to energy-starved Chile, particularly for the large mining operations in the northern part of the country. But the negotiations have dragged for years. It should be stressed that never, in its 184 year history, has Bolivia won a single war, although it has fought many.

Bolivia enjoyed superiority, in numbers of troops and equipment, over Paraguayan forces, but was nevertheless soundly defeated: wrong strategy, wrong tactics, wrong army. Paraguay was fighting for its sheer survival, and moved its forces by barges up river, attacking the enemy with hydro-planes.

Thanks to the mediation of Argentina, a cease-fire was worked out on 10 June 1935, almost precisely to the day three years after the formal start of this most useless of wars. A treaty was signed later that same year, and a peace treaty was concluded in Buenos Aires on 21 July 1938, awarding Paraguay jurisdiction over 75 per cent of the Chaco Boreal, including the Paraguay river, but these lands were later found to contain no significant amounts of oil, whereas – oh irony! – those awarded to Bolivia, on the edge of the Andes, do contain extremely rich oil and gas deposits. They need not have waged a war to tap them... Bolivia was granted a corridor to the waterway and a port on the Paraguay River (Puerto Casado). The treaty was arranged by the Chaco Peace Conference, with the participation of Argentina, Brazil, Chile, Peru, Uruguay and the United States. A final boundary treaty was signed by Bolivia and Paraguay as recently as April 28, 2009, respectively by presidents Evo Morales and Fernando Lugo. Thus, the Chaco dispute was finally put to rest, 67 years after it had started.

## II. The geopolitical framework for the Chaco War

It has been stated above that the Chaco War was fought because the governments of Bolivia and Paraguay were respectively induced to it by an American company, Standard Oil Co. of New Jersey, and on Anglo-Dutch one, Royal Dutch Shell. This is true, but incomplete. The American government was vigorously promoting the interests of the US company, even if, in the end, when Bolivia expropriated it after the end of the war, president Franklin D. Roosevelt refused to intercede on its behalf, within the context of his Good Neighbour policy towards Latin America. And presumably also because the Rockefeller interests, owners of Standard Oil, were politically averse to his New Deal domestic economic recovery programme.

There was another important protagonist manipulating behind the scenes to bring about the Chaco War and, in its aftermath, profit from it: Argentina, at the time the wealthiest country on earth on a per capita basis, and closely linked, in financial terms, with Britain. Again, oil interests played a role in Argentine diplomacy, inasmuch as the Argentine state oil company YPF (*Yacimientos Petroliferos Fiscales*), formed in 1922, had designs over Bolivia's copious hydrocarbon reserves, where indeed it later held concessions.

It is essential to bear in mind the geopolitical context of the time. Argentina was, on the regional scene, the leading power, with economic, financial and military supremacy over Brazil. The latter had committed, through the treaty of Petropolis (1903) with Bolivia, to build the Madeira-Mamoré railway – which, in terms of material cost and human suffering, constituted a saga similar to the construction of the Panama Canal – but, in the 1920s, had not quite completed the project, whereas the Anglo-Argentine railways were ready to escalate the Andes and connect with Bolivia's rich oil and gas fields. In 1932, the Brazilian government of President Vargas faced a revolution in the state of S. Paulo, which left it with little margin to conduct an active diplomacy.

While Argentina and Brazil, allies in the Triple Alliance war (1865-70) against Paraguay – which left the country utterly prostrated and exhausted, with most of its male population dead – were ostensibly friends and allies, in effect there was a bitter rivalry between then for influence and control of Bolivia and Paraguay, including their respective hydrocarbons resources: Paraguay's Chaco Boreal was suspected of containing huge reservoirs, which eventually proved to be a wrong assumption.

Argentine and Brazilian diplomacy, and much more proactively the former (led by foreign minister Saavedra Lamas), intertwined with foreign railway and oil interests, played a role behind the scenes in bringing about the Chaco War. At its end, Argentina dominated the peace negotiations, which culminated in 1938 and in which Brazil played an exceedingly modest part. The League of Nations (which Brazil had left in 1926) intervened, but in a dubious, convoluted way, eventually blaming Paraguay as the aggressor, when clearly it had been the other way around.

There followed, in both Bolivia and Paraguay, a long period of political instability, with precarious governments succeeding each other following the vagaries of military coups. (Indeed, in Bolivia this volatility had begun in 1930, and continued after the Chaco War). Consequently, these weak governments were vulnerable to the pressures of foreign powers and their oil companies. Nevertheless, Bolivia in 1937 managed to nationalise the assets on its territory of the Standard Oil Co. of New Jersey, and established with them the national oil company, *Yacimientos Petrolíferos Fiscales Bolivianos* (YPFB), patterned after the Argentine model of YPF, with one major difference: YPFB's original assets were those of the Standard Oil Co.[5] Bolivia's defeat led to

---

[5] YPFB subsists to this day, although in a much-weakened state; ironically, Argentina's YPF was absorbed by Spanish company Repsol (now Repsol-YPF) and as such plays a leading role among private companies in South America's petroleum industry.

economic disruption and a political upheaval in the country, away from the 'Chaco generation', which eventually led to Victor Paz Estenssoro's MNR Revolution of 1952.

## Conclusion

Reflecting about the Chaco War, one is bound to come to some startling, paradoxical conclusions, to wit:

– At the ultimate genesis of the conflict was Bolivia's defeat at the hands of Chile at the end of the Pacific War, in 1883, which deprived her of access to the sea on the Pacific coast, and led her to crave an outlet to the Atlantic, via the Paraguay River and the River Plate (which access Paraguay already enjoyed).

– In the entire episode of the Chaco War, foreign interests were at work: German officers advised the Bolivian army since 1925 and were re-fighting World War I, while the Paraguayan commander was French-trained and favoured guerilla warfare; White Russian officers sought refuge in Paraguay after the Bolshevik Revolution and advised its army. German interests got a good grip on the Bolivian economy and secured a political foot-hold there in the run-up to World War II. British and American oil companies were rivals for oil concessions in an area where in fact there was no oil; but in the final settlement, Paraguay, which considerably expanded its territory in the Chaco region, gained land without oil reserves, whereas Bolivia, the aggressor in the war, was allowed to retain a small chunk of the territory, where however it later found plentiful oil & gas.

– Argentina was able to include Paraguay as its zone of influence after the Chaco War, with considerable help from British financial interests. Brazil preferred to cultivate the bilateral relationship with Bolivia, with whom it later concluded, in 1938, the Roboré Agreements, which are at the origin of Bolivia's very significant gas exports to Brazil, under a 20-year contract concluded between YPFB and Petrobras in 1999.

– Bolivia's resounding defeat in the war, and president Salamanca's absurd insistence in continuing it, led to his removal by a military coup in 1934, which replaced him (and the high command that had directed the war) with Vice-president José Luis Tejada Sorzano, who was in turn ousted in 1936 by Cel. David Toro. One of Toro's first decisions was to expropriate Standard Oil Co.'s assets in Bolivia, which were turned over to a new state oil company, *Yacimientos Fiscales Petrolíferos Bolivianos* (YPFB), so named after its Argentine model, YPF. YPFB exists to this day, albeit currently in a dire condition, both technically and financially. The military régime in Bolivia could get away with it because the US President, Franklin D. Roosevelt, the father of the "New Deal", refused to intervene on the American company's behalf.

- The League of Nations, which intervened twice to settle conflicts in South America – in the Chaco War and the Letícia Incident[6] – had, in the case of the conflict between Bolivia and Paraguay, an ambivalent position – e.g., when Paraguay considered expropriating the assets of the Standard Oil Co. , the League suspended its arms embargo against Bolivia, which, with the weaponry suddenly available, acquired a dominant position during the latter part of the Chaco War.

- The interest in the Chaco's presumed petroleum wealth, after the war, was not confined to one American and one British company; in 1937, *Compagnie Française des Pétroles* secured a concession from Paraguay; and Argentina's YPF, a state oil company, maintained its interests in both Bolivia (where it operates to this day, as Repsol-YPF), and for some time, in Paraguay. The latter is a country devoid of hydrocarbon resources, for all practical purposes, whereas Bolivia is potentially an energy hub for South America, albeit lacking investments to exploit its hydrocarbon wealth, due to the dissuasive policies pursued by the Morales government.

- The final border treaty between Bolivia and Paraguay was signed 67 years after the end of the Chaco War, respectively by presidents Evo Morales and Fernando Lugo, at Buenos Aires, on 28th April 2009.

There were no winners in the Chaco War, only losers. Countries already poor became poorer. The Chaco remains one of the toughest, and least developed, landscapes on earth. Bolivia's oil and gas resources, close to the portion of the Chaco region allocated to it by the Peace Conference, had already begun to be exploited *before* the War.

## Bibliography

John Charles Chasteen, *Born in Blood and Fire*. New York, Norton, 2001.

Adrian J. English, *The Green Hell: a concise history of the Chaco War*. Gloucestershire, Spellmount, 2007.

Bruce W. Farcau, *The Chaco War: Bolivia and Paraguay, 1932-35*. Westport, CT: Praeger, 1996.

---

[6]    Involving a boundary dispute between Colombia, Peru and Brazil.

Erik Goldstein, *Wars and Peace Treaties, 1816-91*. London, Routledge, 1992.

Edward O. Guerrant, *Roosevelt's Good Neighbor Policy (1950)*, Albuquerque, University of New Mexico Press, 1950, p. 82 sqq.

Paul H. Lewis, *Political parties and generations in Paraguay's Liberal Era, 1869-1940*, Chapel Hill, University of North Carolina Press, 1993, 227 p.

Ryan Lindsay, *"The Chaco War"*. ICE Case Studies.

Lorna Lloyd, "The League of Nations and the settlement of disputes in world affairs", *World Affairs*, Vol. 157, Issue 4, 1995, p. 160 sqq.

L. A Moniz Bandeira, "A Guerra do Chaco" in *Revista Brasileira de Política Internacional*, Vol. 41, No. 1, jan-junho 1998.

Katherine Carr Rodell, *South American Primer*. (1939), ch. IV.

Cynthia R. Rush, "Chaco War: Anglo-Dutch Resource Grab", in *Executive Intelligence Review*, September 9, 2005.

Robert L. Scheina, *Latin American Wars*, Vol. VI, Washington, DC, Brasseys, 2003.

Quincy Wright, "The concept of aggression in international law", in *AJIL*, Vol. 14, March-April 1935, pp. 231-374.

Daniel Yergin, *The Prize*. New York: Touchstone, 1991.

Alfred Zimmeran, *"The League of Nations and the rule of law"*. London: Macmillan, 1936.

Encyclopaedia Britannica, *"Chaco War"*.

"The Chaco Dispute", in *American Journal of International Law (AJIL)*, October 1934.

"The Chaco Dispute and the Peace System", in *Political Science Quarterly*, September 1935.

Bolivia-Paraguay: Treaty of Peace, Friendship and Boundaries", in *AJIL*, October 1938.

# Les nouveaux enjeux du pétrole en Afrique subsaharienne

Benjamin BENGOBEYI

*Université Panthéon-Sorbonne, France*

## Introduction

Pour bon nombre d'experts, « L'énergie est dans l'ordre mécanique ce que la conscience est à l'humain ».[1] C'est dire qu'il y a consubstantialité entre la vie et l'énergie ou qu'en l'absence de cette dernière, la vie s'arrête. Depuis l'aube du XXᵉ siècle, et surtout à partir de la Seconde Guerre mondiale, le pétrole s'impose comme une ressource stratégique incontournable. Plus que son utilisation comme énergie, c'est l'énorme « galaxie » pétrochimique qui lui confère son importance stratégique, puisque près de 75 000 produits en sont dérivés. L'on a coutume de dire que *le pétrole fait remonter à la surface ce que tous les États ont de pire en eux*. Il se trouve qu'à l'heure actuelle, il est indispensable à l'industrie moderne et le restera encore un certain temps. Par ailleurs, il est inégalement réparti entre les nations et beaucoup n'en ont pas une goutte. Il n'était donc pas étonnant qu'il suscite tant de convoitises et devienne un enjeu des conflits internationaux. L'Afrique subsaharienne n'échappe pas à cette donne et permet un tant soit peu qu'on s'y attarde.

Pour parler comme Hélène d'Almeida-Topor, « l'immensité de l'Afrique n'a d'égale que sa diversité ».[2] Pourtant, l'histoire de ce continent aux multiples facettes a été longtemps présentée sous un angle réducteur inhérent à des handicaps. Jusqu'à une période récente, les ultimes soubresauts de la démocratie, les guerres, les affrontements intertribaux, les tyrannies néroniennes et les républiques musclées, cette actualité violente était lue par le public des pays nantis comme les faits divers d'un inframonde qui, pour avoir été le berceau de l'humanité, ne

---

[1] Pertuzio, A., « Pétrole et politique internationale », in *Politique internationale*, n° 98, hiver 2002-2005, p. 95.

[2] D'Almeida-Topor, H., *L'Afrique au XXᵉ siècle*, Paris, Armand Colin, 1999, p. 5.

méritait guère qu'on lui reconnût une histoire donc un sujet de politique. Chemin faisant, voici aujourd'hui que l'Afrique accède au rang de manœuvre privilégié des luttes d'influences planétaires, de nouveaux champs de bataille des intérêts multinationaux, et qu'un gigantesque safari politico-économique en fait l'enjeu de toutes les convoitises.

Dans un dossier publié en 2006, le quotidien *Les Échos* soulignait : « La boulimie énergétique des États-Unis et des pays asiatiques, Chine et Inde en tête, a replacé l'Afrique au cœur de la grande bataille pour le contrôle des ressources pétrolières ».[3] Aussi bien en Afrique du Nord qu'en Afrique subsaharienne, on voit poindre une concurrence intense entre les États-Unis et la Chine. Le continent africain semble ainsi, dans le monde, le champ privilégié où se rencontrent les ambitions des deux puissances. Dès lors, se pose la question de savoir comment, négligée il y a encore quelques années, l'Afrique subsaharienne est soudainement devenue intéressante pour les compagnies étrangères, notamment américaines et chinoises. De quelle nature est cette concurrence ? Pourrait-elle conduire un jour à des affrontements directs ou indirects ? L'Afrique peut-elle tirer profit de cette confrontation ? Par ailleurs, comment une source d'énergie aussi importante et lucrative comme le pétrole, considérée à juste titre comme un bienfait, est paradoxalement devenue une malédiction en Afrique subsaharienne. Subsidiairement se posent les questions de la mauvaise exploitation du pétrole, les convoitises qu'il suscite, les conflits qu'il génère et l'illusion qu'il est pour le développement de l'Afrique subsaharienne. Pour mener à bien cette analyse, il serait intéressant de voir d'abord les convoitises que suscite le pétrole en Afrique subsaharienne, avant de montrer en quoi il est une source de conflits dans cette région du monde.

## I. Les convoitises suscitées par le pétrole en Afrique subsaharienne

À côté des pays du Maghreb, traditionnels exportateurs de pétrole et de gaz, l'émergence de l'Afrique subsaharienne sur l'échiquier mondial du pétrole donne à ce continent une nouvelle stature internationale, voire une importance stratégique qu'il était en train de perdre avec la fin de la guerre froide, et la baisse de sa part dans le commerce international. L'Afrique subsaharienne avec ses 55 milliards de barils de réserves, soit 24 milliards de barils[4] pour le seul golfe de Guinée pèse désormais sur le marché mondial du pétrole au point d'en déterminer le cours. Le golfe de Guinée devrait devenir à terme le premier pôle mondial de production en *offshore* très profond. De nombreux spécialistes estiment que ce

---

[3]    « Afrique : la ruée vers l'or noir », *Les Échos*, 2 juin 2006.
[4]    Fogui, J.-P., *Les leçons du conflit de Bakassi*, Yaoundé, éditions Sopecam, 2010.

sous-continent risque bientôt de dépasser la mer du Nord comme source d'approvisionnement sur le marché mondial, illustrant ce que certains chercheurs qualifient d'insertion rentière de l'Afrique dans la mondialisation.

Autrefois négligée par les États-Unis, l'Afrique est devenue une priorité géopolitique pour les États-Unis. Dans la préparation de sa guerre contre l'Irak, l'administration Bush a redessiné la carte de ses approvisionnements pétroliers. Le continent noir, avec ses réserves de bonne qualité, à l'abri des grands conflits, pourrait fournir 25 % du brut américain d'ici à 2020.[5] D'après le *National Intelligence Council*, l'Afrique fournira 25 % des importations du pétrole consommé par les États-Unis en 2015 contre seulement 15 % actuellement.[6] L'Afrique détient près de 10 % des réserves prouvées et produit plus de 11 % du pétrole mondial. Relativement proche de l'Amérique et facile d'accès, l'Afrique suscite aujourd'hui l'intérêt des États-Unis qui en ont fait une « zone d'intérêt vital » depuis 2002.

Cependant, les Américains doivent compter avec la concurrence de la Chine, qui s'implante tous azimuts sur le continent avec une prédilection pour les pays en rupture de ban comme le Soudan. Les sociétés d'État chinoises sont peu scrupuleuses en matière de transparence, de corruption ou d'environnement, et n'hésitent pas à conclure des contrats là où les compagnies occidentales ne peuvent ou ne souhaitent le faire. Aussi était-il judicieux de montrer la percée chinoise en Afrique subsaharienne après avoir cerné les ambitions des États-Unis. Mais avant, la géopolitique du pétrole en Afrique subsaharienne s'impose pour une meilleure compréhension de toutes ces convoitises.

## A. Géopolitique du pétrole en Afrique subsaharienne

D'ores et déjà, l'Afrique noire, avec plus de 4 millions de barils de pétrole par jour, produit autant que l'Iran, le Venezuela et le Mexique réunis. Sa production a augmenté de 36 % en dix ans, contre 16 % pour les autres continents et sa production énergétique devrait s'accroître de 68 % d'ici à 2020.[7] Sur l'échiquier mondial des producteurs de pétrole, aucun pays d'Afrique subsaharienne, mis à part le Nigeria, ne peut être véritablement qualifié de grande puissance. Mais lorsqu'on additionne le débit annuel des dix principaux États pétroliers africains du continent,

---

[5]   Servant, J.-C., « Offensive sur l'or noir africain », in *Le Monde diplomatique*, janvier 2003, p. 19.

[6]   Guez, O., « Le grand jeu pétrolier de Washington », in *Politique internationale*, n° 98-hiver 2002-2003, p. 347.

[7]   Servant, J.-C ; « Offensive sur l'or noir africain », in *Le Monde diplomatique, op. cit.*, p. 19.

on obtient 11 % de la production planétaire. Avec environ 8 millions de barils par jour, l'Afrique joue désormais un rôle de premier plan sur le marché mondial des hydrocarbures. À la fin des années 1990, le continent fournissait environ 7 % de la production mondiale.[8] Dans la zone subsaharienne, c'est essentiellement dans le delta du Niger et dans l'estuaire du Congo que sont concentrés les principaux sites d'extraction. Avantagés par leurs façades maritimes, le Nigeria et l'Angola bénéficient l'un et l'autre d'un vaste domaine *offshore*. Ainsi, le Nigéria peut compter sur l'extraction de plus de deux millions de barils par jour.[9] Il a augmenté sa production quotidienne de 2,2 millions de barils à 3 millions en 2007,[10] certaines estimations disent que ce pays passera à 4,42 millions en 2020. Potentiellement, l'Angola est le plus prometteur et le deuxième grand producteur continental sorti au printemps 2002 de quinze années de guerre civile. Il devrait d'ici à cette même date, multiplier sa production par deux et atteindre les 3,28 millions de barils.[11] Depuis la découverte de gisements géants sur le bloc 17 par la Compagnie française Total, les pétroliers cèdent à l'ivresse des profondeurs. Foré à 1 400 m en dessous du niveau de la mer, le puits *Girassol* a atteint un débit d'environ 200 000 b/j en 2003, faisant franchir à l'Angola la barre symbolique du million de barils quotidiens.[12] Après avoir exploré les côtes du monde entier pour y trouver du brut, les opérateurs pétroliers sont maintenant obligés d'aller forer au large, à de très grandes profondeurs : c'est l'*ultradeep offshore*. Cette découverte permettra d'expérimenter et de perfectionner ces techniques d'exploitation. En termes de potentialités, c'est donc le golfe de Guinée qui suscite le plus de convoitises. Outre les deux principaux pôles d'extraction que sont le Nigeria et l'Angola, les pays francophones – Cameroun, Congo et Gabon – offrent des productions plus modestes mais toutefois significatives (entre 230 000 et 300 000 barils par jour pour les deux derniers).[13] L'on doit aussi y ajouter le Soudan, qui extrait aujourd'hui 186 000 barils par jour.[14]

Dans le même ordre d'idées, de nouveaux pays producteurs émergent à leur tour, bouleversant l'équilibre des forces en Afrique centrale. Voici plus de dix ans déjà que la Guinée équatoriale a entamé

---

[8] Harel, X., *Afrique, pillage à huis clos*, Paris, Fayard, 2006, p. 120.

[9] *Ibid.*

[10] Servant, J.-C., « Offensive sur l'or noir africain », in *Le Monde diplomatique, op. cit.*, p. 19.

[11] *Ibid.*

[12] *Jeune Afrique L'Intelligent*, « L'État de l'Afrique », 2009.

[13] Harell, X., *Afrique, pillage à huis clos, op. cit.*, p. 120.

[14] Lire Gérard Prunier, « Paix introuvable au Soudan », in *Le Monde diplomatique*, décembre 2002.

l'exploitation *offshore*. Le nouvel émirat pétrolier, fort de ses 19 millions de tonnes de brut annuels,[15] envié et courtisé, a été propulsé au cœur de la mondialisation et se développe à la vitesse du son. Il se positionne aujourd'hui comme le troisième producteur au sud du Sahara, avec un rythme d'extraction de 400 000 b/j depuis 2006 pour une population d'un million d'habitants. Ses eaux détiennent le record mondial (avec l'Angola) du plus grand nombre de permis de recherche pétrolière en cours. Ce qui pourrait permettre à la Guinée équatoriale de devenir d'ici 2020 le troisième producteur africain de brut (devant le Congo et le Gabon) en fournissant 740 000 barils/jour.[16]

Également nouveau venu, le Tchad qui a commencé l'exploitation du bassin de Doba en juillet 2003. Un oléoduc de 1 070 km a été réalisé pour acheminer jusqu'au port camerounais de Kribi les quelque 225 000 barils extraits quotidiennement des gisements tchadiens.[17] C'est la clé d'une des expériences les plus originales de la Banque mondiale. Enfin, l'archipel de Sao Tomé est devenu producteur en 2007 et a touché en 2004 ses premières recettes issues d'hydrocarbures. Neuf blocs d'exploitation *offshore* localisés dans la zone d'exploitation que le pays partage avec le Nigeria, ont été mis aux enchères à la fin de l'année 2003.[18] Les autorités santoméennes espèrent en tirer plus de 250 millions de dollars.[19]

D'autres nouveaux pays sont arrivés sur la scène pétrolière africaine. Depuis 2006, coule au large de la Mauritanie un léger pétrole *offshore* de haute qualité dans la localité de Chinguetti. D'après les spécialistes, ces puits produiront 75 000 barils/jour pendant neuf ans.[20] Un autre gisement vingt-cinq kilomètres plus au nord dans la zone de Thiof a aussi été découvert. Il pourrait produire quelques cent millions de barils.[21] À cela s'ajoute une importante quantité de gaz naturel dont dispose le pays. Il y a aussi Madagascar qui est devenu producteur de

---

[15] *Jeune Afrique* n° 2398-2399, du 24 décembre 2006 au 6 janvier 2007.

[16] Servant, J.-C., « Offensive sur l'or noir africain », in *Le Monde diplomatique, op. cit.,* p. 19.

[17] La région de Doba, située à proximité de la frontière avec la République centrafricaine, a été très rapidement identifiée par Elf comme un bassin pétrolifère recelant un milliard de barils de réserves prouvées. L'enclavement du pays a toujours constitué un obstacle à son exploitation. Pour évacuer le pétrole, il fallait commencer par construire un oléoduc.

[18] Guez, O., « Le grand jeu pétrolier de Washington », in *Politique internationale, op. cit.,* p. 347.

[19] *Ibid.*

[20] Linard, A., « L'Afrique et ses matières premières », in *Le Monde diplomatique,* septembre 2005.

[21] *Ibid.*

pétrole depuis 2007. Des sociétés pétrolières s'intéressent de près à ses réserves qui pourraient se révéler prometteuses. Plusieurs compagnies ont déjà signé des permis de recherche et d'exploitation. C'est le cas du géant américain *Exxon*, qui va prospecter 36 000 kilomètres carrés en haute mer au large de Mahajanga, à l'ouest du pays. Trois autres compagnies feront de même : la chinoise *Sunpec*, l'américaine *Vanco Energy* et la norvégienne *Norsk Hydro*. Madagascar et la Mauritanie ont donc rejoint la Guinée-équatoriale, le Gabon, l'Angola, le Nigeria, le Tchad et la Libye au club des producteurs de pétrole. S'il est vrai que le Nigeria, l'Algérie et la Libye sont les seuls États membres de l'OPEP, l'Association des producteurs de pétrole africains (APPA) compte, elle, quatorze membres.[22] Et ce mouvement n'est pas fini : les recherches et les découvertes se poursuivent au large de la Côte d'Ivoire, du Liberia, de la Guinée, de la Sierra Leone, du Sénégal et de la Gambie. L'autre versant du continent est aussi concerné, au Kenya et au Mozambique. Au vu de ce qui précède, on comprend pourquoi les États-Unis et la Chine ne pouvaient faire impasse d'un tel potentiel. C'est pourquoi les pétroliers américains et chinois investissent massivement au sud du Sahara.

Aussi les États-Unis cherchent-ils à diversifier leurs sources d'approvisionnement pour réduire leur dépendance vis-à-vis d'un Moyen-Orient devenu zone à haut risque. Le golfe de Guinée offre de ce point de vue de nombreux atouts : la plupart des gisements sont *offshore*, ce qui les met à l'abri des troubles politiques et sociaux qui ravagent ces pays pauvres et instables ; la marchandise peut être transportée par voie maritime, avec plus de sûreté et de rapidité que dans le Golfe Persique, les coûts d'exploitation sont avantageux, 5 à 7 dollars le baril, contre 7 à 9 dollars pour la moyenne mondiale,[23] ce pétrole est de bonne qualité, au régime juridique d'exploitation favorable aux investissements étrangers, et est bien situé face aux marchés constitués par l'Europe et l'Amérique du nord.[24]

## B. Les ambitions des États-Unis en Afrique subsaharienne

Pendant longtemps, le continent africain est resté le parent pauvre de la diplomatie américaine. Pendant la guerre froide, il se limitait pour Washington et Moscou à un champ de bataille sur lequel les deux superpuissances s'affrontaient par procuration, via leurs affidés locaux. Au cours de la même période, les États-Unis ont laissé le soin à la France de

---

[22] APPA, *Bulletin d'information*, Brazzaville, décembre 2005.

[23] Ogoulat Roboti A.D., « Les richesses maritimes du golfe de Guinée : ressources d'un espace stratégique et polémogène. Enjeux », in *Bulletin d'Analyses Géopolitiques pour l'Afrique centrale*, Yaoundé-Cameroun, n° 12, juillet-septembre 2002, p. 26-28.

[24] Favennec J.-P., & Copinschi P., « Les nouveaux enjeux pétroliers en Afrique », in *Politique africaine*, n° 89, mars 2003, p. 127-148.

défendre les intérêts de l'Occident sur le continent africain. Avec la chute du mur de Berlin en 1989, il est complètement sorti des écrans radar de la diplomatie américaine. D'ailleurs, en 1995, un rapport du Pentagone conclut même que les États-Unis ont « très peu d'intérêts stratégiques directs en Afrique ».[25] Enfin, lors du deuxième débat Bush-Al Gore pendant la campagne électorale américaine de 2000, George W. Bush n'hésite pas à déclarer : « L'Afrique n'est pas une priorité stratégique nationale »,[26] plus encore que « le continent noir n'est pas une priorité pour les États-Unis contrairement à l'Europe, l'Asie, le Moyen-Orient et les Amériques qui sont stratégiquement plus importants ».[27]

Après le 11 septembre 2001, la donne a changé, bien que le mouvement débute quelque temps avant. En Afrique, les États-Unis poursuivent trois objectifs : la lutte contre le terrorisme, la sécurisation de leurs ressources en énergie, l'aide au développement.[28] Les Américains ont trois zones d'attention prioritaire : l'Afrique de l'Est, en raison de l'activité de groupes terroristes liés à Al Qaïda et de ressources stratégiques notamment au Soudan ; la bande sahélienne, pour des raisons similaires ; le golfe de Guinée, zone stratégique d'approvisionnement pétrolier.[29] En se rappelant des déclarations dithyrambiques des autorités américaines, on comprend l'intérêt crucial que revêt désormais le pétrole africain aux yeux des experts américains de l'énergie. En effet, Walter Kansteiner, un ancien courtier en matières premières devenu le « Monsieur Afrique » de l'administration Bush, déclarait : « Le pétrole africain fait partie de nos intérêts stratégiques nationaux et son importance ira croissant ».[30] L'influent sénateur républicain Ed Royce, qui présidait le sous-comité Afrique de la Chambre des représentants, estimait en 2002 : « Le pétrole africain devait être traité comme une priorité pour la sécurité nationale de l'après-11 septembre ».[31] Et d'en rajouter : « Le pétrole du continent noir est devenu un intérêt stratégique national pour les

---

[25]  Harell, X., *Afrique, pillage à huis clos, op. cit.*, p. 158.

[26]  Servant, J.-C., « Offensive sur l'or noir africain », in *Le Monde diplomatique, op. cit.*, p. 19.

[27]  www.americasdebate.com/forums/index.php?showtopic= 9026&st=20.

[28]  Le gouvernement américain doit prendre en compte des considérations humanitaires et religieuses, l'intérêt de la communauté noire et des Églises pour le continent africain étant de plus en plus important.

[29]  Ces priorités sont servies, sur le plan politique, par des rencontres bilatérales ciblées, comme la visite du président Georges W. Bush en Afrique en 2003, au Sénégal, en Afrique du Sud, au Botswana, en Ouganda et au Nigeria, selon une sélection qui tient compte des « bons alliés » et des « bons élèves ».

[30]  Guez, O., « Le grand jeu pétrolier de Washington », in *Politique internationale, op. cit.*, p. 347.

[31]  African Oil Policy Initiative Group, « African oil : a priority for US national security and African development », 2002.

États-Unis ».[32] En 2000, le PDG de la société américaine *Vanco Energy* estimait déjà : « Dans un avenir assez proche, le golfe de Guinée produira plus de barils de pétrole par jour que l'Arabie saoudite ».[33] En effet, les terribles attentats du 11 septembre 2001 n'ont fait que renforcer l'intérêt des États-Unis pour le pétrole africain. L'Amérique découvre avec stupéfaction et consternation que quinze des dix-neuf terroristes qui ont précipité des avions de ligne sur le World Trade Center et le Pentagone sont de nationalité saoudienne. Les relations privilégiées qu'entretiennent les États-Unis et l'Arabie saoudite depuis la fin de la Seconde Guerre mondiale sont sérieusement mises à mal.[34] La diversification des approvisionnements devient ainsi une priorité de l'administration Bush, d'autant que certains membres de son administration, y compris lui-même, ont longtemps flirté avec le milieu pétrolier.[35] Dévoilée en mai 2002 par M. Richard Cheney, la politique nationale de l'énergie en porte la trace. Pour le vice-président américain, « le pétrole africain, de par sa haute qualité et son bas taux de soufre représente un marché grandissant pour les raffineries de la Côte-est ».[36] Cet intérêt est corroboré par plusieurs interventions discrètes mais significatives dans certains pays africains, comme le soutien américain aux initiatives de paix au Soudan en 2002, ou encore la tentative américaine de dissuader le Nigeria à claquer la porte de l'OPEP. C'est dans le même esprit qu'un haut responsable du commandement militaire des États-Unis en Europe, le général Carlton Fulford, s'est rendu à Sao-Tomé-Et-Principe en juillet 2002 afin d'étudier la question de la sécurité des opérateurs pétroliers dans le golfe de Guinée et l'éventualité d'y installer un nouveau sous-commandement régional militaire américain inspiré de celui existant en

---

[32] Conférence de l'IASPS, 25 janvier 2002.

[33] Geslin, J.-D., « Aux bons soins de l'Afrique du Sud », *Jeune Afrique L'Intelligent*, Hors série n° 6, *L'État de l'Afrique* 2004, p. 96.

[34] En 1945, de retour de Yalta, le président américain Franklin D. Roosevelt s'était arrêté en Égypte pour rencontrer le roi d'Arabie saoudite Ibn Séoud à bord du croiseur *Quincy*. Les deux hommes avaient posé un accord historique : en échange de la stabilité du royaume, désormais considéré comme étant l'intérêt vital par Washington, Riyad s'engageait à garantir les approvisionnements en pétrole des États-Unis. Mais, après le 11 septembre, le « *pacte de Quincy* », datant d'un demi-siècle, a été menacé par la duplicité des Saoudiens.

[35] Hormis le président George W. Bush, le vice-président Dick Cheney, est l'ancien patron d'Halliburton, le géant américain des services pétroliers. Condoleezza Rice, d'abord conseillère du président pour les questions de sécurité nationale puis secrétaire d'État à partir de 2005, a fait partie du conseil de direction de Chevron Texaco de 1991 à 2001. Un tanker de 136 000 tonnes de la compagnie porte même son nom. Le premier secrétaire au Commerce, Donald Evans, a dirigé la société d'exploration pétrolière Tom Brown Inc. C'est dire…

[36] Servant, J.-C., « Offensive sur l'or noir africain », in *Le Monde diplomatique, op. cit.*, p. 20.

Corée du Sud. D'autres interventions, moins discrètes se sont poursuivies. En septembre 2002, le secrétaire d'État américain Colin Powell, profite de son passage à Johannesburg à l'occasion du sommet des Nations unies sur la terre, pour faire un détour en Angola et au Gabon. C'est donc sans surprise que le 13 septembre 2002 en marge d'un sommet de l'ONU, le président George W. Bush a offert à la Maison Blanche un emblématique petit déjeuner à onze chefs d'États d'Afrique centrale. La liste des pays ne doit rien au hasard : la plupart sont déjà ou sont en passe de devenir des producteurs de brut.

Cependant, pour les pétroliers américains[37] qui avaient investi en 2003 plus de 10 milliards de dollars, l'Afrique pétrolière était clairement devenue une priorité géopolitique bien avant le 11 septembre 2001. Dès mars 2000, ils le font savoir au sous-comité Afrique de la Chambre des représentants lors d'une réunion consacrée aux potentiels énergétiques de l'Afrique. Au cours de celle-ci, l'IASPS[38] se fait particulièrement distinguer. La victoire du président George W. Bush est aussi celle des pétroliers texans. Car, après le 11 septembre 2001, les idées de l'IASPS commencent à faire leur chemin chez les conseillers en énergie de l'administration Bush, et plus globalement chez les « faucons » de la Maison Blanche. Le 25 janvier 2002, l'IASPS organise un séminaire auquel assistent plusieurs membres de l'administration Bush.[39] De cette session naît l'*African Oil Policy Initiative Group* (AOPIG), interface entre la sphère privée et publique, avec un Livre blanc intitulé *African Oil, A Priority for US National Security and African Development.*[40] Depuis ce séminaire, la politique énergétique du gouvernement américain a montré d'évidents signes de l'influence de ce lobby. On pouvait donc se poser la question de savoir pourquoi cet intérêt soudain des États-Unis pour l'Afrique. En réalité, celui-ci s'explique par d'alléchantes projections chiffrées. En effet, la CNUCED avait estimé les

---

[37] En ce qui concerne les pétroliers américains, il s'agit ici non seulement des deux géants Exxon-Mobil Corporation et Chevron-Texaco Corporation, mais aussi des plus discrets que sont *Amerada Hess*, Marathon ou *Ocean Energy.*

[38] Créé en 1984 à Jérusalem, l'Institute for Advanced Strategic and Political Studies (IASPS est un *think tank* aussi proche du parti de droite israélien Likoud, traditionnel partisan d'une stratégie de désengagement à l'égard du pétrole saoudien, que des néoconservateurs américains. www.iasps.org.

[39] Au cours de cette réunion de l'IASPS du 25 septembre 2002 étaient présents, M. Walter Kansteiner et plusieurs membres de l'administration Bush (tel M. Barry Schutz, spécialiste Afrique, ou le lieutenant-colonel Karen Kwiatkowksi, officier de l'armée de l'air dépendant du bureau du secrétaire à la Défense), des membres du Congrès (à l'instar de M. William Jefferson, représentant de Louisiane) ainsi que des consultants internationaux, des responsables de l'industrie pétrolière et de sociétés d'investissement.

[40] Que l'on peut consulter *in extenso*, avec les critiques des internautes, sur www.marekinc…

réserves totales du continent africain à 80 milliards de barils de pétrole, soit 8 % des réserves mondiales de brut[41] et, selon les prospectives du *National Intelligence Council* américain, les États-Unis pourraient importer 25 % de leur pétrole d'Afrique subsaharienne d'ici à 2015 contre 16 % aujourd'hui.[42] De son côté, le rapport AOPIG estimait que les importations de pétrole africain augmenteraient de 1,5 million de barils par jour aujourd'hui à 2,5 millions de barils en 2015.[43]

On comprend pourquoi, premiers consommateurs d'hydrocarbures au monde, les États-Unis ne pouvaient faire abstraction d'une telle richesse. D'où l'investissement de leurs pétroliers au sud du Sahara, avec le soutien de la Maison Blanche. En 2001, près de 15 % des importations d'hydrocarbures des États-Unis provenaient du golfe de Guinée, soit davantage que la quantité livrée par l'Arabie saoudite.[44] Le Nigeria, l'Angola et le Gabon furent parmi leurs fournisseurs. L'administration républicaine a conduit une vaste campagne pour séduire les chefs d'États africains. Elle a ainsi courtisé le régime sanguinaire équato-guinéen de Teodoro Obiang Nguema Mbazogo. Cet État a supplanté le Gabon comme troisième fournisseur de brut en Afrique subsaharienne.[45] Et même lilliputienne de Sao Tomé et Principe, dans le golfe de Guinée, est l'objet d'attentions particulières.[46]

---

[41]   Conférence des Nations unies pour le commerce et le développement (CNUCED) : « Les services énergétiques dans le commerce international et leurs incidences sur le développement », juin 2001.

[42]   Servant, J.-C., « Offensive sur l'or noir africain », in *Le Monde diplomatique, op. cit.*, p. 20.

[43]   *Ibid.*

[44]   Guez, O., « Le grand jeu pétrolier de Washington », in *Politique internationale*, n° 98, *op. cit.*, p. 347.

[45]   Les États-Unis avaient fermé leur ambassade en Guinée équatoriale en 1996, en raison des violences répétées des droits de l'homme par le régime dictatorial de Teodoro Obiang Nguema Mbazogo, et l'a rouverte en 2004. Pétrole oblige. Toutes les compagnies pétrolières installées sur l'île de Bioko, non loin du delta du Niger, ont leur siège social à Houston, au Texas. Le boom pétrolier a métamorphosé l'île de Bioko, où les compagnies ont élu domicile. Il y a encore quelques années, il y avait tout juste un vol par semaine vers l'Europe ; les navettes sont aujourd'hui quotidiennes. Les compagnies pétrolières ont même affrété un charter, le *Houston Express*, qui relie directement Malabo à la capitale du Texas une fois par semaine.

[46]   Au sujet de Sao Tomé par exemple, en 2002 plusieurs officiers supérieurs américains, conduits par le général Carlton Fulton, se sont rendus à Sao Tomé pour étudier l'éventualité d'une implantation militaire américaine. Le projet d'installation d'une base de l'*US Army* dans cette zone a été notamment soutenu par l'*African Oil Policy Initiative Group* (AOPIG), un lobby travaillant pour la diversification des importations pétrolières.

## C. La percée chinoise en Afrique subsaharienne

Autre pays qui convoite le pétrole africain, la Chine. Depuis quelques années, l'empire du milieu s'investit en Afrique. Mais contrairement aux idées reçues, son intérêt pour le continent africain n'est pas récent. Il date de la guerre froide au cours de laquelle la Chine vendait des armes et soutenait les pays ou les mouvements qui lui étaient proches idéologiquement. Dans les années 2000, les relations sino-africaines atteignent leur vitesse de croisière avec la tenue pour la première fois du forum Chine-Afrique, réunissant des chefs d'État et des entrepreneurs. Son objectif est de combattre l'hégémonisme et la domination occidentale et d'établir un nouvel ordre mondial. Depuis ce forum, la Chine est devenue le troisième partenaire (après les États-Unis et la France, mais devant le Royaume-Uni) commercial de l'Afrique. Lors du deuxième forum qui se tient à Addis Abeba en 2003, 250 accords d'assistance économique et 20 sur la protection des investissements sont signés. Passée maîtresse dans le projet de montages avec la Banque mondiale, la Chine chercherait même à élaborer, en Afrique, un « paradigme de la globalisation qui la favorise ».[47]

Deuxième consommateur du brut de la planète, près de 25 % des importations du pétrole de la Chine proviennent du golfe de Guinée et de l'hinterland soudanais.[48] Au cours des années 1990, le volume des échanges commerciaux entre Pékin et le continent a cru de 700 %, atteignant 74 milliards d'euros entre janvier et août 2008.[49] Pour l'empire du milieu, l'Afrique constitue un nouveau territoire à conquérir par des moyens efficaces et pacifiques que sont le commerce et les investissements. Elle a ainsi publié le 12 janvier 2006 le *Livre blanc sur la politique africaine de la Chine.*[50] Ce document entend présenter au monde les principes de la diplomatie chinoise en Afrique. Il s'agit principalement de la non-ingérence dans les affaires intérieures des pays africains, ceux-ci devant, en contrepartie, reconnaître uniquement la Chine populaire et mettre fin à leurs relations avec Taiwan.[51] Si ce *Livre blanc* s'apparente plus à une liste de grands principes qu'à un pro-

---

[47] Lire Drew Thomson, « Economic growth and soft power : China's Africa strategy », *China Brief*, Université de Pennsylvanie, 7 décembre 2004. Voir Servant, J.-C., « La Chine à l'assaut du marché africain », in *Le Monde diplomatique*, *Manière de voir*, mai 2005.

[48] Servant, J.-C., « Originalité du jeu chinois », in *Le Monde diplomatique*, *Manière de voir*, n° 108, décembre 2009-janvier 2010, p. 20-23.

[49] *Ibid.*

[50] Disponible sur le site : www.chinadaily.com.cn.

[51] La Chine entend tirer profit de ses liens avec les pays africains dans les instances internationales comme la Commission des droits de l'homme de l'ONU pour éviter sa mise en cause pour sa politique en la matière.

gramme concret, il n'en est pas moins emblématique de l'engagement chinois en Afrique.[52] En quelques années, la Chine est devenue le troisième partenaire commercial de l'Afrique. Cet essor rapide est soutenu au plus haut niveau par de nombreuses visites présidentielles et ministérielles sur le continent africain : le président chinois Hu Jintao a été accueilli au Gabon et en Algérie en janvier 2004. Au cours des six premiers mois de l'année 2006, quinze pays africains ont été visités par lui, son Premier ministre Wen Jiabao et son ministre des Affaires étrangères Li Zhaoxing.[53] En 2007, pour la troisième fois depuis son arrivée au pouvoir, Hu Jintao s'est rendu au Cameroun, au Liberia, en Zambie, en Namibie, au Soudan, en Afrique du Sud, au Mozambique et aux Seychelles. Le ministre des Affaires étrangères, Li Zhaoxing, a effectué des visites officielles au Cap-Vert, au Sénégal, au Mali, au Liberia, au Nigeria et en Libye en janvier 2005, suivi, un an après, par les visites du Premier ministre Wen Jiabao au Ghana, en RDC, en Angola,[54] en Afrique du Sud, en Tanzanie et en Ouganda. De plus, une centaine de rencontres officielles ont été organisées sous l'égide des ministères du Commerce et des Affaires étrangères, qui se sont dotés de départements Afrique. Outre la manifestation de la solidarité avec le continent africain et la consolidation des liens Sud-Sud, ces visites ont permis la signature d'accords de coopération économique et commerciale et de créer un environnement stable pour les investissements chinois croissants sur le continent. Ce qui plaît aux autocrates africains qui louent l'esprit de « respect mutuel » et « l'attention pour la diversité »[55] culturelle qui caractérisent le commerce et la coopération chinoise – pour reprendre

---

[52] Ce *Livre blanc* marque la volonté chinoise de maintenir un dialogue régulier et à haut niveau par des visites fréquentes ; de développer le commerce bilatéral par l'exemption de droits de douane au profit des pays africains ; de renforcer les échanges militaires ; de privilégier le cadre du forum sur la coopération sino-africaine et de rééquilibrer globalement les relations au profit des États d'Afrique.

[53] En avril 2006, le président chinois Hu Jintao a visité le Maroc, le Nigeria et le Kenya. Au mois de juin, ce fut au tour de son Premier ministre Wen Jiabao de visiter l'Égypte, le Ghana, le Congo-Brazzaville, l'Angola, l'Afrique du Sud, la Tanzanie et l'Ouganda. Quant à son ministre des Affaires étrangères, Li Zhaoxing, dès le mois de janvier, il visita tour à tour le Cap-Vert, le Sénégal, le Mali, le Liberia, la Libye et le Nigeria.

[54] La Chine est devenue le premier client de l'Angola en 2006, important 456 000 barils par jour, alors même que la Banque mondiale entendait limiter les échanges avec cet État tant qu'il n'aura pas assuré plus de transparence sur ses revenus tirés des hydrocarbures. Les compagnies chinoises multiplient les prises de participation dans des blocs jusque là chasses-gardées des *majors* occidentales. En 2004, la Chine a obtenu, moyennant des aides financières, une participation de 50 % dans un gisement angolais auparavant exploité par Shell.

[55] Servant, J.-C., « Originalité du jeu chinois », in *Manière de voir*, *Le Monde diplomatique*, *op. cit.*, p. 22.

les mots du vieil ami de la Chine qui était le président gabonais Omar Bongo.[56]

Dans le secteur pétrolier, l'activité diplomatique a été particulièrement forte depuis 2003. Des visites officielles chinoises ont ainsi accompagné la signature d'accords de collaboration au Gabon,[57] au Tchad, en Égypte, en Algérie (janvier 2004). En 2006 et 2007, elles ont contribué à la signature de nouveaux accords au Nigeria, en Angola, au Gabon[58] et au Kenya, entre autres.[59] La Chine est le premier producteur de pétrole du Soudan[60] et importe 50 % du brut local.[61] Sur 267 000 b/j produits par les entreprises chinoises sur le continent en 2006, 81 % venaient du Soudan.[62] Elle est aussi la plus importante contributrice à la construction de l'industrie pétrolière soudanaise, de l'exploration au raffinage et au transport. La CNPC détient 40 % de la *Greater Nile Petroleum Operational Company* et les entreprises chinoises ont également construit pour le pays un oléoduc de 1 500 km et une raffinerie. En 2004, les exportations chinoises vers l'Afrique ont augmenté de 36 % pour un montant de 13,6 milliards de dollars et les importations de 81 %

---

[56] Avec neuf visites officielles en Chine, le président gabonais fut le chef de l'État le plus souvent invité à Pékin avec son homologue congolais Denis Sassou Nguesso.

[57] Dans le domaine pétrolier, la Chine est par exemple le troisième client du Gabon après les États-Unis et la France. Lors de la venue du président Hu Jintao, en 2004, la Société générale de l'industrie pétrochimique de Chine (SINOPEC) a signé un protocole d'accord avec le ministre gabonais des Mines, de l'Énergie, du Pétrole et des Ressources hydrauliques.

[58] Accord préliminaire avec Total Gabon signé en 2006 pour les exportations vers la Chine ainsi qu'une éventuelle exploitation de trois blocs dans le pays, qui ne s'est pas encore matérialisée. *Dépêche AFP*, « Sinopec to Evaluate three Exploration Blocks onshore Gabon », 3 février 2004.

[59] La Chine avait notamment signé des contrats d'exploitation en 2006 en Guinée équatoriale – après l'annonce du président Hu Jintao de l'effacement de la dette du pays (BBC Monitaring Asia Pacific, « China, Equatorial Guinea sign oil block sharing deal », 18 février 2006 ; Bohnstedt, Andrea, « Equatorial Guinea to Intensity Cooperation with China », *Global Insight Daily Analysis (Factiva)*, 31 octobre 2005), au Congo (english.sinopec.com), mais aussi en Côte d'Ivoire, au Niger, en Somalie et en Mauritanie. Voir également Downs, Erica (2007), « The Fact and Fiction of Sino-African Energy Relations », in China Security, vol. 3, n° 3, été 2007, p. 42-68 ; Taylor, Ian (2006), « China's Oil Diplomacy in Africa », *International Affairs*, vol. 82, V°5, p. 937-959.

[60] La China National Petroleum Corporation (CPC) détient notamment 40 % des parts du consortium Greater Nile Petroleum Operating Company GNPOC), qui pompe chaque jour 350 000 barils.

[61] Servant, J.-C, « Originalité du jeu chinois », in *Le Monde diplomatique, Manière de voir*, n° 108, *op. cit.*, p. 22.

[62] *Ibid.*

pour 15,6 milliards de dollars[63] devenant ainsi le deuxième fournisseur de l'Afrique subsaharienne avec 9,4 % de part de marché derrière l'Allemagne (9,8 %) et devant la France (8,7 %).[64] En 2005, elle est deuxième consommateur de brut après les États-Unis : l'Afrique lui fournit 30 % de ses approvisionnements. Ses besoins énergétiques sont considérables : 10 % de la demande mondiale en 2000, ils passeront à 20 % à la fin de l'année 2010.[65]

Vilipendée pour ses atteintes aux droits de l'homme, la junte du général président Omar Hassan El-Béchir a trouvé en Pékin un allié de poids présentant l'avantage de disposer d'un siège permanent au Conseil de sécurité de l'ONU. Le cynisme de Pékin est apparu au grand jour lors du vote, en septembre 2004, de la résolution 1564 des Nations unies décrétant un embargo sur les armes à destination de ce pays.[66] Sur fond de massacres des milices jinjawid au Darfour, l'ambassadeur chinois auprès de l'organisation, M. Wang Guangya, menaça d'y mettre son veto avant de s'abstenir. La résolution, proposée par les États-Unis, était pourtant déjà bien édulcorée. Cet incident a permis de mesurer la solidité des liens tissés entre Pékin et Khartoum. La Chine s'est également abstenue lors de la saisine de la Cour pénale internationale par le Conseil de sécurité des Nations unies visant à traduire les responsables des crimes commis au Darfour.

Toutefois, les pratiques économiques chinoises dans « l'eldorado »[67] africain commencent à irriter la diplomatie américaine officiellement soucieuse de « bonne gouvernance ».[68] De même, les prêts conditionnés des grandes organisations internationales ont toujours été critiqués, puisqu'ils soumettent sans discussion les pays bénéficiaires aux diktats des bailleurs, alors que la coopération chinoise, qui accorde des crédits

---

[63] Drew Thomson, « Economic growth and soft power : China's Africa strategy », *China Brief*, Université de Pennsylvanie, 7 décembre 2004.

[64] *Ibid.*

[65] Ngodi, E., « Pétrole et géopolitique en Afrique Centrale », in *Afrique centrale : crises économiques et mécanismes de survie*, Paris, L'Harmattan, Codesria, 2005, p. 145.

[66] Résolution 1564 du Conseil de sécurité, 18 septembre 2004. S/RES/1564 (2004).

[67] Lire Howard French, « A resource-hungry China speeds trade with Africa », *The New York Times*, 9 août 2004.

[68] À cet effet, M. Gal Luft, spécialiste en sécurité énergétique et directeur exécutif de l'Institut pour l'analyse de la sécurité globale (IAGS), un think tank néoconservateur, estime ainsi que « Les Chinois sont enclins à mener leurs affaires d'une manière que les Américains et les Européens commencent à rejeter : payer des pots-de-vin et autres dessous-de-table. D'où l'intérêt de certains pays africains à travailler avec des entreprises chinoises plutôt qu'avec des compagnies occidentales dont les marges d'action se sont resserrées depuis le lancement de campagnes telles que *Publish what you pay* visant à plus de transparence financière ». Lire le rapport « Bottom of the barrel : Africa's oil boom and the poor », juin 2003.

sans condition et prône la « clé en main », favorise les projets mort-nés, s'écartant ainsi des exigences minimales de transparence financière.[69] Autre source d'inquiétude, les liens commerciaux chinois avec le Soudan. En effet, la relation privilégiée avec le président soudanais Omar Al-Bachir a nui à l'image favorable de « puissance responsable » que la Chine essaie de cultiver suite aux appels récurrents à boycotter les jeux Olympiques de Pékin[70] en raison du soutien chinois au régime, et des publications concernant des envois d'armes au pays.[71]

La plus forte source de remise en question vient de la perception que les Africains se font de la présence chinoise : les bénéfices du pétrole ne sont pas réinvestis sur place, le coût environnemental de l'exploitation est élevé. À plusieurs égards, les pays africains bénéficient peu de l'achat du pétrole par les Chinois : la focalisation sur les matières premières risque de limiter le développement des exportations manufacturées des pays africains. Également, le rapprochement chinois avec l'Afrique suscite des problèmes : l'activité chinoise contribue peu à l'emploi local étant donné que la main-d'œuvre est majoritairement chinoise ; les marchés africains sont inondés par des biens de consommation peu chers en provenance de la Chine, ce qui fait concurrence aux produits locaux ; la Chine aurait également des pratiques illégales dans l'extraction pétrolière et le commerce du bois. Enfin, les différences culturelles donneraient également lieu à des tensions. Mais la menace la plus importante est la volatilité de la demande chinoise en matières premières. Voilà pourquoi des questions se posent sur ce nouveau modèle économique qu'est le *win-win* dans lequel, selon la Chine, il n'y aurait *a priori* aucun partenaire perdant, alors qu'on a l'impression d'assister à une nouvelle forme de néocolonialisme drapé d'illusions d'un développement Sud-Sud.

---

[69] Sur ce point précis, selon l'ancien responsable du programme angolais de Care M. Douglas Steinberg, « les conditions d'octroi des crédits chinois donnent beaucoup plus de possibilités à l'Angola, comparées aux exigences fixées par d'autres accords, en premier lieu ceux passés devant le Fonds monétaire international. En fait, cela permet aux autorités gouvernementales de ne pas pratiquer la transparence », in « Oil-backed loan will finance recovery projects », Integrated Regional Information Networks, 21 février 2005.

[70] Yardley, Jim, « China Defends Sudan Policy and Criticizes Olympics Tie-In », *New York Times*, 3 mars 2008.

[71] Concernant les appels aux boycotts des jeux olympiques de Pékin face à la politique étrangère chinoise, il faut se rappeler les nombreuses publications dans la presse et notamment le rapport de *Human Rights Watch*. D'autres envois au Zimbabwe ont également suscité une attention médiatique : « South African Union refuses to unload Chinese arms destined for Zimbabwe », *Reuters*, 18 avril 2008.

Face à toutes ces interrogations, la Chine multiplie promesses, cadeaux, références historiques à l'esprit de Bandoeng[72] et mesures symboliques à l'égard d'un continent dont il a annulé plus de 10 milliards de dollars de dette bilatérale depuis l'an 2000. Dix mille Africains sont en cours de formation à Pékin, dans le cadre du Fonds de développement des ressources humaines pour l'Afrique créé par le gouvernement chinois.[73] De même, l'avancée chinoise dans le domaine pétrolier ne se limite pas aux investissements énergétiques chinois en Afrique par les grands producteurs pétroliers.[74] La force des compagnies chinoises se combine avec le soutien des banques de développement étatiques et les crédits commerciaux accordés par le gouvernement, des programmes d'aides et d'investissements octroyés au cours du ballet diplomatique chinois aux grands producteurs pétroliers convoités par des multinationales occidentales.[75] Enfin, les réserves pétrolières africaines, essentiellement des gisements, ont été délaissées par les compagnies pétrolières internationales.[76] En outre, en s'impliquant de plus en plus dans les opérations de maintien de la paix, du Liberia, de la RDC en passant par le Soudan, la Chine a envoyé des centaines de casques bleus sur le continent. Tout en reconnaissant que la décision finale revient à l'Union africaine, le pays soutient par ailleurs publiquement les trois candidats africains (Nigeria, Afrique du Sud et Égypte) – mais officieusement surtout le Nigeria – à un siège de permanent aux Nations unies.

## II.  Le pétrole, source de conflits en Afrique subsaharienne

La volonté de s'approprier ou de contrôler des réserves pétrolières est devenue un facteur déterminant de déclenchement de conflits entre États voisins, impliquant parfois des grandes firmes pétrolières. C'est le cas depuis quelques années de l'Afrique subsaharienne. Mais l'impact

---

[72] Lire Jean Lacouture, « Bandung ou la fin de l'ère coloniale », in *Le Monde diplomatique*, mars 2005.

[73] Meidan, M., « Le pétrole et la Chine : plus qu'une relation commerciale », in *Afrique contemporaine*, n° 228, avril 2008, p. 98.

[74] *Ibid.*

[75] Ainsi, en Angola, qui est en train de devenir le premier fournisseur de la Chine aux dépens de l'Arabie saoudite, la position chinoise a été obtenue en 2004 avec l'annonce par la Chine de l'octroi d'un paquet d'aide – *package deals* – au pays : des prêts destinés à la construction des routes, d'écoles, d'hôpitaux, de ponts et d'un réseau de fibres optiques. Au Nigeria, deuxième producteur pétrolier africain, en dépit des efforts des trois grandes entreprises pétrolières chinoises et des promesses d'investissements à hauteur de 4 milliards USD dans les infrastructures du pays, les activités de CNPC et SINOPEC restent limitées en raison de la situation sécuritaire d'une part, et du prix élevé du pétrole brut nigérian d'autre part.

[76] Downs, E., « The Fact and Fiction of Sino-African Energy Relations », in *China Security*, vol. 3, n° 3, été 2007, p. 42-68.

politique du pétrole se ressent surtout au niveau interne. Pour la plupart des États producteurs, l'exploitation du pétrole se traduit par le développement de l'économie de rente qui parfois déstructure le système économique avec des répercussions sur le système politique. Dès lors, l'or noir se transforme en facteur de déstabilisation politique et sociale. Dans les cas extrêmes, des pays peuvent sombrer dans des guerres civiles dont les ressorts sont directement pétroliers. Pourtant, l'exploitation des ressources pétrolières est souvent présentée comme un instrument privilégié de développement économique et social. À y regarder de près, force est de constater que pour de nombreux pays producteurs en Afrique subsaharienne, le pétrole a souvent été à l'origine de certains contentieux entre pays limitrophes et aboutit à l'insécurité sous-régionale. Ainsi, après avoir examiné les principaux contentieux frontaliers liés au pétrole, nous tenterons de montrer les différents scandales pétroliers ainsi que le rôle joué par les compagnies pétrolières en Afrique subsaharienne.

## A. Les contentieux frontaliers liés au pétrole en Afrique subsaharienne

Partout dans le monde, la présence de pétrole a pu générer des tensions entre deux États voisins, sans pour autant que le pétrole ne soit jamais le seul facteur explicatif des conflits ni nécessairement le plus déterminant. L'histoire regorge ainsi de cas de pays ayant cherché à s'approprier les ressources pétrolières de leurs voisins, ou de tensions frontalières entretenues par deux États, souvent tous deux producteurs de pétrole. L'exemple le plus emblématique est probablement celui de l'invasion du Koweït par l'Irak en 1990. Mais, à une échelle plus modeste, le phénomène se retrouve sur l'ensemble du continent africain dans des termes similaires. Voilà pourquoi la ruée vers l'or noir n'est pas sans conséquences politiques pour les États riverains du golfe de Guinée.

Dans une zone où le tracé des frontières coloniales est fréquemment contesté, la présence de ressources pétrolières aiguise les appétits[77] au point de multiplier les contentieux territoriaux entre pays amis de longue date. En Afrique subsaharienne, quelques exemples peuvent étayer cette assertion. Le plus emblématique de ces contentieux est celui qui a opposé le Nigeria au Cameroun à propos de la péninsule de Bakassi. Ce petit territoire inhospitalier de mille kilomètres carrés constitue une

---

[77] Si les cours de brut se maintiennent à 60 euros le baril, les 7 principaux producteurs du golfe de Guinée (Nigeria, Angola, Guinée équatoriale, Congo-Brazzaville, Gabon, Cameroun et Tchad) encaisseront 1 000 milliards de dollars entre 2002 et 2019. Une estimation *a minima* qui ne tient compte ni des futures découvertes ni de l'entrée, chaque année ou presque, de nouveaux pays africains dans le club des pays producteurs.

source de tension depuis près d'un siècle entre ces deux pays en raison de ses richesses pétrolières et halieutiques :[78] la péninsule de Bakassi « ...occupe une position stratégique dans le golfe de Guinée qui, avec ses 24 milliards de barils de réserves d'un brut de très bonne qualité, intéresse fortement les Grandes Puissances en général, et les États-Unis en particulier... »[79] Depuis 1994, elle est l'enjeu d'affrontements armés et sporadiques. C'est en 1913 qu'un accord entre les deux puissances coloniales concernées, la Grande-Bretagne et l'Allemagne attribue la péninsule au Cameroun. Mais les indépendances ravivent les convoitises, et un second accord doit être signé entre les deux pays en 1974. Le dictateur nigérian Sani Abacha (1993-1998) aggrave la situation en annexant militairement Bakassi. Les médiations infructueuses de l'OUA poussent alors le président camerounais Paul Biya à saisir l'ONU pour arbitrage en 1994. L'arrêt rendu par la Cour internationale de justice de La Haye, qui s'était saisie du contentieux le 10 octobre 2002, stipule que la péninsule revient au Cameroun ainsi que plusieurs îles du lac Tchad que se disputaient les deux pays.[80] Une commission mixte Cameroun-Nigeria est créée sous l'égide de l'ONU pour superviser le transfert de territoire et la démilitarisation de Bakassi de 1 700 kilomètres de frontières qui séparent les deux pays.[81] Rebondissement à la mi-septembre 2004 : le Nigeria annonce qu'il ne respectera pas l'échéance fixée par la CIJ à la fin de l'année. Après des décennies de conflits juridico-militaires, la CIJ a donné raison au Cameroun en 2002. La cérémonie officielle de rétrocession de la péninsule de Bakassi au Cameroun a été célébrée à Calabar au sud-est du Nigeria le 14 août 2008. Exceptionnel, ce transfert de souveraineté fait partie d'un ensemble d'accords délimitant les deux mille trois cents kilomètres de frontières qui séparent le Nigeria et le Cameroun, depuis le lac Tchad, au nord, à la côte atlantique

---

[78] Eba'a, G.-R., *Affaire Bakassi. Genèse, évolution et dénouement de l'affaire de la frontière terrestre et maritime Cameroun-Nigeria (1993-2002)*, Presses de l'UCAC (Université catholique d'Afrique centrale), Yaoundé, 2008.

[79] Fogui, J.-P., *Les leçons du conflit de Bakassi, op. cit.*, p. 125.

[80] *Jeune Afrique L'Intelligent*, Hors Série, n° 15, *L'État de l'Afrique* 2007, p. 182.

[81] Le 14 août 2006, le Nigeria a officiellement rétrocédé au Cameroun la péninsule de Bakassi, territoire faisant l'objet d'un vieux contentieux entre les deux pays. Cette opération a été menée conformément à un accord conclu en juin 2006 sous l'égide de l'ONU. Abuja avait accepté de retirer ses troupes dans un délai de 60 jours de la zone revendiquée par les deux pays depuis plus de dix ans, un marécage de 1 000 km$^2$ potentiellement riche en pétrole situé sur la côte Atlantique. Les 3 000 soldats déployés par Abuja ont fait leur paquetage, et le drapeau camerounais a remplacé celui du Nigeria. Quant aux ressortissants nigérians vivant dans le sud de la péninsule, ils auront 2 ans pour se décider s'ils restent en territoire camerounais en tant qu'immigrés, adoptent la nationalité camerounaise ou rentrent au Nigeria.

au sud.[82] C'est le plus long tracé jamais arbitré par l'ONU. En saluant la rétrocession pacifique par le Nigeria de la péninsule au Cameroun le 14 août 2008, le secrétaire général de l'ONU Ban Ki-moon déclara : « C'est une grande victoire pour les valeurs essentielles des Nations unies ! »[83]

Non loin de là, existe un autre contentieux dans le golfe de Guinée opposant le Gabon à la Guinée équatoriale au sujet de l'île de Mbanié. En effet le 12 août 1972, un litige éclate entre le Gabon et la Guinée équatoriale suite à la décision du conseil des ministres gabonais de porter à cent miles terrestres, prolongés d'une zone de pêche contiguë de cinquante miles, la limite des eaux territoriales du pays, pour y englober Mbanié, Conga et Cocotiers, trois minuscules îlots faisant face à la baie de la Mondah et situés à portée de pirogue du cap Estérias et de la pointe Akanda, proches de Libreville. La Guinée équatoriale réagit en contestant la souveraineté gabonaise. Il s'ensuit des cliquetis d'armes à la frontière de Rio Muni pour la possession, dans la baie de Corisco, des îlots équato-guinéens de Mbanié et des Cocotiers, dont le traité franco-espagnol du 27 juin 1900 a réglé le sort d'une façon qu'au Gabon on estime obscure. La présence supposée de gisements de pétrole dans la zone contestée complique au règlement, déjà compromis par les profondes différences existant entre la dictature équato-guinéenne de Francisco Macias Nguema, très lié avec les pays de l'Est, et le régime du président gabonais Omar Bongo, résolument favorable à une coopération étroite avec l'Occident. Le Gabon poste ainsi un détachement de gendarmes sur Mbanié. Cependant, la fièvre retombera aussi vite qu'elle est montée suite à la médiation entreprise par les présidents congolais Marien Ngouabi et zaïrois Mobutu Sese Seko qui aboutit à une rencontre à Bata en septembre 1974 entre Omar Bongo et Macias Nguema. À partir de 1973, la réconciliation sera totale et discrète, si discrète même que nul ne sera en mesure de dire avec certitude si les accords bilatéraux de 1973 et 1974 n'ont pas finalement donné gain de cause au Gabon.

Depuis 2003, trois décennies plus tard, le conflit rejaillit dans un contexte marqué par deux nouveaux éléments : un boom pétrolier en Guinée équatoriale concomitant au début de l'ère post-pétrolière au Gabon ; les soupçons de la présence de pétrole dans les fonds marins qui

---

[82] Selon l'accord du 16 décembre 2003 pour la zone du lac Tchad, le Nigeria a perdu trente-trois villages, même si, par souci de compromis, le Cameroun lui en a cédé deux. À travers l'accord du 14 juillet 2004, les deux parties ont perdu des territoires. La nouvelle frontière passe au milieu des villages avec, par exemple, une école côté camerounais et un cimetière côté nigérian.

[83] Koungou, L., « Quand une péninsule pétrolière change de mains », in *Le Monde diplomatique*, octobre 2008.

entourent les trente hectares de l'île de Mbanié, après la découverte du précieux liquide aux alentours de l'îlot au milieu des années 1990. Autrefois abandonnées aux tortues marines et aux plaisanciers qui y accostaient pour quelques heures, ces eaux deviennent subitement un enjeu stratégique, surtout pour le Gabon, dont la production d'or noir ne cesse de décliner depuis 1998.[84] L'État gabonais assiste impuissant à la baisse du rendement du site *onshore* de Rabi-Kounga – qui représentait quelque 60 % de la production nationale – sans parvenir à découvrir de nouveaux gisements significatifs dans le pays.[85] Mais dans ce nouveau rebondissement, le gouvernement équato-guinéen parle d'occupation illégale et conteste les documents l'attribuant au Gabon. Après avoir évoqué la possibilité d'une exploitation conjointe, les négociations bilatérales entamées en mai 2003 se sont rapidement retrouvées bloquées. Ce qui a conduit le secrétaire général de l'ONU Kofi Annan à proposer une médiation internationale. Le dossier a été a été confié en septembre 2003 à l'avocat canadien Yves Fortier, ancien ambassadeur d'Ottawa auprès des Nations unies et dont les résultats sont toujours attendus.

Autre contentieux, celui mettant aux prises la RDC à l'Ouganda. Ainsi, depuis quelques années, la République démocratique du Congo connaît plusieurs contentieux frontaliers avec ses voisins et l'énergie – présence de pétrole et de gaz – est l'un des principaux éléments de ce contentieux. Sur le moyen et le long terme, cette présence pourra créer des tensions entre la République démocratique du Congo et ses voisins. Le premier contentieux l'oppose à l'Ouganda. La délimitation exacte des frontières de la RDC prend toute son importance dans ce différend. La frontière qui existe entre les deux pays est une frontière naturelle délimitée par le fleuve Semliki et le lac Albert. De plus, des réserves de pétrole y ont été découvertes. Autant de raisons qui font que cette frontière maritime soit l'objet de contestations. La RDC réclame sa pleine souveraineté sur une zone maritime de 200 km, très riche en ressources pétrolières. L'Ouganda veut s'en tenir au *thalweg* actuel tandis que la RDC veut utiliser le *thalweg* défini à l'époque coloniale, ce qui serait nettement plus avantageux pour elle. Une commission Ouganda/RDC a été mise en place mais jusqu'à présent, aucune date n'a encore été fixée pour la mise au point des conclusions.

Dans l'est de la RDC, des tensions sont apparues ces dernières années avec l'Ouganda, où des incidents se sont multipliés. À l'origine de ces derniers incidents, en septembre 2008, le groupe pétrolier canadien

---

[84]  La production pétrolière du Gabon représente 81 % de ses exportations, 66 % de ses recettes budgétaires et 42 % de son Produit intérieur brut.

[85]  Après avoir culminé à 18,46 millions de tonnes en 1997, la production gabonaise a ainsi chuté à 12,3 millions de tonnes en 2003 et pour n'atteindre que 6,2 millions en 2008.

*Heritage Oil* avait annoncé la découverte d'une réserve de pétrole aux alentours du lac Albert. Selon la compagnie, il s'agirait de la plus grosse réserve pétrolière jamais découverte en Ouganda. Son potentiel de production quotidienne est estimé à plus de 14 000 barils. Mais avant cette découverte, des heurts avaient déjà opposé l'Ouganda et la RDC le 3 août 2007, lorsqu'un ingénieur britannique, Carl Nefdt, qui prospectait pour *Heritage Oil*[86] sur la partie ougandaise du lac, a été retrouvé mort. L'Ouganda avait alors accusé l'armée congolaise d'être l'auteur du meurtre. Y ont également trouvé la mort dans cet échange de tirs, deux soldats congolais, tandis que les Forces armées congolaises faisaient quatre prisonniers parmi les Ougandais. L'enjeu de cette affaire est une fois de plus le pétrole, mais aussi les ressources minières, notamment l'or dont regorge cette région frontalière. En effet, les deux pays convoitent un gisement de pétrole qui se trouve sur une zone frontalière passant au milieu du lac. Du côté congolais, on assure que les deux blocs susceptibles d'être exploités se trouvent dans la zone appartenant à la RDC. Or, *Heritage Oil* aurait l'intention de construire un oléoduc qui acheminerait l'or noir jusqu'à la côte kenyane. Cette exploitation bénéficierait donc aux pays de la Communauté économique d'Afrique de l'Est (Kenya, Ouganda, Rwanda, Tanzanie et Burundi) bien plus qu'à la RDC. De surcroît, la RDC ne disposerait que de 12 % des actions de la société chargée d'exploiter le pétrole du lac Albert, contre 39,5 % à *Heritage Oil* et 48,5 % à une autre société, *Tullow Oil*.[87]

Le second contentieux auquel est confrontée la RDC est celui avec l'Angola. Ces deux pays partagent une longue frontière d'environ 2 500 km et un même littoral de l'Océan atlantique qui recèle d'énormes richesses notamment pétrolières *offshore*. La RDC a toujours voulu que ses frontières maritimes soient modifiées sur la base de la Convention de Montego Bay de 1982.[88] Selon cet accord, la RDC avait jusqu'au mois de mai 2009 pour demander l'extension de sa zone maritime, soit deux

---

[86] Il y a plus de dix ans déjà que *Heritage Oil* a entrepris des travaux d'exploration sur le lac Albert, où se trouve une réserve de pétrole estimée à un milliard de barils. Installée en Ouganda, cette société a parfois été accusée d'avoir soutenu les conflits qui ont dévasté l'Ituri congolais, riverain du lac Albert.

[87] Braeckman, C., « Ouganda-Congo Affrontements sur les rives du lac Albert : les deux pays se disputent les droits sur un milliard de barils d'hydrocarbures », in *Le Soir*, lundi 20 août 2007.

[88] La Convention de *Montego Bay* a été ratifiée par les États membres de l'Organisation des Nations unies. Celle-ci détermine les frontières maritimes et les droits des États côtiers. En outre, il faisait partie des négociateurs de cette convention au sein de la commission *ad hoc* des Nations unies. Et l'accord est intervenu le 10 février 1982. 27 ans après, la République démocratique du Congo et l'Angola sont rattrapés par cette fameuse convention pendant que les deux pays mènent des négociations portant sur les frontières maritimes.

cent miles marins, ce qu'elle a effectivement fait.[89] La polémique a pris une ampleur au point qu'en mars 2009, la RDC accuse l'Angola de voler son pétrole. Beaucoup de plates-formes où l'Angola tire son pétrole sont congolaises, avait indiqué le ministre congolais des Hydrocarbures : « Nous devrions avoir à partir de 500 000 à 1 000 000, si l'Angola n'était pas là. Si nous récupérons, par exemple, rien que le bloc 15, qui produit 400 000 barils par jour, nous sommes déjà à 450 000 ».[90] Actuellement, la RDC produit 25 000 barils bruts par jour des puits à terre à l'ouest de la province du Bas-Congo, et qui contribue de manière insignifiante au trésor public. Les enjeux sont si importants sur cet espace maritime d'environ 4 000 km², classé patrimoine angolais, que des multinationales pétrolières s'y livrent en exploitation, sous licence angolaise. L'Angola y extrait par jour près de 500 000 barils de pétrole, lorsque la RDC doit se contenter d'une maigre production de 25 000 barils/jour, réalisée par *Perenco*. Une situation que la RDC a décidé de réparer, s'appuyant sur les droits qui lui sont conférés en vertu de la Convention de Montego Bay.

Autre méfait de l'or noir, il peut provoquer de fortes turbulences au sein des régimes plus fragiles. Alors que Sao Tomé n'avait pas encore touché son premier pétrodollar, l'archipel a connu le 16 juillet 2003 un putsch qui, s'il n'a duré qu'une semaine, témoigne des appétits dangereux suscités par les hydrocarbures. Les rebelles ont finalement accepté de rendre son fauteuil au chef de l'État déchu Fradique De Menezès, en échange d'une amnistie et de la promulgation d'une loi sur la gestion des ressources pétrolières. Le pays a commencé à encaisser ses premiers pétrodollars en 2008. Ces quelques cas ne sont que des exemples parmi d'autres des multiples contentieux frontaliers liés au pétrole en Afrique subsaharienne. S'il est rare qu'ils dégénèrent en conflit ouvert, la diversité des cas témoigne néanmoins de la permanence de tensions interéta-

---

[89] Pour la RDC, la Convention de Montego Bay est bien un droit qui lui a été reconnu par le droit international. Depuis mai 2009, la RDC a saisi officiellement l'organe délibérant des Nations unies. Elle a ainsi déposé une loi à la Commission des Nations unies sur les droits de la mer avant la date buttoir du 13 mai 2009, portant sur la délimitation de ses espaces maritimes au-delà de Boma et de Banana jusqu'au plateau continental sur l'océan Atlantique. De ce fait, la RDC exige compensation en vertu des avantages perdus et, en même temps, restitution de ses droits aliénés, en vertu de la *Convention de Montego Bay*, du reste ratifier par l'Angola.

[90] Ce bloc 15 est en termes de réserves pétrolières, 4 milliards de barils – répartis entre Exxon (40 %), British Petroleum (26,6 %), *AGIP* (20 %) et *Statoil* (13,3 %). Sur ce nouveau tracé, au regard de la Convention de Monte Gobe, se retrouvent aussi en exploitation – toujours pour le compte de l'Angola – des réserves de 400 millions de barils, partagés équitablement entre le champ de *Tullow Oil* (200 millions) et le champ de *Chevron* (200 millions). Ces deux champs pétrolifères sont ceux en jeu dans la nouvelle bataille qui oppose les deux pays.

tiques locales directement liées à la conviction que la possession de pétrole est stratégiquement importante.

## B. Les scandales pétroliers en Afrique subsaharienne et le rôle des compagnies étrangères

Pour la majorité des États producteurs d'Afrique subsaharienne, le pétrole permet d'un côté aux gouvernements de s'affranchir, pour se financer d'une imposition fiscale des activités économiques nationales, de l'autre côté, il leur fournit les moyens d'une politique de redistribution clientéliste, même si ces dérives ne sont pas l'apanage des pays producteurs de pétrole. La possession du pétrole ne semble être, en soi, ni plus ni moins propice à la déstabilisation politique et sociale ou au sous-développement économique, que la non-possession. En outre, le mauvais usage de la rente conduit malheureusement aux conflits dans lesquels les grandes puissances occidentales ont toujours cherché à utiliser les compagnies pétrolières internationales à des fins politiques, comme l'illustre le rôle longtemps joué par Elf en Afrique francophone (Gabon, Congo-Brazzaville, Cameroun, etc.).

À l'évidence, le cadre institutionnel global en Afrique subsaharienne est constitué d'un réseau d'allure mafieuse de relations entre plusieurs acteurs institutionnels : les États, les transnationales du pétrole Total (ancien Elf, Fina), Shell, Chevron, Agip, Exxon-Mobil, Petronas, Gulff, Texaco, Oxy, etc., les compagnies pétrolières nationales et les États abritant les multinationales, au premier rang desquels la France. C'est au sein de ce cadre que se définit le mode d'exploitation capitaliste du pétrole au sein duquel apparaissent des contradictions. Il devient alors inévitable que les interactions entre ces éléments structurants soient complètement déviées. De même qu'il n'est pas surprenant que des guerres civiles soient alimentées et entretenues par des firmes multinationales pétrolières (Elf au Congo-Brazzaville, Shell au Nigeria…) et par leurs pays d'origine.[91] Dans un tel contexte, les conflits politiques, économiques et sociaux liés à l'exploitation du pétrole ont un effet négatif sur les possibilités de développement. En conséquence, plusieurs acteurs tirent profit de la manne pétrolière : les entreprises transnationales, mais aussi les pouvoirs locaux, souvent dictatoriaux, et les États complices qui abritent des sièges des grandes compagnies pétrolières. Ces dernières exploitent souvent le pétrole à leur aise. L'exemple du Congo-Brazzaville en est l'illustration parfaite.

---

[91] Gresea, P., & Irene, A., *Les multinationales du pétrole en Afrique*, Séminaire organisé par l'AITEC (Association internationale des techniciens, experts et chercheurs), Bruxelles, 17 et 18 mai 1999.

En effet, entre les années 1960 et le milieu des années 1990, les 2/3 de la production de pétrole du Congo provenaient de la compagnie privée Elf qui, jusqu'en 1995, avait pu maintenir son exploitation grâce à un dispositif fiscal ultra-libéral. L'État congolais touchait une redevance de 15 à 19 % suivant les gisements et émettait un impôt sur les sociétés de l'ordre de 50 à 65 %.[92] Après le doublement de la production pétrolière au Congo en 1980, Elf encouragea activement l'État à s'inscrire dans une politique d'endettement, qui eut pour résultat le triplement de sa dette extérieure et dont les 2/3 furent garantis par la multinationale. Le moins qu'on puisse dire est que dans cette affaire le Congo a été grugé.

Même lorsqu'il s'agit de parler de conflits sociopolitiques liés à l'exploitation pétrolière, le cas du Congo-Brazzaville (comme celui du Nigeria et de l'Angola) peut servir d'illustration. Ainsi, le nouvel ancien chef d'État congolais Denis Sassou Nguesso s'est construit avec la multinationale française Elf, un capital social malsain pour la liberté politique du peuple congolais. Pour l'aider à payer les fonctionnaires, à acheter des armes et à financer les campagnes électorales, Elf est toujours venue à la rescousse, sans oublier (en bon acteur capitaliste), de se couvrir contre le risque d'insolvabilité par un préfinancement garanti sur le pétrole non extrait. Autrement dit, l'État congolais, par l'entremise de son leader politique, s'endettait en vendant à terme le pétrole congolais à la transnationale Elf. Du même coup, il supportait la décote que cette stratégie impose au pays producteur en situation de faiblesse par rapport à une compagnie multinationale qui fixe inévitablement le prix à un niveau très bas. En 1992, c'est Pascal Lissouba qui arrive au pouvoir et adopte la même stratégie en faisant appel à la transnationale américaine *Oxy* après avoir essuyé le refus d'Elf.[93] Manifestement, comme le nouveau président avait doublé les taxes à payer par les multinationales pétrolières, Elf ne souhaitait pas que Pascal Lissouba fasse long feu au pouvoir. La firme française racheta donc la facture du préfinancement à l'entreprise américaine et externalisa le coût sur le peuple congolais, arguant que son pétrole se vendait à un prix très bas sur le marché international.[94] Cette décision alimenta le conflit entre les deux leaders politiques. Elf diversifia le risque en fournissant des armes aux deux parties en guerre. La perte de la bataille par Pascal Lissouba et la victoire de Denis Sassou Nguesso furent saluées par Elf et par l'État français, qui en outre exploitèrent l'amitié entre leur protégé sorti vainqueur et le président angolais José Eduardo Dos Santos, pour renforcer la

---

[92] Gresea, P., & Irene, A., *Les multinationales du pétrole en Afrique, op. cit.*, p. 52.

[93] Verschave, F.-X., *De la Françafrique à la Mafiafrique*, Bruxelles, Éditions Tribord, 2004, p. 18.

[94] *Ibid.*

position d'Elf dans les deux pays. La communauté internationale comme à son habitude reconnut le nouveau régime congolais et celui-ci diminua d'un tiers les taxes des multinationales pétrolières. À partir de l'exemple congolais, qui n'est pas un cas isolé, il n'est donc pas surprenant que s'installent une complicité et des relations mafieuses entre tous ces acteurs. Relations qui entretiennent ainsi les dictatures politiques et retardent le développement de la liberté politique des populations locales.[95]

Mais plus que cette bataille de pouvoir susmentionnée, c'est la manière dont la compagnie Elf a exploité le pétrole africain en général et congolais en particulier, qui peut semer le trouble. En effet, pendant plus de trente ans, la compagnie pétrolière française a eu son âge d'or en exploitant le pétrole africain, et en y gagnant de l'argent grâce à toute sorte d'opérations.[96] L'Afrique a représenté plus des 3/5 de sa production, parmi lesquels les 2/3 issus du golfe de Guinée, le pré-carré (Angola, Nigeria, Congo, Gabon, Cameroun). Le cas du Congo-Brazzaville est pour le moins surréaliste. Le pays produisait 14 millions de tonnes par an, et en trois décennies, il a été mal géré. Les installations pétrolières d'Elf sont situées à 600 kilomètres de la capitale Brazzaville, dans le terminal de Djeno, à quelques encablures de Pointe Noire. C'est là qu'est exploité le pétrole congolais, à l'abri des yeux et des oreilles indiscrets. Aussi paradoxal que cela puisse paraître, les navires d'exploitation pétroliers sont d'Elf, les employés d'Elf et les chiffres sont donnés par Elf. Ces calculs se faisaient dans les locaux de la compagnie, calculs très défavorables au Congo. Les autorités congolaises assurent qu'elles ne savaient pas combien de pétrole était extrait de son sous-sol. Quand on demande au président congolais déchu Pascal Lissouba, s'il pouvait vérifier le nombre de navires qui étaient exploités, la réponse est sans ambigüités : « Par quels moyens… ? Nous n'avions pas les moyens d'aller vérifier. Nous ne savions rien de ce qui se passait. Nous ne connaissions pas la quantité de pétrole qui sortait de notre pays ».[97]

On peut donc imaginer que plusieurs navires aient été acheminés à l'insu des autorités congolaises, à travers ce qui a été appelé des « cargaisons fantômes », d'autant plus qu'un navire comprend 100 000 tonnes de barils, et que ce montant équivaut à plus de 15 millions d'euros.

---

[95] Les chefs d'États de cette région demeurent ainsi normalement au pouvoir jusqu'à ce que mort s'en suive. Félix Houphouët-Boigny y restera 33 ans, Hastings Kamuzu Banda 28 ans, Gnassingbé Eyadema y est resté au pouvoir au Togo pendant 38 ans jusqu'à sa mort en 2005, Omar Bongo qui y est resté pendant 42 ans au Gabon, Paul Biya au pouvoir au Cameroun depuis 28 ans, Téodoro Obiang Nguema Mbazogo en Guinée équatoriale depuis 31 ans.

[96] Servant, J.-C., « Offensive sur l'or noir africain », *Le Monde diplomatique, op. cit.,* p. 20.

[97] Chain, E., *Les milliards d'Elf,* Émission *Capital* diffusée sur M6 le 2 décembre 2001.

L'ancien PDG d'Elf, André Tarallo avait réussi à créer un système d'intéressement personnalisé, des commissions occultes qu'il appelait des « abonnements ». Celles-ci stipulaient que chaque fois qu'un baril était extrait, entre 4 et 5 millions de FF étaient versés aux présidents africains.[98] Comme l'illustre l'exemple congolais, la manne pétrolière n'a pas profité aux Africains mais à leurs dirigeants et aux compagnies pétrolières : pas d'eau courante, pas suffisamment d'écoles, pas d'hôpital de grande qualité.

## Conclusion

Au terme de cette analyse, force est de constater que depuis quelques années, l'Afrique subsaharienne autrefois oubliée est devenue un enjeu international majeur grâce à son pétrole. Les compagnies occidentales, notamment américaines et chinoises s'y livrent une bataille acharnée de l'or noir à tel point que l'on n'est pas en mesure de savoir aujourd'hui qui en sera le gagnant. Cependant, dans cette concurrence, les États-Unis mettent au point, à l'égard de la Chine, un dispositif de *containment*. Ils interprètent les efforts d'équipement militaire chinois comme ayant pour objectif d'assurer à l'empire du milieu les moyens de sécuriser ses approvisionnements, y compris énergétiques à l'horizon 2020-2025. De fait, la Chine devient un consommateur de plus en plus massif.[99] Ce que les États-Unis voient comme la stratégie du « collier de perles chinois », à savoir l'implantation militaire de la Chine autour de l'océan Indien, est considérée par les responsables américains comme une question stratégique majeure. L'intérêt nouveau des États-Unis pour l'Afrique ne doit sans doute pas qu'à leur volonté de diversifier leurs approvisionnements, mais également à une volonté de faire pièce à l'accroissement de l'influence chinoise en Afrique.

On dit parfois que pour un pays pauvre, découvrir du pétrole dans son sol est à la fois un bienfait et une malédiction. En effet, si la richesse tirée du pétrole n'est pas gérée à bon escient, si elle n'est pas investie dans la santé, l'éducation et le développement social, elle crée une dépendance et un déséquilibre. Les pays africains disposent d'une très grande richesse, mais pas d'une économie solide, ni durable.[100] Des pays

---

[98] *Ibid.*

[99] Les perspectives à 2025 font état d'importations quotidiennes chinoises qui représenteraient la production quotidienne de pétrole de l'Arabie saoudite.

[100] Avec ses 690 millions d'habitants, l'Afrique subsaharienne exporte moitié moins que la Belgique et ses 10 millions d'habitants ; elle pèse donc moins de 1 % du commerce mondial. En 2004, cette région a attiré moins de 13 milliards de dollars d'investissements étrangers, tandis que l'Union européenne en recevait 216, les États-Unis 95, l'Amérique latine 67, l'Asie 147. Résultat : près de la moitié des Africains (46 %) survivent avec moins d'un dollar par jour.

comme la Corée du Sud ou Singapour, en revanche, qui n'ont pas de pétrole et ont dû se frayer un chemin dans l'économie mondiale par la seule force de leur génie et leur éducation, offrent certainement un meilleur modèle de développement. S'il peut s'agir d'une bénédiction, elle peut être mitigée, dans la mesure où le pétrole a davantage appauvri les pays producteurs d'Afrique subsaharienne qu'il ne les a enrichis. Au Congo, au Gabon, au Cameroun, au Nigeria, en Angola ou en Guinée équatoriale, on peine à découvrir à quoi a servi la manne pétrolière. Pauvreté, recours à la corruption et à la force militaire pour contrôler le pétrole, transgression des normes environnementales, désastres écologiques, atteintes aux droits de l'homme, guerres civiles, maintien au pouvoir des pouvoirs dictatoriaux, tel est le bilan peu glorieux de l'exploitation pétrolière en Afrique subsaharienne. Lorsqu'on a la chance de recueillir de l'argent « facile », il y a toujours un prix à payer.

Autre inconvénient, la complicité entre les dirigeants africains, les compagnies pétrolières étrangères et les pays qui abritent ces compagnies. D'où cette phrase restée célèbre du président gabonais Omar Bongo : « L'Afrique sans la France est une voiture sans chauffeur, la France sans l'Afrique est une voiture sans carburant ».[101] En conséquence, les liens étroits entre le pétrole et la géopolitique ont un impact dans l'économie mondiale. Ce qui a fait dire à Daniel Yergin[102] : « Le pétrole, c'est 10 % d'économie et 90 % de politique ».[103] Autrement dit, par le biais du pétrole, les économies sont dirigées. Les enjeux financiers sont aussi énormes et réduisent au rang d'aumône les efforts des pays riches qui sont souvent accusés d'être à l'origine du pillage des ressources pétrolières et partant du sous-développement de l'Afrique. À cet effet, Jean-Pierre Favennec résume : « Certains pays du golfe de Guinée seraient aujourd'hui plus riches si les anciennes puissances coloniales n'y avaient pas découvert du pétrole ».[104]

À l'évidence, les compagnies pétrolières n'aident pas les pays africains à bien exploiter la manne pétrolière. De surcroît, elles n'hésitent pas à recourir aux services des forces de répression des régimes au pouvoir, en les finançant (Shell au Nigeria, Elf au Cameroun), mais aussi en recourant au pillage et à la corruption, tels que l'ont montré les

---

[101] *Libération*, 18 septembre 1996.
[102] Daniel Yergin compte parmi les plus célèbres experts mondiaux en matière d'énergie, auteur du best-seller *Les Hommes du pétrole*, Éditions Stock 1991 ; *La Grande bataille : les marchés à l'assaut du pouvoir*, Éditions Odile Jacob, 2000. Il est président du CERA (Cambridge Energy Research Associates).
[103] *Politique internationale*, n° 98-hiver 2002-2003, p. 331.
[104] Favennec, J.-P., « Des coûts d'approvisionnement raisonnables, des prix fluctuants », *Questions internationales*, n° 2 juillet-août 2003, p. 48.

scandales « Elf » et « Angolagate »[105] respectivement au Congo et en Angola. Il n'est donc pas surprenant que les guerres civiles soient alimentées et entretenues par ces multinationales (Elf au Congo-Brazzaville).
Cela se réalise avec la complicité de la communauté internationale qui
elle-même se transforme en un ensemble d'acteurs capitalistes domi-
nants, faisant prévaloir leurs intérêts économiques sur le bien-être des
sociétés. Qu'on ne s'y méprenne pas, le pétrole est à la fois un vecteur
essentiel de l'intégration des États producteurs dans l'économie mondiale et une richesse déterminante pour la survie politique des gouvernements. Mais c'est en même temps un facteur déterminant dans la
déconnexion des régimes avec leur population, les ressources de la rente
pétrolière permettant aux élites dirigeantes de se dispenser de tout
besoin de légitimation populaire.

De manière générale, loin de constituer un tremplin pour le développement, le pétrole se révèle être le plus souvent un cocktail empoisonné.
Les proportions peuvent varier d'un pays à l'autre, mais le mal développement, l'instabilité politique, la guerre et la corruption, en constituent
les principaux ingrédients. Le pétrole apparaît comme une opportunité
s'il est bien exploité, notamment dans les infrastructures, l'éducation et
la santé. Dans le cas d'espèce, il n'a pas favorisé le développement des
pays d'Afrique subsaharienne. Il peut donc être considéré comme une
malédiction puisqu'il entretient les conflits et les dictatures. Si elle veut
en sortir, il serait intéressant que l'Afrique mette en place des mécanismes de gestion transparente de la manne pétrolière, aussi pourra-t-elle
passer d'une économie de rente à une économie d'accumulation de
richesse, de progrès et de productivité. Toutes proportions gardées,
même si certains conflits ont dégénéré en guerres civiles, il n'y a pas de
fatalité : c'est la manière dont la rente pétrolière est gérée qui détermine
les évolutions politiques des pays. Pour avancer, l'Afrique doit éviter la
« victimologie »[106] qui est devenue une grande spécialité africaine. En
effet, celle-ci a empêché toute réflexion autonome et donc universelle,
c'est-à-dire en dialogue avec les autres violences de l'histoire contemporaine.

---

[105] En 1998 éclate l'Angolagate. En effet, des groupes pétroliers (BP-Amoco, Total-
FinaElf, Exxon…) étaient au cœur d'une vaste affaire de trafic d'armes, de corruption
et de pillage du pétrole sur fond de guerre civile en Angola. Cette affaire, toujours en
cours, a déjà éclaboussé des personnalités politiques telles que Jean-Christophe
Mitterrand, Charles Pasqua ou Jacques Attali, mais aussi des intermédiaires financiers tels que Arcadi Gaydamak, Pierre Falcone ou encore Jean-Charles Marchiani,
tous rompus aux trafics d'armes et aux paradis fiscaux.

[106] Copans, J., *La longue marche de la modernité africaine*, Paris, Karthala, 1998, p. 13.

# Oil, Rebel Movements
# and Armed Conflict in Africa

Douglas A. YATES

*American University in Paris, France*

The idea of fighting over African resources is not new. The coloniza-
tion of Africa was driven in part by a violent quest for valuable commodities. Today conflicts over natural resources are increasingly frequent,
driven by the relentless expansion in global demand, the emergence of
significant resource shortages, and the proliferation of ownership contests. "Disputes over access to critical or extremely valuable resources
may lead to armed conflict," a special kind of violence that Michael
Klare calls "*resource wars*[1]". Of all the natural resources, none is more
likely to provoke conflict between states in the twenty-first century than
oil. "Petroleum stands out from other materials – water, minerals,
timber, and so on – because of its pivotal role in the global economy and
its capacity to ignite large-scale combat[2]".

Klare's principal concern is the potential for inter-state wars, especially the likelihood that the world's major powers will go to war over
natural resources. But most of his actual cases are domestic intra-state
wars in the developing world where natural resources like oil, timber, or
diamonds are concentrated in an area occupied by groups seeking to
break away from the existing state. "Such contests are regularly de-
scribed in the international press as ethnic and sectarian conflict," he
objects, "but it is the desire to reap the financial benefits of resource
exploitation that most often sustains the fighting[3]". Denied access to
political power, in an economy controlled by a ruling faction or family,
such groups often see no option but to engage in armed rebellion. "Once

---

[1]  Klare, Michael, *Resource Wars: The New Landscape of Global Conflict*, New York:
    Henry Holt, 2001, p. 25.

[2]  *Ibid.*, p. 27.

[3]  *Ibid.*, p. 190.

a rebellion has erupted," he explains, "the fight often evolves into a resource conflict[4]."

This raises an important question. If the conflict comes *before* the struggle for resources, then are natural resources really the cause of the war, or merely another aggravating factor? Klare was influenced by the writings of Paul Collier[5] an economist who links the outbreak of internal resource wars to greed and economic opportunism, rather than larger structural inequalities or deep-rooted grievances. In his recent bestseller Collier reaffirms this idea that low income and slow growth make a country prone to civil war: "Why? Low income means poverty, and low growth means hopelessness. Young men, who are the recruits for rebel armies, come pretty cheap. Life is cheap and joining a rebel movement gives these young men a small chance of riches[6]". Collier's famous formula is that, "Grievance has evolved, over the course of the decade, into greed[7]". Klare similarly reasons that, "With so much at stake, and so few other sources of wealth available in these countries, it is not surprising that ruthless and enterprising factions are prepared to provoke civil war or otherwise employ violence in the pursuit of valuable resources." The government, for its part, "is just as likely to fight for these resources, both to pay its bills and to ensure the continued loyalty of prominent cliques and families[8]." African resource wars, in other words, are essentially about *greed*.

Many critiques have been leveled against the greed theorists like Collier and Klare who ignore the genuine grievances of rebels, and attribute greed to armed struggles as a whole. Not only can individuals combine the eternal human motives of greed and grievance, but some individuals will be more motivated by one than the other. It is furthermore obvious that some rebellions are motivated by a struggle against oppression, marginalization, and exploitation, while others are motivated by what could be called an entrepreneurial spirit. Instead of holistically attributing a single motivation to an entire struggle, therefore, it is better to speak of the numerous factors that move disputes towards or away from conflict. This avoids, among other things, the fallacy of the single factor explanation. But it also avoids blaming civil wars solely on

---

[4]   *Ibid.*, p. 193.

[5]   Collier, Paul, "On Economic Causes of Civil War," *Oxford Economic Papers*, 50 (1998): 563-73; *idem*, "Doing Well Out of Civil War: An Economic Perspective," in Mats Berdal and David Malone, eds. *Greed and Grievance: Economic Agendas in Civil Wars*, Boulder, CO: Lynne Rienner, 2000.

[6]   Collier Paul, *The Bottom Billion*, London: Oxford University Press, 2007, p. 20.

[7]   *Ibid.*, p. 30.

[8]   *Ibid.*, p. 193.

the motivations of domestic actors (ignoring the interests and motivations of foreign actors).

Recent research published by highly regarded scholars and leading international financial institutions like the World Bank have shown that developing economies with high rates of dependence on extraction and export of natural resources do have a correspondingly high propensity to violent conflict[9]. High dependency on oil *is* correlated with war. But what such large-n, quantitative, correlations between oil and war fail to address are the many qualitative differences between resource conflicts. Some are armed struggles about ownership and control over resources which could be called "resource wars." But others are struggles over the distribution of revenues derived from natural resources. These are not resource wars, but "revenue conflicts." Some are about the inability of weak state institutions to cope with looting, misappropriation and exclusion of significant sectors of society leading to violent protests. These are not wars, but domestic "police matters" of maintaining public order. Others are about states using their resource revenues to build up repressive security machinery and embarking on violent terror against their own people. These are not wars, but one-sided "violent tyrannies." Some are illegal uses of resource revenues by disgruntled factions of the governing elite to sponsor anti-government insurgencies or secession movements. These are not wars, but "factional politics" using violence as leverage. Others are organized predation and extortion of big businesses in the resource extraction sector by aggrieved groups. These are not wars, but "organized crime." Some are military interventions by foreign stakeholders to protect their investments. These are not (called) wars, but "peacekeeping operations[10]."

This chapter is going to concern itself with one kind of resource conflict, internal armed struggle for regional independence, in which natural resources are not the cause, per se, but only an aggravating factor. (Another chapter will deal with conflicts where oil is the cause.) It will concern itself with the following question: Can Africans living in an oil-rich region emancipate themselves from "violent tyranny" by means of armed resistance when that regime is supported financially, diplomatically, and militarily by foreign powers? When foreign powers crave their oil, when international governance initiatives prove insufficient, when their states are unwilling or incapable of changing themselves,

---

[9]    Ross, Michael, "The Natural Resource Curse: How Wealth Can May You Poor," in Ian Bannon and Paul Collier, eds. *Natural Resources and Violent Conflict: Options and Actions*, Washington DC: World Bank, 2003.

[10]   Omeje, Kenneth, "Re-Engaging Rentier Theory and Politics," in Kenneth Omeje, ed. *Extractive Economies and Conflicts in the Global South: Multi-Regional Perspectives on Rentier Politics*, Hampshire: Ashgate, 2008, pp. 14/15.

when opposition parties lack democratic elections, when the press is not free, then can armed struggles succeed in fighting their "paradox of plenty" from below?

**Table 1. Selected Armed Struggles for Self-determination
in Oil-Rich Regions of African States**

| Angola | Cabinda Enclave Liberation Front (FLEC) | 1963-2006 | *Failed to achieve independence of Cabinda Enclave* |
|---|---|---|---|
| Cameroon | Union of the Popula-tions of Cameroon (UPC) | 1948-1971 | *Failed to achieve autonomy of the Western Province* |
| Equatorial Guinea | Movement for the Self-Determination of Bioko Island (MAIB) | 1994-present | *Failed to achieve independence of Bioko Island* |
| Nigeria | Republic of Biafra | 1967-1970 | *Failed to achieve independence of Eastern Region* |
| Sudan | Sudan People's Liberation Movement & Army (SPLM/A) | 1983-2005 | *Achieved legal autonomy of Southern Sudan* |

Table 1 shows that most armed struggles for independence of oil-rich regions of Africa have failed to achieve their goals of self-determination. After four decades of low-intensity conflict by the FLEC in the Cabinda Enclave (formerly known as "Portuguese Congo") the native Kongo people failed to emancipate themselves from the military regime in Angola. Similarly, the UPC guerrillas who fought for English-speaking peoples of the Western Region (formerly "British Cameroons") were defeated militarily by the French-backed central government. The indi-genous Bubi people of Bioko island (formerly "Fernando Poo") strug-gled for independence from Equatorial Guinea and were massacred by the Fang regime, and today over two-thirds of them live in exile, where they run their underground movement. In the Nigerian civil war the federal government crushed the rebellious Igbo people who declared their independence as the Republic of Biafra (formerly "Oil River States"). While these regions are oil-rich, it would be unfair to say that their armed struggles were motivated simply by greed for oil. These were genuine liberation struggles.

They were different from other African struggles whose goal was not regional secession, but overthrowing a regime in power. The numerous civil wars in Chad were never about achieving regional independence from Ndjamena, but about overthrowing its corrupt rulers. The same is true for the rebel movements in Angola and Congo. Neither Angola's UNITA nor Congo's "Ninjas" were about regional secession but rather national unity under a new regime. What is interesting is that the only successful armed struggle for regional self-determination in oil-producing Africa – the SPLM/A of Southern Sudan – came after it changed its strategy from *regional* secession to *national* liberation. Instead of fighting exclusively for the liberation of Southern Sudan, the rebels changed their goal to the liberation of all the people of Sudan. There is a lesson in their victory for other similarly situated armed struggles in oil-rich regions of Africa and the rest of the world.

# I. Regional Identity and Violence

What is a region? It always denotes a geographical *space*. But beyond that there are many meanings attached to it. It often has a cultural element. It may contain a distinct society and a range of social institutions. In other words it may relate, more broadly speaking, to an *identity*. "So while the concept of region must always be associated with territorial space, it must be understood as a social, economic, and political construction" which is to say, "the historical work of human actors and actions[11]". Distinct regional cultures can sustain a sense of regional community and provide a basis for values and policy preferences that differ from other regions or the larger national community. These regional traits are available to be mobilized politically. A region's history, mythology, and cultural symbols may become an ideological resource for political actors. Regional minorities with claims to historical nation status have long contradicted conventional assumptions about cultural assimilation of early modernization-and-development theorists who portrayed regions and regionalism as remnants of pre-industrial, pre-modern societies, fated to be eclipsed by the nation state. Modernization, they thought, would lead to cultural homogenization and an inevitable decline of regionalism.

Modernization theorists were challenged by cultural theorists[12] who argued for the persistence of identities. In post-colonial states in Africa, where ethnicity had been part of the colonial project of divide-and-rule, and where modernization and development failed to occur, there were few signs that ethno-regional identities would simply fade away. On the

---

[11] Bickerton, James and Alain Gagnon, "Regions," Daniele Caramani, ed. *Comparative Politics*, Oxford: Oxford University Press, 2009: p. 368.

[12] Almond, Gabriel and Sidney Verba, *The Civic Culture: Political Attitudes and Democracy in Five Nations*, Princeton: Princeton University Press, 1963; Hartz, Louis, *The Founding of New Societies*, New York: Harcourt, Brace & World, 1964; Idris, Amir, Sudan's Civil War: Slavery, Race and Formational Identities, Lewiston, NY: Edwin Mellon Press, 2001.

contrary, their relevance increased over time[13]. But it is equally true that cultural differences can diminish over time while regional identities persist. In Europe, for example, many regions have lost their cultural distinctiveness yet continue to pursue regional politics in the EU budget. In North America, regional identities became more politicized precisely at a time when inter-group cultural differences were much less significant than they had been historically[14]. In Africa, Southern Sudan contains many different ethnicities, languages, and religions, so Southern regional identity is not strictly speaking cultural. We should treat regional identity and cultural distinctiveness as independent phenomena. Some regional identities cannot be reduced to culture.

An alternative Marxist approach saw regional grievances as stemming from unequal relations between the core and the periphery. Capitalism produces regional disparities and uneven economic development which structure the rise of minority nationalist movements and set in motion socio-political fragmentation[15]. This is relevant to oil-rich regions in Africa, particularly economic grievances over oil revenues. But like greed theory, it reduces complex historical struggles to economics. In a way it is a kind of anti-greed theory. It doesn't explain, for example, the persistence of regional identities in affluent regions, nor in places where capitalism has not emerged. Economics alone cannot explain everything. Regional identity is a complex historical, social, political *and* economic phenomenon.

Still, regional conflicts based on grievances against central governments in oil producing states *are* a symptom of the "paradox of plenty[16]". Onshore regions located above major oil reserves are often the poorest and least developed. This geographical paradox generates economic grievances which combine with other historical, cultural and political grievances to give conflicts an appearance of "resource wars." But invariably, when we closely examined these struggles, we find that the causes are deeper, that oil is really just fueling the flames of war. Therefore it is better to think of these armed struggles less as resource wars

---

[13] Rothchild, Donald, "State-Ethnic Relations in Middle Africa," Gwendolen Carter and Patrick O'Meara, eds. *African Independence: The First Twenty-Five Years*, Bloomington: Indiana University Press, 1985; Young, Crawford, "Evolving Modes of Consciousness and Ideology: Nationalism and Ethnicity," David Apter and Carl Rosberg, eds. *Political Development and the New Realism in Sub-Saharan Africa*, Charlottesville, University Press of Virginia, 1994.

[14] Gibbons, R., *Regionalism: Territorial Politics in Canada and the United States*, Toronto: Butterworths, 1982.

[15] Nairn, T. The Break-up of Britain: Crisis and Neo-Nationalism, London: New Left Books, 1977.

[16] Karl, Terry Lynn, *The Paradox of Plenty: Oil Boom and Petro-States*, Berkeley: University of California Press, 1997.

and more as conflicts over *identity*. Not only does this directly address the problem of nation-building, but it also accepts their self-definitions as movements. Now here is the problem. When such armed struggles fight to defend their regional identity, or control the oil or oil-revenues of their region, experience has shown that they are unlikely to win. There are many explanations. International law privileges nation-states over rebel armies. Oil revenues provide central states more money than rebels to buy arms and ammunition. Foreign oil interests work to protect their investments with foreign security forces. And the international community usually prefers peace to armed struggle.

Even so, the real question is why Southern Sudan succeeded whereas others have failed? It may be that by pursuing purely regional goals of self-determination, those other armed struggles have prevented their own success. Changing strategy could change their outcome. This is where the writing of Nobel laureate Amartya Sen offers a possible solution. In his *Identity & Violence* (2007) Sen argues that a strong and exclusive sense of belong to one group carries with it perceptions of distance and divergence from other groups. Within-group solidarity helps to feed between-group discord: "Violence is fomented by the imposition of singular and belligerent identities on gullible people, championed by proficient artisans of terror[17]". The marshalling of an aggressive Arab Islamic identity in northern Sudan along with the exploitation of racial divisions, resulting in raping and killing, is one of his examples. But sectarian violence across the world, "turns multi-dimensional human beings into one-dimensional creatures:"

> The *illusion of singular identity*, which serves the violent purpose of those orchestrating such confrontations, is skillfully cultivated and fomented by the commanders of persecution and carnage. It is not remarkable that generating the illusion of unique identity, exploitable for the purpose of confrontation, would appeal to those who are in the business of fomenting violence. There is a big question about why the cultivation of singularity is so successful, given the extraordinary naiveté of that thesis in a world of obviously plural affiliations. The martial art of fostering violence draws on some basic instincts and uses them to crowd out the freedom to think. [...] But it also draws on a kind of logic – *fragmentary logic*, (1) to ignore the relevancy of all other affiliations and associations, and (2) to redefine the demands of the "sole" identity in a particularly belligerent form[18].

To understand the problem that Sen is working on, it is important to note that he is not concerned with the armed struggles for self-

---

[17]   Sen, Amartya, *Identity & Violence: The Illusion of Destiny*, New York: Penguin, 2007, p. 2.

[18]   *Ibid.*, pp. 175/176.

determination, but with violence. Sen wants to achieve peace in the world. His own childhood experiences of inter-communal violence between Hindus and Muslim in India led him to seek answers to the problem of the relationship between identity and violence. According to Sen the solution to this kind of conflict is to draw on the understanding that the force of a bellicose identity can be challenged by *the power of competing identities*. "This leads to other ways of classifying people, which can restrain the exploitation of a specifically aggressive use of one particular categorization." For example, while he accepts that "culture matters," and can have a major influence on behavior and thinking, other things such as class, race, gender, profession, politics also matter, "and can matter powerfully". Culture is not homogenous, nor does it stand still, but most of all, "culture cannot be seen as independent of other social forces". The same is true for religion. "A person's religion need not be his or her all-encompassing and exclusive identity. In particular, Islam, as a religion, does not obliterate responsible choices for Muslims in many spheres of life." Different persons who are Muslims can vary greatly in other respects, such as: political and social values, economic and literary pursuits, their professional and philosophical involvements, attitudes to the West, and so on. "To focus just on the simple religious classification is to miss the numerous and varying concerns that people who happen to be Muslim by religion tend to have".

The illusion of cultural or religious destiny as an independent and stationary force with an immutable presence and irresistible impact is not only misleading, "it can also be significantly debilitating, since it can generate a sense of fatalism and resignation among people who are unfavorably placed". The same is true for what Sen called the "colonized mind," an identity obsessed with the extraneous relation with colonial powers, "hardly a good basis for self-understanding". Sen argues that the devastating effects of humiliation on human lives in Africa left a legacy of fragmented identity. "To lead a life in which resentment against an imposed inferiority from past history comes to dominate one's priorities today cannot but be unfair to oneself. It can also vastly deflect attention from other objectives that those emerging from past colonies have reason to value and pursue in the contemporary world." Decolonization of the mind requires recognition of both endogenous African identities and exogenous Western identities for liberation struggles to refute that nefarious, oft-repeated argument that democracy is a "Western" idea alien to "Africans."

When applied to the regional struggles in Africa, Sen recognizes that simple neglect can be reason enough for resentment, and "a sense of encroachment, degradation, and humiliation can be even easier to mobilize for rebellion and revolt". He knows that "poverty and econom-

ic inequality can help to create rich recruiting ground for the foot soldiers of terrorist camps" and that "the neglect of the plight of African
today can have a similarly long-run effect on world peace in the future".
But rather than embracing a singular identity based on one's region, he
advocates people expand their horizons, and share a larger identity with
others. In so doing they will not only achieve their goal of liberation, but
also liberate their minds from the colonial legacy of divide and rule.

This may sound idealistic, and it is. But as the case study of Southern
Sudan will show, such change in consciousness can in fact be a realistic
strategy for regional liberation. Extrapolating from Sen's problem of
identity and violence to the problem of armed liberation struggles
requires the recognition that his pacifist goals are not incompatible with
their own. These armed movements do not seek a state of perpetual war.
If they mobilize people into armed resistance, it is not, as the greed
theorists claim, because they seek personal fortunes, but because they
desire certain political objectives. When those objectives are met, they
would like the war to stop. The problem the Southern Sudanese are
facing now however is that, despite the agreement to hold a referendum
on the question of the independence of Southern Sudan (2011) it is by
no means clear that a vote for independence will result in an end to the
long bloody civil war. On the contrary, secession may lead to a return to
hostilities. Recognizing that the Northern regime may not be willing to
accept Southern secession, in part because of the location of the country's oil reserves, and in part because of the dangerous precedent it
would establish for other regions, it has become clear that finding
another solution may be preferable. National unity within a larger "New
Sudan" may be better for the Southerners than national independence as
"Southern Sudan."

In order to achieve unity, however, it will be necessary to change old
mentalities which have been shaped over centuries, and have given birth
to distinct violent regional identities. Like other attempts to fight the oil
curse, what is needed is a *transformation of consciousness*. This transformation is not a rejection of regional identity, nor any of the other
identities of ethnicity, language, and religion that have mobilized the
people in their liberation struggle, but an inclusion of all their identities,
and a realization of the real diversity which underlies the region, the
country, and the continent as a whole. It is an ideal encapsulated by the
term "multiculturalism," which has its antecedents in the political
thinking of Mohandas Gandhi. During his struggle for Indian independence, Gandhi had insisted that while he himself was a Hindu, the political movement he led was staunchly universal, with supporters from all
of the different groups in India. When the British sought religious
partition of India and Pakistan, Gandhi made a plea for the colonial

rulers to see the *plurality* of India's diverse identities. There were the differences of class, of gender, of language and of regional traditions that would not be resolved by a simple partition along religious lines.

In the end the British partitioned India and Pakistan, but did not resolve religious conflict. One disastrous consequence of defining people by their religious community and giving that single religious identity predetermined priority over all others was the Indo-Pakistani wars. Meanwhile multicultural India, with a Muslim population nearly the same size as Pakistan, has largely been able to avoid violent indigenous Islamic terrorism. Established democracy, federalism, and multiculturalism are widely accepted in India, and being Indian is more than a religious identity. Despite the efforts of Hindu nationalists, "Ghandi would have taken some comfort in the fact that India, with more than 80 percent Hindu population, is led today by a Sikh prime minister (Manmohan Singh) and headed by a Muslim president (Abdul Kalam), with its ruling party being presided over by a woman from a Christian background (Sonia Gandhi)," an ideal, perhaps, for a New Sudan.

## II. Southern Identity and Violence in Sudan

Most Southern Sudanese, given a chance today, would vote overwhelmingly for secession. Their Southern identity began in the nineteenth century when slave raids began to extend into the South. Until then the peoples of this region had no idea of themselves as being Southern.

It all started with the Ottoman Empire pushed into the southern part of Sudan (1839-1881) in search of fresh recruits for their armies. At first they had captured slaves for their armies in the North, but gradually they pushed further into the South. This remote region was largely unknown to the Turko-Egyptian invaders whose aggressiveness met with a violent resistance. The significant aspect of these invaders, including the Arabs, is that while they persistently raided the South for slaves, they never penetrated deeply, nor did they settle.

The Mahdists revolt (1881-1898) was initially popular in the South as an anti-Turkish alliance against a common enemy, but when Southerners did not embrace Islam, the Madhists carried their holy war in close cooperation with the slavers, and failing to convert, left a legacy of distrust and fear. "The Mahdi's principal supporters were the Missirya and Rezeigal tribes to whom the Madhist revolution promised restoration of slavery[19]". These are the same tribes who recently engaged in

---

[19] Johnson, Douglas, *The Root Causes of Sudan's Civil Wars*, Oxford: James Curry, 2003, p. 105.

what the regime euphemistically calls "abduction" of Southern women and children, a revival of slavery in its classical form. "From the point of view of Southern peoples there was little to distinguish between the two groups of plunderers and exploiters[20]" and so all of the invaders, in the eyes of the Southerners, became seen as Northerners.

Southern identity began as a tradition of resistance to the imposition of alien ideas and customs upon them. The Dinka disdain for the Arabs today is very closely related to the history of slavery. "They lost hundreds of thousands of cattle," reported Major General Titherington in 1927: "Men, women, and children were slaughtered, carried off into slavery, or died of famine. But the survivors kept alive in the deepest swamps bravely attacked the raiders when they could, and nursed that loathing and contempt for the stranger and all his ways[21]". According to Dinka Chief Makuei Bilkuei, "They would come with camels and donkeys and mules and guns saying *La Illah, ila Alla, Muhammad Rasul Allah!* That was the way they chanted while they slaughtered and slaughtered and slaughtered[22]". As a result of the Mahdist revolution, the population of Sudan fell from around some 7 million in 1881 to somewhere between 2 and 3 million by 1898[23].

The British colonial government (1899-1956) decided not to abolish slavery hastily, but instead to discourage it gradually. "The British drew a distinction between the slave trade and slavery, abolished the former and tolerated the latter[24]". As late as 1925 Lord Kitchner, the first Governor-General of the Anglo-Egyptian Sudan, declared in a memorandum: "Slavery is not recognized in the Sudan, but as long as service is willing rendered by servants to masters it is unnecessary to interfere in the conditions existing between them[25]".

The British eventually stopped tolerating slavery, but only because of the threat to their power that was being posed by rising Arabization and Islamization. Perhaps the most important development in Sudan was the rise of an Arabic-Islamic ideology which posed a form of Arab resistance to British colonial rule. There were even efforts to unite the Sudan with Egypt into a grand Arab republic. It was in reaction to this

---

[20] Alier, Abel, *Southern Sudan: Too Many Agreements Dishonoured*, Exeter: Ithica Press, 1990, p. 12.

[21] Deng, Francis, *New Sudan in the Making*, Trenton/Asmara: Africa World Press, 2009, p. 66.

[22] *Ibid.*, p. 67.

[23] Daly, M.W. *Empire on the Nile: The Anglo-Egyptian Sudan: 1898-1934*, Cambridge: Cambridge University Press, 1986, p. 18.

[24] Collins, Robert, *Shadow in the Grass: Britain in the Southern Sudan 1918-1956*, New Haven: Yale University Press, 1983, p. 374.

[25] Idris, *op. cit.*, p. 50.

threat that the new Governor-General Sir Harold MacMichael provided a statement of the British position, known as the "Southern Policy," which reinforced a separate Southern identity for the rest of British rule: "The policy of the Government in the Southern Sudan is to build up a series of self-contained racial or tribal units with structure and organization based on indigenous customs, traditional usages and beliefs[26]". Britain's "Southern Policy" also added a new linguistic element to the nascent Southern identity: "Every effort should be made to make English the means of communication among the men themselves to the complete exclusion of Arabic[27]". Northerners spoke Arabic; Southerners English.

Behind the Islamic ideology of Sudan lies a racist system, which divides the population into "Arabs" and "Africans" and even divides Muslims into "Arabs" and "non-Arabs," in that order of value. Like all racist systems, the Arab and African labels reflects perceptions rather than realities, since even those who claim to be Arabs are really African-Arab hybrids. Since the Arabs who came to the Sudan were men who married into African Sudanese families, there is an exaggerated pride in Arabism that stems from a deeper inferiority complex associated with the African connection. "Unlike the elites of the Arab world, who do not need to state the obvious, Northerners need to compliment their lack of features in words[28]" Their love for being Arab is mirrored by their disdain for Blackness, and since Blackness is visibly evident in their own physique, this implies a deep-rooted and unconscious self-hatred. Humiliated by the Anglo-Egyptian forces, the Sudanese needed psychological reassurance which they could not find in their African identity. The color they use to describe themselves is neither white nor black, but *akhdar*, or "green."

After the rise of a Northern nationalist movement for independence of the Sudan, supported by Egypt, the British were forced to hastily reverse their "Southern Policy" in favor of unity. In 1951 a Constitutional Amendment Commission was established to draft a new constitution that would usher the country to independence. Only one member of this commission was a Southerner. Similarly the British self-government statute of 1953 which called for the "Sudanizing" of the civil service in fact "Northernized" it. Out of 800 posts, only 8 junior posts were given to Southerners[29]. As independence approached, Northern domination

---

[26]   *Ibid.*, p. 13.

[27]   Al-Rahim, Muddathir Abd, *Imperialism and Nationalism in the Sudan: A Study in Constitutional and Political Development 1899-1956*, Oxford: Clarendon Press, 1969, pp. 245/249.

[28]   Deng, *op. cit.*, p. 62.

[29]   *Ibid.*, p. 71.

and a possible return to the dark age of slavery triggered a Southern revolt. The Southern rebellion began in August 1955, four months before independence, as a result of fears that independence would not only result in domination, but could also result in a return to the Arab enslavement of the Africans. The *Anya-nya* first erupted in the Southern town of Torit, triggering a secessionist war that would last for seventeen years, kill more than one million people, and force another one million into refuge in neighboring countries. The rebellion was led by the Southern Sudan Liberation Movement (SSLM) whose goal was the sovereign independence of the South.

The Southern struggle against Northern Arab-Islamic domination was viewed by the central government in Khartoum as a matter of law and order. Official policy sought to crush the rebellion and punish its perpetrators, coupled with a policy of forced Arabization and Islamization aimed at eliminating the non-Arab, non-Muslim identity of the South (perceived as a legacy of the British divide-and-rule policy). "Northerners generally assumed that their identity was the national model, and what prevailed in the South was a distortion that the colonists had imposed to keep the country divided[30]". But it was Southern resistance to domination and attempted assimilation that proved to be the key factor in the Khartoum's chronic instability, and its rise of military dictators. Military coups took place in 1958, 1969, 1985 and 1989. When Prime Minister Abdalla Khalil handed power over to General Ibrahim Abboud in 1958, the idea was that the military would be better equipped to deal with the war in the South than civilians. But the civilian rulers were just as warlike.

Sadiq al-Mahdi, the great-grandson of the original Mahdi, became prime minister in 1966. His government declared that it would authorize the army and other security forces in the South to do whatever they saw fit for the maintenance of law and order. "This meant in practice that if the Southern guerilla army attacked a town, all the Southerners within it were suspects and could be killed for not reporting the presence of rebels[31]". If the army went outside the town on patrol and was ambushed, all the villagers in the surrounding areas were condemned to death and their villages burned down. Torture centers were established. Massacres were committed. But resistance only grew stronger. An outrage developed among the Southerners against the Arabs that made them believe that Arabs were created by God as human beings, but with different moral attributes: i.e. vile and depraved. It was victimization of women and children that most outraged the Dinka. Bulabek Malith recalled the

---

[30] *Ibid.*, p. 73.
[31] *Ibid.*, p. 75.

depravity: "Arabs are bad. Before they kill you, they cut your muscles to make you an invalid who cannot walk. They ask you to grind grain kneeling down naked, and then they put a thorn on the tip of a stick and give it to a small child to prick your testicles as you grind the grain[32]".

The worst atrocities were committed by the government of Moham-med Ahmed Mahjoub, the civilian prime minister in 1965, and then again in 1967-1969. His failure to end the war was a major factor that led to the 1969 coup led by Jaafer Mohammed Nimeiri, in alliance with the Communist Party (the only Northern party sympathetic to the needs of the South). Nimeiri was appalled at the atrocities and inhumanity of the war, and after new presidential elections, brought moderates into his government, "for the most part intellectuals who counseled him to end the war in the South and bring Southerners into the alliance in the center[33]". So it came to pass, as a result of the failure of violence to establish law and order, that an intensive peace process resulted in negotiations in the Ethiopian capital, Addis Ababa, hosted by the Em-peror Haile Selassie. These negotiations resulted in the Addis Ababa Agreement of 27 February 1972, which brought an end the first phase of the civil war, and granted autonomy – but not independence – to the South. Joseph Lagu, the SSLM rebel leader, declared that he had never been a separatist: "All he wanted was recognition as a citizen with all the rights of citizenship".

Unfortunately the peace process fell apart. Libya invaded Sudan in 1976 to help Arab extremists try to topple the Nimeiri regime. Although Nimeiri managed to survive this Libyan-backed coup attempt (with help from the loyal Southern soldiers of his palace guard) his fragile centrist party coalition couldn't resist rising Arab-Islamic fundamentalist ideol-ogy. The North was more populous than the South. Electoral arithmetic was strongly in their favor. Nimeiri was a Northerner. In a tragic rever-sal of policy he suddenly embraced Islamization, and invited the Umma Party and Muslim Brotherhood to join his government. Nimeiri now found himself standing between two opposing regional identities. Mind-ful that the South might be an obstacle to Northern Islamization, he manipulated internal ethnic differences in order to divide the region, alleging that the Dinka leaders were dominating other ethnicities. His government passed legislation imposing *shari'a* throughout Sudan, and called for division of the South into several regions. By 1983 a re-born *Anya-nya* movement started mobilizing soldiers for a new armed strug-gle to resist these Northern policies of assimilation, domination and division. The second phase of the civil war had begun.

---

[32]   *Ibid.*, p. 118.
[33]   *Ibid.*, p. 76.

## III. John Garang and the "New Sudan"

The second phase of the civil war was more than a continuation of hostilities. It was a different kind of liberation struggle. For if the Southern Sudanese Liberation Movement (SSLM) had been fighting a regional war exclusively for independence of Southern Sudan, the new Sudan People's Liberation Movement (SPLM) and its Army (SPLA) instead chose to fight for the liberation of all the Sudanese peoples from the regime in Khartoum. This change of strategy was accomplished by a heroic Dinka leader, John Garang de Mabior (1945-2005), whose really big idea was that the South should stop thinking of itself as a victim trying to flee from the hands of a violent state and start believing in its own abilities to change the country. On 22 March 1985 he outlined his vision of a "New Sudan:" (1) establishment of democracy, social justice, and human rights, (2) secular nationalism, (3) regional autonomy and/or federalism, (3) radical restructuring of power, (4) balanced regional development, and (5) eliminating institutional racism (see Box 1)

None of these goals were based on a singular Southern identity. Rather than conducting another ethno-regional struggle seeking only to preserve historical traditions from the past, Garang based his struggle on ideological objectives which offered a vision of a better future. He defined the aims of the struggle in terms of democracy and human rights instead of rejecting them as being "Western" and not appropriate for "Africa." He defined the aims of the struggle as redressing regional inequalities in the East, the West, and the far North which ended the false amalgam of all non-Southerners as "Northern." He defined the enemy not as Northerners, but as particular "family dynasties" and "political parties" who had monopolized power to the detriments of all Sudanese people (even those in the Center). By redefining the goals of the struggle for liberation, his vision of a "New Sudan" allowed the SPLM/A to build multiregional alliances against a common enemy: i.e. a singular Arabic-Islamic nationalism that had divided the Sudan and caused three decades of civil war.

### BOX 1. Ideological Objectives
### of the Sudan People's Liberation Movement

We are committed to the establishment of a new and democratic Sudan in which equality, freedom, economic and social justice and respect for human rights are not mere slogans but concrete realities we should promote, cherish, and protect.

We are committed to solving national and religious questions to the satisfaction of all the Sudanese people and within a democratic and secular context and in accordance with the objective realities of our country.

We stand for genuine autonomous or federal governments for the various regions of the Sudan, a form of regionalism that will enable the masses, not the regional elites, to exercise real power for economic and social development and the promotion and development of their cultures.

We are committed to a radical restructuring of the power of the central government in a manner that will end, once and for all, the monopoly of power by any group of self-seeking individuals, whatever their background, whether they come in the uniform of political parties, family dynasties, religious sects, or army officers.

We firmly stand for putting to an end the circumstances and the policies that have led to the present uneven development of the Sudan, a state of affairs in which vast regions of the East, South, West, and the far North find themselves as undeveloped peripheries to the relatively developed central regions of our country.

We are committed to fight racism which various minority regimes have found useful to institutionalize, and that has often been reflected in various forms and colours, such as the apartheid-like Kacha, a policy under which many poor and unemployed have been forcibly driven en masse to their regions of origin, mainly Western and Southern parts of the country.

Mansour Khalid[34], ed., *John Garang Speaks* (1987).

The armed struggle and the political mobilization of the masses was seen as essential to the creation of a New Sudan, with the SPLM/A serving as the instrument of this transformation. An SPLA spokesman at Bergen, Norway, in February 1989 explained the necessity of both the political and military struggle: "The birth in 1983 of the SPLM/A as a politico-military organization furnishes the Sudanese revolutionary struggle with the armed component required to confront the armed custodian of the minority clique rule[35]". The idea, explained this spokesman, was to create a "coalescence of all democratic forces into a single revolutionary tidal wave," which could only be achieved if "the mass political movement and the armed struggle converge".

Beginning with President Nimeiri, but intensifying with Sadiq al-Mahdi (1985-1989) and worsening under Omar al-Bashir and the National Islamic Front (NIF), who came to power by coup in 1989, then adopted the name National Congress Party (NCP), Khartoum recruited, armed and deployed tribal militias. These tribal militias were supposed to fight the SPLA, but instead terrorized the civilian populations, particularly the Dinka, from which Garang and the majority of the SPLA armed forces came. He recruited Baggara Arabs of the Rizeigat and

---

[34]  Khalid, Mansour, ed., *John Garang Speaks*, London/New York: Routledge & Kegan Park, 1987.

[35]  Deng, *op. cit.*, p. 43.

Missirya tribes of Darfur and Kordofan, reminiscent of the pattern used by the Mahdist revolution in the 19th century, who abducted women and children and turned them into slaves, repeating all of the horrible atrocities that had humiliated the Blacks, and in so doing, hardened "African" resistance. Al Bashir's militias also alienated other regional groups, transforming what could have been a regional war between the North and the South, into a total war between the Center and Periphery. Ethnic-based armed struggles arose everywhere against the NCP regime of Omar al Bashir: in the Nuba Mountains, the Southern Blue Nile, Beja uprisings in the Eastern region, Nubian opposition in the far North, not to mention the Zaghawa, Masalit, and Fur rebellions of Darfur.

The Nuba Mountains have been called "the north of the south, and the south of the north." Such frontiers always highlight problems of strict territorial/cultural compartmentalization. Nuba is a geographical or regional term, not a monolithic culture. The Nuba people are located at the North-South border. Being Black Africans, were kept at the margins of Arab-Islamic domination, but were also excluded from the African-Christian-Animist South. Before the war they were not unified, but were divided between those with a linguistic affinity with originally non-Arabic speaking Northern Sudanese, and those African Nuba who had no common origin with Northern Sudanese besides Islam and Arabic language[36]. Although they were clearly non-Arab, the Nuba had been taught to believe that they were part of the Arab stock, and should identify with the Arabs, and take pride in the Arab-Islamic racial, cultural and religious heritage. During the first phase of the civil war, therefore, the Nuba had been distant sympathizers of the Northern regime, and the Nuba Mountains were not affected by the hostilities.

But in the second phase of the war, when al-Bashir recruited Baggara Arabs into militias, the Nuba endured more oppression than any other group in Sudan. In the first two years of the war, the number of internally displaced Nuba in the capital of South Kordofan state alone exceeded 40,000. A Nuba politician Yusuf Kuwa Mekki became SPLA military commander in South Korodfan, and led his people into a war of resistance. The government attacked Kamda, Taroji, Tulushi, Tima (1989) Koaleb, Tira, Shat, Miri Barah, Lima, Otoro, Moro, Heiban (1990-1) calling for an Islamic *jihad* in the Nuba Mountains, and by 1992 was using heavy artillery. Government forces systematically eliminated all independent Nuba leaders in the towns: chiefs, merchants, teachers, health workers. "In fact," wrote one observer, "anyone with an education is liable to be arrested and tortured, executed or 'disappeared.' The aim is to decapitate communities and leave them without the means to

---

[36]  Salih, Mohamed, "Kordofan: Between Old and New Sudan," in Deng (2009), p. 277.

defend their interests[37]". Then the government created death squads for the villages. The fact that the people of the Nuba Mountains and Southern Blue Nile are Muslims shows that this conflict was clearly racial, and not, as the regime pretended, religious.

But internal divisions in the ruling NCP allowed the Southerners to gain the upper hand, and by 1999-2000 the SPLA forces had regained much of its lost territory. Khartoum found itself fighting a war against all of the peripheral regions at once, in a million-square-mile territory that it barely controlled. One of those regions – Darfur – became a symbol of the depravity of the second phased of the civil war. The tragic events that brought Darfur to the forefront of international attention, the barbarities committed by the government-backed *Janjaweed* militia, culminated in a most appalling humanitarian disaster, resulting in the displacement of over two-million people, in addition to 200,000-300,000 who fled to neighboring Chad and CAR. "To date there are no precise figures on the death toll," writes the former Governor of Darfur, "nevertheless, reports put the figure of those who have been killed at more than 200,000[38]".

Starting in 1985 the military regime adopted a policy of arming Arabs of Southern Kordofan to fight the SPLA (a mobilization that continues to this day). The *Janjaweed* were inculcated with an Arab-supremacist ideology, holding that the lineal descents of the Prophet Mohamed and his Qoreish tribe were entitled to rule Muslim lands, and specifically that the Juhayna Arabs should control the territories from the Nile to Lake Chad. "Promotion of tribal and ethnic conflicts," explains Ateem, "mobilization of the *Janjaweed* militia that continued to torch villages from the mid-1990s through 2002, in addition to long term marginalization of the region, were the major factors that triggered the current political conflict in Darfur[39]". For the past four years a new front of civil war broke out between government forces and two armed rebel movements: the Sudan Liberation Army (SLA) and the Justice and Equality Movement (JEM). The latter famously made an assault on Khartoum in 2008, and continues to menace the regime of Omar al-Bashir.

It was a book entitled *Imbalance of Power and Wealth in Sudan*, popularly known as the "Black Book," prepared and published anonymously in Arabic by former members of the regime who joined the armed resistance in Darfur, which provided the first extensively detailed documents of regional inequalities based on statistical data. The "Black

---

[37] De Waal, Alex, "Creating Devastation and Calling it Islam," *SAIS Review*, 21.1 (2001), p. 132.

[38] Eltigani, Ateem, "Anatomy of the Conflict in Darfur," in Deng (2009), p. 253.

[39] *Ibid.*, p. 267.

Book" showed how the Center, with 5.4% of the population, held 79.5% of the executive offices, 70% of the ministers, and 67% of the attorney generals. Government allocations to the Center accounted for 76% of total revenues. But most important, since its mysterious appearance in 2002, all of the people of Sudan have come to learn about the concentration of political and economic power in the hands of only three Arab tribes, making up just over five percent of the total population. "It mentions specifically the Shaigiyya, the Jaalyeen (who consider themselves descendants of the Prophet's uncle, El Jaaly) and the Dongollawis[40]". All three of the successful coups in Sudan were led by members of these three tribes, who also control all the top positions in the state security apparatus. The power of the "Black Book" is that, for the first time, people in the peripheral regions could seek to build alliances not only with one another, but with Sudanese from the supposedly privileged core. It transformed the struggle from a regional conflict between the core and the periphery to a national struggle for liberation from a ruling oligarchy led by three tribes.

Now you may be asking, where is the *oil* in all this conflict? As should be clear, this is not a resource war, nor should we think about these numerous armed rebellions as primarily being motivated by greed. The reality is that the civil war came first, and then the oil came after. Oil had first been discovered in the early 1970s by the American Chevron Oil Corporation. But when the SPLA attacked Chevron's concession and took company workers hostage, it decided the region was not safe for massive investments (a pipeline would be required to bring the oil online), so Chevron left. Later on in the 1990s, sanctions were imposed by the US government against the regime, prohibiting direct investments in the Sudanese oil sector. Thus the oil reserves remained underground, waiting for the right moment, which came in 1995, when Al-Bashir travelled to Beijing and negotiated an oil deal with the Chinese regime. Chinese National Petroleum Company (CNPC) entered Sudan in 1996 to become the operator for the Sudanese state Greater Nile Oil Producing Consortium (GNOPC) on the former Chevron concession in the Muglad basin. Three aspects attracted the Chinese: (1) the presence of vast oil fields waiting to be developed, (2) the absence of competition from the major Western multinational oil corporations, and (3) immense potential petroleum resources which could guarantee a constant supply, once the country became politically stable[41].

---

[40] Deng, *op. cit.*, p. 45.

[41] Lei, Wu, "Le pétrole, la question du Darfur et le dilemma chinois," *Outre-Terre: Revue Française de Géopolitique* n° 20 (2008), p. 217.

CNPC successfully drilled for oil on blocks 1, 2 and 4, discovering the Heglig and Unity fields, where it owned 40% of the concession, with its partners Malaysian Petronas (30%), the Indian Oil and Natural Gas Corporation (25%), and Sudan's state oil firm Sudapet (5%). But once oil was discovered, it had to be brought on line, and that meant the construction of a pipeline through some of the most dangerous, war-torn regions of a country in the midst of violent civil war. According to human rights activists, the CNPC subsidiary China Petroleum Technology and Development Corporation (CPTR), which won the bid for construction of the pipeline in the South to Port-Sudan in the North, received military protection from the regime, which used Chinese helicopters and machine guns to clear away rebels and civilians living along the pipeline route. The pipeline was completed in 1999, and Sudan became an oil-exporting country, with China as its principal trading partner in oil and arms.

The Chinese later discovered the Fula and Abu Ghabra fields on block 6 in 2001, a concession owned by CNPC (95%) and Sudapet (5%), with a billion barrels of estimated reserves. This field was connected by pipeline to Khartoum in 2003. The Chinese discovered Palogue and Adar Yel fields on blocs 3 and 7 in 2002-2003, owned by CNPC (41%), Petronas (40%), Sudapet (10%) Chinese Sinopec (6%) and Kuwait's Tri-Ocean Energy (3%), with one billion barrels estimated in the former, and five billion in the latter. By 2006 these new fields were connected by pipeline to Port-Sudan[42]. (Morin-Allory 2008: 232-3) As each new oil discovery was brought on line, however, the Chinese created a new structural reality in Sudan. First, the economy transformed into an oil-rentier economy, and the state transformed into an oil-rentier state. (Oil revenues were welcome to the Al-Bashir regime, hard pressed for money and arms to fight the civil war.) Second, the location of the oil fields were mostly in the southern half of the country, but the pipelines carried the production into Port Sudan in the northern half, thereby linking the economies of the North and South.

This had the effect of making the conflict more intense over oil-rich regions, but it also forced the government to negotiate peace in order to protect its new sources of oil revenues. The first peace accord it signed was with the Nuba Mountains Alliance Party in 2002, which started a transition period during which the region would be administered separately (from both the North and the South) under international supervision. At the end of the transition period the Nuba people were to supposed to have a referendum in which they would choose: (1) to join

---

[42]   Morin-Allory, Roman, "Chine-Sudan, une amitié à l'ombre des derricks," *Outre-Terre: Revue Française de Géopolitique* n° 20 (2008), p. 232/233.

Southern Sudan, (2) to join Northern Sudan, or (3) to become an independent state. Meanwhile they would hold representation in the national legislature in Khartoum, and receive a "just distribution of the national wealth[43]".

Then in 2005 the government signed a Comprehensive Peace Agreement with SPLM/A, ushering in a return to the region's autonomy, and promising to hold a referendum on Southern Sudan's independence. Al-Bashir agreed to share power with the SPLM, offering John Garang the position of First Vice President in the Government of Sudan and the Presidency of the Government of Southern Sudan. The day before Garang's inauguration, on 9 January 2005, millions of people flooded into the capital in an historic manifestation of support. "It was clearly a hero's welcome that brought together Sudanese from all parts of the country, and especially the marginalized groups of the South, the Nuba Mountains, Southern Blue Nile, Beja region in the East, and Darfur in the West[44]". The presence of all of these regional peoples defied the simplistic idea of a North-South divide, not to mention the even more simplistic idea that Garang had been motivated primarily by greed.

After five decades of armed struggle the people of the South had achieved their own liberation, and in so doing, began the process of liberating all the peoples from a tyranny. Garang laid the foundations for a democratic, multicultural, secular, unified New Sudan. Then, three weeks later, while returning from talks with the president of Uganda, John Garang died in a helicopter crash on Saturday, July 30th 2005. The news sent shock waves through the country. He was soon after replaced by his successor, Salva Kiir Mayardit, deputy chairman of the SPLM, and chief of staff of the SPLA. Kiir had been a general in the armed struggle, but he is more inclined to secession than his predecessor. In 2009 Kiir told his supporters that their choice was between "voting for unity and being a second-class citizen in your own country, or vote for independence and be a free person in an independent country." As the deadline for the 2011 referendum draws nearer, what had been a conflict over identity has started to transform into a series of disputes over the country's oil resources. In 2007 violent clashes returned to South Kordofan over control of that oil-rich region. In 2008 a self-proclaimed Baggara Arab even declared the region an independent Arab republic. In 2009 JEM rebels from Darfur, where the Chinese are exploring for oil (Wall Street Journal 2008) attacked the capital. And the possibility of a vote for the secession of Southern Sudan threatens to return the Sudan to civil war.

---

[43]  Salih, *op. cit.*, p. 282.
[44]  Deng, *op. cit.*, p. 49/50.

The Comprehensive Peace Agreement required the SPLM/A to advocate the advantages of unity and not just those of secession. But the question is whether John Garang's multicultural vision of a New Sudan will prevail; or will the persistence of a singular Southern identity blow the Old Sudan apart into fragments?

# QUATRIÈME PARTIE

# LE MOYEN-ORIENT AU CŒUR DES CONFLITS

# FOURTH PART

# MIDDLE EAST IN THE HEART OF CONFLICTS

# The US-Russian Struggle for World Oil
# 1979-2010

Richard C. THORNTON

*George Washington University, USA*

The fall of the shah of Iran in 1979 combined with President Carter's simultaneous alienation of Saudi Arabia opened up an opportunity for Moscow to gain leverage and influence over world oil. While thwarted during the Cold War, the Russians were much more successful after it was over, building a powerful position of influence and leverage in OPEC, and beyond.

Although my specific focus is OPEC, the US-Russian energy struggle goes beyond that, encompassing the even larger issue of the provision of oil and gas to Europe and Asia. It seems to me that the United States has failed to prevent the Russians from positioning themselves as the central cog in a larger set of partnerships in the emerging oil and gas pipeline system spanning the entire Eurasian landmass. Washington has succeeded in promoting a great increase in the global supply of energy, which will reduce the likelihood of a repeat of the kind of energy crisis the world experienced in 2008. So, what we are seeing are two broad developments that have great implications for Europe: the emerging Russian dominance of the Eurasian energy grid and the US move toward energy independence based on new discoveries of oil and gas in the western hemisphere

The American-Russian struggle has gone through four phases. The first was the Cold War phase from 1979-1986; it centered on a Soviet attempt to draw Iran into its orbit by the classical means of geopolitical manipulation and nuclear coercion. It failed in the face of a resurgent American foreign policy led by President Ronald Reagan.[1] The second phase was the period of détente, from 1987 through 1994, and involved an American effort to reach an equitable accommodation with Moscow

---

[1]  See my *The Reagan Revolution, III: Defeating the Soviet Challenge* (Vancouver: Trafford, 2009).

beyond Iran to include the entire Persian Gulf, after Desert Storm. Phase Three, from 1994 to 2000, saw the scope of the struggle broaden further, with a successful Russian effort to build an anti-American coalition in OPEC; and Phase Four, from 2001, saw the outbreak of an energy war, whose object has been to reduce Russian influence in OPEC, but this policy only partially succeeded.

In general, as of this moment, the Russians, despite continuing internal difficulties in making the transition from a centrally-planned to a market-based economic system, have outmaneuvered the United States and gained a strong position in the oil world, while the United States, forced onto the defensive, has sought to weaken Moscow's hold by expanding global supply.

## Phase I: The Cold War Struggle over Iran 1979-1986

The story begins with the collapse of the twin pillars strategy President Nixon had put in place to stabilize southwest Asia in the wake of British withdrawal from positions "east of Suez." Nixon had hoped that a strengthened Saudi Arabia and Iran could replace the protective presence of Great Britain and insure security of supply to the western world, without overt American involvement.[2]

Unfortunately, the twin pillars approach fell prey to the pursuit of détente with the Soviet Union, first under Henry Kissinger and then disastrously under President Jimmy Carter. Carter methodically alienated the Saudis and destroyed the shah of Iran in his quest to dismantle the containment structure around the Soviet Union, the presumed prerequisite for detente. The alienation of the Saudis occurred in the context of Carter's Camp David agreements. The agreements, you will recall, consisted of two parts: an Egyptian-Israeli peace treaty and a framework for Palestinian self-rule.[3]

To make a long story short, in the wake of the fall of the shah, in February 1979, which shook the entire Persian Gulf region, and beyond, Carter watered down to nothing his commitment to Palestinian self-rule in order to obtain Menachem Begin's signature on the peace treaty. The result was the worst of both worlds, as the peace treaty brought no peace, and the Saudis were so angered by Carter's retreat from Camp David that they triggered the second oil crisis.

---

[2]   For the analysis, see the author's *The Nixon-Kissinger Years: The Reshaping of American Foreign Policy* (New York: Paragon, 2001) 2nd edition, revised.

[3]   For the analysis, see the author's *The Carter Years: Toward A New Global Order* (New York: Paragon, 1991).

At the same time, Carter's advisers assured him that the assumption to power by Ayatollah Khomeini would bring no change in relations with the United States. Iran would become, as one spectacularly infelicitous prediction by Ambassador William Sullivan had it, a "Kuwait writ large."[4] Within months, US relations with Iran collapsed completely and the Saudis pushed oil prices to over $40 per barrel.

But, of course, crisis for one is opportunity for another. The collapse of the twin pillars was the opportunity of a lifetime for the Soviet Union, which, moreover was just then reaching the pinnacle of its strategic weapons' power in the acquisition of a first-strike missile capability. From 1979, at the latest, the Soviets embarked upon a multi-faceted strategy to capture control of Persian Gulf oil, and the first target was Iran.

Within months of the shah's fall the Soviets were well on the way to building a pincer against Iran, supporting Saddam Hussein in his rise to power by mid-year and by strengthening their position in Afghanistan.[5] Later in the year, when it appeared that the United States might take military action against Iran to rescue the hostages (Carter had deployed five aircraft carriers and 350 planes to the region by mid-December), the Soviets invaded Afghanistan – a move that deterred US action against Iran, bolstered a failing Communist regime in Kabul, and strengthened the eastern sector of the pincer against Iran.

Soviet strategy was comprised of several parts. First, was to hold the ring against US intervention. Second, was to entangle Iran in a war of attrition. Third, when Iran was sufficiently weakened, the Soviets would trigger a takeover by their minions, the Tudeh. Saddam's forces, by the way, undertook no offensive operations after the initial invasion, until 1988, acting mainly as the anvil to Iran's hammer in Moscow's attrition strategy.[6]

For Soviet strategy to succeed, however, they needed access to the Iranian leadership and they got it by offering Tehran a war-winning scenario – a pincer against Iraq in the form of a Syrian-Iranian alliance. The Soviets also provided weapons supply, and training support. Moscow actually trained Iranian forces in the human-wave tactics Tehran used extensively throughout the war.[7]

---

[4]   William Sullivan, *Mission to Iran* (New York: W.W.Norton, 1981), 203.

[5]   See Yevgeny Primakov, *Russia and the Arabs*, (New York: Basic Books, 2009), who claims that it was the United States, not Moscow, that helped Saddam to power.

[6]   For the analysis, see the author's *The Reagan Revolution, III: Defeating the Soviet Challenge*, (Vancouver: Trafford, 2009).

[7]   See Shahram Chubin, "The Soviet Union and Iran," *Foreign Affairs* (Spring 1983), 934.

In other words, by playing both sides the Russians enabled Tehran to prosecute the war, but also insured that the military balance would not tip against Iraq, for they had no intention of orchestrating the defeat of their ally, Saddam.

If the Soviets expected oil prices to remain at the 1979 oil crisis high because of the war they would be disappointed. For a variety of reasons, including the emergence of new sources of production from the North Sea, Nigeria, Canada, and Mexico, and newly elected President Reagan's removal of all restrictions on market controls, from 1981 oil prices began a gradual drift downward from the peak of $40 per barrel, despite OPEC'S attempts to curb the decline with production cuts.

The year 1983 centered on Reagan's attempt to undercut Soviet missile superiority, a necessity if the United States had any hope of defeating Soviet strategy. In addition to rebuilding US conventional and nuclear weapons' power, the president changed the entire security paradigm with the Strategic Defense Initiative. Then, in relatively quick succession, he preempted the Soviet plan to deploy SS-20 missiles into Grenada and deployed the Pershing II/cruise missile tandem into Western Europe, effectively counterbalancing Moscow's presumed strategic weapons advantage.

With their strategy unraveling, in the spring of 1984, the Soviets deemed the decisive moment to have arrived in the gulf, as the Iranians prepared for what was proclaimed to be the final offensive against Iraq. Tehran expected to mount a coordinated attack with Syria, but the Soviets undercut this plan by persuading Asad to send forces into Lebanon, instead. At the same time they sought to deter the US by executing a worldwide show of military power in the context of a nuclear war scare, while their people prepared to grab for power in Iran.

President Reagan thwarted this scheme by matching the Soviet show of strength with an American one and the Iranian leadership recognized the Soviet trap and avoided it by calling off their invasion. The Soviet leadership recognized that its strategy of attempting to employ nuclear power in a coercive mode to bring about regime change had failed. Under the leadership of Mikhail Gorbachev, the Soviet Union abandoned the strategy of nuclear coercion in favor of a strategy of détente.

The Soviet shift precipitated a ferocious struggle within the American leadership over whether or not to reciprocate. The president wanted to continue to apply pressure on Moscow and negotiate from a position of strength. His Secretary of State George Shultz, however, pressed for immediate accommodation.

At first, Reagan held the upper hand. After his second-term electoral landslide, the president delivered a staggering blow to Moscow. Reagan had brought about a reconciliation with Saudi Arabia and in coordination with King Fahd, the two leaders reached an agreement to shift away from a pre-determined band for oil prices to adoption of market pricing. The Saudis had been losing revenue and influence as the OPEC swing producer. By sharply raising output oil prices promptly plummeted in 1985-86 to $6 per barrel.[8] In the process Riyadh recovered its dominant position within OPEC, while severely undercutting Moscow's hard-currency-earning capability, bringing the Soviet economy to the edge of insolvency, which was Reagan's objective.

## Phase II: Détente 1987-1994

Reagan was unable to maintain his policy in the face of a political establishment that saw détente more important than energy security. Reagan's agreement with King Fahd had reconstituted one pillar of Nixon's twin pillars and he now moved to rebuild the second by reestablishing relations with Iran. Reestablishment of relations with Iran would also complete the Containment structure the president was rebuilding.

But opponents to the opening to Iran, in both Washington and Tehran, stymied the president's plan, erupting into the Iran-Contra scandal. The main outcome of the scandal was to force Reagan to relinquish control over foreign policy to George Shultz, who promptly changed strategy to détente and accommodation with Moscow, including and especially rejecting the opening to Iran. It would prove to be a most unfortunate decision. Oil prices, meanwhile, returned to the $20-25 per barrel range.

While the public spotlight focused on the unfolding of détente the Russians used the opportunity to put in place a new strategy that involved transforming the Russian state and its international relationships. Gorbachev initiated the transformation, but soon fell victim of the domestic upheaval that ensued. He was far more successful in the foreign policy realm. In Europe, the INF Treaty removed the US threat and opened the door to a broad Russian rapprochement with Western Europe in general and Germany in particular. Both were facilitated by the deconstruction of the Warsaw Pact and German reunification. In the Far East, too, he renormalized relations with Beijing, erasing a quarter century of acrimony.

But the big prize lay in the Middle East, where Gorbachev parlayed withdrawal from Afghanistan into *de facto* alliance with Iran. The Russo-Iranian alliance would become a permanent feature of oil politics from then until now. Even more important, the Russians now had influ-

---

[8]    "The Arming of Saudi Arabia," *Frontline*, air date February 16, 1993.

ence with all three of the major oil producers – Iran, Iraq, and Saudi Arabia, by virtue of Riyadh's support for Iraq.

The American fixation on détente was nowhere better illustrated than during the Gulf War. The instrument that had driven Iran into Moscow's arms, a heavily armed Saddam Hussein, had become a liability. Whether the Russians encouraged Saddam into attempting to seize Kuwait, or the Americans lured him into it, is immaterial. Saddam was persuaded to strike.[9] If the US did nothing, Moscow would have acquired complete dominance over the Gulf in one fell swoop; if the US reacted, as expected, the problem of Saddam would be solved. Of course, Washington did react, defending Kuwait and Saudi Arabia. George Bush destroyed Saddam's military machine, but not Saddam.

President Bush, seeking to maintain a détente relationship with the Russians, declined to overthrow Moscow's client, Saddam, who remained in power, although militarily neutered. Oil prices spiked briefly at the outbreak of the Gulf War, but then returned to the $20-25 per barrel range. The main outcome of the conflict saw the rough division of influence over Gulf resources between the United States and Russia, which continued to benefit from its old relationship with Saddam and its new one with the Ayatollahs.

Among the many tumultuous events of the nineties the "oil for food" scam has a prominent place, masking the fundamental change that occurred behind the scenes in the struggle for world oil. Originally conceived for humanitarian purposes, the oil for food program turned into a largely Russian effort to siphon off Iraqi oil, although it is true that many others, including some French and American firms, took part.[10] Saddam himself manipulated the program in an attempt to resuscitate his military power. Ironically, while the United States controlled the air over Iraq, Saddam and the Russians effectively controlled the ground and, of course, the oil under it.

Parenthetically, I believe we must revisit the thesis of the collapse of the Soviet Union as an unalloyed victory for the west. I submit that the dissolution of the Soviet Union was a deliberate choice by the Russians designed to re-brand their state. Dropping Communism and cloaking themselves in a pseudo-democratic system, made the Russians acceptable to the west and especially to the Arab world they had so terribly alienated by their invasion of Afghanistan. A remarkable turnabout occurred. In less than a decade the Russians transformed themselves from pariah to patron of the Arabs.

---

[9] Primakov, *Russia and the Arabs*, claims that he urged Saddam against it.

[10] *Independent Inquiry Committee Into The United Nations Oil-For-Food Programme*, Chapter Two, Report on Programme Manipulation, 10.

What seemed and was chaotic at the time was part of a necessary transition involving the deconstruction of the Communist system and movement toward the form of state socialism we see emerging today. The dissolution of the Soviet Union brought an end to the Cold War as a military confrontation between east and west, but it marked an intensification of the struggle for power and influence, especially in the energy sector.

## Phase III: OPEC coalition building 1995-2000

The second half of the nineties were years of considerable turmoil, but also of fundamental change in the structure of world oil. Crucial events occurred from 1995 onward that laid the basis for a concerted and successful Russian advance in OPEC. The Asian Economic Crisis, the Russian Devaluation, the Mexican Crisis, the Argentine crisis, all contributed to a general disillusionment with American-style globalization, as oil prices once again fell to $6 dollars per barrel. These crises were the circumstances under which the Russians made a strong move to build a dominant position of influence within OPEC.

In OPEC, key leadership changes laid the basis for Moscow's success. First, was the sudden rise to power of Crown Prince Abdullah of Saudi Arabia, who became de-facto ruler when King Fahd suffered a stroke in December 1995. Then came the election in Iran of Ayatollah Khatami in 1997. The following year saw the election of Hugo Chavez in Venezuela. Then there was the election of Olusegun Obasanjo in Nigeria, in February 1999. Finally, came the appointment of Vladimir Putin as Prime Minister of Russia in August 1999. He would be elected president in March 2000.

These leadership changes meant that the Russians probably would have stolen a march on Washington whatever the United States did, but President Clinton's maladroit policies certainly helped. Instead of acting to insure energy security for America and the west, Clinton spent precious political capital during what some refer to as the "lost decade," in misguided efforts to assist Russia in a transition to democracy, in building the Chinese economic behemoth, in pursuing a flawed "peace process" between Palestinians and Israelis, and involving himself in numerous disreputable financial deals, including one in Haiti.[11] All this, in addition to his personal peccadilloes.

Worst of all, Clinton actively exacerbated US-Saudi relations, dismissing Abdullah's concerns regarding a continued US military pres-

---

[11] Mary Anastasia O'Grady, "Clinton for Haiti Czar?," *Wall Street Journal*, January 25, 2010, A17.

ence on Saudi soil, which sparked smoldering resentment in Riyadh. The resulting attacks on US personnel and facilities only intensified mutual recriminations between the two countries. The growing US-Saudi rift opened the door for the Russians, who quickly moved to improve relations with the kingdom. Moscow also promoted a reconciliation between Abdullah and Khatami and developed close relations with Chavez. Relations with Saddam, as well as with Libyan president Muamar Qadaffi, remained strong. Thus, by the end of the century, there had coalesced a pro-Russian faction within OPEC that set about the task of raising prices.

The means to that end were production cuts. The cuts came in the wake of the Asian, Russian, Mexican, and Argentine financial crises, which had brought oil prices down to $6 per barrel, the lowest since 1986. The Saudis scrapped the market mechanism in place since 1985, and returned to the quota system. At its March 1999 meeting, backed by Abdullah, OPEC insisted upon a general cut in production to raise prices. Abdullah and Chavez led the way, with Saudi Arabia cutting production below 8 million bd and Venezuela below 3 million bd.

Nigerian output was also cut, although primarily due to the outbreak of civil strife. Even non-OPEC members Mexico and Norway cooperated in this policy, but not the Russians. While applauding the OPEC cutbacks, new Russian leader Vladimir Putin spurred Russian oil production to its highest levels of output from 6 to 9 million bd over the next several years, to help dig the Russians out of their own economic crater. By the end of the century, these changes had moved the world of oil to a new place.

Strikingly, Hugo Chavez had played an important role in support of this development, turning Venezuelan oil policy and international position on its head. Before Chavez came to power, PDVSA under the leadership of Luis Giusti, had embarked upon a strategy designed to capture the North American market for Venezuela. He bought refineries and a network of gas stations in the United States. He increased domestic crude production and refining capacity and defied OPEC quota warnings, even threatening to withdraw Venezuela from the cartel.[12] In a major blow to the United States, Chavez reversed it all, while moving into alliance with Moscow. Chavez would play a key role in the events that followed.[13]

---

[12]  Raad Alkadiri and Fareed Mohamedi, "World Oil Markets and the Invasion of Iraq," *Middle East Report*, No. 227, (Summer 2003).

[13]  See "Venezuelan Oil Policies: Boosting Others at Own Expense," *Stratfor*, February 10, 2003.

As the new century dawned a weakened US economy and increases in non-OPEC production, especially Russian, kept downward pressure on prices, which even 3.2 million bd in OPEC production cuts could not brake. The attack on the Twin Towers exerted further downward pressure until the spring of 2002, when oil prices began a relentless turn upward, but that takes me slightly ahead of the story.

## Phase IV: The Energy War 2001-2010

George Bush entered office to discover that the Russians had badly outmaneuvered the United States in the world of oil. They had brought together a faction within the OPEC cartel, and Bush resolved to break it.[14] While making plans to invade Iraq from the outset, Bush initiated discussions with all concerned – including Saddam, but also Abdullah, Qaddafi, Chavez, Obasanjo, and even Putin, hoping to bring about change peacefully, but, before these discussions could get anywhere, 9/11 occurred.

The fact that fifteen of the eighteen hijackers on the aircraft that struck the Twin Towers in New York City were Saudis seemed to signal that relations with the desert kingdom would never be the same. But, whoever was the mastermind behind the attacks, it does not appear to have been in Saudi interests to precipitate the collapse of relations with the United States, even though Abdullah had been openly critical of Washington. I leave it to you to judge in whose interests it might have been to attempt to drive a wedge between Washington and Riyadh.

In any case, the principal effect of the attack was to prod the United States into the immediate use of force. Within a month, Bush deployed troops to Afghanistan, ostensibly to eliminate Al Qaeda's base there, but inter alia to establish one prong of the same two-pronged pincer against Iran that the Soviets had built in the eighties. The invasion of Iraq would establish the other. Unfortunately, no effort was ever made to utilize this position of leverage against Tehran, save the extension of half-hearted feelers, which went nowhere. The Bush administration had gone to great lengths and expense to build this position, which was never activated, and in my view squandered a great opportunity.

As we moved into Afghanistan, Bush took several steps in an effort to deter Moscow. First, in December, 2001, the president announced US withdrawal from the ABM Treaty, the bedrock agreement defining the nature of the arms control relationship between the two nations. Then, in January 2002, in his State of the Union address, Bush labeled Moscow's

---

[14] "British Official: Secret Iraq War Talks Began in 2001," *News.com*, November 24, 2009.

three key allies, Iran, Iraq, and North Korea, as the Axis of Evil. The allusion to Reagan's description of Moscow as an "evil empire" was deliberate. Then, even more astounding, but more circumspectly, in the Annual Nuclear Posture Review issued in March, Washington named Russia as a "rogue" nuclear state! By these acts Bush seemed to be signaling to Moscow that the United States was beginning to perceive the Russians more as adversary than as friend.[15]

The apparent US sponsorship of a *coup d'État* against Chavez the following April 2002, was unfortunately pure adventurism followed by defeatism.[16] Bush immediately recognized the successor government in Caracas, but then backed away in denial when Chavez reclaimed power. Chavez became an implacable adversary, moving ever closer to Moscow and Tehran.[17] Indeed, the Chavez-provoked PDVSA strike in late December of 2002 enabled him to remove nearly 3 million additional barrels of crude from world markets. In combination with another strife-induced disruption of production in Nigeria, prices began to climb.

The US invasion of Iraq in March 2003 clearly added impetus to the price climb, but its purpose was primarily to break the Russian position in OPEC. Although directly removing Saddam Hussein, a Russian ally of a quarter of a century, and persuading Qadaffi, another longstanding Russian ally, to change sides, the best that can be said of the US invasion is that it degraded but did not break the Russian coalition.[18] On the other hand, Putin quickly countered by improving relations with Qatar and by the end of the year, there was talk of the creation of a "gas OPEC" based on their cooperation.[19] This talk continues.

Bush, in turn, attempted to assist Nigeria, Algeria, Angola, Gabon, and Egypt to expand production, in an attempt to dilute Russian influence in the cartel. There were even rumors that Washington sought to persuade some members to withdraw from the organization. But that effort, as well as another round of discussions with Iran, went nowhere.

Less publicized, but more important, were Abdullah's actions. Riyadh had openly decided to straddle. While increasing production

---

[15] J.L. Black, *Vladimir Putin and the New World Order*, (New York: Rowman & Littlefield, 2004), 169.

[16] Duncan Campbell, "American Navy 'Helped' Venezuelan Coup," *The Guardian*, April 29, 2006.

[17] Robert M. Morgenthau, "The Emerging Axis of Iran and Venezuela," *Wall Street Journal*, September 8, 2009, A23.

[18] Kenneth Timmerman, "Ex-Official: Russia Moved Saddam's WMD," *Newsmax*, February 19, 2006. On the question of Saddam's WMD, according to Deputy Undersecretary of Defense, John Shaw, "Russian Spetsnaz units… were specifically sent to Iraq to move the weaponry [to Syria and Lebanon]."

[19] Mark Katz, "Russia and Qatar," MERIA, (December 2007).

from 7.5 to 9.5 million bd, Abdullah opposed the US invasion and refused to permit US forces to use Saudi bases. More ominously, he made the first state visit of a Saudi leader in seventy years to Moscow in September, which was hailed as a "new era in Saudi-Russian relations."[20] The improvement in Saudi-Russian relations was accompanied by the growth of Saudi-Chinese relations. By the end of 2003, US policy was failing on all fronts and oil prices were rising fast.

From 2004, despite strong global demand, spurred by India, China, and Brazil, oil production in Iraq, Iran, Venezuela, and Nigeria, for diverse reasons, fell 8 million bd short of projections for these countries. That was what caused oil prices to shoot to historic highs, reaching $147 per barrel by mid 2008. Key OPEC decisions not to expand production capacity were also crucial to the explanation for the price rise.[21]

Russia, I believe, was the instigator as well as beneficiary of this crippling price rise. Indeed, former, US Treasury Secretary Hank Paulson disclosed in his recent book that just as the United States was entering its own financial crisis in August of 2008, the Russians sought to exacerbate it. They proposed to the Chinese that both countries sell off "big chunks" of their US holdings of Fannie and Freddie debt "to force the US to use its emergency authorities to prop up these companies."[22] Fortunately, the Chinese declined. At that time, Russia held $62 billion in Fannie and Freddie debt and China held $527 billion. Nevertheless, within a month of this threat, on September 7, the United States government seized control of both companies.

However, there was and is a silver lining in this struggle. The very fact of sharply higher oil prices stimulated and Washington strongly encouraged investment in new oil and gas technology, exploration in new areas, and more intensive exploitation of existing wells. The result has been in this past year over 200 new discoveries of oil worldwide and the addition of well over 10 billion barrels of oil to global inventories, much of it in floating storage.[23] Production capacity has also expanded close to six billion barrels. In addition, new discoveries of vast amounts of gas, especially on the North American continent, are changing the entire world energy outlook. *If* market forces are permitted to operate,

---

[20]  "Russia-Sept. 2–Saudi CP Abdullah in Moscow," *The Free Library*, September 6, 2003.

[21]  Edward Morse, "Low and Behold," *Foreign Affairs* (Sep.-Oct. 2009) 36-52, argues that the loss of production capacity was the main cause.

[22]  Henry M. Paulson, *On The Brink*, (New York: Business Plus, 2010), 161.

[23]  New oil discoveries have occurred in: Gulf of Mexico, Brazil, Alaska and the Arctic; Northern Iraq, Iran, Israel, Norway; Ghana, Sierra Leone; Australia, Indonesia, China, India, Russia. See also, Spencer Swartz, "Global Oil Glut Roils an English Tourist Village," *Wall Street Journal*, December 2, 2009, A16.

we will be reaping the benefit of a long-term payout of cheap and abundant energy for years to come.[24] The world, as a colleague of mine puts it, is now awash in oil and gas.[25]

Oil prices have fallen sharply from their 2008 peak, although they are still three times as high as the recent historical average. Gas prices, despite the recent cold spell, have fallen through the floor. Of course, the drop in energy prices is not due solely to increased availability of supply, but also to recession-induced reduction in demand.

As the global economy recovers, the key question is: at what level will the price of oil settle? Will the price return to the pre-crisis range of $20-25 per barrel, or remain where they are now? In my view, prices over $70 per barrel will prevent a robust economic recovery and clearly benefit Moscow. This would suggest a continued attempt at accommodation. Prices below $50 would jumpstart economic recovery and benefit the United States and the west. The Saudis, continuing to straddle, express a preference for prices somewhere in between, but higher rather than lower. Indeed, Abdullah has recently called for $80 barrel oil. The position of the oil companies is clear. The main consideration must be a price that will not simply bring profits to the industry, but promote economic recovery.

Oil analyst, Ed Garlich, puts it slightly differently. He says that the appropriate price is one that will "seek a level that will not impede global economic growth while at the same time stimulating general exploration and development of new oil and gas reserves."[26] As far as stimulating economic growth, this would appear to mean a move toward the $50 pb range. The reality is that the price of oil is not only a market price, but a political price. If we let the market decide, prices would undoubtedly move even lower toward the recent historical average of $20-25 per barrel, but I see very little likelihood of pure market forces being allowed to operate to that degree.

---

[24]  New gas discoveries in North America: Haynesville, in Louisina, Marcellus, in West Virginia-New York, Tuscaloosa, in Alabama. These are in addition to the known great shale deposits in Canada and the American West, not to mention Alaska. See also Amy Myers Jaffe, "How Shale Gas is Going to Rock the World," *Wall Street Journal*, May 10, 2010, R1.

[25]  Ed Garlich, "Awash in a Sea of Oil," *Washington Research Group*, May 28, 2009; Jad Mouawad, "Oil Everywhere: It's a Boom Year For New Finds," *New York Times*, September 24, 2009, A1; and Daniel Yergin and Robert Ineson, "America's Natural Gas Revolution," *Wall Street Journal*, November 3, 2009, A21.

[26]  Garlich, "Awash in a Sea of Oil."

# Conclusions

Both in the narrow sense of the focus on OPEC and in the broader sense of the struggle I outlined at the outset, it seems that the United States was outmaneuvered and forced onto the defensive in the post-Cold War struggle for world oil. The Russians are positioned to be the main suppliers of energy for Eurasia with its vast network of oil and gas pipelines. The US strategy of attempting to bypass Russia with competing pipelines has failed, Nabucco notwithstanding.

Furthermore, in OPEC, despite an almost decade-long and very costly effort, the United States has not diminished Russian influence. Indeed, in the words of one commentator, Putin is attempting to position Russia "at the center of anti-American resistance, together with the Arab world and China."[27] Twenty years ago such a juxtaposition of Russians, Arabs, and Chinese, would have been unthinkable. Today, with Iran, and now Turkey, their cooperation is redrawing the entire energy map of Eurasia.[28]

In recognition of these setbacks, the United States has sought to enlarge the global supply of oil, gas and renewable energy to dilute Russian influence. This strategy of enlarging the total energy pool could work, and effectively marginalize OPEC and the Russians, if market forces are permitted to operate to bring down energy prices.[29]

But it still leaves Europe with the problem of the need for alternative energy to the Russians. These two broad developments: the emerging Russian dominance of Eurasian energy market and the US move to promote greater energy supply, with its positive implications for energy independence, may well leave Europe increasingly dependent upon Moscow for its energy.[30]

I would not rely upon the United States to look after Europe's energy needs. Let us hope that alternative projects, like the Nabucco pipeline, LNG from the Gulf, and shale gas, succeed.[31] But without answers soon, Europe's energy dependence on Moscow may become political dependence, too.

---

[27] Victor Yasmann, "Putin Uses Gulf Trip To Boost Russian Role in Arab World," *Radio Free Europe/Radio Liberty*, February 13, 2007.

[28] M.K. Bhadrakumar, "Russia, China, Iran Redraw Energy Map," *Asia Times*, January 8, 2010.

[29] Liam Denning, "OPEC's Speculative Position on Oil," *Wall Street Journal*, April 29, 2010, C12.

[30] Some believe that LNG from the Persian Gulf can be a viable alternative to Russian gas. See Gideon Rachman, "Shale Gas Will Change the World," *Financial Times*, May 25, 2010, 11.

[31] William Lyons, "Nabucco at Center of Gas Politics," *Wall Street Journal*, February 1, 2010, B9.

# Les enjeux pétroliers français au Proche et au Moyen-Orient après la guerre des Six Jours

Patrick BOUREILLE

*Service historique de la Défense, Vincennes, France*

Les relations politiques et économiques entre la France et l'Irak ont été pendant un quart de siècle si intenses que leur remise en cause d'abord en 1990-1991, puis en 2003, a conduit à une crise diplomatique grave avec les pays anglo-saxons. La pérennité au pouvoir de certains responsables politiques à Paris et Bagdad peut expliquer l'étroitesse de ces relations sur le long cours. Leur origine est cependant très circonstancielle. Elle est liée à un contexte géopolitique (l'après-guerre des Six Jours) et énergétique (la présence de ressources pétrolières considérables dans le sous-sol irakien) particuliers. La rencontre de deux nationalismes également sourcilleux, en pleine reconquête de son indépendance économique pour l'irakien, écarté de la gestion des affaires mondiales dans le cas français, se heurtant à chaque fois aux intérêts anglo-saxons, a créé une connivence politique certaine.

Cette étude entend s'attacher à ce contexte particulier de la naissance et de l'éclosion des liens pétroliers franco-irakiens. Trois types de sources sont mis à contribution : les archives du ministère de la Défense déposées au service historique à Vincennes d'abord, la littérature ouverte ensuite, les archives orales enfin. Après une présentation du contexte géopolitique et économique du Moyen-Orient au début des années 1960, la question de l'affrontement des gouvernements locaux avec l'*Iraq Petroleum Company* (*IPC*), émanation des majors anglo-saxons, permet d'entrevoir l'opportunité que va constituer pour la France la gestion de l'après-guerre des Six Jours. Cependant, son ambition de se substituer aux Anglo-Saxons dans cette partie du Proche-Orient relève d'une vision erronée du rapport des forces entre la puissance de ses entreprises pétrolières nationales et les colosses britanniques et américains d'une part, de l'indépendance économique voulue par les dirigeants de Bagdad d'autre part. Cette percée, d'abord pétrolière, est suivie à partir de 1968 par la négociation de multiples contrats d'équipement dans d'autres secteurs économiques visant à implanter durablement la présence française.

## I. La France, un acteur tardif et secondaire du jeu pétrolier moyen oriental

Au cours de la Première Guerre mondiale, les parts de la *Deutsche Bank* au sein de la *Turkish petroleum company*, soit 23,75 %, ont été saisies par les autorités britanniques comme propriété de l'ennemi. Lors de la conférence de San Remo, en avril 1920, la France en reçoit la dévolution, entérinant les accords Henry Bérenger-Walter Long du 6 mars 1919[1]. Le président du Conseil Raymond Poincaré crée la Compagnie française des pétroles (CFP) en mars 1924 pour gérer cette part française des pétroles du Moyen-Orient et pour veiller d'une façon plus générale aux intérêts pétroliers français[2]. L'État français est présent dans le capital à hauteur de 35 % des actions mais 45 % des droits de vote. Il en est donc l'actionnaire principal mais non majoritaire. Il nomme le président-directeur général de la CFP en conseil des ministres, ainsi que deux commissaires du gouvernement chargés de contrôler l'action du Conseil d'administration et capables de bloquer toutes décisions par leur droit de veto[3]. Si la tutelle de l'État est évidente, la société ne déroge cependant pas au jeu du capitalisme libéral[4].

Au côté de la CFP, le capital de l'*IPC* se répartit à compter de 1928 à parts égales (23,75 %) entre la *British Petroleum*, la *Royal Dutch Shell* et la *Near Eastern Development Corporation*, consortium américain formé à parité par *Socony Mobil Oil* et *Standard Oil of New Jersey*. Calouste Gulbenkian d'abord, sa fondation établie à Lisbonne en 1956 (*Partex*) ensuite, dispose du solde du capital (5 %). La CFP est aussi présente dans les filiales de l'IPC : à 64,8 % la *Mossoul Petroleum Company* et à 100 % la *Bassorah Petroleum Company* depuis 1938, 64,8 % pour la *Qatar Petroleum, Petroleum Concessions, Petroleum Development* (Oman) et *Petroleum development (Trucial States)*. L'IPC est une

---

[1]   Nouschi André, *Luttes pétrolières au Proche-Orient*, Coll. Questions d'histoire, Paris, Flammarion, 1970, 142 p. Kuisel Richard F., *Ernest Mercier, french technocrat*, University of California Press, 1967, 184 p. Nayberg Roberto, « La politique française du pétrole à l'issue de la Première Guerre mondiale : perspectives et solutions », *Guerres mondiales et conflits contemporains*, 2006/4, n° 224, p. 111-133.

[2]   Rondot Jean, « Les intérêts pétroliers français dans le Proche-Orient », *Politique étrangère*, 1952, volume 17, n° 4, p. 267-291, p. 267.

[3]   Nouschi André, *Pétrole et relations internationales depuis 1945*, Armand Colin, 1999, Paris, 269 p., p. 25.

[4]   Rondot Jean, *La Compagnie française des pétroles. Du franc-or au pétrole-franc*, Plon, 1962, Paris.

coopérative de production (*non profit making Co*) destinée à fournir du brut à ses actionnaires pratiquement au prix de revient. La production pétrolière est évacuée par quatre pipelines de 12 et 16 pouces aboutissant respectivement à Tripoli du Liban et Haïfa en Palestine ou de 30 pouces parvenant au port syrien de Banias d'une part, par la construction de terminaux pétroliers dans le golfe Persique de l'autre[5]. De cette période qui s'achève en 1950, il faut retenir que la CFP a poussé avec énergie à l'exploitation des ressources pétrolières du nord de l'Irak parce que c'est là, au lendemain de la Seconde Guerre mondiale, son principal actif pétrolier au contraire de ses partenaires au sein du capital de l'IPC[6]. La production pétrolière irakienne passe ainsi de 3,4 millions de tonnes en 1948 à 35,15 en 1958.

Le gouvernement français met à profit la crise iranienne et la tentative du Premier ministre Mossadegh de nationaliser l'industrie pétrolière en mai 1951 pour mettre un pied en Iran : la CFP reçoit 6 % des parts du *Consortium* (*Iranian Oil Participants Ltd*) qui succède à l'*Anglo Iranian Oil C$^y$* en avril 1954[7]. Cette crise iranienne annonce cependant l'action du général Kassem en Irak lorsqu'avec la loi n° 80 du 12 décembre 1961 il nationalise 99,6 % des zones de concession de l'*IPC* et de ses filiales locales, et réclame 20 % de son capital. Parallèlement, la CFP s'émancipe petit à petit des zones affectées par les Britanniques et investit des capitaux importants au Proche-Orient, notamment dans l'*offshore* à Abu Dhabi en partenariat avec BP[8].

La crise de Suez en octobre et novembre 1956 voit les producteurs arabes brandir l'arme du pétrole pour la première fois : conjuguée avec les pressions américaines et soviétiques, elle s'avère efficace contre la France et la Grande-Bretagne, le prix du baril augmente de 20 %, fret

---

[5]  C'est la CFP qui a insisté pour que les oléoducs chargés d'évacuer le pétrole de la zone de Kirkouk comportent, en parallèle de la branche aboutissant à Haïfa sous mandat britannique, une branche moins coûteuse aboutissant à Tripoli du Liban par la trouée de Homs, traversant ainsi au plus court des territoires sous mandat français. Depuis 1948, le pipeline de Haïfa a été arrêté en raison des hostilités opposant les pays arabes au nouvel État d'Israël, le pétrole étant tenu par les gouvernements arabes pour une contrebande de guerre. Son doublement n'a pas été poussé plus loin que la frontière irako-jordanienne. L'ensemble de ce réseau qui devait initialement débiter 15 millions de tonnes par an n'en produit que la moitié.

[6]  Rondot Jean, « Les intérêts pétroliers français... », article cité, p. 287. Vernier Bernard, « La Syrie et l'Iraq Pétroleum Company », *Revue française de science politique*, 1967, volume n° 17, n° 2, p. 299-307.

[7]  La répartition des actions du *Consortium* est la suivante : 40 % à l'*AIOC*, 40 % aux différentes sociétés pétrolières américaines, 14 % à la *Royal Dutch Shell* et 6 % à la CFP. Nouschi André, *La France et le pétrole de 1924 à nos jours*, coll. « Signes des temps », Picard, 2001, Paris, 451 p., p. 204.

[8]  Ce sont l'*Abu Dhabi Marine Areas* et la *Dubaï Marine Areas* répartis à 66,6 % pour BP et 33,3 % pour la CFP.

non compris. Elle contribue à faire du désastre militaire subi par Nasser un triomphe diplomatique. À l'échelle de l'État français et de la CFP, les évolutions sont opposées : déficits de la balance commerciale et de la balance des paiements, réduction des stocks d'or et dévaluation de la monnaie pour le premier, gonflement des recettes et augmentation des dividendes pour la seconde[9]. La première conclusion de Suez aboutit à conforter le gouvernement français dans la voie de l'atome au sein ou en marge, voire hors, de l'OTAN ; la seconde à attirer l'attention de ce même gouvernement sur les liens commerciaux unissant la CFP aux autres majors avant d'être le bras armé de l'État.

En septembre 1960, la création de l'OPEP regroupe les pays exportateurs (Arabie, Irak, Iran, Koweït, Venezuela) qui refusent la baisse unilatérale des prix du baril décidée par les majors avec pour objectif « l'unification des politiques pétrolières des États membres et la détermination des meilleurs moyens pour sauvegarder leurs intérêts ». Le but et l'objectif sont communs : maintenir les prix stables et rendre aux pays producteurs une part du profit engendré par la production du pétrole[10]. Les préoccupations des membres de l'OPEP sont les prix postés, les bénéfices qu'ils désirent augmenter au regard de leurs projets d'équipement, de modernisation et d'industrialisation et l'épuisement des gisements exploités sans considération de l'avenir. À cela s'ajoutent la croissance de la production soviétique (148 millions de tonnes en 1960 et 328,6 en 1969), une menace pour les prix postés, et l'érosion du dollar.

Pour sa part, l'État français joue un rôle majeur dans la rationalisation de l'industrie pétrolière nationale. Il soutient le Bureau de recherche des pétroles (BRP) associé à la Régie autonome des pétroles (RAP) : l'ensemble devient l'Union générale des pétroles (UGP) puis Essences et lubrifiants français (ELF) en 1966. Le but recherché est de faciliter l'écoulement des pétroles africains de plus en plus abondants, l'avantage étant sa dépendance à 100 % entre les mains de l'État face à une CFP trop en harmonie avec les majors. Sous la direction de Pierre Guillaumat, à la faveur de la crise des relations entre le gouvernement de Bagdad et l'IPC, ELF va affronter la CFP sur son propre terrain, en Irak même.

---

[9]   Nouschi André, *La France et le pétrole...*, *op. cit.*, p. 217-218.

[10]   Le nombre des pays producteurs adhérents à l'OPEP augmente rapidement avec l'adhésion du Qatar (janvier 1961), de la Libye et de l'Indonésie (avril 1962), d'Abu Dhabi (1967), de l'Algérie (juillet 1969), du Nigéria (juillet 1971), du Gabon (juin 1973) et de l'Équateur (novembre 1973). En janvier 1968 a lieu la création de l'Organisation des pays arabes exportateurs de pétrole (OPAEP) pour réponde à l'échec des mesures d'embargo prises après la guerre des Six Jours.

## II. Une opportunité à saisir : jouer le nationalisme syro-irakien contre l'IPC ?

Les relations entre l'IPC et les gouvernements du Proche-Orient, mauvaises depuis la loi n° 80 en Irak, se dégradent encore à l'été 1966[11]. La direction de la compagnie affronte le gouvernement syrien au sujet du paiement des tarifs pour le transit des pétroles irakiens de Kirkouk. Le gouvernement baasiste du Dr Zeayen demande en effet l'augmentation des *royalties* dues par l'IPC, proportionnellement à l'augmentation des volumes de pétrole en transit, soit 14,75 millions de £ par an (et non plus 9,75) et l'acquittement d'un arriéré de 40 millions équivalent à la totalité des sommes versées en vertu de l'accord du 21 novembre 1955[12].

Cet accord stipule le versement d'une redevance forfaitaire de 4 shillings plus un droit de chargement de 1 shilling par tonne et le partage par moitié de l'économie des frais de transport que vaut à la Compagnie la traversée au plus étroit de l'isthme syrien. L'IPC n'a pas à transporter le pétrole de Kirkouk jusqu'au golfe pour lui faire ensuite contourner la péninsule arabique et traverser le canal de Suez. Le mode de calcul de la compagnie consiste en la soustraction du prix du pétrole à Bassorah de celui du pétrole à Banias. Cela revient pour le gouvernement de Damas à évacuer le pétrole de Kirkouk par un oléoduc fictif de Bassorah à Banias long de 1 300 km alors que la partie syrienne de l'oléoduc de Banias ne représente que 885 km : d'où un lourd préjudice depuis 1955. La diminution des frais de fonctionnement en raison des progrès techniques, l'amortissement des frais d'installation, les frais d'administration de la société basée à Londres mais œuvrant dans le monde entier, l'augmentation des volumes de pétrole en transit sans relèvement de la redevance enveniment le contentieux. Pour sa part, l'IPC se fonde sur l'existence d'un unique marché du pétrole en Irak, à Bassorah, sur la baisse des coûts de transport par mer inversement proportionnelle à l'augmentation des capacités de transport des tankers et décide de licencier 3 600 des 5 000 employés syriens à son service devenus inutiles du fait de l'automatisation de la production.

Suite au refus par l'IPC de ces prétentions et à la tentative de putsch du colonel Salim Hatoum à Damas[13], le gouvernement syrien séquestre

---

[11]  Tristani Philippe, « L'*Iraq Petroleum Company*, les États-Unis et la lutte pour le leadership pétrolier au Moyen-Orient de 1945 à 1973 » dans les présents actes.

[12]  *Times*, 30 août 1966, « *Syria challenges oil pipelines royalties. Iraq Petroleum Company denies under-payment* ».

[13]  Le 8 septembre 1966, avec l'appui financier de l'Arabie du roi Saoud et l'appui technique du Jordanien Wasfi Tall, le colonel syrien Salim Hatoum tente un putsch anti-bassiste à Damas, en vain. Or le *Financial Times* du 5 septembre a publié que le gouvernement de Damas devait renoncer à ses revendications ou se préparer à s'en

provisoirement à titre de garantie le 8 décembre les installations de la compagnie en Syrie, y compris les 300 milles de pipelines, les stations de pompage et les terminaux pétroliers de Banias. À compter du 12 décembre, les pétroliers de l'IPC sont détournés vers Tripoli. Le 13, Damas riposte en fermant les stations de pompage de ses oléoducs méridionaux. Selon le mot du président de la République arabe syrienne prononcé lors du baptême de la promotion « Emir Abd el Kader » de l'académie militaire de Homs, « le champ de bataille du pétrole, c'est la patrie arabe toute entière ». Ce conflit a un grand retentissement auprès des opinions publiques et des gouvernements arabes pour lesquels il est une étape sur la route ouverte par la tentative de Mossadegh en 1951-1953 et la nationalisation du canal de Suez en 1956[14].

Même si le Dr Zeayen reprend la rhétorique de Kassem, cet affrontement Syrie/IPC revient à stopper l'exportation de 60 % du brut irakien qui transitait par l'oléoduc aboutissant à Tripoli et donc à la perte de 6,9 millions de dinars par mois, soit 85 % des recettes annuelles du Trésor irakien. Le *Times* du 30 août 1966 le notait déjà : « The first sufferer of any interruption of pumping would be Iraq, which only recently regained its position as Britain's chief supplier and is in need of all the revenue it can get. »[15] Le 22 décembre 1966, le Service de documentation extérieure et de contre-espionnage (SDECE) note qu'en dépit des « déclarations officielles fai[sant] état de la parfaite entente entre les deux gouvernements dans le conflit actuel avec l'IPC, l'Irak ne s'attendait pas à voir la Syrie prendre l'initiative de mesures brutales »[16]. Le gouvernement irakien dirigé par Naji Talib n'exclut pas l'hypothèse d'un double jeu syrien visant d'une part à engager l'Irak dans un conflit aigu avec l'IPC au moment où les discussions en cours entre le groupe et les dirigeants irakiens semblaient en bonne voie, et d'autre part à mettre le régime irakien en difficulté. À moins qu'il ne faille y voir le mécontentement de Damas devant un rapprochement esquissé par

---

aller ! Dans ces conditions, la presse syrienne rapprochant l'article du coup de force malheureux soulève l'indignation de l'opinion publique.

[14] À l'occasion de l'anniversaire de « la criminelle agression tripartite de Suez », le *raïs* égyptien Nasser rappelle qu'« alors les ouvriers et le peuple de Syrie avaient saboté ces mêmes oléoducs syriens qui sont l'objet du litige d'aujourd'hui » et que la RAU appuie la RAS dans son combat contre le trust pétrolier « anglais ». Plus pragmatique, le gouvernement du Koweit demande à l'IPC d'augmenter de 6 % la production de l'émirat pour compenser l'arrêt de la production irakienne. Pour sa part, le président du Conseil libanais avertit l'IPC qu'il « ne considère pas l'arrêt de l'écoulement du pétrole dans l'oléoduc comme dû à la force majeure et que son pays entend profiter de toute augmentation des redevances qui pourrait être décidée ».

[15] *Times*, article cité, 30 août 1966.

[16] Service historique de la Défense, Marine, Vincennes (SHD/M/V), 3BB⁴ OI, n° 068, note D 53295/A du SDECE du 22 décembre 1966.

Bagdad en direction de Téhéran suite aux difficultés éprouvées par le gouvernement central irakien face aux Kurdes de Barzani[17]. Ce dernier est d'ailleurs suspecté de s'entendre secrètement avec l'IPC contre le gouvernement de Bagdad. Les dirigeants irakiens craignent de voir les compagnies pétrolières se désintéresser de l'Irak au profit des pays concurrents, voire, si l'PC venait à l'emporter, à ce que celui-ci ralentisse à l'avenir l'exploitation des champs de Mossoul et Kirkouk. Le 10 janvier 1967, après un nouvel échec des négociations entre le gouvernement syrien et la direction de l'IPC, les agents français sur place notent que l'opinion publique pronostique de nouvelles propositions de la compagnie qui a cherché à jouer de Bagdad sur Damas, ce qui est perçu comme un aveu de faiblesse[18]. Les responsables syriens envisagent de fermer l'oléoduc de l'ARAMCO (*Arabian American Oil Company*) « pour bien établir que les États arabes progressistes ne craignent pas les États-Unis »[19].

La perte pour Bagdad atteint en avril 1967 les 17 millions de dinars, soit 10 % du budget national anticipé de l'État. Et ce ne sont pas les tentatives pour trouver, *via* la Syrie, des débouchés qui améliorent la situation. La Chine communiste a présenté par sympathie idéologique (et désir de jeter une pierre dans le pré carré du voisin soviétique ?) une offre d'achat « alors qu'aucune importation de pétrole n'est nécessaire »[20]. Mais cela reste peu de choses.

En ce milieu des années 1960, la désunion règne aussi au sein du camp occidental. La mésentente franco-américaine se fait sentir au Proche et au Moyen-Orient : la politique de la Cinquième République à l'égard des États du Tiers monde diffère déjà de celle des autres États « atlantiques ». Un nouveau type de contrat d'exploitation des champs

---

[17] Pour sa part, l'ambassadeur de Syrie à Paris, Sami Joundi, juge cette « nationalisation destinée à détourner le pays de ses problèmes de politique intérieure ». *Id.*, note D 55041/II G.Nat du SDECE datée du 24 mars 1967. Il sera incarcéré en septembre 1967 pour avoir transmis une offre de paix israélienne reçue à Paris d'André Chouraqui.

[18] En fait, l'IPC essaie d'obtenir du gouvernement de Bagdad la rétrocession de la concession de Roumeilah nord en basse Mésopotamie et, en attendant, verse par avance les redevances à échoir pour maintenir le Trésor irakien à flot. Mais l'opinion s'y oppose et Abdallah el Tariki, ministre du Pétrole d'Arabie saoudite de 1960 à 1962, propose que la Compagnie nationale du pétrole irakien s'empare des oléoducs au nom de l'État irakien et se substitue à l'IPC pour régler à la Syrie toutes les redevances prévues par l'accord de novembre 1955 : « Tous les biens de l'IPC et ses installations deviendraient propriété d'un État arabe ». *Le Monde*, 18 janvier 1967, p. 2.

[19] SHD/M/V, 3BB⁴ OI, n° 068, note D 53619/II G.Nat du SDECE du 10 janvier 1967.

[20] *Id.*, note D 54556/II G Nat du SDECE du 28 février 1967. Il est vrai que, confrontée aux mêmes approches, la diplomatie soviétique a répondu « que les plans établis pour 1967 ne sauraient être modifiés... »

pétroliers apparaît. Le taux de partage des profits des compagnies concessionnaires est amélioré en faveur des États producteurs et les zones concédées considérablement réduites. Surtout, c'est la fin de la notion de « concession » et de nouveaux contrats reposant sur des principes d'« associations coopératives » émergent. Les modèles en sont d'une part l'accord du 29 juillet 1965 conclu entre la France et l'Algérie[21], et d'autre part l'accord passé le 27 août 1966 entre l'*Entreprise française de recherches et d'activités pétrolières* (*ERAP*) et la *National Iranian Oil Company*[22].

Aussi, le gouvernement syrien distingue-t-il la politique française de celle des puissances anglo-saxonnes. Le vice-président du conseil et ministre des Affaires étrangères, le Dr Makhos, affirme qu'une

> analyse scientifique de la politique mondiale fait ressortir la politique d'indépendance que la France commence à suivre envers les États-Unis et l'OTAN, ainsi que sa réserve touchant les plans de l'Occident dans le Tiers monde... Il n'est pas question de lier la France au sort de ceux qui continuent à vivre dans la mentalité du XIXe siècle.

En conséquence, le gouvernement syrien est « disposé à remettre en service les oléoducs pour fournir à la France la part du pétrole irakien qui lui revient, même davantage, et que les quantités supplémentaires de carburant seraient payables en francs ». Et d'ajouter : « C'est dire combien nous ne voulons pas infliger un tort quelconque à la Compagnie française des pétroles, associée à l'IPC. »[23] La France dispose donc à la veille de la guerre des Six Jours d'un capital de sympathie marquée dans la région.

---

[21] *Journal officiel de la République algérienne*, 30 novembre 1965, p. 1011-1054 : accord entre la République française et la République algérienne démocratique et populaire concernant le règlement des questions touchant les hydrocarbures et le développement industriel de l'Algérie. *Id.*, 5 août 1967, p. 654 sqq. : Convention d'application relative aux modalités de constitution et de fonctionnement de la société mixte prévue à l'article 11 de l'accord du 25 juillet 1965.

[22] Pour la première fois, une société étrangère accepte de prospecter et d'exploiter des gisements pétroliers sous le régime du contrat d'entreprise ou d'agence. Les modalités générales sont les suivantes : la société étrangère fait les recherches et les travaux de prospection. Si ces recherches sont infructueuses, elle en supporte seule le coût. Si la société trouve du pétrole, le contrat prévoit que celle-ci l'exploitera pour le compte du pays avec lequel elle a passé l'accord. Après avoir été remboursée des dépenses engagées, elle pourra acheter le produit extrait à un prix préférentiel pour compenser les risques encourus. Les travaux de recherche dans le golfe Persique portent sur un secteur de 20 000 km$^2$ et dans trois régions désertiques d'une superficie de 200 000 km$^2$.

[23] *Le Monde*, 20 décembre 1966, interview du ministre des Affaires étrangères syrien recueillie par E. Rouleau.

## III. La guerre des Six Jours : un virage diplomatique français majeur au Proche-Orient

Dans la succession des événements qui conduisent au déclenchement de la guerre des Six Jours, le pétrole a joué le rôle d'un *casus belli*. Les observateurs militaires français accordent un certain crédit à la possibilité que les Syriens et les Égyptiens aient réellement cru en une information soviétique relative à « une concentration de troupes israéliennes à la frontière syrienne » en un moment d'extrême nervosité[24]. L'accord syro-égyptien de défense conclu en novembre 1966 avait alors été activé dans un but de dissuasion. Le retrait de la Force d'urgence des Nations unies (FUNU), annoncé le 18 mai par le secrétaire général U-Thant, a rendu la guerre d'autant plus inévitable que l'armée égyptienne, secondée par des unités palestiniennes, occupe les positions évacuées, notamment Charm el Cheikh à l'orée du golfe d'Akaba[25]. Une fois réimplanté à l'entrée de cette voie maritime qui contrôle l'accès au port d'Eilat, Nasser en interdit le franchissement aux bâtiments battant pavillon israélien et aux autres navires transportant des armes et des matériaux stratégiques à destination d'Israël. Le libre accès du golfe d'Akaba était le gain le plus substantiel de la campagne de 1956 et conditionnait le ravitaillement pétrolier du pays, la mise en valeur du Néguev méridional et l'ouverture de l'État juif sur l'Afrique orientale et l'océan Indien[26].

Parallèlement aux tentatives infructueuses de l'État juif pour obtenir l'ouverture de négociations diplomatiques à l'ONU sur ce sujet[27], un regroupement général autour de Nasser s'effectue dans le monde arabe, à la fois contre « l'ennemi sioniste » et « l'impérialisme anglo-saxon ». La position de la France est singulière dans le monde occidental. Quelques jours avant le conflit, le général de Gaulle met en garde les

---

[24] Le 7 avril 1967, un incident de frontière avait déjà dégénéré en une confrontation aérienne entre les armées israélienne et syrienne, se soldant par la destruction de 7 *Mig 17* syriens. Devant la Cnesset, Levi Eshkol attribuait par ailleurs au régime baasiste de Damas la responsabilité des attentats commis sur le sol israélien par des *fedayin* palestiniens et menaçait son voisin de représailles.

[25] La FUNU faisait écran depuis novembre 1956 entre les armées égyptienne et israélienne sur le « front » du Sinaï. Sur la particularité géographique du détroit de Tiran, SHD/M/V, 3BB$^{2-2}$ n° 236.

[26] Les tankers pour Eilat sont officiellement déclarés en route pour Gibraltar. D'où la pauvreté des informations obtenues auprès des *Lloyds* qui pourtant assurent 98 % des pétroliers en service.

[27] Les pays occidentaux n'entendent pas accorder un soutien inconditionnel à Israël qui pourrait ranimer la guerre froide. L'URSS est talonnée par la Chine populaire très activiste dans son opposition à l'Occident et elle répugne donc à ouvrir des négociations avec les États-Unis.

Israéliens contre une reprise des hostilités[28]. Aussitôt après, il proclame l'embargo sur les livraisons d'armes aux pays du champ de bataille – et en premier lieu Israël dont la France est un des principaux fournisseurs[29].

Le déclenchement des hostilités le 5 juin 1967 coïncide avec la décision des pays arabes producteurs et exportateurs de pétrole en conférence à Bagdad de suspendre toute exportation de pétrole vers les pays anglo-saxons et de saisir les biens des compagnies appartenant aux pays qui soutiendraient Israël[30], l'Égypte fermant le canal de Suez. Le 6, le Liban et la Syrie interrompent le transit des pétroles irakiens et saoudiens sur leurs territoires. Mais la dissension demeure la règle entre les tenants du nassérisme et ceux d'une idéologie révolutionnaire radicale (Syrie et Algérie) d'une part, entre les modernes et les conservateurs quant à l'usage de l'arme du pétrole d'autre part. Les discussions qui ont lieu à Koweït le 17 juin entre les ministres des Affaires étrangères des pays arabes ne débouchent pas et l'éventualité d'une réunion au sommet n'est pas même évoquée. La crainte ressentie à Bagdad en août est l'extension possible de l'embargo à tous les pays occidentaux, sans exception, et non plus seulement à ceux considérés jusqu'alors comme favorables à Israël et ennemis de la cause arabe. En fait, les services de renseignement français analysent cette attitude comme destinée avant tout à « embarrasser l'Algérie dans sa position "radicale" en l'obligeant à réfléchir aux conséquences particulièrement graves pour son économie d'une éventuelle interruption, même temporaire, de la vente de ses produits pétroliers à destination de la France »[31]. Le pari est fait que les promoteurs de ces projets ne les ont lancés que dans un souci de politique intérieure, vis-à-vis du parti Baas.

Le 11 septembre 1967, une note du SDECE relève des bruits circulant au Liban sur l'attitude adoptée par le parti Baas à la suite des résul-

---

[28] « Alors, vous avez décidé de faire la guerre ? Je vous donne un conseil : ne soyez pas les premiers et ne faîtes pas la guerre » avertit d'emblée le général de Gaulle lors de son entretien avec son homologue israélien Eban à Paris le 24 mai 1967. Le 2 juin, lors du conseil des ministres, le chef de l'État rappelle officiellement cette position. Seguev S., *Israël, les Arabes et les grandes puissances, 1963-1968*, Paris, Calmann-Lévy. André Nouschi, *La France et le pétrole...*, *op. cit.*, p. 234.

[29] La brouille entre Paris et Tel Aviv va durer très longtemps puisque l'escadre française de la Méditerranée se verra encore interdire l'accès aux ports israéliens en 1974 : SHD/M/V, GG[9], archives orales du VA Paul Bigault de Cazanove, piste n° 54.

[30] Le 6 juin, ce sont l'Irak, le Koweït et l'Algérie qui suspendent leurs exportations vers « les pays qui aident Israël » ; le 7, l'Arabie saoudite, la Libye, Bahreïn et le Qatar les imitent. Les Irakiens et les Koweitiens entendaient ainsi se prémunir contre tout sabotage des installations, à la suite des appels lancés de Damas par la Confédération internationale des syndicats arabes.

[31] SHD/M/V, 3BB[4] OI, n° 068, « Incidences sur les intérêts français de certaines orientations de la politique pétrolière de l'Irak », 24 août 1967.

tats des trois conférences de Khartoum, Bagdad et Khartoum en août[32]. Auraient été décidés tout d'abord le maintien de l'embargo sur le pétrole, ensuite la fermeture arbitraire des oléoducs traversant le territoire syrien dans le cas où l'Irak et le Liban décideraient de reprendre effectivement les expéditions vers les pays touchés par les mesures d'embargo, enfin l'alignement de la politique pétrolière de la Syrie sur celle de l'Algérie qui vient de nationaliser les biens et les intérêts américains[33]. Le 4 septembre 1967, les pays arabes décident en effet de rependre leurs exportations, ce qui scinde le monde arabe en deux clans : les réalistes et les radicaux emmenés par Alger et Damas. La crise de 1967 n'est donc pas au final une mauvaise affaire pour les sociétés pétrolières qui peuvent rependre leurs activités à plein rendement après avoir temporairement bénéficié d'un surenchérissement des prix pratiqués.

Les suites de la guerre des Six Jours ont donc des aspects pétroliers marqués pour les relations préexistantes des compagnies pétrolières occidentales opérant en Irak[34]. La CFP est autorisée par le gouvernement irakien à réutiliser les pipelines irakiens dès le 26 juin 1967, alors que l'embargo est maintenu sur les fournitures de pétrole à la Grande-Bretagne et aux États-Unis. En juillet, l'Irak du général Aref demande à la France de prendre la relève des intérêts britanniques et américains en Irak et un accord commercial est signé le 25 septembre accordant à chacune des parties contractantes la clause de la nation la plus favorisée[35]. Les intérêts pétroliers français en Irak ne sont pas minces : la France importe annuellement 10 millions de tonnes de pétrole irakien, soit 1/6$^e$ de la production totale du pays. 23$^e$ fournisseur de l'Irak en 1963, la France en devient le 5$^e$ en 1968.

---

[32] Lors de ces trois conférences, hors l'arrêt des exportations, différentes mesures sont envisagées : l'arrêt du pompage pendant un certain temps, le retrait des fonds arabes en dollars et en livres sterling des banques appartenant à des pays « ennemis », la nationalisation des intérêts anglo-américains et la fermeture du canal de Suez, la création d'un fonds d'assistance alimenté par les producteurs de pétrole (Arabie, Koweït, Libye) destiné aux États victimes de la guerre (Égypte et Jordanie).

[33] SHD/M/V, 3BB$^4$ OI, n° 068, note D 58207/II G.Nat du SDECE du 11 septembre 1967.

[34] La *Tribune de Genève* du 29 juin 1967 publie une carte présentant le pétrole du Moyen-Orient sous contrôle occidental : elle est reprise dans les présents actes par Philippe Tristani.

[35] Nations unies, recueil des Traités, n° 10822, 1970, p. 58-61 : Accord commercial (avec échanges de lettres) entre le gouvernement de la République française et le gouvernement de la République d'Irak signé à Paris le 25 septembre 1967. Le ministre irakien du Plan, en visite en France, souligne la qualité des relations franco-irakiennes dans le contexte de « crise » aigue au Proche-Orient : Ina.fr, http://www.ina.fr/economie-et-societe/vie-economique/video/CAF94085068/ministre-irakien-a-l-elysee.fr.html.

Par ailleurs, le gouvernement irakien retire à l'IPC les gisements de Roumeilah Nord en Basse Mésopotamie et les remet à la compagnie nationale du pétrole irakien (INOC). C'est l'objet de la loi 97 du 7 août 1967 qui renforce la position de l'INOC qui reçoit désormais tous les droits d'exploitation sur l'ensemble du territoire irakien à l'exception des zones laissées à l'IPC en vertu de la loi n° 80 de 1961. Par son article 3, elle est autorisée à faire appel à des tiers pour la recherche et l'exploitation du pétrole, mais ne peut en aucun cas accorder de concessions à des entreprises étrangères, car le pétrole doit demeurer la propriété de l'État irakien[36]. Après avoir pensé à l'*Ente Nazionale Idrocarburi* (*ENI*), finalement discrédité en raison de la « politique d'équidistance » italienne à l'ONU[37], le général Aref veut confier à la France et au Japon à travers la CFP et la Japex le soin de développer les gisements de pétrole de Roumeila dont les réserves estimées sont de l'ordre du milliard de tonnes de brut et la production annuelle potentielle de 20 millions de tonnes. Son ministre du Pétrole Ali Hussein ne déclare-t-il pas à l'ambassadeur de France, Pierre Gorse, au lendemain de la signature du protocole ERAP en novembre 1967 « Maintenant il convient de s'attacher à la réussite de la grande affaire CFP-INOC sur l'exploitation de Roumeilah » ? Vingt millions de tonnes : c'est en 1968 la moitié du potentiel de la CFP et les perspectives d'extraction sont à long terme de 50 millions de tonnes par an ![38]

Devant les pressions américaines, la CFP hésite[39]. C'est l'URSS qui reçoit cette mission sauf sur un secteur de 10 800 km$^2$ (dont 2 300 en *off shore* dans le Golfe) confié à ELF-ERAP les 24 novembre 1967 et 3 février 1968. Mais les services français ont appris au cours de leurs conversations avec les Japonais que « en matière de recherche, cette collaboration est conçue comme une coopération avec l'INOC avec laquelle seraient passés des contrats d'exploitation. Les concessions

[36] Bourgey André, « Le pétrole et ses incidences géographiques dans le Moyen-Orient arabe », *Revue de Géographie de Lyon*, volume 46, n° 3, 1971, p. 233-284, p. 245.

[37] « L'Italie vient d'être déclarée "nation non amie" et ceci compromet considérablement ses chances de s'installer en Irak » peut-on lire dans la note D 58108/II G.Nat du SDECE du 4 septembre 1967, SHD/M/V, 3BB⁴ OI, n° 068. Mourlane Stéphane, « L'Italie et la guerre des Six Jours : enjeux et débats », *Cahiers de la Méditerranée*, volume 71/2005 : Crises, conflits et guerres en Méditerranée (tome 2), mis en ligne le 13 mai 2006, consulté le 10 février 2010. URL : http.//cdlm.revues.org/index925.html.

[38] Hebert Christian, « Irak : espoirs déçus », *Le Nouvel Observateur*, avril 1968.

[39] Le correspondant du *Herald Tribune* à Beyrouth annonce dans son édition du 24 novembre 1967 l'accord ERAP-INOC comme conclu sur la base de 15 millions de dollars (75 millions de francs) de « pas de porte » pour procéder à l'exploration et d'un partage 50/50 sur la moitié du pétrole découvert. La nouvelle est reprise par *Le Monde* du 26 novembre 1967, p. 1-2.

accordées suivant cette nouvelle formule porteraient sur des périodes beaucoup plus courtes qu'autrefois »[40]. Et, en effet, l'ERAP joue le rôle « d'entrepreneur général de prospection et d'exploitation ». Les zones concédées, non exploitées par l'IPC, se répartissent en trois secteurs du centre et du sud de l'Irak dans les districts de Bassorah, Amara, Nassiriyé, Kut et Diwaniyeh. L'ERAP prête à intérêt et à terme (5 ans) les sommes nécessaires au développement et à l'exploitation du champ. Il paie en dix ans une somme forfaitaire de 15 millions de dollars. Après une certaine période de production commerciale et le remboursement des prêts, l'INOC joue le rôle d'opérateur avec le concours de l'ERAP. La rémunération de la société française est constituée par le droit d'acheter 30 % du pétrole produit à un tarif préférentiel à l'INOC, mais elle doit aider l'INOC à commercialiser le solde de 70 %. Il a en outre le droit d'exploiter pendant 20 ans le pétrole découvert, moitié au profit de l'INOC, moitié à son propre profit. Enfin est prévue la mise en réserve nationale de 50 % des réserves découvertes. Trois ans après la signature de l'accord d'entreprise, l'ERAP abandonne, en février 1971, 7 000 des 10 800 km$^2$ couverts par le contrat, soit les 2/3, et conserve des droits à Siba, près de Bassorah, et à Buzurgan, à proximité de la frontière iranienne, là où elle a effectué des découvertes.

Cette entente franco-irakienne bénéficie d'une relative bonne volonté de Damas. La Syrie bloque en effet les pipelines d'Irak jusqu'au début de 1968. Peut-être y a-t-il prévision d'une concurrence à terme avec le brut extrait du sous-sol syrien en quantités toujours plus importantes à partir de juillet 1968[41]. Toujours est-il qu'à la veille de la signature du contrat historique ERAP-INOC, une source syrienne et qualifiée du SDECE note que « pour l'instant il n'existe aucun indice d'une évolution possible dans le sens restrictif. Tant que les équipes au pouvoir en Syrie et en Irak demeureront en place et tant qu'aucun mouvement particulier ne viendra troubler l'équilibre, le régime du libre écoulement sera maintenu »[42]. Les velléités de certains dirigeants irakiens d'user des

[40] SHD/M/V, 3BB⁴ OI, n° 068, note D 58108/II G.Nat du SDECE du 4 septembre 1967.

[41] 3,2 millions de tonnes de brut, provenant des gisements d'El Soueidieh pour les 5/6ᵉ et des gisements de Karatchouk pour le reste, doivent être produits par la Syrie : la moitié de cette production est destinée à être placé sur le marché international. D'où une prospection entreprise dès avril 1967 par les missions syriennes accréditées à l'étranger et une première réponse favorable de la Minexi d'Anvers en avril 1968. SHD/M/V, 3BB⁴ OI, n° 068, note D 63052/II G.Nat du SDECE du 4 avril 1968. La production syrienne atteint 4,5 millions de tonnes de pétrole brut en 1970 et dépasserait les 15 millions en 1975. Bourgey André, « Le pétrole et ses incidences géographiques... », article cité, p. 240 et 274.

[42] SHD/M/V, 3BB⁴ OI, n° 068, note D 61429/II G.Nat du SDECE du 2 février 1968.

oléoducs comme d'une arme sont freinées par le danger encouru par le parti Baas en Irak.

La *Revue de Défense nationale* de janvier 1968 publie un texte de Pierre Guillaumat, président de l'ERAP et de la Société nationale des pétroles d'Aquitaine (SNPA) intitulé « Le pétrole dans la défense et l'économie nationales ». Les propos de celui que les Anglo-Saxons soupçonnent de vouloir devenir un nouvel Enrico Mattei, bien connu pour ses critiques renouvelées de la politique des majors, sont sans ambiguïté. « Du point de vue de la défense nationale, le pétrole, s'il conserve un rôle important, et plus particulièrement en France tant que la seconde génération de notre force de frappe ne sera pas réalisée, semble devoir connaître un certain déclin ». En revanche, il ne connaîtra pas un sort semblable dans l'économie civile « pour ce siècle » car la France est entrée en retard dans l'ère du pétrole. En 1967, un jour sur deux d'énergie, de lumière et de force motrice dépend des hydrocarbures. De plus, dans le cadre du Cinquième Plan (1966-1970) le gouvernement a prévu un programme minimal de construction de centrales thermonucléaires correspondant à une puissance installée de 2,5 millions de kilowatts/ heure. « Le pétrole, pour de longues années encore nécessaire aux pays d'Occident, sera désormais l'objet de négociations peut-être plus dures que jadis, mais menées dans un esprit plus réaliste ». Traçant un parallèle entre 1956 et 1967, Pierre Guillaumat relève l'intérêt qu'il a pu y avoir lors de la guerre des Six Jours à conserver entre des mains françaises une part importante de la production, « la France ayant pu bénéficier pleinement alors de l'attitude amicale des pays arabes ». Sans la nommer, il vise la CFP qui s'est récusée devant l'offre irakienne.

Enfin,

des trois objectifs majeurs définis par les pouvoirs publics, à savoir une production de brut voisine à 100 % des besoins français, une part du raffinage et de la distribution au moins égale à 50 % du marché français, et la prise sur les marchés étrangers d'une part analogue à celle qu'occupe en France les groupes étrangers, les deux premiers sont déjà pratiquement atteints, tandis que notre place à l'étranger commence à être satisfaisante[43].

C'est un succès pour Elf dont la majeure partie des activités était alors essentiellement africaine et saharienne, et une entrée en force de la France en Irak, comme le remarque le journaliste du *Monde* André Murcier[44]. « Les tentacules du pétrole français, grâce à la politique du général de Gaulle, s'étendent maintenant en Irak et dans le reste du

---

[43]  Guillaumat Pierre, « Le pétrole dans la défense et l'économie nationales », *Revue de Défense nationale* de janvier 1968, p. 5-17. La rédaction de ce texte daté du 1er décembre est plus proche de l'accord du 23 novembre 1967 que de celui du 3 février.

[44]  *Le Monde*, 26 novembre 1967, p. 1-2.

Moyen-Orient (Abu Dhabi, Arabie saoudite, Iran) » dénonçait déjà en novembre 1967 M. Farinone, représentant de l'ENI en Iran, exprimant le mécontentement italien devant la duplicité française consistant à faire bloc avec l'IPC pour interdire l'entrée des Transalpins sur le marché irakien... pour mieux s'en désolidariser après coup[45]. Et d'ajouter : « Au cas où l'ERAP dans ses recherches en Iran aboutirait à un résultat important, on se trouverait en face d'un bloc français d'exploitation du pétrole dans l'ensemble du Moyen-Orient ». L'ERAP conclut, en partenariat avec la SNPA et le *Libyan General Petroleum Corporation* (*Lipetco*), groupe d'État local, un accord lui octroyant en Libye un important permis de recherches, en avril 1968[46]. L'heure est donc à une offensive tous azimuts.

## IV. Rivalités pétrolières renouvelées : la France incapable de se substituer à l'IPC

Quatre raisons poussent le gouvernement français à se désolidariser de ses pairs anglo-saxons. Tout d'abord, se pose la question des grands équilibres régionaux qui n'ont plus grand-chose à voir avec les rapports de force au sein du capital de l'IPC. Les seconds, définis le 19 mars 1914 et confirmés le 31 juillet 1928, paraissent caducs en 1967. Plus important est l'accord d'exploitation sur la « ligne rouge » (*Red Line Agreement*) du 28 juillet 1928 qui réservait aux compagnies constituant l'IPC l'exclusivité des concessions dans les territoires de l'ancien empire ottoman, Égypte et Koweït exceptés[47]. Au sortir de la Seconde Guerre mondiale, le rapport des forces entre les Anglo-Saxons et les Français était tel que si l'accord du 3 novembre 1948 rappelait la validité de celui de 1928, un avenant (*Heads of Agreement*) spécifiait qu'il ne valait plus pour l'Arabie saoudite, chasse gardée de l'ARAMCO[48]. La France y perdait, ainsi que Gulbenkian et l'IPC, mais sa situation économique ne lui permettait pas d'engager un bras de fer juridique qu'elle aurait

---

[45]  SHD/M/V, 3BB⁴ OI, n° 068, note D 59875/II G.Nat du SDECE du 24 novembre 1967.

[46]  Breton Hubert, « Le pétrole libyen au service de l'unité arabe ? », *Revue française de science politique*, 1972, n° 6, p. 1256-1275, p. 1259. C'est un contrat conclu sur le modèle franco-algérien de 1965 par le gouvernement Baccouche du royaume de Libye.

[47]  Nouschi André, *La France et le pétrole...*, *op. cit.*, p. 63-65.

[48]  Nouschi André, « Un tournant dans la politique pétrolière française : les *Heads of Agreement* de novembre 1948 » et « Le Golfe et le pétrole : d'un impérialisme à l'autre ? », *Relations internationales*, n° 44, 1985, p. 379-389 n° 66, 1991, p. 141-162. Tristani Philippe, « L'*Iraq Petroleum Company...* », article cité dans les présents actes.

immanquablement gagné à La Haye et à Londres[49]. Elle aurait pourtant été associée à l'exploitation pétrolière de l'Arabie et aurait reçu plus du double (64,3 millions de tonnes de brut) de ce que lui octroyaient les *Heads of Agreements* au cours de la décennie suivante (34,5). Y a-t-il eu tentation du gouvernement français de réaliser à son profit en Irak ce que les Américains étaient parvenus à faire en Arabie ? Peut-être. Il n'est en tout cas pas neutre que le directeur des carburants qui dut s'expliquer devant une commission sénatoriale *ad hoc* en 1948 fut Pierre Guillaumat. Déjà en 1961, au moment de la promulgation de la loi n° 80, Paris avait rompu temporairement ses relations diplomatiques avec Bagdad tandis que l'IPC réduisait sa production et ses exportations : la CFP, actionnaire de l'IPC avait cependant accru ses importations de brut irakien (+ 60 % en 4 ans). La conclusion de l'accord de 1963 (acceptation des taxes à l'exportation irakienne contre une réduction des droits portuaires) prouvait à ses partenaires du Moyen-Orient que la politique arabe de la France différait de celle des Anglo-Saxons.

En outre, le gouvernement du général de Gaulle n'a pas de motif particulier de ménager les intérêts pétroliers des Britanniques et des Américains au Proche-Orient, à l'heure où les Français remettent en cause le *leadership* des seconds au sein de l'OTAN et opposent leur veto à l'entrée des premiers dans la Communauté économique européenne. Le rétablissement financier et la prospérité de la France autorisent une plus grande liberté diplomatique par rapport aux mentors anglo-saxons : le rapport des forces en présence au sein de l'IPC n'a plus rien à voir avec le déséquilibre de 1948. Enfin, la fin de la guerre d'Algérie rétablit un certain crédit français dans les pays arabes, d'autant plus que le général de Gaulle s'est publiquement refusé le 2 juin 1967 à reconnaître les conquêtes d'Israël. Le Premier ministre libanais Rachid Karamé ne s'y trompe pas. Il écrit le 21 juin que « par la position prise vis-à-vis de la question palestinienne et de la lutte du monde arabe contre ses agresseurs [le général de Gaulle] a ouvert une autostrade entre la France et les pays arabes »[50]. Par ailleurs – et cette dernière préoccupation est un leitmotiv de la politique arabe de la république gaullienne – en prenant pour des raisons différentes une position analogue à celle de Moscou, de

---

[49]  Les *Heads of Agreement* sont contemporains des accords financiers léonins Blum-Byrnes et du Plan Marshall. Ménager une augmentation concertée des capacités de production de l'IPC était préférable à un affrontement incertain entre les productions saoudienne et irakienne. Nouschi André, *La France et le pétrole...*, *op. cit.*, p. 201-202.

[50]  Déclaration de Rachid Karamé au journal *Al Nahar*, le 21 juin 1967, citée par André Nouschi, *La France et le pétrole...*, *op. cit.*, p. 234.

Gaulle entend « maintenir de bons rapports avec les pays arabes, pour qu'ils n'aient pas de bons rapports seulement avec les Soviets »[51].

Aussi la réaction est-elle vive contre les ambitions françaises. Elle est l'œuvre de l'IPC en coopération avec les Kurdes : selon le SDECE, des contacts sont pris par des représentants de la compagnie pétrolière avec les émissaires kurdes de retour fin décembre 1967 à Téhéran avant de rejoindre Sanandaj, capitale du Kurdistan iranien, pour rendre compte de leur mission initiale auprès de divers chefs de tribus arabes. Une aide financière du groupe aurait été promise contre l'aide des peshmergas de Barzani qui s'en prendraient le moment venu aux intérêts français en Irak[52]. L'IPC menace aussi de recours en justice toute compagnie qui entreprendrait l'exploitation de territoires sur lesquels elle estime avoir juridiction : de l'intérêt de ressusciter l'accord de 1928 pourtant bafoué vingt ans plus tôt ![53] Parallèlement, une campagne visant à discréditer les signataires irakiens des accords pétroliers avec la France se développe début 1968 : les généraux Aref et Yehia auraient reçu de « fortes sommes pour faciliter la conclusion de l'accord » peut-on lire dans une note du SDECE sobrement annotée en rouge « Qui paye ? »[54]. Le ministère des Affaires étrangères apprend même en mai 1968 que les dissensions s'expriment au cœur du conseil des ministres irakiens[55].

Cette campagne antifrançaise est aussi l'œuvre des pétroliers algériens inquiets de voir la France s'approvisionner à moindre coût au Moyen-Orient : Alger seul fournit 27 % des importations pétrolières françaises, Bagdad 12,5 %, le Moyen-Orient 36,6. L'opposition radicale irakienne au général Aref en est renforcée. La CFP, quant à elle, fait figure de traître à l'IPC sans pour autant être payée de retour par ses interlocuteurs irakiens.

La France bénéficie d'un traitement de faveur car elle permet d'envisager la relance de la production pétrolière annuelle irakienne qui marque en 1968 un palier à 75 millions de tonnes[56]. Lors d'un entretien

---

[51]   Déclaration du général de Gaulle au conseil des ministres du 2 juin 1967, publiée le 13 juillet. André Nouschi, *La France et le pétrole…, op. cit.*, p. 234.

[52]   SHD/M/V, 3BB⁴ OI, n° 068, note D 61180/II G.Nat du SDECE du 25 janvier 1968.

[53]   Penrose Edith, « De la dépendance à l'association : la participation du Tiers Monde à l'industrie pétrolière internationale », *Études internationales*, volume n° 2, n° 4, 1971, p. 515-528, p. 519.

[54]   SHD/M/V, 3BB⁴ OI, n° 068, note D 61327/II G.Nat du SDECE du 26 janvier 1968.

[55]   *Id.*, télégramme n° 919-927 de Bagdad du 27 mai 1968.

[56]   Organisée par la direction de l'IPC, la diminution de la production pétrolière de l'Irak a lieu tant par rapport à ses voisins et concurrents, arabes ou iranien, dont les taux de croissance avoisinent les 10 % que dans la production globale (+ 12 %). Ses revenus ont bondi en dix ans de 1960 à 1968 de 81 % quand ceux de l'ensemble du Moyen-Orient progressaient de 154 %. Bourgey André, « Le pétrole et ses incidences géo-

---

de l'ambassadeur à Bagdad avec le ministre du Pétrole, Ali Hussein, le 27 mai 1968, ce dernier insiste sur le fait que « ce contrat était son œuvre et qu'il tenait essentiellement qu'il soit mené à bon terme ». Il s'implique d'ailleurs personnellement pour obtenir des facilités pour les partenaires de l'ERAP, notamment au bénéfice de *Géophysique* et *Spie Batignolles* en concurrence pour l'appel d'offres concernant la raffinerie de Bassorah[57]. Cette négociation est couplée avec des achats de *Mirage* auprès de la France et l'intervention de l'ingénierie française concernant le soufre : la SNPA de Pierre Guillaumat est d'ailleurs en lice pour cette offre et apparemment très bien placée, selon le ministre. L'ambassadeur rappelle que le gouvernement français a nourri en 1966 de « légitimes espoirs » d'une « coopération élargie franco-irakienne en matière pétrolière » et a été déçu par les « perspectives d'une exploitation directe étriquée de Roumeilah Nord, à laquelle nous estimions ne pas devoir participer sur le plan gouvernemental même si nous ne faisions nullement opposition à des arrangements correctement commerciaux qui pourraient intervenir entre l'INOC et des sociétés françaises ». La France a espéré une grande annonce lors de la visite officielle du général Aref à Paris au début de février 1968[58]. Ali Hussein et son collègue Jader ont à plusieurs reprises donné l'assurance d'une reprise des pourparlers avec la CFP. Le 3 avril 1968, sur instruction du gouvernement français, l'ambassadeur de France à Bagdad n'avait-il pas relancé à ce propos le Premier ministre irakien ? Après l'annonce officielle par le gouvernement irakien de l'exploitation directe du champ de Roumeilah Nord, les mêmes officiels l'avaient rassuré sur les compensations à venir pour la CFP les 11 et 13 avril.

En fait, tout se noue lors de la visite du général Aref : le gouvernement irakien attendait visiblement une offre « assez spectaculaire » de la part de la CFP couplée avec une offre portant sur des fournitures d'armes et les soufres de Mishrak. Mais elle n'est pas venue. Du coup, lorsque

---

graphiques... », article cité, pp. 247-248. Tristani Philippe, « L'*Iraq Petroleum Company*... », article cité dans les présents actes.

[57] SHD/M/V, 3BB⁴ OI, n° 068, télégramme n° 919-927 de Bagdad du 27 mai 1968.

[58] On trouve sur ina.fr quatre reportages relatifs à cette visite : l'arrivée à Orly et l'accueil du général Aref par le général de Gaulle (http://www.ina.fr/politique/politique-internationale/video/CPF92016482/arrivee-du-marechal-aref-president-de-la-republique-d-irak.fr.html), le premier entretien à l'Élysée et la visite de Versailles (http://www.ina.fr/video/CAF90042548/le-colonel-abdul-rahman-aref-a-l-elysee-et-a-versailles.fr.html), le dépôt d'une gerbe à l'Étoile et la visite de l'Institut du pétrole à Rueil (http://www.ina.fr/politique/politique-internationale/video/CAF94085116/visite-du-general-aref-etoile-institut-petrole-a-rueil-hotel-de-ville.fr.html) et enfin une déclaration prononcée par le général Aref devant les caméras de l'ORTF avant son départ pour Bagdad (http://www.ina.fr/politique/politique-internationale/video/CAF94085123/declaration-general-aref.fr.html).

les attaques se sont multipliées au sujet des accords pétroliers franco-irakiens, le ministre a-t-il de son propre chef gardé sous le coude la proposition de la SNPA relative à l'exploitation du gisement de Mishrak... Et, pour parer à une crise de régime, le général Aref et ses partisans ont décidé de « lâcher en pâture à l'opinion l'exploitation directe de Roumeilah Nord »[59] et de ne pas camoufler l'accord de coopération unissant la SNPA de Pierre Guillaumat avec la société américaine Freeport, suscitant le ressentiment populaire envers le compétiteur français qui serait sinon devenu avec cet accord le plus gros producteur de soufre au monde[60]. Mishrak sera pour sa part exploité par un groupe d'État irakien appuyé par des compétences techniques polonaises.

Quant aux armes, le gouvernement français autorise la vente par la Société Marcel Dassault de 54 *Mirage* pour un prix de 620 millions de francs livrables à compter de 1972[61]. L'objectif est d'éviter que l'Irak dans ses fournitures d'armements ne connaisse que le tête à tête avec l'URSS : au SDECE, Alexandre de Marenches évoque « la nécessité que l'Irak ne soit pas seulement le "client" au sens romain du terme des Russes »[62]. De ce point de vue, la guerre des Six Jours a constitué une large opération de promotion pour nombre de matériels français mis en œuvre avec compétence par les forces armées israéliennes[63].

Si les coups d'État des 17 et 30 juillet 1968 voient le régime du général Aref s'effondrer au profit d'une coalition regroupant le parti Baas, la gauche communisante et les Kurdes de Barzani, ils ne modifient en rien la donne. Tout d'abord, parce que dans les 48 heures, le parti Baas se débarrasse des leaders jugés trop à gauche. Ensuite, parce que l'entente contre nature avec les Kurdes ne dure qu'un temps. Il est dès lors inutile d'ajouter de l'instabilité à l'instabilité. Les accords ERAP et

---

[59] SHD/M/V, 3BB[4] OI, n° 068, télégramme n° 919-927 de Bagdad du 27 mai 1968. Pierre Gorse est ambassadeur de France à Bagdad de 1967 à 1970.

[60] Hebert Christian, « Irak... », article cité.

[61] *Id.*, Frémeaux Jacques, « La France et les exportations d'armements au Proche-Orient de la fin de la guerre d'Algérie à la première guerre du Golfe », *Revue historique des armées*, n° 246/2007, p. 110-119.

[62] Ockrent, Christine, et Marenches, Alexandre de, *Dans le secret des princes*, Paris, 1986, Stock, coll. Le livre de poche, p. 275. Georges Pompidou use du même argument pour justifier auprès des Anglo-Saxons la vente des 110 *Mirage* à la Libye en 1970.

[63] Il est vrai qu'en contrepartie Israël aura de nombreuses compensations : livraison discrète des pièces détachées nécessaires au maintien en condition opérationnelle du parc existant de *Mirage*, paiement d'une indemnisation pour les 50 *Mirage V* non livrés en février 1972, vente à vil prix de la licence du *Mirage III* à partir duquel les Israéliens peuvent construire leur chasseur *Kfir*. Carlier Claude, *Marcel Dassault, la légende d'un siècle*, Paris, 1992, Perrin, p. 312-313. Frémeaux Jacques, « La France et les exportations d'armements... », article cité, p. 110-119.

*Mirage* restent valides pour le premier et en cours d'élaboration pour le second, d'après les propos du nouveau Premier ministre à un journaliste égyptien. Si les jours de l'IPC étaient comptés[64], en dépit de l'annonce d'un accord prévoyant le relèvement des redevances versées par la compagnie concessionnaire[65], ceux de la CFP en Irak semblent prometteurs. Tout au plus, paraissent-ils moins enclins à l'exclusive puisque l'on trouve sous la plume de l'ambassadeur de France à Bagdad, Pierre Cerles, en mars 1971, l'indication que ses interlocuteurs en charge de l'économie et du pétrole sont en pleine « tour de Babel » : des Allemands de l'Ouest de Deminex soumettent une offre pour la désulfuration des hydrocarbures, cependant que l'INOC envisage l'achat de 4 tankers de 120 000 tonnes à la *Ferrostahl* de Hambourg. De leur côté, l'ENI est en pourparlers pour assurer la commercialisation du pétrole produit à Roumeilah cependant qu'une raffinerie dédiée au seul brut irakien serait construite en Italie même. La Sonatrach algérienne interviendrait pour effectuer des recherches pétrolières. La conclusion de toute cette agitation est évidente et le général Ammache, ministre irakien de l'Intérieur, la laisse entendre clairement à l'ambassadeur français : « Au cas où l'Irak n'arriverait pas à traiter avec la France, il n'aurait aucun mal à s'assurer la coopération d'autres puissances occidentales »[66].

Après la nationalisation des actifs de l'IPC le 1er juin 1972, Bagdad réserve un traitement extrêmement généreux à la CFP. En février 1973, elle signe avec l'INOC un accord décennal lui donnant le droit d'acheter entre 10,75 et 13 millions de tonnes de brut provenant des gisements de l'ancienne concession de l'IPC au prix que cette dernière aurait acquitté[67]. Une attitude à comparer avec l'humiliation subie par les Français à Riyad… Le 15 juin précédent, en visite à Paris, le vice Premier ministre Saddam Hussein reçu par le président Georges Pompidou lui déclare : « Nous avons choisi la France… Nous sommes laïcs comme vous, jacobins comme vous et nous avons déjà un passé commun dans l'IPC. Nous avons besoin de vous en Occident comme contrepoids. »[68] L'entente

---

[64] SHD/M/V, 3BB⁴ OI, n° 068, M759, note DA 35279/II A du SDECE datée du 8 septembre 1970.

[65] « Dégel des relations entre l'Irak et l'IPC », *Le Monde*, 29 octobre 1970.

[66] SHD/M/V, 3BB⁴ OI, n° 068, télégramme n° 201-207 de Bagdad du 15 mars 1971. Pierre Cerles est ambassadeur de France à Bagdad de 1970 à 1975. Affecté auparavant à Pékin et Moscou, parlant le russe et comprenant bien la mentalité soviétique, il est l'ambassadeur idoine pour un Georges Pompidou désireux de se concilier un gouvernement irakien anxieux de coller à la politique soviétique tout en se maintenant à une distance salutaire de Moscou. Styan David, *France and Irak : oil, arms and French policy making in the Middle East*, février 2006.

[67] Nouschi André, *La France et le pétrole…*, *op. cit.*, p. 222.

franco-irakienne était donc bien une réalité tangible, quoi que l'on ait pu craindre en 1968.

---

[68] Le terme de « contrepoids » fait référence au traité d'amitié et de coopération signé à Bagdad entre l'Irak et l'URSS le 9 avril précédent ainsi que l'entrée de deux membres du parti communiste au sein du gouvernement irakien le 14 mai. Brown Michael E., « The Nationalization of the Iraqi Petroleum Company », *International Journal of Middle East Studies*, volume n° 10, n° 1 (février 1979), p. 107.124. André Nouschi, *La France et le pétrole...*, *op. cit.*, p. 283.

# De la sécurisation des voies maritimes à la diplomatie navale de coercition

## L'action de la Marine nationale pendant la guerre Iran-Irak, 1980-1988

Dominique GUILLEMIN

*Service historique de la Défense, Vincennes, France*

Durant la guerre Iran-Irak, la question de la sécurité du golfe Persique devint à ce point centrale que c'est bien ce conflit qui mériterait d'être désigné comme la seule et véritable « guerre du Golfe[1] ». Si les combats navals furent limités, les aspects maritimes du conflit eurent des répercussions capitales pour les deux belligérants qui firent du Golfe un véritable théâtre d'opérations, cadre d'une stratégie indirecte de déstabilisation des ressources économiques ou des appuis politiques de l'adversaire. L'interaction entre les ressources en hydrocarbures et la conduite des opérations y fut particulièrement exacerbée, et les aspects navals de cette guerre pétrolière révèlent la dynamique propre à ce conflit, notamment pour ses implications internationales. Cette problématique justifie une étude particulière du rôle de la Marine nationale dans la guerre Iran-Irak. Car la présence navale française durant le conflit fut constante et inscrite dans une phase de redéfinition des engagements et des missions de la flotte.

---

[1] L'expression « guerre du Golfe » dans ses différents emplois mérite quelques précisions. Alors qu'elle désigne maintenant l'invasion irakienne du Koweït en 1990 et la défaite qui s'en suivit face à la coalition internationale menée par les États-Unis, elle fut d'abord employée pour désigner le conflit irano-irakien, surtout dans son aspect maritime de « Tanker War ». *Cf.* Henry Laurens, *Paix et guerre au Moyen-Orient. L'Orient arabe et le reste du monde de 1945 à nos jours*, Paris, Armand Colin, 1999, p. 390. L'auteur fait la distinction entre première (1980-1988) et seconde guerre du Golfe (1990-1991). Si dans les deux cas, l'expression « guerre du Golfe » souligne la portée régionale du conflit, la libre circulation dans la zone ne fut contestée par les belligérants que lors de la seule guerre Iran-Irak. Quant à l'offensive américaine de 2003, nommée le plus souvent « guerre d'Irak », son appellation ne prête guère à confusion avec les précédents conflits.

La création de la force de frappe stratégique dans les années 1960, puis la décision en 1967 de baser le Groupe aéronaval (GAN) à Brest avaient orienté les forces vives de la Marine vers « le grand large », dans une posture typiquement gaullienne de liberté d'action stratégique. Le début des années 1970 marqua en revanche le grand retour de la présence française dans l'océan Indien, dont la Marine devait être l'instrument privilégié[2]. Un premier jalon fut posé en février-juin 1972 avec la mission « MASCAREIGNES » qui consista en l'envoi d'une force navale vers les départements et territoires français d'outre-mer en passant par le cap de Bonne-Espérance – le canal de Suez restant impraticable[3]. Cette volonté de présence permanente sur ce théâtre fut consacrée dans la structure même du commandement de la Marine nationale par la création, le 1er septembre 1973, d'un poste d'amiral commandant les forces navales de l'océan Indien, ou ALINDIEN, dont le premier titulaire fut le contre-amiral Schweitzer[4]. Responsable opérationnel de la zone maritime unique créé en océan Indien pour l'occasion (voir carte 1), ALINDIEN est depuis le seul commandement embarqué en permanence[5]. À la demande de l'Égypte, le 14 juin 1974, la France participa aux côtés des marines américaine et britannique au déminage du canal de Suez, l'opération « DECAN » (DEminage du CAnal)[6]. Le transfert du groupe aéronaval de Brest à Toulon, en octobre 1975, fut l'aboutis-

---

[2]   Balencie, Jean-Marc, « Le renforcement de la présence navale française en océan Indien au début des années soixante-dix », *Stratégique*, n° 54, 1992-2, Institut de Stratégie Comparée, n° 2, 1992, p. 257-273.

[3]   Les escorteurs d'escadre *Tartu, La Bourdonnais, Dupetit Thouars*, le pétrolier-ravitailleur *La Saône* et le bâtiment de soutien logistique *Rhin*, représentants 18 275 tonnes de bâtiments.

[4]   Mais le commandement ne fut activé que le 1er janvier 1974, le temps que le capitaine de vaisseau Schweitzer soit nommé contre-amiral.

[5]   Le 25 octobre 2010, ALINDIEN a débarqué de son navire de commandement pour prendre ses quartiers à la base d'Abu Dhabi, ou Implantation française aux Émirats arabes unis (IMFEAU). Ses missions restent les mêmes, élargies depuis 2009 au Commandement des forces françaises aux Émirats arabes unis (Comfor EAU). Sa mise à terre lui fait cependant perdre sa spécificité de véritable ambassadeur militaire itinérant sur la Zone Maritime Océan Indien. Source : http://meretmarine.com/ article.cfm?id=114380, consulté le 26.10.2010.

[6]   Opération qui fut renouvelée à trois reprise : « DECAN I » du 14 juin 25 décembre 1974, « DECAN II » du 18 février au 11 avril 1975 et « DECAN III » du 22 juin au 4 juillet 1975. La première intervention mit en œuvre huit navires (2 bâtiments-bases de plongeurs-démineurs, 3 dragueurs côtiers, 2 chasseurs de mines et le bâtiment de soutien à la guerre des mines *Loire*, destiné à devenir un habitué des opérations similaires qui s'égrèneront dans la région jusqu'à la fin des années 1980). Balencie, Jean-Marc, *La diplomatie navale française en océan Indien, 1967-1992, vingt-cinq ans d'utilisation de la Marine nationale comme outil de politique étrangère*, sous la direction du professeur Philippe Chapal, 1992, Université Pierre Mendès-France, Grenoble II, 2 volumes, p. 239-244.

sement logique de basculement de l'effort principal de la Marine nationale de l'Atlantique vers l'axe Méditerranée-mer Rouge-océan Indien[7]. Elle pouvait compter là sur plusieurs points d'appui[8], principalement Djibouti, très bien situé pour la protection du trafic et la surveillance d'un nouvel acteur régional : l'Union soviétique[9].

Les Forces navales de l'océan Indien (FNOI) montèrent donc en puissance et s'impliquèrent dans des opérations favorisant la stabilité d'une zone par laquelle transitait la majorité des importations pétrolières françaises. Cette politique de prévention et de contrôle des crises – à distinguer d'une politique de la canonnière – se manifesta notamment par les opérations « SAPHIR I »[10] d'octobre 1974 à février 1975 et « SAPHIR II »[11] d'avril à décembre 1977, qui virent par deux fois le déploiement du GAN garantir l'indépendance de la République de Djibouti. La projection d'une telle force constituait la manifestation la

---

[7]   Avec une importante projection vers le Pacifique lorsque le Centre d'expérimentations du Pacifique (CEP), mobilisa 120 000 tonnes de bâtiments – soit 40 % du tonnage de la flotte, dont les porte-avions par deux fois en 1966 et 1968 – à 20 000 km de la métropole pour les essais nucléaires à Mururoa. *Cf.* Vial, Philippe, « Un impossible renouveau : bases et arsenaux d'outre-mer, 1945-1975 », Comité pour l'histoire de l'armement et Service historique de la Marine (dir.), *Les bases et les arsenaux français d'outre-mer, du Second Empire à nos jours*, Paris, Lavauzelle, 2002, p. 270-271.

[8]   À la différence d'une base navale, équipée pour soutenir les opérations des forces, un point d'appui est un port utilisé pour le soutien logistique mais ne disposant pas d'aménagements spécifiques. Selon la classification du vice-amiral de Bazelaire, adjoint au major-général de la Marine, en 1965, un point d'appui a « des ressources moindres [qu'une base navale], non uniformes de l'un à l'autre, faisant appel, souvent dans une large mesure, aux moyens de l'industrie et de l'approvisionnement locaux ». Ainsi, à Djibouti, ce sont des navires de la Marine nationale à quai qui assurent le soutien logistique des forces sur zone (des bâtiments de soutien logistique et surtout le bâtiment atelier polyvalent *Jules Verne* à partir de 1976). Vial, Philippe, *op. cit.*, p. 268-275.

[9]   À propos de la pénétration de la marine soviétique dans l'océan Indien et plus généralement de son rôle dans le rayonnement de l'influence soviétique à partir des années 1970, *cf.* Coutau-Bégarie, Hervé, *Le meilleur des ambassadeurs*, Paris, Economica, 2010, 384 pages. Chapitre VI « Une leçon d'histoire : la diplomatie navale soviétique », p. 225-267.

[10]  Viennent en renfort des bâtiments déjà présents en ZMOI : le porte-avions *Clemenceau*, la frégate *Tourville*, l'escorteur d'escadre *Bouvet* et les pétroliers-ravitailleurs *La Saône* et *Aber Warch*, soit 39 100 tonnes de bâtiments.

[11]  Sont alors déployés : le porte-avions *Clemenceau*, la frégate anti-sous-marine *Tourville*, l'escorteur d'escadre *Dupetit-Thouars* et *Kersaint*, le transport d'assaut *Ouragan* (relevé par l'*Orage*), l'engin de débarquement EDIC 9094 et les pétroliers-ravitailleurs *La Saône* et *Tac Lonle Sap* (relevé par l'*Aber Warch*), soit 47 480 tonnes de bâtiments simultanément, sans compter les bâtiments déjà présents en ZMOI. Sur cette opération, *cf.* Suteau, Laurent, « La diplomatie navale au service du maintien de la paix », *Stratégique*, n° 89/90, Institut de stratégie comparée, 2007, p. 193-215.

plus spectaculaire d'une stratégie de dissuasion et d'influence à vocation mondiale[12]. Les navires français présents en Zone maritime océan Indien (ZMOI) prirent l'habitude de croiser loin des territoires français d'outre-mer, montrant le pavillon du canal de Mozambique au détroit de Bab el-Mandeb, les deux routes maritimes du trafic d'hydrocarbures, avec de régulières escales et visites de courtoisie dans les ports du golfe Persique ou de l'Asie du Sud[13].

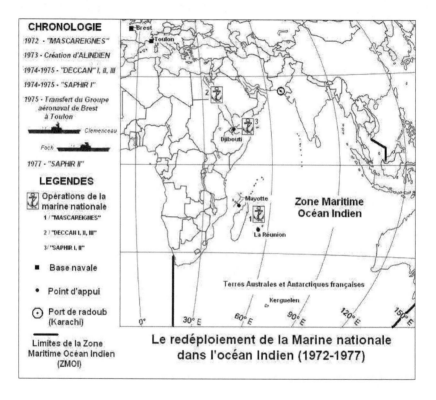

**Le redéploiement de la Marine nationale dans l'océan Indien (1972-1977)**

---

[12]  La comparaison avec le cas britannique illustre un cheminement différent : le retrait du Royaume-Uni à l'est de Suez s'est décidé dans la douleur, pour des raisons économiques, puis il trouva sa justification a posteriori dans les missions dévolues à la *Royal Navy* en Atlantique Nord dans le cadre de l'OTAN. *Cf.* Grove, Eric, *From Vanguard to Trident. British Naval Policy since World War II*, Naval Insitute Press, Annapolis, 1987, p. 246-279.

[13]  La capacité du canal de Suez a longtemps limité celle des pétroliers à 150 000 tonnes (appelés Suez-max). Sa fermeture en 1967 provoqua l'inflation de leur tonnage (on parle de Very Large Crude Carrier jusqu'à 300 000 tonnes, et d'Ultra Large Crude Carrier jusqu'à 550 000 tonnes) pour mieux rentabiliser le coût d'une rotation en contournant l'Afrique par le cap de Bonne-Espérance.

Ainsi, lorsqu'éclata la guerre Iran-Irak, la Marine française était déjà un acteur stratégique reconnu dans cette région du monde où elle avait accumulé une forte expérience opérationnelle, tout en jouant un rôle diplomatique permanent[14]. Son point de vue permet de redécouvrir le conflit Iran-Irak sous les deux angles que sont le maintien d'une présence navale pour protéger les intérêts français dans la région – en particulier sécuriser la « route du pétrole » – et l'utilisation de la force navale dans la gestion de la crise franco-iranienne, un dialogue armé dans lequel les intérêts des compagnies pétrolières françaises furent mis au premier plan. En suivant l'action de la Marine dans la déclinaison de ses missions, nous pouvons identifier quatre moments distincts. Tout d'abord une période d'action préventive en périphérie de la phase d'ouverture du conflit, qui vit la supériorité navale iranienne s'imposer (septembre 1980-juin 1982). Puis une présence discrète mais continue dans le Golfe, alors que s'affirmait le soutien français à l'Irak (juin 1982-décembre 1984). Le durcissement de la menace iranienne confronta la Marine à la question des mesures prendre pour protéger le trafic marchand (décembre 1984-juillet 1987). Enfin, elle fut l'instrument de la diplomatie de coercition destinée à clore la crise ouverte avec Téhéran (juillet 1987-juin 1988).

## I. Septembre 1980-juin 1982 : l'action navale française de prévention de crise

Saddam Hussein crut pouvoir profiter de l'affaiblissement de son puissant voisin iranien du fait de la révolution islamique et de la perte de son soutien américain pour conquérir une véritable façade maritime. État quasi enclavé, l'Irak ne disposait que de deux ports médiocres donnant sur le Golfe, Um Qasr et El-Fao, ce dernier prolongé au large par les terminaux pétroliers d'al-Bakr et Khor al-Amaya. L'entière possession du Chatt-el-Arab, fleuve formé par l'union du Tigre et de l'Euphrate, et l'exclusivité des droits de navigation faisaient également partie des revendications de Bagdad, là où Téhéran défendait le principe d'une frontière située sur la ligne de thalweg du fleuve tel que l'avait établi le traité d'Alger en 1975[15].

Pour l'heure, la marine irakienne était aussi faible que mal positionnée, incapable d'une action à long rayon d'action[16]. Mais qu'importe :

---

[14] L'ouvrage de référence sur cette question est la thèse de Jean-Marc Balencie, *op. cit.*

[15] Zorgbibe, Charles, *Géopolitique et histoire du Golfe*, Paris, 1991, Presses Universitaires de France, p. 79-80 et Balta, Paul, *Iran-Irak : une guerre de 5 000 ans*, Paris, Anthropos, 1987, p. 104-108.

[16] En 1980, la marine irakienne alignait 6 patrouilleurs lance-missiles type OSA I, 8 patrouilleurs lance-missiles type OSA II, 10 vedettes lance-torpilles type PT, 9 pa-

Saddam Hussein comptait sur une guerre éclair qui verrait l'effondrement de la résistance iranienne – et peut-être du régime révolutionnaire islamique – après une offensive aéroterrestre décisive. Déclenchée le 22 septembre 1980, l'invasion irakienne provoqua une première psychose quant à la sécurité des voies commerciales dans le golfe Persique du fait des intentions imprévisibles prêtées au régime iranien. Elles furent à l'origine d'une mobilisation navale internationale à laquelle participa la France.

Il est vrai que la situation avait de quoi inquiéter par son aspect inédit. Jusqu'alors, le golfe Persique n'était qu'une annexe stratégique dont le sort dépendrait en dernier recours de la confrontation Est/Ouest dans l'océan Indien. Côté américain, il relevait d'un commandement basé à Manama, le MIDEASTFOR[17], avec le royaume d'Iran comme gardien vigilant du détroit d'Ormuz. Les autres marines riveraines ne comptaient pas. Si la révolution islamique en 1979 remit en cause l'identité du « gardien »[18], elle ne sembla pas avoir changé le point de vue américain accordant la priorité à la menace soviétique, juste après l'irruption russe en Afghanistan. « Une tentative par une force *extérieure*[19] quelconque pour prendre le contrôle du golfe Persique serait considérée comme une agression contre les intérêts vitaux des États-Unis. Elle sera repoussée par tous les moyens nécessaires y compris l'usage de la force armée »[20], déclarait Jimmy Carter lors du discours sur l'état de l'Union du 23 janvier 1980. Or, pour la première fois, la menace provenait de l'intérieur

---

trouilleurs côtiers, 2 dragueurs de mines et 3 bâtiments de débarquement type Polnocny. Au total, 20 000 tonnes d'unités légères armées par 5 000 hommes. Le matériel était surtout d'origine soviétique. Labayle-Couhat, Jean, *Flottes de combat 1980*, Paris, 1979, Éditions maritimes & d'outre-mer, p. 396-397.

[17] La présence navale américaine prit une forme permanente dans le Golfe à partir du 20 janvier 1948 sur l'initiative de l'amiral Richard L. Conolly, *Commander in Chief Northeastern Atlantic an Mediterranean* (CINCNELM), basé à Londres. Un commandement régional fut créé le 19 août 1949, *Command Middle East Force* (COMIDEASTFOR ou CMEF). Palmer, Michael A., *On course to Desert Storm. The United States Navy and the Persian Gulf*, Washington, Naval Historical Center, 1992, p. 35-39.

[18] C'est au royaume d'Oman que revint le rôle d'assurer la sécurité de la circulation dans le détroit : sa marine reçut alors une aide importante du Royaume-Uni, des États-Unis et des monarchies du Golfe. *Cf.* Djalili, Mohammed-Reza, « Problèmes du transport du pétrole et détroit d'Ormuz à l'époque actuelle », *Relations internationales*, n° 44, hiver 1985, p. 413-424. Également, Frenchan, Michael, « The tiny Navy Keeping Watch on the Gulf », *The Times*, 25 septembre 1980.

[19] Souligné par nous.

[20] « An attempt by any outside force to gain control of the Persian Gulf region will be regarded as an assault on the vital interests of the United States of America, and such an assault will be repelled by any means necessary, including military force », cité par Palmer, Michael A., *op. cit.*, p. 98.

même du Golfe. Les déclarations de Téhéran, le 23 septembre 1980, de bloquer les détroits en cas d'intervention étrangère, et début octobre, d'y mouiller des mines, laissaient augurer d'une possible escalade, hypothèse qui fut prise très au sérieux.

Ainsi, suivant de près le développement des évènements, l'État-major des Armées donna l'ordre ce même 23 septembre de renforcer la présence navale française dans le golfe d'Oman[21]. L'aviso *Commandant Rivière*, en patrouille dans le golfe d'Aden, fut rejoint le 26 septembre par l'aviso-escorteur *Victor Schoelcher*, puis par l'escorteur d'escadre lance-missiles *Bouvet*, le tout formant une petite task force[22]. À Djibouti, l'aviso-escorteur *Doudart de Lagrée* était prêt pour une relève tandis que le pétrolier-ravitailleur *Charente* pouvait ravitailler les forces en patrouille. Fin octobre, le ralliement depuis Toulon de la frégate lance-missile *Suffren* et du pétrolier-ravitailleur *Isère* permit de donner durablement la composition suivante à cette force navale en termes de capacités : un bâtiment lance-missiles anti-aériens équipé du système SENIT (Système d'exploitation navale des informations tactiques), deux avisos/avisos-escorteurs armés de missiles mer-mer Exocet MM38 et un pétrolier-ravitailleur. L'ensemble permettait d'opérer de façon crédible contre les menaces aérienne et de surface. La venue d'un grand bâtiment anti-aérien – le *Suffren* jaugeait 5 090 tonnes – représentait un signal fort envoyé à l'adversaire potentiel : ses moyens électroniques et ses missiles à moyenne portée lui permettaient de protéger les autres bâtiments du groupe et ils étaient le garant d'une capacité prolongé à opérer dans une zone de menace. En comparaison, les avisos/avisos-escorteurs sont des unités légères de 1 100 et 1 750 tonnes, uniquement capables d'action locale et d'une autodéfense limitée[23].

Cette task force rejoignait sur place une armada internationale censée garantir la liberté de circulation. La menace iranienne de miner le détroit d'Ormuz provoqua une nouvelle réponse française avec la création, le 23 novembre 1980, d'une unité chargée de garantir des couloirs de circulation maritime : la Division anti-mines de l'océan Indien (DAMOI), placée sous le commandement d'ALINDIEN. Composée de trois chasseurs de mines, de deux dragueurs de mines et du bâtiment de soutien à la guerre de mines *Loire*, elle fut basée à Djibouti en attendant l'évolution de la situation.

Or, la marine de Téhéran prit rapidement l'ascendant sur son adversaire irakien. Le régime révolutionnaire islamique avait en effet hérité

---

[21]  Le chef d'état-major des Armées est alors le général d'armée Jean Lagarde.
[22]  *Cols Bleus*, n° 1632, 11 octobre 1980, p. 17 et n° 1685, 1ᵉ novembre 1980, p. 17.
[23]  Données : Labayle-Couhat, Jean, *op. cit.*, p. 24, 34 et 36.

d'une flotte très supérieure à celle de ses voisins[24], disposant comme façade maritime de l'ensemble de la rive nord du golfe Persique et du golfe d'Oman ainsi que d'un chapelet d'îles au centre même du Golfe capables de relayer sa stratégie navale[25]. L'Iran disposait donc d'une réelle liberté d'action maritime qui explique en partie sa capacité à durer. Seule faiblesse initiale de sa position, 70 % de son trafic pétrolier se faisait par les ports d'Abadan, assiégé dès le premier jour de guerre, et de Bandar-el-Khomeiny. Ce dernier, coincé au nord du Golfe comme au fond d'une impasse, était dangereusement proche du front et sa position exposait les navires qui le fréquentaient aux attaques aériennes irakiennes. La protection de cette longue ligne de communication maritime fut la priorité de la marine iranienne durant les premières années du conflit. Par la suite, les mesures de protection des navires s'accompagnèrent d'un glissement vers le sud de l'infrastructure pétrolière pour l'éloigner le plus possible de la menace ennemie.

L'activité des premiers mois découla logiquement de ce rapport de force. Pendant que l'armée irakienne recherchait la prise de gages terrestres, l'Iran prenait d'assaut le littoral adverse, dans une opération bien montée qui inaugura une pratique destinée à se généraliser pendant la guerre : tirer avantage de l'infrastructure pétrolière d'un point de vue opérationnel ou tactique. Ainsi, les terminaux iraniens d'al-Bakr et Khor al-Amaya permettaient aux vedettes lance-missiles irakiennes de s'approcher à portée de tir du trafic fréquentant Bandar-el-Khomeiny, « camouflées » par la réflexion radar de ces énormes structures métalliques[26]. L'opération « MORVARID » (Perle), conduite les 27 et 28 novembre 1980 par la marine iranienne, eut pour double objectif de saboter ces terminaux et d'attirer les unités irakiennes hors d'Um Qasr pour les détruire au large[27]. Les plateformes pétrolières iraniennes de Norouz et

---

[24] En 1980, la marine iranienne alignait 3 destroyers, datant de la Seconde Guerre mondiale mais modernisés (deux américains type Allen M. Summer et un britannique type Battle), 4 frégates construites au Royaume-Uni type Saam, 4 frégates américaines type PF, 12 vedettes lance-missiles françaises Combattante II, 3 patrouilleurs type PB, 5 dragueurs de mines, 3 bâtiments amphibie type LST, 3 pétroliers ravitailleurs ainsi que de divers bâtiments parmi lesquels une vingtaine d'aéroglisseurs. Au total, 50 000 tonnes de navires armées par 12 500 hommes. Source : Labayle-Couhat, Jean, *op. cit.*, p. 398-403.

[25] Soit, du nord-ouest au sud-est du Golfe : les petites et grands Tomb, Abu Musa, et Farsi. Les îles Tomb et Abu Musa sont revendiquées par les Émirats arabes unis depuis leur annexion par l'Iran en 1971. Zorgbibe, Charles, *op. cit.*, p. 67-68.

[26] Al-Bakr et Khor al-Amaya sont éloignés respectivement de 14 km et 22 km des côtes irakiennes et ont la capacité de recevoir des pétroliers de 350 000 tonnes pour le premier, et de 500 000 tonnes pour le second.

[27] Cooper, Tom et Bishop, Farzad, *Iran-Iraq air War, 1980-1988*, Atglen, Schiffer Military History, 2000, 304 p. et Nadimi, Farzin, *Task Force 421. Operation*

Ardeshir servirent de base de départ à la task force 421 chargée de l'opération et composée vedettes lance-missiles *Peykan* et *Joshan*[28]. L'attaque débuta par un assaut héliporté de commandos sur les terminaux, puis la vedette lance-missiles *Peykan* s'abrita derrière le terminal d'al-Bakr et guida par radar les tirs de l'aviation sur les vedettes irakiennes débouchant d'Um Qasr. Si le *Peykan* fut finalement coulé par trois missiles Styx, la marine irakienne essuya des pertes très lourdes qui expliquent son immobilisme pour le reste de la guerre[29].

Ne disposant plus d'objectifs justifiant une sortie, la marine de la République islamique se tint sur la réserve, prête à soutenir toute action visant à isoler son adversaire. Cette attitude fut ressentie comme menaçante par les monarchies pétrolières de la rive sud du Golfe. À partir du mois de mai 1982, la guerre navale prit la forme d'une rivalité pour le contrôle des communications maritimes sur le théâtre, les deux parties ayant délimité des zones de guerre dans lesquelles elles se réservaient le droit d'attaquer le trafic. L'Irak prit l'initiative d'attaquer des bâtiments neutres dans le chenal de Bandar al-Khomeiny à l'aide de matériel de conception française : quelques hélicoptères Super-Frelon armés de missiles Exocet. Au contraire, assuré du contrôle des eaux du Golfe, l'Iran put se contenter de renforcer sa surveillance des cargaisons suspectées de profiter à l'effort de guerre de son adversaire.

L'activité réelle des bâtiments français déployés lors de l'alerte de 1980 dédramatise cependant la situation. La DAMOI resta bien présente pendant deux ans sur place, mais sans avoir l'occasion de remplir sa mission initiale, l'Iran ne mettant pas sa menace à exécution[30]. Le rôle des chasseurs de mines se réduisit à une simple mission de présence – sorte de garantie anti-mines – dans le but de rassurer les États de la région. Après avoir effectué une incursion dans le Golfe, en octobre 1982, la DAMOI rentra en France le 24 novembre. Quant à la patrouille dans le golfe d'Oman, son dispositif fut vite allégé du fait de la diminu-

---

*Morvarid*, mémoire de Master of Arts, sous la direction du professeur Philip Sabin, Department of War Studies, King's College, 2005-2006. 12 p.

[28] Des vedettes lance-missiles type La Combattante II, ou Kamaan sous son nom iranien. Construites en France et armée de missiles américains Harpoon. Source : Labayle-Couhat, Jean, *Flottes de combat 1980*, Paris, 1979, Éditions Maritimes & d'outre-mer, p. 400.

[29] Les chiffres varient, mais on évoque 5 patrouilleurs lance-missiles OSA I et II, 6 vedettes PT, 1 dragueur de mines, 1 transport de troupes et plusieurs autres petits bâtiments. Cooper, Tom et Bishop, Farzad, *op. cit.*, p. 108.

[30] Pour assurer cette présence, les cinq bâtiments anti-mines furent relevés trois fois, pour des périodes de six mois environ, seul le BSM *Loire* demeurant sur zone en permanence. Ainsi, ce sont 14 bâtiments différents qui participèrent à la mission DAMOI, illustration du tonnage nécessaire à la projection de forces navales dans la longue durée. Balencie, Jean-Marc, *op. cit.*, p. 382-384.

tion de la menace et des contraintes qu'imposaient à la Marine nationale les rotations des bâtiments nécessaires pour maintenir une telle présence. Elle passa donc à partir d'août 1981 à un aviso-escorteur et un bâtiment de défense anti-aérienne. Ce dernier fut même retiré des moyens d'ALINDIEN en août 1983, du fait de l'intervention de la France au Liban. Cette décision ramenait la présence française à son niveau d'étiage : un seul bâtiment de faible tonnage.

## II. Juin 1982-mai 1984, une présence navale discrète mais un engagement renforcé dans le conflit

En fait, peu désireux pour l'heure d'inquiéter le trafic commercial dont ils dépendaient les premiers, ils se contentaient de pratiquer le droit de visite reconnu aux belligérants[31]. Les Iraniens n'inspectaient d'ailleurs pas les pétroliers à la recherche de cargaisons de guerre, mais les cargos et les porte-conteneurs. Les arraisonnements furent nombreux – de l'ordre de plusieurs centaines par an[32], menés pratiqués parfois avec des moyens aussi expéditifs que le dépôt d'une équipe de visite par hélicoptère. Mais les déroutements, beaucoup plus restreints par le droit, furent rares et les questions de l'escorte des navires marchands ou même de leur armement défensif ne se posaient pas encore, laissant la place à une approche juridique dans le cadre du droit maritime[33]. Ainsi, jusqu'en 1984, nulle opération de police des mers ne paraissait indispensable.

La présence française se manifesta donc dans le Golfe uniquement par de fréquentes escales soit pour ravitailler, soit pour organiser des visites de pavillon qui mettaient en évidence le rôle d'influence diplomatique que pouvait jouer une force navale. Le port de Karachi était également utilisé par les navires en ZMOI pour radouber.

Préparées avec soin par l'État-major de la Marine et le Quai d'Orsay, avec l'accord de l'État-major des Armées, ces visites officielles étaient l'occasion de rencontres au plus haut niveau, surtout lorsqu'elles étaient le fait d'ALINDIEN. Elles étaient fort appréciées par les monarchies du

---

[31] La Convention de La Haye du 18 octobre 1907 et la déclaration de Londres du 26 février 1909 accordent le droit de visiter un navire neutre à la recherche de contrebande de guerre. Les points de friction de l'application de ce droit universellement reconnu portent sur la définition de ladite contrebande et le seuil d'exercice de la violence pour le faire respecter. Momtaz, Djamchid, « La libre navigation à l'épreuve des conflits armés », *La mer et son droit. Mélanges offerts à Laurent Lecchini et Jean-Pierre Quéneudec*, Paris, A. Pedone, 2003, p. 437-453.

[32] Exemple : le cargo américain *Président Taylor*, arraisonné le 12 janvier 1986 à l'entrée du Golfe alors qu'il est soupçonné de transporter du matériel de guerre. « Un cargo américain arraisonné par les Iraniens », *Le Monde*, 14 janvier 1986, p. 4.

[33] Sur les questions relatives au droit maritime, *cf.* Momtaz, Djamchid, *op. cit.*, p. 437-453.

Golfe, au moment où celles-ci renforçaient leur défense par la création du Conseil de coopération et de sécurité du Golfe (CCSG)[34], car elles soulignaient le fait que la région restait une zone ouverte à la circulation maritime internationale. En plus de favoriser les importantes ventes d'armement français aux membres du CCSG, les visites régulières du pavillon tricolore contribuaient à créer un climat de sécurité qui ménageait la susceptibilité de pays peu désireux de voir une présence étrangère permanente sur leur sol, soit pour des raisons religieuses, par souci de leur indépendance. Les ports de l'Oman donnant sur l'océan Indien furent privilégiés pour les escales de ravitaillement tandis que les Émirats arabes unis accueillirent la majorité des escales françaises dans le Golfe lui-même, les autres se déroulant au Qatar et à Bahreïn. Ce dernier pays était le lieu de rencontre annuelle entre ALINDIEN et son équivalent américain, COMINEASTFOR, occasion d'échanger des renseignements et de faire un point commun sur la situation. Mais les navires français ne s'aventuraient pas plus au nord, « au fond du chaudron », selon l'expression employée par les marins. Quant aux visites de courtoisie en Arabie saoudite, elles avaient lieu sur la façade de la mer Rouge.

Pragmatique, l'État-major de la Marine considérait d'abord ces visites comme un bon prétexte pour maintenir une visibilité française dans les eaux du Golfe, acquérir du renseignement et garder une bonne connaissance opérationnelle de la zone. D'une manière générale, il s'agissait de rester au plus près d'une situation mouvante, qui ne cessait de se dégrader, et la Marine devait se tenir prête à passer, s'il le fallait, de la simple présence navale à la dissuasion armée.

Jusqu'à lors, les attaques de navires neutres dans la zone de guerre irakienne n'avaient pas provoqué de réactions internationales, peut-être parce que ces navires naviguaient le plus souvent sous pavillon de complaisance. Mais l'intensification de la stratégie de l'Irak à partir d'août 1982 porta en germe l'internationalisation du conflit et l'extension à la totalité du Golfe de la menace qui pesait sur le trafic neutre. Alors que ses propres exportations de pétrole s'étaient effondrées à la suite de la destruction de ses terminaux, et en attendant la mise en service de nouveaux oléoducs[35], l'Irak bénéficiait de prêts considérables – gagés

---

[34] Créé le 25 mai 1981 sur l'initiative de l'Arabie saoudite, il réunit – outre le royaume saoudien – le Bahreïn, les Émirats arabes unis, le Koweït, l'Oman et le Qatar dans le but de favoriser la stabilité économique et militaire de la région. Il s'agissait de contenir le potentiel révolutionnaire de la République islamique d'Iran. Laurens, Henry, *op. cit.*, p. 391-394.

[35] Après la perte de ses terminaux et la fermeture par Damas, en avril 1982, de l'oléoduc traversant la Syrie, seul celui reliant Kirkouk à Dortyol, en Turquie, maintenait un filet d'exportations pétrolières irakiennes. Trois chantiers furent alors ouverts pour augmenter rapidement ce débit : un oléoduc vers le port saoudien de

sur sa future victoire – et d'un accès privilégié au marché de l'armement[36]. Il entendait désormais développer de réelles capacités de frappes en mer dans le but d'infliger des pertes économiques telles que l'Iran serait contraint de négocier.

Cette généralisation des attaques se fit par étapes. Le 12 août 1982, l'Irak décréta une zone d'interdiction au nord du Golfe (voir carte 2). Le 15 commença la campagne de bombardement du terminal de l'île de Kharg, d'où partait l'essentiel des exportations de pétrole iranien. En octobre 1983 le prêt d'avions Super-Étendard par la France[37] permit à l'Irak de cibler le trafic marchand plus au sud, à partir du 27 mars 1984. Ce prêt devait permettre à l'Irak de faire la « soudure » stratégique avant la livraison des 133 Mirage F1 achetés par Bagdad. Le modèle n'étant plus produit par Dassault, les cinq avions prêtés furent tirés directement du parc de la Marine nationale et livrés à Bagdad par des pilotes français. Avec cet accord très particulier, l'Irak achetait donc autant le concept stratégique de l'assaut maritime que de l'armement. L'arrivée, en décembre 1984, des premiers Mirage F1 permit d'atteindre tous les terminaux iraniens jusqu'à Bandar Abbas, dans le détroit d'Ormuz. Enfin, l'ensemble du trafic à destination des ports iraniens du golfe Persique se trouva sous le feu de l'aviation de Bagdad quand, le 27 novembre 1986, l'aviation irakienne parvint à lancer un raid jusqu'au terminal de Larrak, dans le détroit d'Ormuz, à 1 250 km de ses bases. L'efficacité de cette campagne aérienne reste cependant discutable. D'abord parce que l'aviation irakienne n'acceptait qu'un faible niveau de risque[38]. Et, d'autre part, parce que les navires marchands se révélèrent très résistants du seul fait de leur tonnage. L'effet recherché visait plutôt à décourager le commerce avec l'Iran, ou le rendre ruineux pour les armateurs du seul fait de la hausse des primes d'assurance. Ce résultat ne fut jamais atteint malgré la flambée des tarifs des compagnies d'assurances. À partir de

---

Yanbu, sur la mer Rouge (630 km depuis les champs pétrolifères du sud de l'Irak), un second projet Hadidath-Aqaba en Jordanie, toujours sur la mer Rouge (900 km) et un autre pipeline Kirkouk-Dortyol parallèle au premier. Mohammed-Reza Djalili, *op. cit.*, p. 420-421.

[36] Pour la France, et pour la seule durée de la guerre, les contrats d'armement avec l'Irak se montaient à 96 milliards de Francs pour la vente de 138 avions de combat, 140 hélicoptères, 83 obusiers automoteurs, plus de 1 010 blindés de divers modèles, et de nombreux missiles dont les 884 Exocet AM 39 qui servirent à la guerre au commerce dans le Golfe. Timmerman, Kenneth R., *Le lobby de la mort. Comment l'Occident a armé l'Irak*, Paris, Calman-Lévy, 1991, p. 390-391.

[37] Timmerman, Kenneth R., *op. cit.*, p. 150-152.

[38] Les assauts se limitaient à l'envoi de nuit d'un ou deux avions au maximum. Longeant la côte sud du Golfe, ils se rabattaient ensuite vers l'est à la recherche d'une cible à illuminer au hasard, avant de tirer en limite de portée. Levinson, Jeffrey et Edwards, Randy, *Missile Inbound. The Attack on the Stark in the Persian Gulf*, Annapolis, Maryland, Naval Institute Press, 1997, p. 6-7.

1986, cependant, l'intensification de la campagne de bombardement irakienne menaça de déstabiliser l'organisation de la production pétrolière iranienne par la destruction de ces infrastructures industrielles.

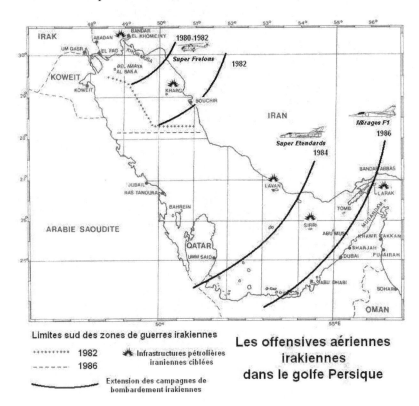

Limites sud des zones de guerres irakiennes

•••••••••• 1982

– – – – – – 1986

⚹ Infrastructures pétrolières iraniennes ciblées

Extension des campagnes de bombardement irakiennes

**Les offensives aériennes irakiennes dans le golfe Persique**

Pourvoyeuse des nouvelles capacités d'attaque en mer de l'Irak, la France apparaissait d'autant plus compromise aux yeux de la République islamique d'Iran qu'elle entretenait également un antagonisme avec la Libye et le Hezbollah libanais. Représentant, avec la Syrie, d'un Islam contestataire de l'ordre établi, ces régimes ou factions considéraient l'engagement de Paris auprès de Bagdad comme l'ouverture d'un front supplémentaire dans une stratégie globale de répression des foyers de déstabilisation islamique : la France devint ainsi le « Petit Satan[39] » aux côtés des États-Unis. La position française, quant à elle, peut s'expliquer par le souci de ne pas voir s'effondrer un important débiteur, et de

---

[39] L'expression « petit Satan » fut utilisée fréquemment par l'ayatollah Khomeiny à l'encontre des alliés des États-Unis ou de l'Union soviétique du temps de la guerre froide. Les États-Unis sont le « Grand Satan » et Israël la « Mère de Satan ».

maintenir l'islamisme révolutionnaire derrière le cordon sanitaire de régimes arabes amis[40].

La présence de mines en mer Rouge – peut-être dues à une action de la Libye – pourrait être liée à cette vision globale d'un antagonisme avec les pays occidentaux, au premier rang desquels figurerait la France[41]. Endommageant un premier cargo russe le 9 juillet 1984, puis huit autres navires entre le 27 juillet et le 2 août, cette série d'explosions mystérieuses provoqua un nouvel envoi de chasseurs de mines en mer Rouge à la demande de l'Arabie saoudite (opération « GRONDIN ») et de l'Égypte (opération « MUGE »). « GRONDIN »[42] et « MUGE »[43] furent décidées par l'État-major des Armées respectivement les 6 et 9 août 1984[44]. Elles durèrent deux mois sans découvrir aucune trace de la menace malgré la revendication, le 13 août par le Djihad islamique, du mouillage de 192 mines en mer Rouge. Elles contribuèrent en tout cas à apaiser les craintes des pays demandeurs d'aide, notamment en sécurisant les approches des ports de Djeddah, Jizzan et Farazan, juste avant le début du pèlerinage de La Mecque. Dans le golfe Persique, le véritable danger fut celui, non prémédité, des mines iraniennes ayant brisé leur orin et dérivant au gré des courants sur les routes maritimes[45].

Cette alerte était cependant un moindre mal par rapport au durcissement à venir des attaques iraniennes. De périphérique, la position française dans le conflit devenait centrale et ses navires, militaires ou civils, allaient être l'un des vecteurs du dialogue armé avec Téhéran.

## III. Mai 1984-juillet 1987, quelle attitude face au durcissement de la menace iranienne ?

L'intensification des attaques irakiennes en mai 1984 marqua le début de la « Tanker War », période durant laquelle les deux belligérants s'en prirent aux navires commerciaux en dehors de leur zone de guerre.

---

[40] Laurens, Henry, *op. cit.*, p. 390.

[41] Sur cette question et sur les opérations « GRONDIN » et « MUGE », *cf.* Balencie, Jean-Marc, *op. cit.*, p. 382-386.

[42] Conduite du 18 août au 17 septembre 1984, elle engagea les chasseurs de mines *Cantho* et *Dompaire* et le bâtiment de soutien de région *Isard*, basés à Djibouti et Djeddah. Balencie, Jean-Marc, *op. cit.*, p. 386-392.

[43] Conduite du 26 août au 25 septembre 1984, elle engagea les chasseurs de mines *Eridan* et *Cassiopée* et le bâtiment de soutien logistique *Loire*, basés à Port-Saïd. Balencie, Jean-Marc, *op. cit.*, p. 386-392.

[44] Le chef d'état-major des Armées est à l'époque le général d'armée Jeannou Lacaze.

[45] Sur la question de la menace des mines durant la guerre Iran-Irak, se reporter à : Ronzitti, Natalino, « La guerre du Golfe, le déminage et la circulation des navires », *Annuaire français de droit international*, XXXIII, Éditions du CNRS, Paris, 1987, 15 p.

Inspiré par la vision spectaculaire des pétroliers en flamme propagée par les médias, ce nom de « Tanker War » est fondé statistiquement : 76 % des attaques touchèrent des pétroliers ou des méthaniers[46].

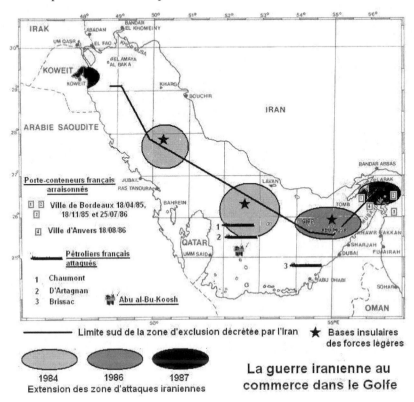

**La guerre iranienne au commerce dans le Golfe**

La « Tanker War » était une guerre irrégulière qui n'était menée, ni avec la même intensité, ni avec les mêmes moyens, ni avec le même objectif par les deux camps[47]. À l'origine de 58 % des navires touchés durant cette période – en général par des Exocet – l'Irak seul pouvait

---

[46] Soit 259 pétroliers ou méthaniers attaqués, sur un total de 340 attaques, à partir de l'année 1984. 120 marins furent tués, 167 blessés et au moins 37 disparus du fait de ces attaques. Au total, 543 navires furent attaqués de 1980 à 1988, dont 62 % par l'Irak. Cordesman, Anthony et Wagner, Abraham R., *Lessons of Modern War – Volume II : The Iran-Iraq War*, Boulder, Westview Press, 1990, chapter XIV « The tanker War and the Lesson of naval conflict », p. 19.

[47] Sur cette notion de guerre irrégulière appliquée au contexte de la « Tanker War », Suteau, Laurent, « La guerre des tankers entre l'Iran et l'Irak (1980-1988), une guerre irrégulière », *Bulletin d'Études de la Marine*, Paris, Centre d'études supérieures de la Marine, n° 45, 2009, p. 93-95.

Le pétrole et la guerre

prétendre mener la véritable guerre au commerce. L'Iran de son côté menait des opérations de représailles visant le commerce des pays qui favorisaient son adversaire[48]. Son but était d'exercer un chantage face à « l'injustice stratégique » qui lui était faite. Comme le dit M. Hachemi Rafsandjani[49] à l'époque : « Nous ne tolérerons pas qu'il soit difficile d'exporter notre pétrole par l'île de Kharg tandis que d'autres pays continuent d'exporter le leur facilement. [...] Le golfe Persique sera pour tous ou pour personne[50] ». Mais l'Iran n'eut jamais les moyens d'une telle stratégie. Parmi ceux qu'il pouvait mettre en œuvre, on pense d'abord aux vedettes rapides, armées de lance-roquettes ou de mitrailleuses, de la milice des Basiji, une branche du corps paramilitaire des Pasdarans[51]. Le mouillage de mines par des navires non spécialisés[52], le bombardement aérien, l'usage de roquettes ou de missiles air-mer tirés par hélicoptères et les missiles terre-mer Silkworm[53] firent aussi partie de la panoplie des moyens utilisés pour frapper les navires civils. Îles et

---

[48] La première occurrence d'une attaque iranienne date du 13 mai 1984, au sud du Koweït, lorsque le pétrolier koweïtien de 80 000 tonnes *Umm al-Casbah* fut atteint par des roquettes tirées d'un F4 iranien. Cordesman, Anthony et Wagner, Abraham R., *op. cit.*, chap. XIV, p. 6.

[49] L'hodjatoleslam Hachemi Rafsandjani (1934-1997), membre du Conseil de la révolution, était fondé de pouvoir de l'ayatollah Khomeiny auprès du Conseil de la guerre et président du Parlement (1980-1088). Il devint commandant en chef des Armées à partir de mars 1988, puis président de la République iranienne en juillet 1989.

[50] Déclaration à l'issue de la réunion du Conseil supérieur de la défense iranien, le 16 mai 1984. Source : « La guerre irano-irakienne enflamme le Golfe », *Libération*, le 17 mai 1984 et « Golfe : l'insécurité doit être égale pour tous », *Le Matin*, 29 juin 1984.

[51] Le Corps des gardiens de la Révolution islamique, formé par décret le 5 mai 1979 et placé sous l'autorité directe du Guide de la Révolution, soit l'ayatollah Khomeiny à l'époque.

[52] Tel l'*Iran Ajr*, un roulier de 1 662 tonnes inscrit sur le registre d'une compagnie de transport civile iranienne. Il fut surpris lors d'une de ses missions de mouillage de mines dans la nuit du 21 au 22 septembre 1987, et détruit par des hélicoptères américains. Zatarein, Lee Allen, *Tanker War : America's First Conflict With Iran, 1978-1988*, Philadelphie, Newbury : Casemate, 2008, p. 101-124.

[53] D'origine chinoise, ce missile terre-mer peu sophistiqué est doté d'une charge explosive très lourde. Il constituait une menace majeure pour les bâtiments de commerce mais ne fut que rarement employé pour ne pas faire monter inconsidérément les enchères au seuil de violence tolérable. Des Silkworm furent cependant tirés dans les eaux koweïtiennes, depuis la péninsule d'el-Fao, en représaille de la décision de repavillonner les pétroliers koweïtiens aux couleurs américaines. Le 15 octobre 1987, un Silkworm toucha le pétrolier américain sous pavillon panaméen *Sugari*, le 16 octobre, un autre toucha le pétrolier repavillonné *Sea Isle City* ; puis, le 22 octobre, un troisième toucha le terminal koweïtien Sea Isle. Zatarein, Lee Allen, *op. cit.*, p. 151-173.

plateformes pétrolières inactives constituèrent les bases de ces forces légères, au cœur même du Golfe (voir carte 3).

Comme on a souvent parlé de guérilla navale au sujet de ces attaques de harcèlement, il faudrait donc admettre que, comme toute guérilla, son action visait d'abord à obtenir un effet politique. Or, précisément, la France et l'Iran n'arrivaient pas à apurer leur contentieux hérité de l'affaire EURODIF[54], dans une ambiance que les prises d'otages au Liban[55] et les attentats parisiens[56] alourdissaient considérablement. Les interactions maritimes franco-iraniennes devinrent un marqueur supplémentaire de l'état des relations bilatérales entre les deux pays.

Le 18 avril 1985, l'arraisonnement dans le détroit d'Ormuz du porte-conteneur *Ville de Bordeaux* fut une première alerte sérieuse. Le bâtiment suivit les consignes du gouvernement en refusant d'obtempérer et surtout en n'entrant pas dans les eaux territoriales iraniennes où son déroutement était certain.

En réponse à ce début d'escalade, la décision fut prise, le 24 mai, de faire *accompagner* les navires de commerce français dans le golfe Persique, mais non de les *escorter*. Nuance sibylline en apparence, mais capitale. Escorter un navire, c'est le placer sous sa responsabilité, toute agression contre lui devenant un acte de guerre. Un navire d'accompagnement, lui, suit la même route qu'un bâtiment de commerce, lui vient en aide le cas échéant, mais laisse à son gouvernement le soin de qualifier l'agression. Autrement dit, l'accompagnement est une mesure de protection qui n'engage pas : une posture significative de la volonté du gouvernement d'éviter une escalade incontrôlée. Ces missions régu-

---

[54] EURODIF est une société d'enrichissement d'uranium dans laquelle le royaume d'Iran avait investi un milliard de dollars en décembre 1974, puis 180 millions de dollars en 1977, en échange d'un accès à 10 % de sa production. Le régime révolutionnaire iranien réclama le remboursement du prêt tandis que la France refusait la livraison de l'uranium enrichi. *Cf.* Lorentz, Dominique, *Secret atomique. La bombe iraniennes ou la véritable histoire des otages français au Liban*, Les arènes, Paris, 2002, 276 p.

[55] Le Djihad islamique organisa une série de prises d'otages au Liban pour exiger la fin de l'aide française à l'Irak. Deux diplomates, Marcel Fontaine et Marcel Carton, furent enlevés le 22 mars 1985 à Beyrouth ; puis les journalistes Jean-Paul Kauffmann et Michel Seurat subirent le même sort le 22 mai. Michel Seurat mourut en captivité, les trois autres prisonniers furent libérés le 5 mai 1988 après la reprise des négociations franco-iraniennes. *Ibid. Cf.* également Favier, Pierre et Martin-Roland, Michel, *La décenie Mitterrand*, vol. 2, Paris, Éditions du Seuil, 1991, p. 826-851.

[56] Citons celui du magasin Mark & Spencer le 23 février 1985 (1 mort, 14 blessés), la double explosion dans les magasins Galeries Lafayette et Printemps Haussmann le 7 décembre 1985 (43 blessés), ou l'attentat du Pub Renault, le 14 septembre 1986 (2 morts). *Cf.* Bigo, Didier, *Les attentats de 1986 en France : un cas de violence transnationale et ses implications*, « Cultures & Conflits » n° 4, hiver 1991, 16 p. Également, Favier, Pierre et Martin-Roland, Michel, *ibid.*, p. 725-733.

lières de pénétration dans le Golfe prirent le nom d'« ARIANE » et engagèrent d'abord un aviso ou un aviso-escorteur, puis une frégate anti-sous-marine[57]. L'État-major de la Marine assurait la coordination avec les armateurs pour que ces patrouilles coïncident avec la venue de leurs propres bâtiments, dans le cadre des consignes générales données par l'État-major des Armées. En octobre 1985, c'est le *Ville d'Anvers*, accompagné de l'aviso *Amiral Charner*, qui fut menacé d'arraisonnement par une frégate iranienne : le bâtiment de guerre français s'interposa et ne permit pas à l'intrus de donner suite à son action. La Marine avait-elle prouvé sa capacité à écarter la menace ?

Après une dernière surveillance d'une rotation du *Ville de Bordeaux*, les 17 et 18 novembre 1985, consigne fut donnée le 5 décembre de limiter la présence de la Marine à une patrouille mensuelle de vingt-quatre heures menée par un aviso. La reprise des négociations franco-iraniennes le 15 décembre justifiait cette position d'observation, qui signifiait concrètement l'arrêt temporaire des accompagnements. Mieux même, les navires de guerre entrant dans le Golfe devaient maintenant le faire en l'absence de tout transit d'un bâtiment de commerce français, comme pour souligner la confiance accordée au dialogue entre Paris et Téhéran.

Mais l'enlisement des négociations et l'approche des élections françaises poussèrent l'Iran à accentuer sa pression. Il s'en prit cette fois à des navires choisis pour leur valeur symbolique, qu'il ne chercha plus à inspecter mais à endommager : des pétroliers. Le 28 janvier 1986, le *d'Artagnan* fut bombardé par deux avions qui ne firent pas mouche, sans qu'il soit possible de dire si ce fut volontairement – pour graduer les avertissements donnés à Paris ? – ou non. Le 4 mars suivant, le *Chaumont* fut pris à partie par des hélicoptères et, touché par un missile, il dut être dérouté sur Dubaï.

Ainsi, alors qu'auparavant les porte-conteneurs français étaient approchés dans le seul détroit d'Ormuz, les pétroliers étaient désormais l'objet d'attaques au centre même du Golfe. L'État-major des Armées devait-il accéder aux demandes d'escortes ? Celles-ci se manifestèrent officiellement le 7 mars 1986 par une lettre de M. François Rozan, président du Comité central des armateurs français (CCAF), au ministre de la Défense, Paul Quilès, demandant « que la Marine nationale ac-

---

[57]  Elles commencent seulement à partir du partir du 18 juillet 1987 avec le déploiement de la frégate *Georges Leygues* dans le Golfe. Les frégates anti-sous-marines F70 comptaient parmi les bâtiments de surface les plus modernes de la flotte (système SENIT, liaison 11 satellitaire, deux hélicoptères Lynx). Polyvalents, ces bâtiments représentaient donc une montée en puissance significative de l'engagement de la France dans la région. Labayle-Couhat, Jean, *Flottes de combat 1986*, Paris, 1985, Éditions Maritimes & d'outre-mer, p. 30-32.

corde désormais une protection plus directe aux navires de commerce français lorsqu'ils naviguent dans le Golfe »[58]. L'étude des relations entre le Comité, le gouvernement et l'État-major de la Marine est riche d'indications sur la gestion de la crise.

Les armateurs de pétroliers français étaient effectivement dépendants de leur trafic avec le golfe Persique, mais pas pour le volume que celui-ci représentait. Simplement, les supertankers de 250 000 ou 500 000 tonnes, construits en réaction aux chocs pétroliers, n'auraient pas trouvé d'usage rentable ailleurs et il était hors de question de les immobiliser dans l'attente de la fin de la crise. Pour ce faire, les compagnies maritimes étaient prêtes à coopérer étroitement avec le gouvernement :

> Nous sommes à la disposition des autorités compétentes pour participer à la mise au point de toutes les mesures de caractère national ou international qui seraient de nature à garantir la liberté de navigation et la sécurité des équipages. Nous sommes par ailleurs en liaison permanente avec l'État-major de la Marine sur cette affaire dont nous ne méconnaissons pas l'extrême complexité[59].

Mais les rotations de navires dans le Golfe étaient-elles si vitales pour leurs armateurs que la France dut en faire une question d'intérêt national ? Le gouvernement, bien conscient que les attaques iraniennes revêtaient d'abord une signification politique, ne croyait pas que les intérêts économiques français étaient au centre du jeu. Cette position circonspecte était partagée par l'amiral Leenhardt, chef d'État-major de la Marine, qui remarqua à propos des termes « d'intérêt vital » utilisé par le Comité : « méfions-nous de l'abus de mots. Les termes diplomatiques, économiques et littéraires ne sont pas ceux des hommes de guerre et de mer »[60]. D'autre part, l'État-major de la Marine et le Comité des armateurs étaient en relations étroites, allant jusqu'à planifier ensemble les programmes d'accompagnement de la flotte marchande pour que la discrète présence navale française coïncide avec le transit des bâtiments civils. L'État-major de la Marine joua là un rôle d'expertise, fournissant renseignements et conseils de prévention : aborder le détroit d'Ormuz de nuit, sans émissions radio ni radar, masquer les feux. Mais ces avis ne rassurèrent qu'à moitié et ne furent d'ailleurs pas toujours

---

[58] Service historique de la Défense, archives du Département Marine, Vincennes, 259Y 23 (passim SHD/M/V). Lettre de M. François Rozan, président du CCAF, au ministre de la Défense Paul Quilès.

[59] *Ibid.* Lettre de M. Philippe Poirier d'Angé d'Orsay, président du CCAF, au ministre de la Défense, M. René Giraud, le 21 mai 1986.

[60] *Ibid.* Annotation de l'amiral Leenhardt, chef d'état-major de la Marine, en marge d'une lettre de M. Patrick Gautrat, président du CCAF adressée à l'État-major de la Marine. Il annote d'un « non » catégorique la mention faite aux « intérêts économiques » des armateurs, le 16 septembre 1986.

suivis, car les compagnies de navigation répugnaient à perdre du temps pour assurer leur passage dans le détroit la nuit[61]. Autrement dit, la rentabilité d'exploitation l'emportait sur les impératifs de sécurité.

La seule mesure acceptée sans difficultés fut donc la présence d'un navire de guerre français dans les parages. Les évènements se chargèrent de rétablir des missions d'accompagnement des navires de commerce.

En effet, après quelques mois de pause, sans doute dans l'attente des décisions du nouveau gouvernement Chirac[62], les atteintes aux intérêts français reprirent. Le *Brissac*, tanker de 258 000 tonnes de la Compagnie maritime des pétroles BP, fut attaqué à son tour le 13 septembre par deux hélicoptères, qui tirèrent chacun un missile air-sol. Ceux-ci n'explosèrent pas cependant, et l'agression ne fit pas de victimes. L'assistance de l'aviso *Commandant Bory* et l'aide d'une équipe de cinq militaires spécialistes dépêchés de France permirent de désamorcer les projectiles qui – ironie ? – se révélèrent être des missiles AS12 de fabrication française.

La mise en place, le 1er octobre 1986, d'une cellule de crise interministérielle[63] ne suppléa pas à une présence renforcée. À tel point que des solutions alternatives à une protection strictement nationale de leurs intérêts furent parfois recherchées par les compagnies d'armement naval[64].

---

[61] En comparaison, le Royaume-Uni, qui déployait depuis 1980 dans le Golfe la *Royal Navy's Armilla Patrol*, jouant le même rôle que les missions d'accompagnement françaises, usa d'une autre façon de faire en mettant à la disposition des navires marchands des *Arabian Gulf Guidance Notes*, véritable manuel de comportements et d'analyses sur la circulation maritime dans le Golfe. *Cf. Arabian Gulf Guidance Notes*, General Council of British Shipping (ed.), London, 1987.

[62] La victoire de la coalition RPR-UDF aux élections législatives le 18 mars 1986 provoqua une situation inédite dans les anales de la V^e République : le président de la République choisit un Premier ministre dans les rangs de l'opposition. Cette première cohabitation dura jusqu'à la victoire du président François Mitterrand, le 8 mai 1988, d'où s'ensuivit une nouvelle majorité présidentielle aux élections législatives des 5 et 12 juin. *Cf.* Favier, Pierre et Martin-Roland, Michel, *op. cit.*, p. 555-615.

[63] SHD/M/V, 259Y 23. Note du cabinet militaire du Premier ministre, le 3 novembre 1986. Réunissant sous la présidence du chef du cabinet militaire du Premier ministre, le général Norlain, des représentants du ministère de la Défense, des Affaires étrangères, du secrétariat d'État à la mer, de l'État-major des Armées et de l'État-major de la Marine.

[64] En témoigne, par exemple, l'audience accordée le 15 janvier 1987 par M. Perez de Cuellar, secrétaire général de l'ONU, aux représentants de la Chambre internationale des armateurs, du Conseil maritime international et baltique et de l'Association des pétroliers indépendants, venus demander aux Nations unies la création d'une force navale de paix. Le secrétaire général ne put que leur conseiller de faire appel aux gouvernements des pays membres du Conseil de sécurité afin qu'ils présentent un projet de résolution. Lescaut, Charles, « Trois importantes associations d'armateurs demandent la création d'une force navale d'interposition », *Libération*, 16 janvier 1986, p. 18.

Une dernière menace aurait pu cependant conduire la Marine nationale à un engagement plus déterminé dans les eaux du Golfe. Le 25 novembre 1986, deux avions bombardèrent la plateforme pétrolière d'Abu al Bu-Koosh provoquant la mort de cinq employés, dont deux Français, et une vingtaine de blessés. Possession conjointe des Émirats arabes unis et de Total, il semble qu'elle fit les frais d'un avertissement iranien en direction des Émirats... ou de la France. Rappelé à la vulnérabilité de leurs installations offshore, Abu Dhabi fit appel à la France pour en organiser la défense. Mais disposer un navire en piquet dans le champ d'exploitation aurait surtout fixé sur place une cible d'une haute valeur symbolique. C'était le genre d'engrenage dans lequel Paris ne voulait pas entrer. Il aurait d'ailleurs été paradoxal de défendre des biens étrangers tout en refusant d'escorter les navires français.

Ainsi la confusion régnait dans le Golfe en même temps que le dialogue franco-iranien était au point mort. Dans une posture similaire à celle du gouvernement des États-Unis dans l'affaire de l'Irangate[65], la pression française resta modérée tant qu'il sembla que la négociation pouvait porter ses fruits, mais son enlisement provoqua une réponse particulièrement musclée.

## IV. Juillet 1987-juin 1988, l'usage de la diplomatie navale de coercition pour clore la crise

Le 17 juillet 1987, la conjonction de deux évènements convainquit le gouvernement français de rompre ses relations avec l'Iran : le début de la guerre des ambassades[66] et, le 12 juillet, l'attaque du porte-conteneur *Ville d'Anvers* par les vedettes des Basiji. En réponse, Paris décida, le 30 juillet, une spectaculaire démonstration de force : l'opération « PROMÉTHÉE ».

Lancée en fanfare, celle-ci fut accompagnée de paroles résolues qui participèrent à sa crédibilité, à commencer par cette déclaration du président de la République François Mitterrand : « toute agression contre

---

[65] L'affaire de l'Irangate, qui éclata en novembre 1986, impliqua plusieurs membres de l'administration américaine dans la vente illégale d'armements à l'Iran afin de financer le mouvement contre-révolutionnaire nicaraguayen des Contras. *Cf.* Woodward, Bob, *Veil : The Secret wars of the CIA, 1981-1987*, Simon & Schuster, New York, 2005, p. 471-517.

[66] La « guerre des ambassades » débuta le 2 juillet 1987 par le siège de l'ambassade d'Iran à Paris dans laquelle s'était réfugié M. Wahid Gordji, interprète, soupçonné d'avoir coordonné la vague d'attentats qui frappa la France en 1986. En représailles, l'Iran fit à son tour le blocus de l'ambassade de France à Téhéran. M. Wahid Gordji fut finalement expulsé vers l'Iran après la reprise des négociations franco-iraniennes. *Cf.* Favier, Pierre et Martin-Roland, Michel, *op. cit.*, p. 836-851.

un bâtiment français serait évidemment suivie d'une riposte légitime »[67]. Le Premier ministre, Jacques Chirac, ne fut pas en reste : « nous n'avons aucune intention agressive, mais nous exigeons d'être respectés et nous ferons en sorte de l'être »[68]. Ces exemples venus de haut expliquent le ton déterminé, lourd d'une menace transparente, qui n'hésitait pas à adopter le commandant le Groupe aéronaval, le contre-amiral Le Pichon, lorsqu'on lui demandait de décrire les forces qu'il commande : « le GAN est un bâton particulièrement efficace pour le Gouvernement, ne serait-ce que par la menace d'un coup bien envoyé à un moment précis et en un lieu précis »[69].

Il est vrai que l'amiral avait reçu le commandement d'un task group plus impressionnant, constitué autour du porte-avions *Clemenceau*[70]. La totalité de la task force 623 était placée sous le commandement opérationnel d'ALINDIEN, à savoir le vice-amiral Jacques Lanxade jusqu'au 6 janvier 1988 auquel succéda le contre-amiral Guy Labouérie. Elle se décomposait en trois task groups : le TG 623.1 chargé de patrouiller dans le Golfe et d'assister les bâtiments sous pavillon national ; le TG 623.2 composé du groupe aéronaval avec un rôle de soutien, de dissuasion et le cas échéant de rétorsion ; et le TG 623.3 réunissant les bâtiments de guerre des mines. La découverte, le 17 août 1987, de plusieurs d'entre elles dans le golfe d'Oman avait rendu ce type d'unités spécialisées une nouvelle fois indispensable. En septembre 1987, c'est un total de vingt-quatre navires français, représentant 140 000 tonnes et 6 000 hommes, qui croisaient en mer d'Oman, au large des côtes iraniennes. Il s'agissait là d'une des plus fortes concentrations navales françaises depuis la fin de la Seconde Guerre mondiale, soit 43,5 % des 320 000 tonnes que totalisait la flotte française en 1987[71]. Une force capable à la fois de contrer toutes les menaces et de riposter à niveau... quel que soit le niveau de l'attaque. L'amiral Le Pichon en témoignait dans cette interview[72] :

---

[67]  *Politique étrangère de la France. Textes et documents*, septembre/octobre 1987, p. 110.

[68]  « M. Chirac : "Nous n'avons aucune attention agressive mais nous exigeons d'être respecté" », *Le Monde*, 31 juillet 1987, p. 4.

[69]  Branche, Pierre, « Avec la "Royale"... », *Le Figaro*, 6 octobre 1987, cité par Balencie, Jean-Marc, *op. cit.*, p. 449.

[70]  Il est à noter que seul le *Clemenceau* était alors disponible, le *Foch* étant en IPER (indisponibilité pour entretien et réparations).

[71]  Labayle-Couhat, Jean, *Flottes de combat 1988*, Paris, Éditions Maritimes & d'outre-mer, 1987, p. 10-65.  .

[72]  Journal de vingt heures d'Antenne2, le 28 septembre 1987, interview par François Cornet, INA, 2min58. http://www.ina.fr/video/CAB87033726/le-clemenceau.fr.html, consulté le 26.10.2010.

– Amiral, avec tous ces moyens, tous ces avions, si une vedette iranienne, si une unité iranienne vous attaque ou vous cherche des ennuis, que faites-vous ?

– Eh bien, nous ne sommes pas en guerre avec l'Iran et je doute que devant la puissance que nous représentons, les Iraniens chercheront à nous attaquer. S'ils le font, conformément aux ordres que le gouvernement me donnera, je ferai ce qu'il est nécessaire de faire.

– Mais que redoutez-vous le plus ? Les avions, les vedettes, les unités, les commandos iraniens ?

– Ni les uns, ni les autres.

Les principaux changements induits par ce déploiement furent une présence accrue dans le Golfe et la généralisation des accompagnements de navires marchands français, au point qu'ils prirent parfois la forme d'escortes rapprochées. Sur ce plan, la présence du groupe naval fut un indéniable succès : les provocations iraniennes cessèrent immédiate-ment. À plusieurs reprises un bâtiment français se porta au secours d'un neutre, malgré la volonté de Paris de limiter sa protection au seul pavillon national. Ainsi, le 20 janvier 1988, la frégate *Dupleix* se porta au secours du pétrolier libérien *Rainbow* qui essuyait les tirs de trois ve-dettes iraniennes[73], et fit cesser leur attaque par ses sommations. Répon-dant à la presse, l'amiral Labouérie, affirma que ses unités se porteraient au secours des bâtiments neutres en détresse conformément au droit maritime international : « c'est un devoir pour tout navire de répondre à un signal de détresse émanant de tout navire neutre attaqué par l'Iran sur cette route maritime où la tension est forte »[74].

Démonstration navale, missions de surveillance maritime et de dé-minage, « PROMÉTHÉE » fut aussi un véritable exploit logistique. Le déploiement du porte-avions pendant 415 jours, majoritairement passés en opération, imposa une surcharge importante aux unités de soutien basées à Djibouti, le bâtiment-atelier *Jules Verne*, notamment. Pour soutenir et ravitailler les 3 000 marins en permanence à la mer, il fallut mettre en œuvre un train logistique particulièrement important. Un pé-trolier civil affrété par la Marine depuis 1982, le *Port Vendres*, ravitailla Djibouti en carburant, les pétroliers-ravitailleurs prenant ensuite le relais pour ravitailler la task force 623 à la mer. Pour soulager le personnel, il

---

[73]   Richey, Warren, « France vows to protect Commercial Ships in Gulf », *Christian Science Monitor*, le 21 janvier 1988. Ibrahim, Youssef M, « French Navy Aids a For-eign Tanker », *New York Times*, 21 janvier 1988. Tyler, Patrick E., « France Expands Role of Its navy in Gulf », *Washington Post*, 21 janvier 1988.

[74]   Richey, Warren, *op. cit.*

fallut augmenter les relèves d'équipage, et même instaurer un cinquième quart qui permit aux marins du *Clemenceau* de partir en permission[75].

Sa réussite sur le plan opérationnel ne doit pas occulter le véritable rôle de « PROMÉTHÉE » : contribuer à la sortie de crise entre Paris et Téhéran. La souplesse d'action du GAN permit de matérialiser l'humeur de Paris en fonction de son activité navale… ou de sa plus ou moins grande proximité des côtes iraniennes. Lorsque les relations diplomatiques reprirent entre les deux pays en juin 1988, la task force fut ainsi éloignée des côtes iraniennes… tout en laissant le GAN sur zone jusqu'en septembre.

Cette opération démarqua véritablement la France, à la fois de la force navale multinationale dépêchée par plusieurs pays européens et de l'épreuve de force directe engagée par les États-Unis[76]. À partir de septembre 1987, ceux-ci menèrent une guerre limitée contre l'Iran, au sein même de l'« environnement pétrolier » du golfe Persique[77]. Démontrant sa capacité à réagir de façon souple et innovante, l'*US Navy* acheta à Bahreïn des barges de construction offshore à un entrepreneur civil pour s'en servir comme bases navales mobiles. Elles permirent à des unités légères[78] de vedettes rapides et d'hélicoptères de se livrer à une efficace contre-guérilla navale. Des plateformes pétrolières[79] furent l'objet de frappes, qui finirent par provoquer l'intervention des unités de la marine iranienne[80] préservées jusque-là.

Ainsi, les États-Unis fermèrent-ils complètement la fenêtre d'action navale de l'Iran sur le golfe Persique alors que l'opération française était conduite d'abord dans une logique de désescalade. En effet, derrière les

---

[75]  Le quart désigne une période de temps de veille et d'activité pour une partie de l'équipage. Mettre en place ce cinquième quart signifia donc renforcer de 25 % l'équipage du porte-avions pour continuer à pourvoir les postes de quart à effectif égal.

[76]  Sur cette force navale dépêchée par l'UEO, *cf.* Balencie, Jean Marc, *op. cit.*, p. 452-461.

[77]  Pour plus de précisions, Zatarein, Lee Allen, *op. cit.*, 425 pages. Également, Palmer, Michael A., *op. cit.*, p. 121-146.

[78]  Les 13th et 20th et SBU (*Small Boats Units*) sont des unités spéciales armant des patrouilleurs. Ils furent soutenus dans cette opération par les hélicoptères légers du 160th SOAR (*Special Operations Aviation Regiment*). Zatarein, Lee Allen, *op. cit.*, p. 77-86.

[79]  Opération « NIMBLE ARCHER », le 19 octobre 1987, en représailles l'attaque par missile du *Sea Isle City*. Zatarein, Lee Allen, p. 205-221.

[80]  Operation « PRAYING MANTIS », le 18 avril 1988. L'attaque des plateformes pétrolières de Sassan et de Sirri força la marine iranienne à sortir de ses bases. La vedette *Joshan*, puis les frégates *Sahand* et *Sabalan*, furent détruites par une combinaison massive de feux des navires et des avions embarqués américains. Zatarein, Lee Allen, p. 241-259 et O'Rourke, Ronald, « Gulf Ops », *Proceedings*, vol. 115, n° 5, mai 1989, p. 52-60.

déclarations de fermeté affichées, des consignes de modération furent adressées à ALINDIEN. Dans le même temps, le versement par Paris, en décembre 1987, d'une partie du remboursement réclamé par l'Iran dans l'affaire EURODIF était un gage concret de bonne volonté. « PROMÉ-THÉE » permit donc de rétablir un rapport de forces propice au retour au dialogue. En juin 1988, la crise franco-iranienne était close, les deux pays reprenant leurs relations diplomatiques. Dans le même temps, l'Iran ne put que constater qu'il avait définitivement perdu l'initiative. Sur le front terrestre également, l'armée irakienne – armée par ces mêmes États en charge de la police des mers dans le Golfe – sembla avoir trouvé une martingale opérationnelle qui lui permit de donner des coups de butoirs décisifs. L'Iran accepta le cessez-le-feu avec l'Irak en juillet 1988.

Le GAN rentra à Toulon le 16 septembre, après avoir démontré la capacité de la France à défendre ses intérêts dans la région du Golfe par ses propres moyens, comme le soulignait déjà le secrétaire d'État américain George Schultz avant son déploiement : « Les Français sont dans la zone et autour, et ils sont toujours efficaces. Ils agissent toujours à leur manière et selon leurs idées. Mais à la fin, au moment crucial, les Français font toujours ce qui est nécessaire »[81].

*

Zénith de l'implication navale française dans la résolution de la crise diplomatique franco-iranienne, l'opération « PROMÉTHÉE » ne doit pas éclipser pour autant l'usage récurrent qui fut fait des bâtiments de la Marine nationale dans la région durant toute la durée de la guerre Iran-Irak (voir carte 4). Certes, l'impact réel de la visite de pavillon d'un modeste aviso reste toujours moins mesurable que le résultat d'une opération de gestion de crise, cette dernière visant un résultat concret, comme le déminage ou la protection du trafic, plus facile à apprécier. De fait, l'étude de l'influence des missions de présence navale souffre de l'absence d'une grille d'évaluation. Mais le point commun de l'activité des navires français fut d'avoir une nouvelle fois démontré le large éventail de possibilités d'emploi des forces navales en deçà de l'usage de la force allant de la coopération sécuritaire à la démonstration coercitive.

---

[81] « M. Schultz rend hommage au rôle de la France dans le Golfe », *Le Monde*, 4 juin 1987, p. 3.

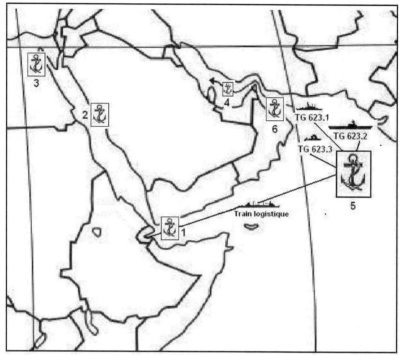

## Les opérations de la Marine nationale durant la guerre Iran-Irak, 1980-1988

⚓ Déploiements opérationnels

1 *"DAMOI" 11/80 - 10/82*
2 *"GRONDIN" 08-09/84*

3 *"MUGE" 08-09/84*
4 *"ARIANE"*
*(patrouilles dans le golfe Persique)*

5 *"PROMETHEE" Task Force 623*
6 *"NEREIDES" 09/88 - 08/89*

La sécurisation des approches du golfe Persique prit plusieurs formes. D'abord celle de missions de coopération, répondant aux demandes étrangères d'intervention. Ainsi, la réputation d'excellence acquise par la Marine dans le domaine du déminage explique le recours récurent à l'assistance de la France lors des alertes de 1980, 1984 et 1987, et une dernière fois, en 1989, lors de l'opération « NÉRÉIDES »[82]. Cette dernière mission fut menée pendant un an par une force internationale chargée du déminage du Golfe, à laquelle contribua la France. Les escales dans les pays riverains du Golfe participèrent aussi d'une autre

---

[82] Conduite dans le prolongement de « PROMÉTHÉE » du 16 septembre 1988 au 15 août 1989, elle engagea encore un nombre important d'unités compte tenu des rotations : au total, 5 frégates anti-sous-marines, 2 avisos, 2 pétroliers-ravitailleurs et 4 chasseurs de mines.

façon à la sécurisation de la région en favorisant un sentiment de norma-lité, même aux pires moments de la « Tanker War ».

Dans le contexte de cette « guerre des pétroliers », la présence fran-çaise dans le Golfe ne fut jamais présentée comme un effort de contrôle de crise, mais elle ne pouvait pas non plus passer pour neutre aux yeux de Téhéran, pas plus que celle des autres puissances. En effet, le soutien occidental à l'Irak confortait l'hostilité de l'Iran à leur égard ; ce dernier savait d'autre part que sa position stratégique était de plus en plus précaire, alors que ses exportations de pétrole, indispensables à son effort de guerre, subissaient une pression accrue de la part de l'aviation de Bagdad. Le recours à une stratégie de la terreur l'enferma dans son intransigeance, conduisant à l'escalade.

La présence navale française dut alors s'afficher de façon plus vi-sible. Le refus d'organiser des escortes peut surprendre mais l'exemple des États-Unis illustre l'engrenage militaire qui pouvait entraîner celui qui acceptait des mesures telles que les convois ou le repavillonnage de pétroliers étrangers[83]. La demi-mesure de l'accompagnement remplit son objectif : s'avancer dans le Golfe, sans toutefois s'y engager. Ces mis-sions de surveillance dissuadèrent peut-être l'Iran de s'en prendre aux navires marchands en présence de la Marine nationale. Elles jouèrent aussi le rôle ambigu d'indicateur des avancées et des reculs des négocia-tions franco-iraniennes. Les pétroliers français furent pris à partie pour leur forte valeur symbolique, servant les objectifs politiques de l'Iran, et ces attaques terroristes, comme les mouvements de bateaux français, se répondaient en une sorte de dialogue armé, toujours maîtrisé. Une situation qui aurait pu conduire rapidement à l'affrontement sans le refus de la France de « s'ancrer sur zone », à la différence des Américains qui choisirent de combattre le feu par le feu.

Ce fut paradoxalement la vertu de « PROMÉTHÉE » d'écarter toute tentation d'escalade supplémentaire de la part de l'Iran. Une mission qui se caractérisa par une posture moins directe que celle de l'*US Navy*, mais suffisamment impressionnante pour obtenir l'effet recherché. Le « bâton » de l'amiral Le Pichon serait plutôt un couteau suisse de ce point de vue, utile aussi bien militairement que politiquement.

Ces interventions dans la guerre Iran-Irak doivent d'abord s'inter-préter comme une action unilatérale de la France dans le cadre de sa politique moyenne-orientale. Mais furent-elles aussi une contribution à

---

[83] Lors de l'opération « EARNEST WILL », premier convoi américain à destination de Koweït-City, le pétrolier Bridgestone fut touché par une mine au milieu du Golfe dans la nuit du 23 au 24 juillet 1987. C'est cet incident qui enclencha le processus d'escalade militaire entre les États-Unis et l'Iran. Zatarein, Lee Allen, *Tanker War : America's First Conflict With Iran, 1978-1988*, Philadelphie, Newbury : Casemate, 2008, p. 55-86.

un effort collectif de contrôle de crise dans le cadre d'un partage fonctionnel des tâches entre alliés ? Dans cette hypothèse, les navires français, comme ceux d'autres marines européennes, s'assureraient de la sécurité des routes commerciales – en prenant en compte, par exemple, le déminage – tandis que l'*US Navy* se chargerait de vaincre au cas où la crise dégénérerait en confrontation générale. Si les postures respectives des marines française et américaine semblent correspondre à ce schéma, jamais la coopération entre les deux pays ne fut fondée explicitement sur un tel partage des tâches. Celui-ci pourrait être le reflet, soit du déséquilibre des moyens entre les deux marines (on a la stratégie de ses forces armées), soit d'une spécialisation implicite comme le souligne le vice-amiral Dominique Lefèvre, commandant l'École supérieure de guerre navale : « en l'absence même de toute volonté politique affirmée, il existe de fait une sorte de spécialisation des rôles, des fonctions et des zones de déploiement qui pourrait s'analyser en termes de partage du fardeau comme en témoigne sur le terrain les habitudes de coopération entre marines »[84].

Une telle coopération se manifesta en tout cas lors du retour d'un porte-avions français en ZMOI, lors de la seconde guerre du Golfe (2 août 1990-28 février 1991), dans le cadre de la coalition onusienne placée sous commandement américain. Entre ces deux conflits, le monde avait « basculé », pour reprendre la formule de l'amiral Lanxade[85]. L'ancien ALINDIEN témoigne de sa vision personnelle des évènements qu'il vécut :

> Durant cette période [son commandement des forces maritimes en ZMOI], la première guerre du Golfe opposant l'Irak à l'Iran cherche son terme après de longues années de conflit [...]. Cette guerre régionale occultée par les grands événements mondiaux qui suivront est la dernière grande crise du monde bipolaire. Néanmoins, à bien des égards, elle laisse pressentir ce que sera la complexité du nouvel ordre international après la chute du mur de Berlin[86].

Cette complexité, celle d'interventions menées dans un contexte incertain entre guerre et paix, au sein de la navigation civile, dans des dimensions multiples, à la fois militaires, politiques, diplomatiques et économiques, est bien celle qu'affrontent aujourd'hui les marines de guerre.

---

[84] Lefèvre, Dominique (amiral) « Stratégie navale et sécurité européenne », *Revue Maritime*, n° 405, mai-juin 1987, cité par Balencie, Jean-Marc, *op. cit.*, p. 327.

[85] Lanxade, Jacques (amiral), *Quand le monde a basculé*, Paris, NiL éditions, 2001, 386 p.

[86] Lanxade, Jacques (amiral), *op. cit.*, p. 38.

# Iran's Oil Industry at War & Some Lessons Learned for a Post-War Iran

Farzin NADIMI

*University of Manchester, Grande-Bretagne*

## Introduction

Iran is the world's fourth largest producer of petroleum and natural gas, although with 66 million litres per day it also has one of the fastest growing domestic gasoline consumption rates, and as a result needs to import one-third of it to complement the domestic production. This vulnerability has given rise to a hope amongst the Western world, specially the United States, that restricting the flow of imported fuel into Iran will effectively compel the "Islamic Republic" to change its course in regard with its nuclear programme. But the question here is whether those who advocate such a move, without debating its virtues here, are aware of the recent history and core potentials of Iran's oil industry. The aim of this essay is to contribute toward such awareness.

Major oil producing countries are usually heavily dependent upon export of their crude oil, and their entire economy, especially at the time of emergencies such as war, circles around this commodity. A dynamic society also depends on a variety of petroleum-derived fuels to run its industries, transportation system and military forces.

As a result, offensive war planners have favoured targeting the oil systems – whether production and processing, refining, transportation, import/export and distribution networks – ever since oil became an indispensible part of the societies and military operations in the early twentieth century.

The Iran-Iraq War was no exception. When this conflict finally came to an end in the summer of 1988 after the Iranian leadership accepted a UN-brokered ceasefire, no less than 2,889 days of fighting had left behind hundreds of thousands of casualties and damages worth hundreds of billions of dollars. Iran's oil industry was battered but still producing and exporting at considerable levels. So the main questions here are the degree to which Iran's oil industry was affected by Iraq's oil interdiction campaign that was part of its wider economic warfare strategy; the effectiveness of Iraq's oil denial campaign and Iran's "mitigating" measures in creating an elastic or resilient adaptive oil system.

**Tehran refinery after an effective Iraqi air raid using Mirage F.1 strike aircraft**

Source: NIOC via author.

One of the key – yet least studied – aspects of the war was the use of innovative administrative and technical measures by Iran's oil industry to alleviate Iraq's comprehensive resource denial and access campaign. Sanford Lieberman called such efforts the "use of extraordinary forms of administration and control".[1] Therefore, borrowing Lieberman's words, this essay also outlines the use of such extraordinary forms and contingency plans during the war, in an attempt to gain insights not only into what the process itself involved, but also into the larger question of crisis management by the Iranian oil industry in the time of war. The aim here is to show that Iran's oil industry did not collapse under the heavy weight of war, a success that can be attributed to the use of such measures.

This essay includes a summary history of Iran's oil industry and its significant landmarks, followed by an overview of the Iraqi Oil War against Iran; and at the end we will return to the present day, and summarise some lessons from history. I should acknowledge here the assistance of the National Iranian Oil Company, National Iranian Offshore Oil Company, National Iranian Tanker Company, and many anonymous individuals, but I am especially indebted to M. A. and Tom Cooper, F. Bishop and Brigadier A. Sadik for their patience while answering my long email enquiries.

## Historical Background

Oil in the Middle East was first found in Masjed Soleiman, in then Persia, in 1908 by a British expedition, with the first export shipment leaving the country three years later. Therefore Iran was the first country in the Middle East in which commercially viable petroleum resources were discovered. The British quickly operated the rights of their concession into a substantial petroleum industry.[2] The Persian oil was barely beginning to find its place when World War I ended in 1918, however, the "Persian Oilfields" quickly gained a priority military status as the Anglo-Persian Oil Company had to cope with sharply increasing military demand for its oil products, more in the form of devising measures to defend the oilfields against the Ottoman Empire.

The situation, though, was very different when World War II started, by which time Iran's oil production had reached over 214,000 b/d. The Abadan refinery, on the banks of Shatt Al-Arab close to the northern Persian Gulf and a major producer of high-octane aviation fuel, achieved a new level of importance; particularly for the Pacific War in the last three years which had greatly increased the demand for fuel oil

---

[1]    Lieberman, Sanford R., "The Evacuation of Industry in the Soviet Union during World War II", *Soviet Studies*, Vol. 35, No. 1, January 1983, p. 90.

[2]    Kemp, Norman, *Abadan: A First-hand Account of the Persian Gulf Crisis*, London, Allan Wingate, 1953, p. 16.

bunkers and aviation gasoline from Iran.[3] The war also brought the major Allied powers to Iran to defend the Persian oilfields from a possible German takeover, among other reasons, which included interconnecting some Iranian and Iraqi oilfields and refineries to ensure continuity of fuel production in case of a German advance.

Nevertheless, the resentment among the Iranians caused by the occupation of their homeland and popular opposition to the terms of the concession gradually built up and culminated in the nationalization of the oil industry in Iran in March 1951, amid optimistic hopes that under its terms Iran could convince the British to work for *them,* or at worst case replace their investment, skilled manpower and marketing network with those of the Americans and other Western countries on equal grounds. None turned out to be the case, though.

By then Iran's refinery output rate which had reached 35 million tons a year, plummeted to virtual standstill.[4] The oil embargo imposed on Iran by the major oil companies almost bankrupted the country and during the following two years Iran merely exported equal to less than a day's output of the old outfit.

This condition did not last long, as the so-called 1953 *coup d'État* was followed by creation of an international oil consortium in Iran in which the American companies played a major role. In the 1960s, Iran and the Consortium planned to increase oil production to 8 mb/d (million barrels per day) by late-1970s, and completion of the infrastructure required to reach such a target was well underway.[5] The outstanding capacity-expansion endeavour set in motion by the former Shah of Iran was crucial in Iran's later success in self-organising as a resilient complex adaptive system.

So in late 1970s, Iran's thriving upstream oil industry consisted of no less than 24 oilfields with 304 producing wells, 60 production, treatment, and booster units; 7,000 km of pipelines, and two main crude oil and products terminals at Kharg and Mahshahr. The Gachsaran oilfield was one of the largest in the world, Gorreh pumping station was the largest of its kind, the Genaveh manifold on the shores of the Persian Gulf was the single converging point of all the pipelines from the fields, and finally Kharg deepwater oil terminal had a staggering 18 million barrels storage capacity and a loading capacity of 6.5 mb/d at vast loading berths to its east and west capable of receiving tankers as large

---

[3]   Melamid, Alexander, "The Geographical Pattern of Iranian Oil Development", *Economic Geography*, Vol. 35, No. 3, July 1959, p. 212.

[4]   Kemp, *Abadan: A First-hand Account of the Persian Gulf Crisis*, p. 188.

[5]   *Washington Post*, 28 April 1973.

as 500,000 dwt. They constituted a Triad of chokepoints of which loss could have profound consequences for Iran.

The downstream sector, on the other hand, had 1.2 mb/d refining capacity using seven refineries, the largest of which, actually the largest in the world, was at Abadan.

All these had by all intents and purposes formed a vastly complex oil system influencing almost every aspect of the Iranian economy and society. Therefore it was no wonder that one of the most important landmarks of the 1979 revolution was a widespread general oil workers strike, in which the offshore workers were pioneers. It played a crucial role in paralysing the Shah's government. The revolution had an empowering effect on the oilmen, and promoted the idea of preserving natural resources for future generations, therefore it was decided to lower the production rate when oilmen went back to work in February 1979. However, with the start of the war Iran abandoned this policy in favour of maximal production to finance its war effort. From now on oil production and export weighed heavily on the minds of the Iranian leaders. But the long distance to the oil markets and a lack of oil pipeline export system, unlike Iraq, forced Iran to rely exclusively on the Persian Gulf sea lanes and loading terminals for exporting its oil. This pressed Iran's export capability closer to its critical threshold, a fact that was not overlooked by the Iraqi military planners.

## The War

Modern military history has demonstrated the significance of access to oil, or the lack thereof, in the outcome of modern conflicts. But as important is a conceptualization of oil resilience toward denial efforts short of a total war.

On 22 September 1980, the Iraqi armed forces invaded Iran, triggering a war between the two major oil-producing Middle Eastern states which turned into one of the longest and costliest conventional conflicts of the twentieth century. An integral part of this conflict had been the extensive campaign fought by both the protagonists against their opponent's oil industry, spanning throughout the entire war, with repeated periods of escalation. Iraq's oil interdiction campaign, which consisted of two tiers – denial of export (of crude oil), and denial of production and import (of refined products) – took Iran's oil industry completely by surprise.

## Breakdown of the Iraqi Oil Campaign

Source: NIOC, NISOC, and NITC records.

As shown in the Chart I, the Iraqi military initially targeted Iran's downstream oil facilities, especially transportation, refining and storage, hoping to create fuel shortages, which could directly undermine effective Iranian defensive measures. Bombings and artillery and mortar barrages created an inferno as they targeted fully loaded storage tanks, pipelines and other related facilities.

Iraq was aware of the importance of other Iranian strategic oil chokepoints, however, the first bombings of the Genaveh manifold and Gorreh pumping station did not happen until four and eight months into the war respectively, still causing extensive damage to those installations and severely hampering Iran's oil export for a short period.

Iraq was clearly following a limited strategy for its oil campaign at the beginning of the war, aiming mostly at paralysing Iran's storage and export capacities for the limited period of time the Iraqi blitzkrieg was expected to prolong. Iraq was on offensive on the land fronts, but at the same time was unwilling to push Iran's then powerful air force toward initiating retaliatory strikes against its own oil installations.[6] Strategic

---

[6]  For an interesting insight on the strategic aims of the both air forces see Bergquist, Ronald E., Maj., USAF, *The Role of Airpower in the Iran-Iraq War*, Maxwell AFB, Air University Press, 1988. In page 45, Bergquist found it entirely probable that had the Iranian air force not attacked the Iraqi oil targets massively early in the war, Saddam Hussein would have ordered his air force to destroy Iran's, although one is then left to argue whether Iraq had the means to achieve such an objective at the time.

attacks against Iran's oil facilities continued intermittently, but declined in numbers and intensity whenever there were fierce battles on the land fronts, such as in 1981 and 1983.

Interestingly, at the same time Iran's upstream oil sector was largely left intact, which could be an indication of Iraq's initial intention to keep the Iranian territories under occupation, and possibly later utilise their oil resources.[7] Therefore, Iran's main oil production units, which had been working at full capacity, were not attacked until April 1986.

The initial Iraqi oil campaign failed to curb Iran's oil production and export largely because their air force lacked suitable training, equipment and intelligence to do so.[8] However, Iraq's forced-retreat from major occupied Iranian territories, followed by now Iran's chain of ground offensives into the Iraqi territory, after making its intention to topple Saddam Hussein's regime an official policy in June 1982, caused a fairly long lull between 1981 and 1984 in the oil campaign, with several exceptions like a partial hike in 1982 largely against Kharg. It included Iraq's first use of long-range R-17 (Scud-B) surface-to-surface missiles against the island – the first ever application of SSMs against economic targets – and therefore a noticeable development in Iraq's military strategy.

This lull gave Iraq enough time, and motivation, to prepare for the next phase, by improving its equipment and training, and collecting vital intelligence. In the meantime, Iraq spent a good part of 1983 to target the Iranian offshore targets in the northern Persian Gulf, creating an ecological disaster as many safety valves at well-heads failed to operate properly. While capping the leaking wells in record times, Iran also kept most of its surviving offshore platforms manned, and operational as long as possible, for both technical and political reasons.

---

[7] Views expressed by Bahman Soroushi, head of the NISOC War HQ at the time, and the former Iranian Petroleum Minister, Gholamreza Aghazadeh, interviews by the National Iranian Southern Oil Co., Public Relations Office.

[8] The lack of suitable training, equipment and intelligence for running a successful oil campaign against Iran early in the war was mentioned by Sadik, A., ex-Iraqi Air Force Brig. Gen., e-mail interview, 18 August 2006.

Source: NIOOC via author.

## Fuel Import Operation

Iran had to also urgently deal with fuel shortages caused by interruption of its refining operations. In 1981 Iran developed a plan to import fuel via the Persian Gulf and transport it inland using a system of stand-off offloading points at Sirri and Lavan islands (the floating *Terminal-18*), where small product carriers took the payload further up the Persian Gulf initially to Mahshahr, and later to Bahregan, from January 1982, and finally – from January 1987 – the Kharg itself. This task fell on the shoulders of the National Iranian Offshore Oil Company (NIOOC), as the production in northern offshore fields had already fallen substantially, and the existing NIOOC infrastructure, including storage capacity, became available at the Iranian oil islands.

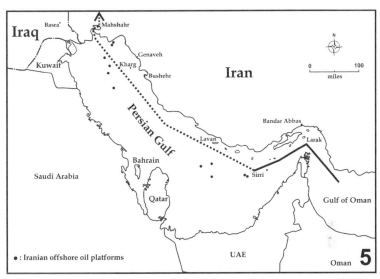

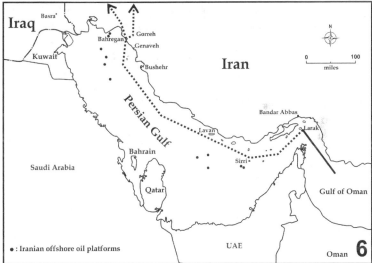

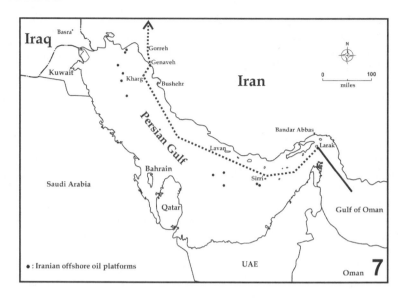

Iran's fuel import route used the existing infrastructure initially at Mahshahr, then Bahregan and finally Kharg. It was one of the largest floating fuel-offloading operations in history, resulting in offloading of more than 570 million barrels of various refined products – equal to 2.5 years of Abadan refinery output at full capacity – from 1,195 visiting tankers to 1,220 smaller product carriers (46 ships per month on average). Strategically important, thus very vulnerable, elements of the system were eight huge supertanker mother ships used for both storage and mooring purposes. Overseeing the immensely complex operation was the task of a very small team of professional Iranian oilmen from various branches of the industry, but mainly the offshore oil company.[9]

---

[9]   Sirri NIOOC records, December 1988.

Iran used the ship-to-ship offloading/loading technique not as an alternative to its Kharg terminal, but to keep the visiting tankers away from harm, and instead use a growing fleet of especially prepared shuttle tankers to shoulder the burden of travelling within the warzone.
Source: NITC via author.

The offloaded fuel at mainland, including Kharg, was then transported to the military and civilian storage depots using the existing crude oil, fuel, or NGL pipelines. From October 1987, when the Bahregan floating SBM (single buoy mooring) terminal was destroyed by Iraq, the Iranians almost solely relied on the route via Kharg, where dedicated gas turbines pumped the offloaded fuel inland through one of the existing crude lines, and this all happened right under the nose of the Iraqis and at the same time when the island was under the most severe attacks!

Iran also shipped crude oil to refineries abroad for refining, modified its existing refineries to work beyond their design capacities, and changed their output to match the demand, like in the case of Lavan refinery, whose naphtha output was mixed with imported premium gasoline, to produce normal gasoline for the domestic market. And finally they modified several NGL plants, not far from the warfronts, to produce low grade kerosene and gasoil, and wherever they lacked storage capacity, road tankers were used to load the products directly for the fronts. To these measures should be added the fuel rationing; and modification of factories to burn either natural gas or fuel oil, in place of the scarce gasoil.

An unexploded 400 kg French-made parachute-retarded SAMP Type 21C high explosive bomb at the site of an Iranian oil refinery.
Source: NIOC via author.

Bahregan oil centre (BOC) also played a crucial role in importing much-needed fuel. Bahregan area, or as locally known Imam Hassan, is located in the coast of northern Persian Gulf 60 km north of Kharg, making it the closest Iranian offshore oil block to the Iraqi territory, at about 160 km. The geographical location of the BOC meant any Iraqi strike package heading to or from areas such as Kharg or Bushehr had to fly past it, therefore Bahregan was turned into a favourite Iraqi "secondary target". Compared to its expanse of oil installations, Bahregan was one of the hardest-hit Iranian oil facilities perhaps only second to Kharg.

The submerged MBM (multiple buoy mooring) and floating SBM terminals several kilometres off the coast of Bahregan were made fully operational for offloading gasoil, kerosene and gasoline (the latter from 1986), for shipment to the warfronts, among other areas in need, using a purpose-built road tanker terminal erected at the BOC. In addition, the majority of the offloaded fuel was shipped to Gorreh using two pipelines that were laid in less than two months, often under enemy threat, and then further inland to warfronts and elsewhere using the existing crude oil pipeline network. However, despite the fact that the crucial fuel-offloading operation had started at Bahregan SBM in as early as 1982, and at its MBM a year after that, Iraq did not begin attacking the facility until September 1986, only a few days after Iran had started gasoline offloading there.

In total, between January 1982 and February 1990 more than 500 product-carrier tankers offloaded almost 158 million barrels of kerosene, gasoil and gasoline, which roughly amounts to 19,6 mb/y or 54,000 b/d, at Bahregan. This BOC offloading and distribution system supplied the majority of fuel requirements of the warfronts. As a result Iraq kept it under substantial pressure by frequently bombing it, although it was repaired after every attack.

The Bahregan products import scheme was seen as a "masterpiece of its own proportions",[10] in spite of the fact that Iraq's 14 October 1987 air raid which precisely targeted and partially sank the floating SBM structure; effectively terminated the offloading operation at the Bahregan SBM for the remaining nine months of the war, and forced Iran to mainly rely on its other import routes.

---

[10] Bahman Soroushi, interviewed by NISOC.

## The "Tanker War"

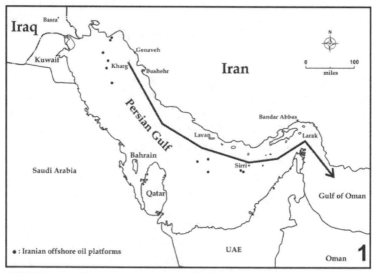

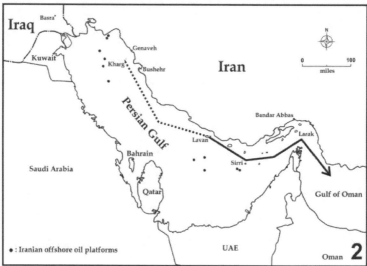

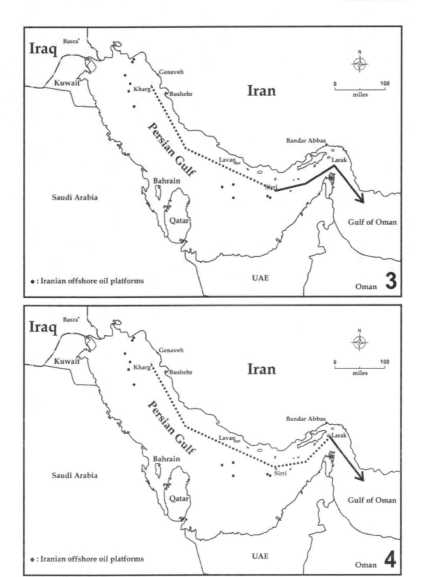

(1) The normal export route originating from Kharg's T-jetty and Sea Island terminals. The Iraqi pressure on Iranian tanker traffic forced Iran to use a fleet of tankers to shuttle between Kharg and a floating terminal first at Lavan (2), then Sirri (3), and finally Larak (4), as the Iraqi air force's ability to carry out longer range missions increased with time.

In 1984, which was the start of the so-called "Tanker War", Iraq focused its attacks on the oil shipping and began to target tankers heading to or from Kharg, later forcing Iran to completely shift its export operations further down the gulf to a temporary floating terminal (*Terminal-14*) originally at Lavan, then Sirri (from February 1985), and finally Larak (from June 1986) using the ship-to-ship loading technique. A crucially important development here was the appointment of the new Iraqi air force commander, Gen. Hameed Sha'ban, who – as Iraq's "Bomber" Harris, or rather Carl Spaatz – overhauled the Iraqi Air Force's strategic thinking and advocated an aggressive aerial campaign against Iran's centres of gravity, especially its oil industry, using Westernised methods.[11] Therefore from the beginning of the following year Iraq started pounding Kharg with MiG-25RB high-altitude bombing raids, as well as more precise low altitude strikes flown by Mirage fighters, which now were capable of carrying French-made AM.39 Exocet anti-ship missiles.[12] Technology had come to the aid of Gen. Sha'ban, as was the case forty years earlier, when introduction of capable four-engine bombers, as well as other technological breakthroughs greatly helped the RAF Bomber Command, headed by the newly appointed Air Marshal Sir Arthur Harris, who was an avid advocate of strategic area bombing.[13]

---

[11] See Cooper, Tom, Sadik, Ahmad, and Bishop, Farzad, "La Guerre Iran-Irak: Les combats aériens", Vol. 2, *Hors Série Avions*, No. 23, December 2007, p. 50.

[12] *Ibid.*, pp. 84-86.

[13] See Biddle, Tami Davis, "Bombing by the Square Yard: Sir Arthur Harris at War, 1942-1945", *International History Review*, Vol. 21, No. 3, September 1999, pp. 626-664; and Neillands FRGS, Robin, "Facts and myths about bomber Harris", *The RUSI Journal*, Vol. 146, No. 2, pp. 69-73.

*Barcelona* is left ablaze after at least five Iraqi bombs impacted the supertanker as it was loading crude oil at the Larak floating terminal on 14 May 1988. It was later declared a total loss.
Source: NITC via author.

By the end of 1984, Iran was improving its defensive tactics to keep pace with Iraq's new and more advanced weapons systems. It deployed static floating "corner reflector" missile decoys in an arc shielding south-eastern to south-western Kharg and the route used by the tankers to approach the island, as well as towed decoys accompanying the convoys. When the Iraqis realised an increasing number of Exocets were hitting the decoys, modifications were made to the Exocet's seeker head, by the French manufacturer of the missiles.[14] The IAF Mirage F.1EQ-5s, delivered since October 1984, used such modified Exocets.[15] This Mirage variant was also the first to use laser-guided precision weaponry, as well as aerial refuelling capability. The Iraqis had realised that knock-

---

[14] Sadik, e-mail exchange, 18 August 2006.
[15] *Ibid.*

ing out Iran's oil export permanently required long-range strike capability, and they were gradually obtaining the necessary means and skills for that.

Iran in response deployed a detachment of its most capable F-14 Tomcat interceptors from Shiraz to the Bushehr airbase which significantly reduced their response time to scramble orders and reduced their wear and tear by abandoning the previously-practised long combat air patrol sorties flown over the Persian Gulf.[16] It also secretly started formulating both long and short term oil export contingencies, as part of a project called "Moharam", to cope with possible complete loss of Kharg, which involved setting up new outlets both on the Persian Gulf coast, and beyond the Strait of Hormuz, connected to major oilfields by pipelines, with enough capacity to fully replace Kharg, at a rate of over 2 mb/d, using SBM facilities. It was reminiscent of the "Big Inch" pipeline project from Texas to the East Coast of the United States in 1942, in response to the deadly German U-boat operations against the vulnerable tanker traffic in American waters.[17] However, none of those Iranian projects reached any operational phase, for strategic, practical and financial reasons.

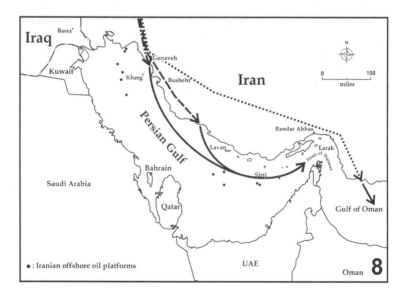

---

[16] "Untold Stories of a Flight Instructor" (in Persian), interview with Brig. Gen. Shahram Rostami, *Aviation Industries Journal*, Tehran, August 2009, p. 6.

[17] Yergin, Daniel, *The Prize: The Epic Quest for Oil, Money & Power*, New York, Free Press, 1992, p. 369.

Iran developed alternative routes for exporting its crude oil in case Kharg was completely knocked out of action. Some work was implemented but the majority of construction was abandoned for financial and strategic reasons.

So far, despite a rising trend in the land fighting, Iran was able to curtail severe fuel shortages caused by reduction of its refining capacity, through importing fuel and carrying them directly to the warzones. In addition, following a series of Iraqi strikes against Kharg in mid-1985, which – even though particularly destructive – failed to shut down Kharg, Iraq apparently began to realise the fact that a complete cut-off of Iran's oil export through physical dislocation of its terminals and other related transport/export facilities was impossible, so only now they shifted their attention to onshore production means to prevent any attempt by Iran in diversifying its oil export outlets, from 1986.[18] Saddam Hussein had decided to give the Iranians a taste of the "comprehensive war" they seemed to desire, after "seeing their disregard for almost anything".[19] This development is highlighted in Chart I as a "convergence" of lines, and can be seen as an indication that Iraq was contemplating a total blockade of Iran's oil exports.

New weapons and tactics were employed (such as targeting Genaveh SBM in January and February 1986 and Bahregan's SBM in October 1987 using precision-guided missiles) and larger aircraft packages, now also consisting of more modern Mirage strike aircraft, were effectively put into use.[20] Also, despite the fact that the Iraqi use of high-speed area bombing from 65,000 ft (20,000 m) altitude against Kharg was largely inaccurate and did not produce the desired results, they continued to use this tactic for another year.

---

[18] In fact many experts who had viewed Iraq's mid-1985 attacks as "the beginning of the end of the war", were surprised to see an average Iranian crude production of 1.7 mb/d, slightly more that in the following months. See "The Iraqis Lack Conviction", *Economist*, 2 November 1985, p. 58.

[19] Chubin, Shahram and Charles Tripp, *Iran and Iraq at War*, London, I.B. Tauris & Co Ltd, 1988, p. 63, quoting Saddam Hussein.

[20] Cooper, Sadik and Bishop, "La guerre Iran-Irak: Les combats aériens", p. 86.

The sinking wreck of Bahregan SBM after a direct hit by a French-made Iraqi AS.30L laser-guided missile, on 15 October 1987.
Source: NIOOC via author.

## Summer of 1986

The haphazard Iraqi oil campaign so far meant the Iranians were almost fully unprepared when the real campaign kicked off in the summer of 1986. Almost no passive defences were in place and even personnel shelters were scarce. But this was to change soon. When Iraq launched the extensive and deadly 1986 campaign to completely destroy every large or small Iranian onshore oil facility, especially crude oil production units, Iran began to interconnect all producing wells and production units, covered pipelines with sand, sand-bagged turbine houses and other sensitive machinery, erected sand berms or reinforced concrete walls around storage tanks, and built hardened control rooms underground. It was a substantial effort widely left unnoticed by the international observers.

Storage tanks were partially protected from shrapnel damage by walls of sandbags and sand-filled metal drums.
Source: NIOC via author.

At the same time Iraq warned Iran about its escalating economic warfare, when Gen. Sha'ban pledged to subject the enemy to unbearable pressure and daily destruction "in the coming days... until Iran is brought to its knees".[21] Only a few days later, on 7 August 1986, Iraq engineered a major air raid against Kharg, inflicting significant damage on air defences, loading terminals, pipelines and berthed tankers. This day is remembered by the Iranian oil workers as the "Black Thursday". Given the extent of the damage, Iraq was confident this was *the* decisive blow to Iran's oil export.

According to an ex-American CIA officer in charge of liaising with the Iraqi military during the period in question, Iraq's attacks of mid- to late-1986 were so effective that "voices began to be raised in various world councils against them", and "[f]ears were expressed that if this

---

[21]   *MEES*, Vol. 29, No. 43, 4 August 1986, p. C2.

continued, Iran would in effect be bombed back to the Stone Age".[22] Despite such concerns the Iraqi strikes on the Iranian economic targets continued in the coming months, although at smaller numbers.

When the main crude oil production plant in Ahvaz was destroyed in November of 1986, the next day a system was improvised that enabled a resumption of cumulative production in less than 48 hours, during which many systems were reworked, moved, duplicated, or eliminated, and new work flows were designed. This was a common trend at every bombed-out plant and pumping/booster station. The substantial available surplus capacity usually made up for the damaged sections during the repair period.

An onshore oil production plant at the Gachsaran is reduced to charred rubble after an Iraqi air raid. Such destroyed or heavily damaged facilities were usually brought back to service within week.
Source: NISOC via author.

Iraq also managed to bomb Iran's temporary floating export terminals at Sirri and Larak in 1986, but despite inflicting considerable damage, it failed to continue such attacks as a result of factors such as range and other tactical problems. In total, Sirri terminal was bombed only three times and Larak four times. Iraq, nevertheless, managed to keep up the pace of its overall attacks against Iran's oil industry in 1987 and until

---

[22]    Pelletière, Stephen C., *The Iran-Iraq War: Chaos in a Vacuum*, New York, Praeger, 1992, p. 109.

the end of the war in the summer of 1988, in the meantime almost halving the number of Kharg attacks, and shifting the available assets towards other oil facilities, shuttle tankers, as well as land battles.

The tanker attacks, however, failed to stop the National Iranian Tanker Company (NITC) from ever expanding its hauling capacity and journey rates within a convoy system. The convoy routes and timing were closely coordinated with the available Iranian surveillance assets, and protected by fighter jet patrols.[23]

## NITC Crude & Products Haulage (mt)

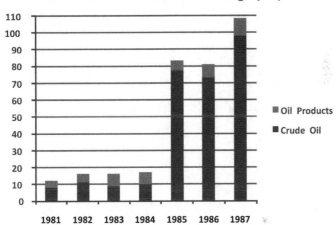

## Number of NITC Sea Voyages

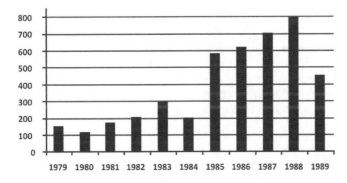

Source: NITC.

---

[23] Rostami, p. 5.

As a result, despite around 300 destructive air and missile attacks and loss of over 75 percent of its loading and about 70 percent of its crude oil storage capacity, oil export from Kharg alone actually tripled between 1980 and 1988, at times using flexible hoses and cranes instead of conventional loading arms.[24] An *Economist* piece interestingly titled "Iran's jugular, and how to cut it", called "Iraq's failure to put Kharg out of action" a "seven-year mystery".[25]

### Iran's Crude Oil Export (1978-90)

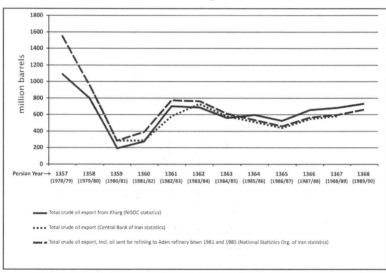

Source: NISOC, Central Bank of Iran, and National Statistics Organisation of Iran.

Therefore the Iran-Iraq War once again demonstrated that while oil facilities may be highly vulnerable to attack individually, the oil production and shipping infrastructure itself is less susceptible even under the shadow of a periodically determined campaign. Developments of this war thus reinforced World War II's lessons regarding the adaptability of the system of supply for vital resources under wartime conditions short of the most intensive and sustained ground and air attacks.[26]

---

[24] Official NISOC figures.

[25] *Economist*, 17 October 1987, p. 59. The *Economist* estimated that given Kharg's substantial surplus capacity, Iran would need only five working berths to meet the existing production rate at 1.5 mb/d, which was well below its 2.4 mb/d OPEC quota.

[26] Lesser, Ian O, *Resources and Strategy: Vital Materials in International Conflict: 1600-the Present*, Hampshire, Macmillan Press Ltd., 1989, p. 145.

In World War II, the Allies failed to sustain their attacks against the German synthetic plants, including the giant plant at Leuna, in mid-1944, as a result it did not take long for the synthetic fuel production to return to normal level.[27] The persistent Allied attacks, together with strikes against the major Ploesti refinery complex in Romania, only preceded the D-Day landings of 6 June 1944, and it was only two days later that denial of oil to Germany became the Allied air forces' primary aim.

Total and effective paralysis of Iran's oil industry could only be possible under ideal conditions which Iraq never managed to create during the war. And finally, Iraq's oil campaign failed as a result of the success of Iran's oil industry in maintaining its production and export, and therefore such campaign could not play a pivotal role in Iran's decision-making process leading to the acceptance of the UN-mediated ceasefire.

War is a chaotic complex phenomenon which can also transform a dynamical complex system into an adaptive and self-organising entity.[28] In the case of an oil system caught in the middle of a war and actively targeted, as Iran's was in the 1980s, such attributes can give the system managers – at any level – a unique opportunity to make their sub-systems behave in a fashion that can make the variables driving their dynamics less discernible, and therefore significantly decrease the likelihood of longer term predictability of the system as a whole, in turn reducing the vulnerability of an otherwise fully predictable and vulnerable system.

A successful strategy of denial also requires accurate intelligence on the most vulnerable components of the enemy's war economy.[29] Thus by finding ways to limit the value and accuracy of detailed intelligence analysis, the interdependencies on which the vulnerabilities in complex

---

[27] Yergin, *The Prize*, pp. 346-347.

[28] For more on the interactions between war and complex adaptive systems see Bousquet, Antoine, *The Scientific Way of Warfare: Order and Chaos on the Battlefields of Modernity*, London, Hurst & Company, 2009; Durham, Susan E., Maj, USAF, *Chaos Theory for the Practical Military Mind*, Maxwell Air Force Base, Alabama, USAF Air University, Air Command and Staff College, 1997; Felker, Edward J., Lt Col, USAF, *Airpower, Chaos, and Infrastructure: Lord of the Rings, Research Report*, Air War College, Air University, Maxwell Air Force Base, Alabama, July 1998; Gharajedaghi, Jamshid, *Systems Thinking: Managing Chaos and Complexity*, 2nd ed., Burlington, MA, Butterworth-Heinemann/Elsevier, 2006; James, Glenn E., *Chaos Theory: The Essentials for Military Applications*, Newport, Naval War College, 1997; and Johnson, Neil F., "Complexity in Human Conflict", in D. Helbing (ed.), *Managing Complexity: Insights, Concepts, Applications*, Berlin/Heidelberg, Springer-Verlag, 2008.

[29] Lesser, *Resources and Strategy*, p. 180.

engineered systems depend cannot be readily identified.[30] The "occasional" chaotic management of Iran's oil industry might have willingly, or unwillingly, contributed to its own survival.

For eight years the Iranian oil industry experienced intense periods of military as well as economic pressures, but persevered.
Source: NIOC.

## Conclusion

This essay shows that despite Iraq's immense military investment and dedication, it failed in reaching its main economic warfare objectives of cutting off Iran's oil export by destroying storage and loading capacities at Kharg as well as other terminals; stopping Iran's shuttle tanker operations, and finally its onshore oil production.

For eight years the Iranian oil industry experienced intense periods of military as well as economic pressures. However, despite all these, they managed to persevere and progressively adapt. When the war ended Iran's production rate was standing at 2.3 mb/d, but rose to 4 mb/d in no more than four years.

---

[30]   See Bier, Vicki M., Cox Jr., Louis A., and Azaiez, M. Naceur, "Why both Game Theory and Reliability Theory are Important in Defending Infrastructure Against Intelligent Attacks" in *Game Theoretic Risk Analysis of Security Threats*, Vicki M. Bier and M. Naceur Azaiez (eds.), New York, Springer Science+Business Media, LLC, 2009, p. 2.

Now, will this battle-hardened industry be able to cope with any further level of "targeted sanctions" ranging from some unsubstantial restrictions, to even a gasoline embargo? News out of Iran suggest contingency plans are already underway to increase the gasoline production to 71 million lit/d in two years, to boost the strategic reserves to 100 days, to build new refineries such as the Persian Gulf Star, and to convert several Aromatic petrochemical plants to produce, of course more expensively, up to 14.5 million lit/d gasoline in an emergency. These projects have already received some level of governmental urgency, but will surely get top priority, and sufficient domestic funding, if crippling sanctions are put in place against Iran. It leaves one to wonder if this oil industry can as easily as some people envisage, be curtailed.

# Table ronde

Jean-Pierre FAVENNEC
*Institut français du pétrole*

Henry LAURENS
*Professeur au Collège de France*

Pierre TERZIAN
*Économiste et directeur de Pétrostratégies*

Michel TREHARD
*Capitaine de vaisseau*

## Jean-Pierre Favennec

J'avoue que j'ai été très impressionné : étant dans l'industrie depuis un certain temps, j'ai rarement vu des colloques qui sont aussi bien organisés autour de faits historiques et de tout ce qui a été l'évolution de l'industrie pétrolière. Nous avons donc pour conclure – enfin je ne conclurai pas, puisque M. Soutou viendra faire la synthèse de ces travaux – en tout cas nous avons cette table ronde qui s'intitule, il y a eu différents thèmes mais je vais peut-être prendre le dernier titre qui m'a été suggéré, « Pétrole pour la guerre, guerre pour le pétrole ». Avec donc trois intervenants qui sont à mes côtés : Henry Laurens du Collège de France, Pierre Terzian qui est directeur de *Pétrostratégies*, l'une des revues les plus connues dans le secteur du pétrole, il sort d'ailleurs du bouclage, et Michel Trehard, capitaine de vaisseau.

Juste quelques mots d'introduction. Pétrole pour la guerre, guerre pour le pétrole, je rappelle souvent, c'est mon côté un peu économiste sur les bords, cette phrase qui vient d'un économiste autrichien, qui est malheureusement décédé, et qui s'appelait Frankel : « Le pétrole est liquide ». Je le dis souvent aux étudiants, il y en a un ou deux dans la salle qui doivent donc m'entendre de nouveau le dire. Cette phrase peut, à mon avis, résumer à peu près tout, et l'on pourrait dire à des étudiants : « Le pétrole est liquide », et après ils repartent et font toutes les extrapolations. Le pétrole est liquide, donc je vais être prudent en disant que le pétrole est facile à produire, ça va me valoir des ennuis, le pétrole est facile à transporter, facile à utiliser, c'est de l'énergie concentrée, et tout cela explique donc que le pétrole est bien sûr très utilisé dans les transports – vous savez tous que 97 % à 98 % du transport est basé sur des produits pétroliers. Le transport, c'est de l'essence, c'est du gasoil, c'est du carburéacteur, c'est du fuel comme on l'a vu hier à propos de la transformation des marines, donc ça donne à ce produit des caractéristiques très particulières. Le pétrole sert donc à du transport, et je vais paraphraser quelqu'un que j'aime bien et qui s'appelle Yves Lacoste, qui a été l'homme qui a relancé cette notion de géopolitique un peu sulfureuse au moment de la Deuxième Guerre mondiale, mais qui a relancé un petit peu ce concept en France. Il a fait un ouvrage que j'aimais beaucoup dans lequel il disait : « La géographie, ça sert à quoi ? Ça sert à faire la guerre ». Et il citait l'exemple de l'ex-Union soviétique où il était impossible de se procurer des cartes routières, parce que ça pouvait être utilisé pour organiser des attaques contre le pays. J'aurais tendance à dire aussi que le pétrole, il y a le pétrole pour faire la guerre, le pétrole ça sert aussi à faire la guerre. Donc c'est un point extrêmement important.

Pour terminer, je dirai guerre pour le pétrole. Là aussi, j'ai une boutade, qui consiste à dire que pour moi, la seule guerre pour le pétrole, ça a été la guerre du Chaco. Je vous rappelle en deux mots : le Chaco, c'est un désert entre le Paraguay et la Bolivie. Dans les années 1930 je crois, les deux pays étaient convaincus qu'il y avait du pétrole dans ce désert, et donc il y a eu un conflit assez violent, une dizaine de milliers de morts, ça a duré un an ou eux, et à la fin on s'est rendu compte qu'il n'y avait pas de pétrole. Donc voilà un petit peu. Alors maintenant c'est une boutade, parce que je vais reconnaître avec vous que lorsque l'on m'interroge, par exemple, sur les guerres en Irak, j'ai quand même du mal à expliquer que le pétrole n'est absolument pour rien dans les guerres de 1990 et 2003.

Donc tous ces thèmes vont maintenant, je pense, être abordés sous différentes formes, et je vais d'abord passer la parole à Henry Laurens, professeur au Collège de France que vous connaissez tous, donc inutile de l'introduire plus longuement. Il va nous parler en particulier, je ne veux pas trop détailler ce qu'il va dire, de tous les aspects du Moyen-Orient : sécurité d'approvisionnement, production de pétrole au Moyen-Orient, c'est un grand spécialiste, donc je lui laisse la parole.

## Henry Laurens

Monsieur le président. Alors d'abord évidemment le pétrole pour la guerre – tout cela va recouper largement ce qui a été dit ces deux derniers jours – ça a d'abord été le passage à la chauffe au mazout des marines de guerre au début du XX$^e$ siècle, puis l'extension progressive de véhicules automobiles à la logistique des armées, ce qui fait que les puissances alliées en 1918 ont, selon l'expression de lord Curzon, gagné la guerre sur un flot de pétrole puisque les grandes offensives alliées de 1918 ont été liées en particulier au déplacement en camion de la logistique des armées. C'est, on l'a vu aussi, le fait que toute la cartographie politique du Proche-Orient, et on peut le démontrer quand on analyse très précisément aussi bien le Levant que la péninsule arabique, est la conséquence de la Première Guerre mondiale et du fait qu'on a dessiné les frontières en fonction des systèmes pétroliers virtuels qui allaient se trouver dans la région. C'est aussi valable, par exemple, sur la frontière de la Syrie, de l'Irak ou de la Jordanie que pour les arbitrages frontaliers dans la péninsule arabique dans les années 1920. Autre exemple célèbre du pétrole pour la guerre, et de la guerre pour le pétrole déjà, c'est l'entrée en guerre du Japon en 1941 qui est directement liée à un embargo pétrolier mené par les États-Unis contre le Japon à la suite de l'occupation de l'Indochine française par les armées japonaises. Et les armées de la Seconde Guerre mondiale ont vu encore une progression de l'utilisation du pétrole, en particulier du côté allié. Si vous regardez les bandes d'actualités, vous voyez que l'armée allemande, jusqu'à la fin, utilise encore beaucoup la traction hippomobile, et que les premières divisions intégralement fondées sur le pétrole sont les divisions américaines de la Seconde Guerre mondiale. Et évidemment, avec les masses armées durant ce conflit, on atteint peut-être le sommet de la consommation pétrolière pour la guerre parce qu'ensuite, probablement, cette utilisation va diminuer.

Alors la question suivante, c'est quels sont les enjeux des guerres pour le pétrole ? Le premier enjeu, évidemment, c'est, pour les pays consommateurs, l'approvisionnement. C'est donc tout le circuit de l'approvisionnement qui est l'enjeu géopolitique des conflits réels ou virtuels, et le plus souvent, nous le verrons, des conflits virtuels plus que réels. Ensuite, le deuxième enjeu, ce sont les investissements eux-mêmes : les infrastructures pétrolières coûtent très cher, si votre adversaire vous les détruit, vous avez une grosse perte financière. Donc il faut aussi sécuriser les investissements. Et puis le troisième enjeu, que l'on mentionne relativement rarement, c'est la rente pétrolière. Il faut rappeler par exemple qu'en 1990, la première chose que l'on a faite a été de geler les investissements koweïtiens à l'extérieur, qui étaient de plus de cent milliards de dollars si mes souvenirs sont bons. Les sommes de l'État koweïtien à l'extérieur étaient en soi un enjeu. Cette rente pétrolière sert à alimenter la guerre. On a parlé tout à l'heure de 1967, mais il faut bien comprendre qu'en fait les États arabes du golfe ont, cette année-là, marchandé avec les États nationalistes l'interruption de la menace d'interruption de l'arme pétrolière contre le financement de la guerre contre Israël par les États pétroliers, essentiellement l'Arabie saoudite et le Koweït, et accessoirement la Libye. Au point qu'aujour-d'hui, on a pu parler du fait qu'il y avait des dividendes de la guerre, et que ces dividendes étaient alimentés par la rente pétrolière. D'où la question de savoir si une paix au Proche-Orient n'est pas une catas-trophe pour ceux qui reçoivent les dividendes de la guerre, parce que les dividendes de la paix sont nettement moins assurées. De ce fait aussi, le fait que l'Arabie saoudite et, au-delà, la péninsule arabique dans sa tota-lité a été définie très tôt comme un intérêt national américain – et « na-tional », c'est quasiment équivalent à « vital » dans le langage politique américain. Pour l'Arabie saoudite, c'est immédiat, c'est 1945, et de ce point de vue-là, le pétrole de ce pays est quelque chose que l'on ne doit pas toucher. Et l'on a mentionné tout à l'heure, sans la citer explicite-ment, la doctrine Carter de 1980 qui était virtuellement contre l'Union soviétique, mais qui faisait cette fois de toute la péninsule arabique et des pays du golfe un intérêt vital américain, ce qui s'est traduit par la création d'une force d'action rapide qui s'est progressivement transfor-mée dans les années 1980 en *Central Command* (CENTCOM) qui est actuellement en plein feux, si j'ose dire, puisque c'est le CENTCOM qui gère les conflits d'Irak et d'Afghanistan.

Donc plus que de guerre réelle ou virtuelle pour le pétrole, en dehors des trois guerres du Golfe, ce que nous avons, ce sont des systèmes de garanties. La politique américaine ou les politiques occidentales, c'est de garantir les approvisionnements sur le plan matériel, garantir la sécurité des investissements, et garantir la redistribution de la rente pétrolière. Et de ce fait, ce système implique que la sécurité des investis-sements ne conduise pas à une modification des prix. Ce n'est pas parce que vous contrôlez l'accès militaire aux ressources pétrolières que vous contrôlez les prix du pétrole, puisque ces prix ont été définitivement fixés, à partir du second choc pétrolier, donc 1979-1980, par le marché et par la spéculation, et non par la décision des compagnies ou des États producteurs. Donc vous pouvez avoir la plus grande puissance militaire avec des forces à proximité des champs pétrolifères, vous ne pouvez pas agir sur la variation du prix du pétrole. Néanmoins, jouer sur le prix du pétrole peut être équivalent à une arme de guerre. Alors on cite toujours l'embargo pétrolier de 1973, mais on peut aussi penser à la politique du contre-choc pétrolier du milieu des années 1980, qui avait justement pour but de frapper l'économie iranienne, mais dont la principale vic-time n'a pas été l'Iran mais l'Union soviétique, qui a vu ses revenus s'effondrer à la suite de ce contre-choc. Et il semble que dans un certain nombre de points, ce contre-choc pétrolier a été organisé par les puis-sances américaines et saoudiennes de façon relativement discrète. Mais en tout cas, tant que l'on est dans le système du marché, le prix du pétrole n'est pas fixé par la géopolitique, par le système militaire, etc. Et si l'on sort du marché, c'est-à-dire si l'on entre dans un vrai état de guerre, l'équivalent d'une guerre mondiale, on sort immédiatement du marché et la puissance hégémonique, à ce moment-là, aura une politique de gestion directe ou de régulation du marché du pétrole, comme il en a été lors de la Première et de la Seconde Guerre mondiale. Et en ce sens, les guerres dites pour le pétrole sont souvent des guerres virtuelles, c'est-à-dire que dans l'hypothèse où il y a une guerre, on a à ce moment-là la capacité ou non d'agir, plutôt que des guerres réelles – même si les trois guerres du Golfe ont malheureusement été des guerres réelles et particulièrement sanglantes.

Je vous remercie.

## Jean-Pierre Favennec

Merci beaucoup, Henry Laurens, pour cette vision très incisive des aspects pétroliers du Moyen-Orient. Je passe tout de suite la parole à Pierre Terzian, qui va je pense nous parler peut-être un peu plus de gaz et de sécurité d'approvisionnement concernant le gaz.

## Pierre Terzian

Merci. J'ai pensé que dans cette avant-dernière session, ce serait bien d'ouvrir jute une toute petite fenêtre sur un aspect qui ressemble un petit peu au pétrole, mais avec beaucoup de différences, c'est-à-dire le gaz. On parle beaucoup des guerres du pétrole, on parle aussi des guerres du gaz. Ce ne sont pas des guerres aussi sanglantes, heureusement, mais ce sont des guerres qui peuvent faire beaucoup de mal du point de vue économique. Cette semaine encore, nous avons eu deux exemples où ce langage et l'arme du gaz ont été utilisés. Dimanche 7 février 2010, loin d'ici il est vrai, c'est pour ça que vous n'êtes peut-être pas au courant, un petit pays producteur de gaz mais qui est très important pour ses voisins, l'Ouzbékistan, a coupé 50 % de la fourniture de gaz à son voisin, le Tadjikistan, non pas parce qu'il y avait un conflit sur le gaz ou sur le prix du gaz, mais tout simplement parce que le Tadjikistan veut cons-truire un barrage hydroélectrique qui pourrait réduire les ressources en eau de l'Ouzbékistan et de ses champs de coton. Alors on utilise l'arme du gaz. Le lendemain, déclaration d'un responsable ukrainien disant : « La guerre du gaz avec la Russie est terminée ». Vous voyez que c'est un thème qui est assez fréquent, qui revient. On n'en parle pas beaucoup tant que ce n'est pas une grande crise, mais le gaz aussi a ses guerres. Jacques Maire, ancien directeur général adjoint de Gaz de France et qui est dans la salle, me rappelait tout à l'heure cette phrase de Pierre Alby, l'ancien président de GDF, qui disait : « Le gaz, ce n'est pas une aven-ture, c'est un mariage ». C'est vrai, car le gaz, historiquement, a fait l'objet de contrats de très longue durée parce que cela nécessite des investissements, qu'il y a des gazoducs qu'il faut poser – on ne peut pas envoyer le gaz n'importe où comme le pétrole, sauf que maintenant avec le *gaz* naturel liquéfié (GNL) c'est possible, mais à l'époque, à l'origine du gaz, ça ne l'était pas – et donc il fallait vraiment se marier, faire des contrats de très long terme. J'accepte parfaitement cette définition, à condition de ne pas oublier qu'il n'y a pas que des mariages heureux. Il y a beaucoup de problèmes dans les mariages, et l'on voit que même dans les mariages gaziers, ces problèmes ne manquent pas.

Les gaziers ont toujours tenu compte d'un aspect qui a toujours été important dans l'industrie du gaz jusqu'à l'apparition du GNL – le GNL, pour ceux qui ne connaissent pas, c'est le *gaz* naturel liquéfié que l'on peut exporter par bateau, donc un bateau est libre d'aller là où il veut à condition qu'il y ait au bout de son chemin un port qui puisse l'accueillir pour regazéifier le GNL – car à cette condition près le gaz, historiquement, exigeait et exige encore parfois de poser des gazoducs. Et comme la dépendance est très forte entre celui qui fournit le gaz et celui qui le reçoit, il fallait s'assurer que ces gazoducs seraient capables de fonctionner, et notamment d'éviter des zones à risques. Alors parfois, cela a joué de mauvais tours à ceux qui voulaient avoir des gazoducs archi-sûrs. L'un des exemples que les gaziers connaissent est celui de l'Union soviétique. Vous savez que l'Union soviétique a posé de grands gazoducs vers l'Europe de l'Ouest, et l'un de ces gazoducs traversait ce qui constitue aujourd'hui deux républiques, la République thèque et la République slovaque, qui n'en formaient à l'époque qu'une seule, la Tchécoslovaquie, satellite de l'Union soviétique. Lorsque les Soviétiques ont décidé de faire passer pratiquement tous leurs gazoducs par la Tchécoslovaquie, on ne parlait pas de l'Ukraine, puisque l'Ukraine faisait partie de l'Union soviétique, donc ce n'était pas un problème en soi. Tout le monde regardait vers la Tchécoslovaquie, et l'on demandait aux Soviétiques pourquoi ils avaient mis tous leurs gazoducs dans un seul pays. Ils ont eu une réponse extraordinaire : « Parce qu'il est plus facile de contrôler un pays que deux ou plusieurs ». Et bien ce n'est pas de Tchécoslovaquie que le problème est venu, ni de la République tchèque ni de la République slovaque, mais de l'Ukraine, qui à l'époque était une république soviétique et qui était la voie de passage obligée, aujourd'hui encore pour 80 %, du gaz qui arrive à l'Ouest. Et c'est l'Ukraine qui a créé les plus grandes « guerres du gaz » que nous connaissons depuis l'effondrement soviétique, c'est-à-dire depuis à peu près une vingtaine d'années pour simplifier.

Alors le cas de l'Union soviétique, et puis aujourd'hui de la Russie et de l'Ukraine, est très intéressant pour montrer que des guerres du gaz peuvent se déclencher, que le gaz peut être utilisé comme une arme économique et parfois même politique, mais ce n'est pas la seule région du monde où cela se fait. On voit souvent des gazoducs qui prennent des chemins détournés, et non pas les routes les plus courtes, les plus économiques, pour éviter des zones à risques, et il y en a pas mal. Pour vous donner juste un exemple, dans le Caucase le gazoduc qui va de l'Azerbaïdjan jusqu'en Turquie contourne soigneusement l'Arménie, parce que l'Arménie a un problème avec l'Azerbaïdjan. Cela fait trois cents kilomètres de plus ? Ce n'est pas grave, l'important c'est que le gaz, ou le pétrole, soit en sécurité.

Les gaziers ont donc appris, petit à petit, à vivre avec ce problème de la nécessité d'avoir des installations fixes, encore une fois jusqu'à l'apparition du GNL dans les années 1960. Mais ils ont tiré également d'autres leçons de ces fameuses guerres du gaz, notamment en diversifiant à la fois les sources et si possible les routes du gaz. Si vous entendez parler un gazier, c'est vraiment une obsession, tout à fait justifiée : diversifier ses sources de gaz, ses voies d'approvisionnement, ses routes, et c'est effectivement une arme extrêmement efficace pour réduire la dépendance. Ce n'est pas tout, il y a aussi le GNL qui depuis maintenant les années 1960 offre évidemment une très grande possibilité de diversifier ses sources, puisque comme je vous l'ai dit, un bateau qui prend la mer est pratiquement libre d'aller là où il veut, à condition encore une fois qu'il y ait un port, ce qui n'est pas le cas des gazoducs. Et là il y a une ressemblance avec le pétrole, puisque le pétrole est exporté en majeure partie par bateau, ce qui n'est pas encore le cas du gaz. Il y a une autre possibilité également de réduire les risques de ces guerres du gaz, que le pétrole n'a pas : c'est de jouer sur l'interruptibilité. C'est aussi une astuce des gaziers. C'est-à-dire que vous avez des contrats qui vous obligent à livrer du gaz, mais vous avez aussi la possibilité de signer un contrat qui vous donne la possibilité d'interrompre le gaz dans certains cas, de ne pas le fournir, et ça réduit également les risques d'approvisionnement pour d'autres personnes qui elles dépendent fortement du gaz et qui ne peuvent pas s'en passer.

Avec l'histoire, on a donc appris à vivre avec ce risque, le risque gazier, qui a quelques ressemblances avec le pétrole, mais aussi des différences, comme vous l'avez remarqué. Et encore une fois, il est vrai que lorsque l'on compare le gaz au pétrole, on a tendance à dire qu'Alby avait raison. Ce sont souvent des mariages, il y a des problèmes, comme dans tout mariage ou dans la plupart des mariages, mais l'on finit par trouver des solutions sans aller à des conflits violents comme on en a connu dans le pétrole, où parfois le pétrole n'est pas l'enjeu ouvert, déclaré, mais il est là en tant qu'enjeu extrêmement important, même si souvent les principales parties belligérantes dénient cela, ce qui est bien entendu leur droit.

Voilà en quelques mots, juste pour vous donner une idée de ce que nous avons connu et que nous connaîtrons peut-être encore dans le gaz et ce que l'on appelle couramment les guerres du gaz. C'est une ouverture, si cela vous intéresse peut-être pourrez-vous un jour faire un colloque là-dessus. Merci.

## Jean-Pierre Favennec

Merci, Pierre Terzian, pour cette présentation traitant des enjeux du gaz, qui restent extrêmement importants. Vous mentionniez hier les diversifications nécessaires des approvisionnements, on voit bien comment les Russes actuellement sont en train de construire de nouveaux gazoducs qui évitent justement les pays dont vous avez parlé, on y reviendra peut-être dans la discussion après. Alors je suis d'ailleurs, en tant que responsable de cette table ronde, tout à fait impressionné parce que vous respectez tellement bien les délais que l'on est presque un tout petit peu en avance. Alors je vais passer maintenant la parole à Michel Trehard, qui est donc capitaine de vaisseau et qui est un bon spécialiste de toutes ces questions de consommation de pétrole dans l'armée. En fait, quand on a préparé cette table ronde, on a eu des discussions, et je vous l'ai dit tout à l'heure, ça a été aussi rappelé par Henri Laurens, cette fameuse formule de 1920 : « La victoire est arrivée sur une vague – ou sur une mer – de pétrole ». C'était le pétrole qui était venu depuis les États-Unis vers l'Europe pour soutenir l'effort des Alliés contre les Allemands, donc le pétrole était important. On trouve actuellement des articles qui montrent les besoins en pétrole très importants pour les guerres par exemple du Moyen-Orient ou en Afghanistan, avec le fait que pour avoir un gallon ou un litre de pétrole, d'essence ou de gasoil disponible sur le champ, il faut utiliser plusieurs fois cette quantité pour l'acheminer, le transporter, etc. Ce sont des choses tout à fait intéressantes, mais Michel Trehard justement, va peut-être aller un peu à l'encontre de cette idée traditionnelle et vous expliquer que le pétrole devient moins important. Ou alors je n'ai pas bien compris les discussions préliminaires, et je lui cède donc la parole pour parler du rôle actuel du pétrole dans les conflits et dans les armées.

## Michel Trehard

Merci. Oui, effectivement, peut-être relativiser un peu cette importance du pétrole pour l'outil militaire, parce que l'on ne souligne pas assez que cet outil a changé profondément de nature. Si l'on veut bien, à la technique, me mettre le diaporama… Voilà.

J'ai voulu, d'abord, vous choquer un peu par ces ordres de mobilisation générale qui ont tant traumatisé notre pays au siècle dernier. Et bien, vous ne risquez plus guère de voir un nouvel ordre de mobilisation générale placardé sur nos murs dans les années qui viennent. Non pas, hélas, que la guerre devienne impossible, mais tout simplement que techniquement, c'est la mobilisation qui ne l'est plus depuis qu'en France, nous avons laissé tomber, ou suspendu pour être exact, la conscription. Donc plus de mobilisation générale, et quand bien même on pourrait le faire qu'il faudrait pouvoir donner des armes à ces gens qu'on mobiliserait, or l'on n'aurait pas de quoi les armer. Et quand bien même on aurait de quoi les armer, encore faudrait-il qu'ils puissent les utiliser tant la sophistication des armes est maintenant poussée. Et donc ce que je voulais illustrer ici, c'est qu'il faut que nous, Français, changions de mentalité en ce qui concerne notre outil militaire : c'est bien la fin des gros bataillons.

C'est bien la fin des gros bataillons, et j'ai voulu l'illustrer par quelques chiffres. Vous avez à gauche une photo qui orne tous nos livres d'histoire, c'est celle de la 2$^e$ division blindée du général Leclerc, qui débarque en août 1944 un peu au nord d'Utah Beach. Et bien cette 2$^e$ division blindée comptait en ses rangs de l'ordre de 250 chars. Aujourd'hui, dans toutes les armées françaises, vous avez quatre régiments à 52 chars. Voilà une autre illustration de cette fonte des effectifs. Autre chiffre : le soir du 6 juin 1944, ce sont 156 000 alliés qui sont sur les plages ou dans l'arrière-pays normand. 156 000, c'est à peu près les effectifs aujourd'hui totaux de l'armée de terre et de la marine françaises réunies. Autre chiffre encore très impressionnant, c'est l'effectif de l'armée allemande en 1943-1944, c'est 9 500 000 hommes environ. Voilà, tous ces chiffres pour vous dire que l'on est bien dans un système où les gros bataillons, c'est terminé, et donc, corollaire, la grosse consommation également.

Et puis il y a un deuxième facteur, bien sûr, qui fait que l'outil militaire a profondément changé de nature : c'est la révolution technologique. Pour l'illustrer, quoi de mieux que l'aviation ? À gauche, le très emblématique Spitfire de la *Royal Air Force*, qui a été construit à 20 000 exemplaires. En bas, le Rafale, dont on pense doter la marine et l'armée de l'air française jusqu'à à peu près 250-260 exemplaires. Bien entendu, rien de commun, sur les performances des avions. Rien de commun non plus sur leur coût, ni sur leur temps de construction : on pouvait construire un Spitfire en quelques semaines, et apprendre d'ailleurs à le piloter en quelques semaines ; en ce qui concerne le Rafale, il faut quelques mois pour le construire, et quelques années pour le piloter.

Donc cette révolution technologique, ajoutée au fait que les effectifs ont fondu, fait que le besoin global des armées en carburant a diminué. Pour l'illustrer, quoi de mieux qu'une photo d'un porte-avions à propulsion nucléaire, qui au moment où il a été admis en service actif a diminué la facture annuelle de consommation de gazole de la marine de 30 % ? Et donc aujourd'hui, pour vous donner des ordres de grandeur, la consommation des armées françaises en carburant aviation est de l'ordre de 10 % de la consommation des aéronefs civils en France. 10 %, ce n'est pas négligeable, mais ce n'est quand même pas très élevé. Et la consommation en gasoil, marine ou routier – ce n'est pas tout à fait la même qualité de carburant mais tant pis, faisons un tir groupé – représente aujourd'hui moins de 1 % de la consommation globale civile française. Vous consommez, nous consommons aujourd'hui, avec nos voitures et les camions qui roulent sur nos routes, cent fois plus que les armées françaises ne consomment de gasoil. Bien entendu, vous allez me dire : « En cas de guerre, cela augmenterait ». Et bien non. Cela n'augmenterait pas : pas de mobilisation, pas de flux d'armements qui arriveraient de je ne sais où d'ailleurs, et donc pas de consommation augmentant de façon drastique. De toute façon, en partant de 1 %, on ne peut guère se lancer dans l'inflation.

Alors si l'outil militaire a changé, c'est aussi que la donne stratégique a changé. Je dirais qu'il y a au moins deux aspects que l'on peut citer – il y en a bien d'autres, mais au moins deux. Nous n'avons plus d'ennemi déclaré, c'est le premier point, donc c'est la fin de la grande guerre patriotique telle qu'on a pu la connaître lors des deux guerres mondiales, ou en tout cas la fin à court terme, sauf surprise stratégique, mais qui devrait nous laisser le temps de la voir venir. Et deuxième point, c'est, il faut bien l'avouer, que cela nous plaise ou non, l'arme nucléaire qui a considérablement changé les données du problème et qui a grandement contribué, elle aussi, à diminuer les risques de guerre, au moins entre puissances nucléaires.

Donc si les militaires aujourd'hui s'intéressent au problème du pétrole, ce n'est pas tant pour leurs propres besoins, c'est ce que j'essayais de vous montrer, mais c'est bien que selon leur analyse, les approvisionnements pétroliers sont menacés. Ils sont menacés, et notamment ceux qui nous proviennent du Moyen-Orient – mais vu d'un marin, c'est une affaire de point de vue, on va dire du golfe Persique et du nord de l'océan Indien. Menacés par quoi ? Et bien par le débordement des conflits locaux, je ne m'appesantirai pas là-dessus parce que M. Guillemin a parlé très longuement tout à l'heure, et avec beaucoup de talent, de la guerre Iran-Irak et de ses conséquences sur l'approvisionnement pétrolier. L'apparition du terrorisme est une deuxième menace. Comment ne pas mentionner l'attentat sur le pétrolier *Limburg* tout près des côtes yéménites en octobre 2002, qui faisait écho à l'attentat, deux ans avant, de la frégate américaine *USS Cole* à Aden ? Et la troisième menace, c'est celle que constitue la piraterie, dont on parle beaucoup en France depuis, on va dire, deux-trois ans, depuis l'affaire du *Ponant*, mais qui en réalité a crû de façon très importante dans le nord de l'océan Indien depuis le début des années 2000. Alors face à cette menace, la marine française n'est pas restée l'arme au pied : je vous montre cette photo qui le prouve, mais je laisserai plutôt la place aux questions s'il y en a sur ce sujet. Je voudrais simplement, pour faire écho à ce que disait tout à l'heure le professeur Laurens, souligner deux faits qui sont extrêmement importants et qui montrent la perception de cette menace. Le premier fait, c'est la re-création, en juillet 1995, de la 5ᵉ flotte américaine, dont la zone de déploiement est précisément le nord de l'océan Indien et le golfe Persique. Pendant la guerre froide, les Américains fonctionnaient avec quatre flottes, la 2ᵉ en Atlantique, la 6ᵉ en Méditerranée, la 3ᵉ et la 7ᵉ dans le Pacifique. Et bien ils ont éprouvé le besoin, face à la perception des enjeux du nord de l'océan Indien et du golfe Persique, de recréer la 5ᵉ flotte, qui porte le numéro cinq et qui est la cinquième en nombre, et dont l'état-major est à Bahreïn. Et enfin deuxième fait important, c'est la création d'une base française à Abu Dabi l'année dernière, inaugurée par le président de la République en mai 2009. Depuis à peu près trente ans que je suis dans la marine, je n'ai entendu parler que de fermetures de bases françaises en France et à l'étranger, et il y a une exception : c'est la création de cette base à Abu Dabi. Elle a évidemment un sens tout à fait particulier dans le contexte qui nous intéresse.

Merci.

## Jean-Pierre Favennec

Merci beaucoup, Michel Trehard. Vous avez donc bien justifié ce que je disais en introduction de votre conférence, et merci pour toutes ces photos tout à fait impressionnantes. J'ai envie maintenant de vous donner la parole. Il commence à être un peu tard dans la soirée, vous avez sûrement envie de parler, de poser des questions. Je vous donne donc la parole, et l'on reprendra éventuellement le micro, si je puis dire, pour une deuxième série d'interventions tout à l'heure.

## Jacques Maire

Ce n'est pas pour parler du gaz, même si je vais faire une remarque sur ce qu'a dit Pierre Terzian tout à l'heure. Il y a des situations avant la réorganisation du marché européen et la dissolution de l'URSS, et la situation après. Je dirais que quand j'ai connu le marché gazier, c'était un marché de quelques responsables qui avaient chacun le monopole de leur territoire en production ou en consommation, et j'ai coutume de dire que le système gazier européen avait été monté par une bande de copains qui avaient une confiance absolue les uns dans les autres, et qui surtout ne touchaient jamais au robinet. Le monde a changé, c'est une remarque, une constatation.

Ma question est un peu inconvenante. Durant ces deux jours, à moins que le point n'ait été abordé lorsque j'étais absent ou distrait, il n'y a jamais eu d'allusion au problème religieux. Or effectivement, on parle beaucoup de la religion musulmane, de son développement, de son influence dans un certain nombre de pays, et ici on n'en a pas parlé du tout. Alors est-ce que ce n'est pas la peine d'en parler, ou est-ce qu'il y a quelque chose à dire ?

## Henry Laurens

C'est lié à la rente pétrolière. S'il y a des pays religieux, évidemment ils vont utiliser le pétrole pour faire de la propagande religieuse, et l'on connaît le rôle que l'Arabie saoudite a eu pour diffuser une certaine forme d'islam ces dernières décennies. Mais du point de vue purement pétrolier, ça ne compte pas. Ce qui compte, c'est la relation producteur-consommateur. À une époque, vous aviez des pays « progressistes », « anti-impérialistes », etc., et ils étaient bien heureux de vendre leur pétrole aux pays impérialistes et capitalistes : l'Algérie, l'Irak... Aujourd'hui, M. Chavez peut vomir les Américains comme il veut, mais c'est à eux qu'il vend le pétrole. Je dirais, pour prendre une formule un peu osée, que le pétrole n'a pas d'odeur.

## Pierre Terzian

Je ne suis pas sûr que ce soit vraiment très important. Je prends l'exemple de l'Irak, qui a été le pays le plus turbulent en matière de guerre dans la région du Golfe : ça a été aussi le pays le plus laïc de la région. Donc je ne pense pas qu'il y ait vraiment un lien entre religion et guerre du pétrole ou guerre pour le pétrole. Je pense que le pétrole est une arme économique comme une autre, et l'enjeu pour lequel il faut se battre, mais je ne pense pas que... Donc si jamais la religion intervenait, elle interviendrait comme tout à fait un autre facteur. Mais je ferai remarquer encore une fois que le pays qui a attaqué l'Iran à un moment donné, puis le Koweït dans la foulée, ça a été le pays le plus laïc de la région.

## Public

J'ai une question pour le capitaine de vaisseau Trehard. Vous nous avez donné des chiffres sur le poids de l'armée française dans la con-sommation de carburant de l'ensemble du pays, est-ce que vous pourriez aussi nous donner des ordres de grandeur sur l'évolution de la consom-mation de carburant de l'armée française depuis, mettons, la fin de la

Seconde Guerre mondiale ? On a tous à l'esprit cette image, certes anec-
dotique, de l'armée de terre au mois de décembre qui fait tourner à vide
ses camions pour terminer l'année budgétaire. Au delà de ça, si l'on veut
être un petit peu sérieux, quelle est effectivement l'évolution de la
consommation de carburant de l'armée française, non pas relativement à
celle de l'ensemble du pays, mais dans le temps depuis une quarantaine
d'années ?

## Michel Trehard

Je n'ai pas de chiffres qui remontent au-delà d'une dizaine d'années.
Les chiffres que j'ai remontent au début des années 2000, et depuis le
début des années 2000 ça diminue. Mais je n'imagine pas qu'il ait pu en
être autrement. Puisque encore une fois, ce sont bien les effectifs d'une
part et le nombre d'outils militaires d'autre part qui déterminent la
consommation. Or les uns et les autres ont été en diminution. Mais je
suis désolé, je n'ai pas les chiffres avant 2002.

## Public

Une question pour revenir sur l'intervention du professeur Laurens à
propos des guerres virtuelles du pétrole ou autour du pétrole. Le bras de
fer que nous connaissons aujourd'hui entre l'Iran et certains pays occidentaux n'a-t-il pas un double aspect ? D'abord, celui que nous connaissons le plus, c'est-à-dire la question du nucléaire militaire et l'importance stratégique qu'il revêt. N'y a-t-il pas un deuxième enjeu tournant
autour de la question énergétique, l'Iran revendiquant la souveraineté
énergétique afin de pouvoir peser comme il estime devoir pouvoir le
faire sur le marché du pétrole et le marché du gaz, en s'affranchissant
des tutelles actuelles des majors occidentales, tandis que les pays occidentaux chercheraient à maintenir ces mêmes tutelles ?

## Henry Laurens

Je ne crois pas que cela soit le cas sur le deuxième aspect, compte
tenu du fait que depuis 1980, les États-Unis mènent une politique d'iso-
lement de l'Iran, en particulier du point de vue des oléoducs, etc. L'Iran
a toujours trouvé des clients, malgré tout, mais souffre quand même de
la politique d'embargo menée par États-Unis. Quelque soit la notion
d'indépendance énergétique, on retombe toujours à un moment sur la
relation nécessaire et indispensable entre un producteur et un consommateur. Et l'on a toujours l'idée que le consommateur dépend du producteur, mais cela fonctionne aussi dans l'autre sens. Si vous n'avez
plus personne pour acheter votre pétrole, vous êtes bien embêté. Et ça,

l'Arabie saoudite l'a compris depuis le début, pratiquement. Elle a géré sa politique pétrolière en fonction aussi des intérêts des consommateurs.

## Pierre Terzian

La dépendance des exportateurs est infiniment plus grande que la dépendance des consommateurs, on l'oublie. Il y a des pays qui tirent 90 %, 95 %, 99 % de leur revenu des exportations de pétrole. Pour le gaz, on n'a pas les mêmes amplitudes, mais la dépendance gazière de certains pays est également énorme. Donc on parle beaucoup, et c'est un tort bien connu, de notre dépendance, en tant que consommateurs importateurs, mais l'on ne parle pas assez de leur dépendance, des pays exportateurs qui dépendent fortement des revenus d'exportation, et qui ont donc besoin que le pétrole, le gaz, circulent. Ce qui explique que l'on construise par exemple, on en parlait tout à l'heure, des gazoducs qui contournent des pays à problèmes pour être sûr que le gaz arrivera, pas seulement pour le consommateur mais pour aussi le vendeur.

## Jean-Pierre Favennec

Merci Pierre Terzians. Juste une petite remarque : je suis tout à fait d'accord avec vous sur cette dépendance réciproque, et d'ailleurs on constate très vite, lorsque l'on regarde par exemple la dépendance européenne en gaz par rapport aux fournitures russes, qu'en volume, en valeur ces importations représentent relativement peu par rapport aux importations européennes, alors que pour les Russes c'est très important. Ceci dit bien sûr, et là c'est une boutade, si les Russes nous coupent le gaz en plein hiver, on risque d'avoir froid. Pas tellement nous, parce qu'en France on est très approvisionnés par d'autres pays, mais certains pays européens en dépendent complètement. Mais sur le long terme il est clair que vous avez parfaitement raison. En plus, ce que l'on avait beaucoup dit quand il y a eu des conflits autour du gaz en Russie l'année dernière, quand les exportations russes se sont arrêtées pour un certain temps, c'est une marque de défiance. Et Jacques Maire le disait tout à l'heure, je reprends peut-être mal ses propos, avant c'était « une bande de copains qui géraient ensemble les tuyaux », maintenant lorsque l'on a une interruption comme ça, on peut ne peut plus être tellement copains. Donc merci beaucoup. Pierre Bauquis avait une question.

## Pierre Bauquis

Pour le capitaine de vaisseau Tréhard. Une toute petite remarque à ajouter sur la comparaison des gros bataillons, le Spitfire et le Rafale. Sur le projet technologique, je crois qu'un Rafale consomme dix fois, par unité de puissance bien évidemment, qu'un Spitfire. Alors la question, par contre, est plus sérieuse. Le *sister-ship* du *Charles-de-Gaulle*, cela fait dix ans que l'on en parle, il y a eu un arbitrage rendu lorsque M. Chirac était encore président pour que le second porte-avions soit à propulsion classique et non plus nucléaire. Est-ce que l'on peut dire quelque chose sur les vraies raisons de cette option qui semble être une régression ? Est-ce que c'est un manque de moyens financiers, une différence de fiabilité, de performance ? Est-ce que l'on peut dire quelque chose d'officiel sur ce choix qui paraît surprenant, ou est-ce que c'est la relation avec les deux bateaux anglais qui a tout pourri ? Qu'est ce que l'on peut dire là-dessus ?

## Michel Trehard

Alors d'abord, moi je ne peux rien dire d'officiel, c'est une question qu'il faut poser à M. Sarkozy pour avoir une réponse officielle. Maintenant, je peux donner simplement une approche de technicien, et vous dire quels sont les avantages et les inconvénients de l'une et l'autre solution. Ça c'est du domaine public, et d'ailleurs vous pouvez lire les débats du Parlement qui sont dans le *Journal Officiel* sur ce sujet-là, donc je ne vais rien dire d'autre que ce qu'il y a là-dedans – si ce n'est l'éclairer d'un point de vue de praticien.

Alors dans l'avantage du nucléaire, il y a évidemment l'indépendance que cela donne vis-à-vis de la ressource pétrolière. Ça, ça tombe sous le sens. Et il y a un deuxième avantage, qui est la très grande autonomie. Pour vous donner une idée, quand on avait un porte-avions à propulsion classique, il fallait le ravitailler tous les quatre jours. Alors que le *Charles-de-Gaulle*, la photo que je vous avais montrée tout à l'heure, où l'on voit le *Charles-de-Gaulle* avec le pétrolier à côté, est une photo qui a été prise pendant la mission « Héraclès » au large du Pakistan, la mission qui a contribué à la chute du régime taliban. J'étais à ce moment-là le commandant du pétrolier, on ravitaillait le *Charles-de-Gaulle* à peu près toutes les semaines, et le rythme de la semaine n'était fixé par rien d'autre que par les besoins en logistique aéro, en pièces de rechanges aéronautiques. Donc si vous voulez, la première limite logistique du *Charles-de-Gaulle*, et c'est encore le cas aujourd'hui, c'est la logistique aéro. Et puis si l'on devait faire une campagne nécessitant beaucoup de dépenses de munitions, une campagne aérienne, ça serait aussi sans doute ces munitions aéro qui seraient la première limite logistique du *Charles-de-Gaulle*. Donc une grande autonomie, et puis l'on s'affranchit du problème de la dépendance au pétrole, et de la dépendance au prix du pétrole, car c'est quelque chose que l'on regarde d'un peu près, comme vous imaginez.

Les inconvénients de la propulsion nucléaire, c'est que l'on ne bricole pas avec le nucléaire. Quand on avait des porte-avions à propulsion

classique, et bien ma foi quand il y avait une chaudière qui ne fonctionnait pas sur les quatre, on appareillait avec trois chaudières, et puis
voilà. On était limité en vitesse, et on n'en faisait pas une affaire. On ne
bricole pas avec le nucléaire. Donc pas d'impasse en termes de maintenance et d'entretien. Et ça a un coût exceptionnellement élevé. La
deuxième limite du nucléaire, c'est aussi, cela peut vous paraître un petit
peu curieux, un problème de compétences humaines. C'est-à-dire qu'il y
a derrière des compétences à maintenir, en termes d'effectifs et en
termes de nombres importants, qui font que l'on tire un peu la langue
dans une marine de petits effectifs. On manque un peu de ressources
dans ce domaine.

Que dire d'autre sur le débat entre l'un et l'autre ? Après, les choix
restent au niveau du politique.

## Public

Donc c'est pour rebondir sur l'axe gaz et guerre. M. Terzian, vous
nous avez donc montré que la diversification des gazoducs était une
solution pour réduire l'impact de cette arme. En faisant le parallèle avec
le pétrole, on peut aussi penser aux stocks stratégiques. Alors au niveau
international, cela a été un peu écarté par l'AIE, qui pense que ce n'est
pas forcément pertinent, mais que pensez-vous de la pertinence de
stocks au niveau national ou européen, et est-ce qu'ils sont à déléguer
juste aux entreprises, ou est-ce que l'État a un regard à avoir dessus ?

## Pierre Terzian

À la différence des stocks de pétrole, il est vrai qu'il n'y a pas de réglementation aussi stricte, aussi générale en matière de gaz, et l'on
trouve donc des différences entre pays. Certains pays sont bien dotés en
stocks de gaz, c'est par exemple le cas de la France, d'autres beaucoup
moins, pour des raisons différentes. Mais c'est effectivement un problème de plus en plus important, et la tendance actuellement, c'est que
tous les pays qui dépendent du gaz, qui consomment du gaz sont en train
d'augmenter leurs stocks. Ils se rendent compte que c'est vraiment très
important. Pour le moment, on n'est pas au même niveau, en termes
absolus, que le pétrole, mais il ne faut quand même pas oublier que la
dépendance, par rapport au gaz, n'est pas aussi forte que par rapport au
pétrole. On ne peut pas se passer du pétrole dans certains secteurs,
notamment les transports, mais l'on peut se passer dans beaucoup de cas
du gaz : on peut recourir à l'électricité, au charbon, au gasoil, etc. Ce qui
explique un petit peu que l'on a prêté moins d'attention à la nécessité
d'avoir des stocks stratégiques de gaz que des stocks de pétrole. Et puis
les importations n'étaient pas de même nature, de même niveau, de

même provenance. Beaucoup de choses expliquent ces différences. Mais la tendance est actuellement, vraiment, pour les pays qui ne sont pas bien dotés... Il y a aussi un problème, et l'on va là dans des considérations un peu techniques, c'est que la constitution de stocks de gaz prend beaucoup de temps. Ce n'est pas aussi facile qu'un stock de réservoirs de pétrole. M. Maire, qui est là, pourrait vous en parler très longtemps : pour faire une cavité de stockage souterraine, il faut des années et des années pour le gaz. Pour le pétrole, c'est beaucoup plus rapide, ce qui fait que vous avez parfois une pénétration du gaz dans un pays... Je prends le cas de l'Espagne, qui est un bon exemple je crois. La pénétration du gaz a été très rapide, ce pays consommait très peu de gaz, et puis en quelques années, la consommation de gaz s'est envolée, ce qui fait que le stockage est très en retard, parce qu'il faut beaucoup de temps pour constituer des cavités pour stocker du gaz. Mais ça explique aussi, en partie, le « retard » entre stockage de gaz et stockage de pétrole, mais c'est un sujet très vaste, bien entendu.

## Jacques Maire

Deux mots. D'abord, il n'y a pas seulement le temps, il faut que la couche biologique existe. Autrement dit, il y a des pays qui n'auront jamais de stocks souterrains de gaz, parce qu'ils n'auront ni couche biologique sédimentaire, ni couche de sels, donc il faudra qu'ils trouvent autre chose. La deuxième chose, sur le plan des obligations ou autre : là aussi, il ne faut pas oublier que l'on vient d'une situation d'organisation de marché dont j'ai parlé tout à l'heure à une situation où le marché est réparti entre des entreprises et les pouvoirs publics. Donc se posent des problèmes juridiques et de responsabilité, qui, il faut bien le dire, ne sont pas encore traités au niveau européen pour savoir qui fait quoi dans la sécurité d'approvisionnement qui reste, indépendamment du discours, en grande partie orpheline.

## Public

J'ai été économiste dans le pétrole, et par conséquent il y a une question que j'aurais voulu voir un peu soulevée, bien qu'elle soit extrêmement difficile. Ce sont les rapports du pétrole, de la guerre et du prix du pétrole. Alors là, nous avons eu des exemples il n'y a pas très longtemps, des faits considérables. Mais je pense que chacun se dit : « S'il y a une guerre – on lit ça dans les journaux – le pétrole sera à 400 $ le baril ». Je dis ça, bien entendu, je ne commente pas davantage. Mais je veux dire, c'est l'un des facteurs très importants pour ceux qui seraient en mesure, ou désireux, de déclencher une guerre.

## Jean-Pierre Favennec

Je vais répondre très rapidement, et si mes collègues veulent également répondre, ils le feront. Je rappelle simplement que le 20 mars 2003, qui est le jour où Geroges W. Bush annonçait qu'il rejetait les propositions de Sadam Hussein et qu'il allait attaquer le lendemain l'Irak, le prix du pétrole est tombé de 35 $ à 25 $ le baril. Et l'on retrouve la même chose le 17 janvier 1991, le jour où les premières bombes américaines sont tombées sur Bagdad à l'occasion de la première guerre du Golfe : le prix du pétrole, alors que tout le monde s'attendait à le voir exploser, est également tombé. Tout simplement, et ça c'est mon analyse, parce que pour moi le prix du pétrole est une anticipation, et dans ce cas-là on anticipe le retour à la normale à horizon plus ou moins lointain alors que l'on est sur une situation de tension. Maintenant, cela ne préjuge pas d'une situation différente qui est une situation dans le futur où il risque d'y avoir compétition pour les ressources.

## Henry Laurens

Alors vous avez un cas réel qui est peu d'anticipation, c'est 1973. On a toujours l'idée qu'il y a des décisions de chefs d'État arabes qui ont lancé le mouvement à la hausse en octobre 1973. Mais la hausse, elle a été lancée par la destruction d'infrastructures pétrolières syriennes par l'aviation israélienne, ce qui a fait que justement, le pétrole de l'Irak commençait à ne plus arriver sur la Méditerranée et commençait déjà à déséquilibrer un marché qui était lui-même à un point d'équilibre assez fragile. Donc là, vous avez la destruction d'une infrastructure matérielle qui lance le mouvement. Et alors ensuite, dans les jours suivants, il y a les décisions politiques. Mais l'on a complètement oublié le rôle que l'aviation israélienne a eu dans l'origine de la hausse des prix du pétrole.

## Pierre Terzian

Si je peux faire juste une petite remarque… En toute humilité, les marchés pétroliers ont tellement changé qu'il est très difficile aujourd'hui de parler du problème que vous évoquez. En juillet de l'année 2008, lorsque les prix ont atteint leur niveau record historique de 147 $, il n'y avait pas de guerre, il n'y avait rien, aucune menace militaire. Le facteur financier, le poids des acteurs financiers sur les marchés pétroliers est tellement important, tellement nouveau, tellement incontrôlé, tellement difficile à comprendre même – jusqu'à présent on n'arrive pas à comprendre exactement le lien entre les deux marchés, financier et physique – que personne n'est capable de dire aujourd'hui comment un tel marché se comporterait devant une menace de guerre quelque part, sur un oléoduc, sur un détroit, etc. Probablement par une réaction tellement plus ample que celles que l'on a connues dans le temps qu'effecti-vement, la volatilité serait plus grande. Mais nous sommes devant un marché pétrolier très nouveau depuis la financiarisation extrême de celui-ci, et nous avons du mal à comprendre le fonctionnement de ce marché qui est capable, du jour au lendemain, de tomber de 150 $ à 30 $ – c'est ce qui s'est passé, pratiquement, entre l'été et décembre 2008. Les données ont beaucoup changé. Il y a des dizaines d'experts et d'ins-titutions qui travaillent pour essayer de comprendre le fonctionnement actuel des marchés, des régulateurs qui passent des nuits blanches là-dessus, à essayer de mieux réguler ces marchés, mais personne n'a encore pu trouver la solution. Ça sera encore une discussion entre une trentaine de ministres en mars prochain à Cancún, et je ne sais pas s'ils parviendront à une solution.

## Michel Trehard

C'est une question très intéressante. Tout à l'heure, j'ai tenté de rela-tiviser le poids du pétrole dans le fonctionnement de nos armées, en revanche je ne relativise pas du tout le poids du prix du pétrole dans ce fonctionnement, bien au contraire. À la question que l'on me posait tout à l'heure, une partie de la réponse est évidemment : quel sera le prix du pétrole dans dix ans, dans vingt ans ? Si l'on construit un deuxième porte-avions, il s'agit de prévoir cela sur les quarante ans qui viennent. Donc je ne sais pas si quelqu'un ici est capable de nous fixer le prix du pétrole la semaine prochaine, alors vous imaginez dans les quarante ans qui viennent ! Et pourtant, si l'on veut faire un choix économique rationnel, c'est bien à ce genre d'exercice qu'il faut se livrer. En tout cas, quand on a un prix du pétrole qui varie, qui fait le yo-yo, et bien c'est directement l'activité de nos armées qui fait également le yo-yo en parallèle.

## Jean-Pierre Favennec

Merci pour ces réponses. Moi j'ai envie, on ne va peut-être pas tarder à conclure, de poser pour une fois moi-même une question aux trois participants de la table ronde. Question relativement simple, mais la réponse n'est peut-être pas facile. Le thème est donc « Pétrole, guerre, guerre pour le pétrole, pétrole pour la guerre ». On peut imaginer un scénario, dans les vingt ou trente prochaines années, où la consomma-tion de pétrole, même si ce n'est pas forcément évident, devrait conti-nuer à augmenter, en particulier à cause du développement de la de-mande en Chine, en Inde et dans un certain nombre de pays émergents. Donc cela fera une demande qui va continuer à croître, et en principe, nous disent les experts, les géologues – et il y en a un certain nombre dans la salle – la production de pétrole ne peut plus augmenter indéfiniment. Donc la question que je voulais vous poser, c'est : sentez-vous venir des conflits pour la répartition des ressources ? On parlait il y a quelques années du fait que les États-Unis voulaient prendre moins de pétrole en Moyen-Orient, davantage en Afrique, que les Chinois cherchent à prendre davantage de pétrole en Afrique, donc est-ce que vous pensez que ce genre de situation peut conduire, dans un avenir plus ou moins lointain, du fait aussi des besoins des armées, même s'ils sont plus restreints, à des conflits plus ou moins explosifs sur cette matière première qu'est le pétrole ?

## Henry Laurens

Je ne crois pas, au sens où vous avez un marché unique du pétrole. Même quand il y eut des embargos pétroliers en 1973, personne ne faisait la traçabilité réelle des cargaisons qui étaient parties du monde arabe, et puis les compagnies faisaient ce qu'elles voulaient dans les redistributions du pétrole. Il ne faut pas confondre les rivalités de grandes firmes internationales de stratégies de pays pour accéder à telle ou telle zone de production. Le marché, lui, est mondial. Alors l'autre hypothèse, c'est que s'il y a la guerre, la vraie, alors à ce moment-là il n'y a plus de marché, comme en 1914 ou en 1939-1940. Le marché disparaît, on change totalement de système.

## Pierre Terzian

Le marché ne disparaîtra pas. Mais il agira, il utilisera la circulation à sa façon. Mais il ne disparaîtra pas. En tout cas le marché tel que nous le connaissons maintenant. Le marché des années que vous avez évoquées, oui. Mais le nouveau marché que nous connaissons ne disparaîtra pas, il va exploiter la situation. Mais pour en revenir à la question qui est posée, je crois qu'il faut intégrer de plus en plus le facteur technologique dans ces équations-là. Les grands groupes pétroliers et énergétiques l'ont déjà fait depuis longtemps, mais il faut intégrer ce facteur. Il y a par exemple des sources d'hydrocarbures qui existaient, dont on connaissait l'existence, qui n'étaient pas exploitables aux conditions techniques et économiques d'une certaine époque, et qui le sont aujourd'hui, à condition d'y mettre le prix et à condition d'avoir la technologie. Et la donne change complètement : tout à coup, vous avez des pays comme le Vénézuela avec leur brut extra-lourd, ou le Canada avec les sables bitumineux, qui deviennent des colosses en matière de réserves, et qui ne l'étaient pas il y a encore dix ou quinze ans, parce que l'on ne savait pas exploiter à des conditions économiques ces ressources très difficiles. Là on parle de pétrole, mais si l'on parlait du gaz, on aurait quelque chose de similaire avec un pays comme les États-Unis et le gaz de schiste. Et aujourd'hui, si vous êtes capable de mettre 60 000 $ pour augmenter d'un baril par jour la capacité de production dans les sables de l'Alberta, vous avez votre baril. Si vous êtes capable de mettre 35 000 $ pour avoir un baril par jour de capacité dans l'Orénoque, les bruts exta-lourds du Vénézuela, ainsi que la technologie nécessaire dans l'un et l'autre cas, vous l'avez, votre baril, il n'y a plus de problèmes. Il fait intégrer le facteur technologique dans la nouvelle donne, et c'est pour cela que je suis tenté de dire, en clôture à cette session, que les risques sont en train de diminuer, grâce au progrès technique. Ça aussi, c'est un facteur dont il faut tenir compte. Le progrès technique ouvre des horizons nouveaux en matière de ressources, et encore, on n'a pas évoqué un tas d'autres possibilités. Mais puisque le thème, aujourd'hui, c'est la guerre, et bien la technologie contribue à réduire les risques que créent les dépendances extrêmes entre différentes parties, que cela soit pour le gaz ou pour le pétrole.

## Michel Trehard

Moi je ne sais pas lire l'avenir. Ce dont je peux témoigner, c'est qu'il y a en tout cas une préoccupation mondiale sur la sûreté des approvisionnements pétroliers. Si aujourd'hui, vous voulez voir des bateaux de toutes les nationalités, vous avez deux solutions : vous allez au salon Euronaval au Bourget, c'est tous les deux ans, vous aurez des bateaux de toutes nationalités en photo. Et la deuxième solution, c'est que vous allez faire une petite croisière à l'ouvert du golfe d'Oman, du golfe Persique. Et là, vous avez une espèce de forum mondial de toutes les marines. Vous trouverez des bateaux japonais, de toutes les puissances occidentales bien entendu, européennes, américaines, australiennes, vous trouverez des bateaux chinois maintenant, des bateaux indiens, qui se préoccupent beaucoup de ce qu'il se passe dans leur voisinage, des bateaux russes... Donc il y a vraiment une préoccupation mondiale sur l'approvisionnement pétrolier, notamment dans cette zone, parce que tout le monde fait en gros la même analyse que je vous ai faite tout à l'heure, c'est-à-dire : risque de débordements des conflits locaux, c'est-à-dire piraterie, terrorisme. Et ça, ce n'est pas du futur, c'est maintenant.

# Conclusions

Georges-Henri SOUTOU

*Institut de France*

Après un colloque aussi riche, je ne vais bien entendu pas pouvoir tout vous décrire, tout résumer. Je commencerais peut-être par quelques réflexions sur la partie militaire, guerrière, du sujet, et je passerai ensuite à la présentation d'un certain nombre de couples quelque peu dialectiques, qui me sont apparus au cours de nos débats.

D'abord, premier couple dialectique, le pétrole comme but ou comme enjeu, étant entendu que ce n'est pas la même chose. L'allemand est là plus précis que le français et distingue entre *Ziel* et *Zweck*, ce qui correspond assez bien à ce que je veux dire. L'enjeu, c'est plus large que le simple but, cela replace le pétrole pas seulement dans les nécessités de la possession disons matérielle, physique, des champs pétrolifères, mais dans toute la gamme des utilisations possibles, y compris d'ailleurs les pressions ou les manœuvres sur les prix du pétrole, à la marge. Si l'on possède un peu de pétrole, on peut contribuer à influencer le cours du baril, même si l'on est obligé d'en importer ; bien entendu, vous savez cela finalement mieux que moi.

D'autre part, nous avons fait évoluer, au cours du colloque, mais aussi dans la table ronde finale, le sujet du titre de « guerre » à « sécurité ». Le mot « sécurité » est revenu au moins aussi souvent que le mot « guerre », et il présente à mes yeux l'intérêt d'être très large et de récupérer toutes les questions de politique internationale, mais également les questions les plus techniques et les plus complexes en matière strictement pétrolière qui ont pu être abordées. La sécurité, en matière de pétrole, ce n'est pas seulement la possession physique, ou disons l'accès physique aux ressources pétrolières, c'est également une certaine sécurité des prix. Que les prix ne soient pas l'objet de chantages politiques, ça a été souvent présenté au cours de notre colloque comme un danger, ça s'est d'ailleurs à certains moments produit, on en a vu des exemples. Et puis sécurité des prix, je dirais dans la prospective, dans l'avenir : il nous a été rappelé qu'on ne peut pas lancer des investisse-

413

ments vers des champs plus difficiles à exploiter, ou vers des méthodes d'obtention des hydrocarbures plus coûteuses, comme les schistes bitumineux, si l'on n'a pas quand même la garantie qu'au moins sur le moyen et le long terme, ces nouvelles productions seront rentables.

D'autre part, troisième couple, c'est le débat ou l'opposition qu'on a vu se dessiner tout au long de ces deux jours entre la notion d'autarcie, voire d'autarcie régionale (l'Europe nationale-socialiste ou la sphère de coprospérité asiatique), ou au contraire une vision mondiale, libérale, la vision du marché selon laquelle les autarcies régionales sont tout à fait nocives à long terme pour l'économie, et ne se comprennent que dans un cadre guerrier ou géopolitique et certainement pas dans un cadre d'économie rationnelle.

Autre couple que nous avons vu également se dégager : le débat qui a touché la France tout particulièrement sur la recherche de la sécurité dans le domaine du pétrole comme des matières premières en général, parce que la France est historiquement pauvre en matières premières énergétiques. La France a souffert d'un déficit charbonnier permanent tout au long du XIX$^e$ siècle. Quand, à ce déficit charbonnier structurel s'est ajoutée l'absence totale, ou à peu près totale, d'hydrocarbures sur le territoire national, on a débouché dès la guerre de 1914-1918 sur une véritable politique française des matières premières, mais qui a été très critiquée, contestée, qui l'est toujours bien entendu, car d'autres pensent que seul le marché mondial le plus libre possible, le plus transparent possible et le plus fluide possible permet d'assurer au meilleur compte, à tout moment, l'approvisionnement nécessaire. C'est un débat qui, j'y reviendrai, n'est toujours pas clos.

Autre couple quelque peu dialectique, c'est le rôle de l'État et celui des grandes compagnies privées. Là aussi, c'est un débat assez franco-français, mais enfin nous ne sommes pas tout à fait les seuls malgré tout. Le rôle de l'État qui n'est jamais absent, même s'il est plus hypocrite ailleurs, et le rôle des grandes compagnies pétrolières privées. Il y a une véritable relation très complexe qui s'est dégagée.

Je reviens un peu à l'aspect militaire. Premier point : l'essence, le pétrole, tous les éléments dont nous parlons, sont extrêmement commodes. L'exposé qui nous a été fait par M. Vaisset sur le passage des marines à la chauffe au mazout était parfaitement éclairant. Essayer le mazout, pour une marine, c'est l'adopter, c'est tout à fait clair. Il suffit de se souvenir ce que représentaient les centaines de soutiers à bord des grands bâtiments chauffés au charbon : au cours des batailles, le moindre choc à cause d'une salve reçue sur le bâtiment provoquait des dizaines de blessés et des désastres dans les soutes, c'était absolument épouvantable. Il est évident que l'on n'imaginait pas autour de 1914 de revenir là-dessus. Et en ce qui concerne notre temps, je suis absolument convaincu que de nos débats on peut retirer en tout cas une conclusion fondamentale : nous ne nous passerons pas, et les forces armées pas plus que n'importe qui, des hydrocarbures, même si l'utilisation de ceux-ci peut évoluer.

Cela étant dit, les hydrocarbures présentent leurs propres problèmes. Il faut protéger les installations qui sont complexes, nous avons eu là-dessus un exposé très intéressant sur le problème des raffineries, installations fixes, points de passage obligés qu'il faut arriver à surveiller : à l'époque des guerres, évidemment contre des attaques possibles, à l'époque du terrorisme aussi. Nous avons eu en même temps quelques correctifs. Tout cela est plus complexe, car on a pu constater, grâce à l'exposé qui nous a été fait par M. Nadimi sur l'industrie du pétrole iranienne, que certes ces installations sont fragiles, mais que l'on arrive, même en cas de guerre ou d'attaque, à les maintenir vaille que vaille en fonctionnement. On a eu des expériences à peu près du même ordre en Allemagne pendant la guerre. Les installations fabriquant l'essence de synthèse par hydrogénation du carbone étaient extrêmement fragiles, le moindre bombardement démolissait les tuyaux. Elles ont fonctionné, elles ont fonctionné jusqu'au bout, avec des baisses puis des remontées de production. Il est très intéressant de voir que la complexité des systèmes d'hydrocarbures doit être mise en rapport avec l'efficacité historiquement limitée des frappes aériennes en particulier. On a quand même maintenant un nombre d'exemples suffisant pour voir que les promesses des aviateurs – j'espère qu'il n'y en a pas dans la salle – n'ont jamais été totalement tenues.

Mais le pétrole, avant d'être raffiné, doit être transporté. Et là aussi, nous l'avons vu avec l'exposé de M. Doessant sur toute la politique française pour essayer de sécuriser les approvisionnements pétroliers, on constate que la vague de dérégulation dans les années 1990 a conduit à l'abandon de toute une série de dispositions, alors que cette politique française de transport national des hydrocarbures entrait très bien dans une politique française générale de contrôle des matières premières pour un pays qui est obligé toujours d'en importer beaucoup. Nous avons eu également de passionnants exposés sur les pays neutres européens privés, dans une large mesure, de leur approvisionnement habituel en hydrocarbures pendant les deux guerres mondiales. On nous a exposé des moyens de substitution, de rationnement. Les neutres s'en sont finalement mieux tirés qu'on ne pouvait le craindre. La question se pose de savoir si aujourd'hui dans les mêmes circonstances, étant donné le poids beaucoup plus important, qui a été rappelé à différentes reprises, pris par les hydrocarbures dans l'économie des pays développés, ils arriveraient à maintenir vaille que vaille leur existence nationale.

D'autre part, la guerre c'est aussi, d'une certaine façon, la poursuite de la politique par d'autres moyens, et le pétrole, c'est aussi la poursuite de la politique par d'autres moyens. Il y a des zones intermédiaires entre l'état de guerre et l'état de paix, on le voit très bien avec les exposés concernant les conséquences pétrolières de la crise de 1956-1957 et par la suite également, j'y reviendrai, avec les conséquences de la guerre Irak-Iran. Le pétrole est, dans ces cas-là, un objet en lui-même, et il entre en même temps dans tout un complexe très politique, très straté-gique, qu'on ne peut pas limiter à des calculs purement économiques. D'autant plus, ça a été dit mais j'y reviens, qu'il y a eu, en particulier dans les années 1950 et 1960 – et ce n'est pas totalement retombé, si vous prenez le cas de certains pays d'Amérique latine en ce moment, ça continue – le pétrole, ou le gaz, ont fini par représenter dans le cas de l'Algérie, mais il y bien d'autres cas, le symbole d'un développement national et de l'indépendance nationale. Dans le prolongement d'une guerre de libération extrêmement dure dans le cas de l'Algérie, il est évident qu'il s'est ajouté à cela un côté passionnel et il est tout à fait évident, quand on lit les négociations pétrolières et gazières franco-algériennes dans les années qui ont suivi l'indépendance, qu'il y a des deux côtés des facteurs qui ne sont pas purement d'analyse écono-mique : il y a des ressentiments, il y a des inquiétudes qui se sont mani-festés et qui dépassent l'analyse strictement économique. Nous avons eu également un exposé sur le fait que le pétrole, les droits d'approvision-nement, et vous faisiez allusion, commandant Trehard, dans votre der-nière intervention à cette présence navale internationale impressionnante tout autour des zones de ravitaillement du golfe Persique, il est évident qu'il y a là toute une diplomatie navale qui oscille entre la protection physique des bâtiments, éventuellement contre des pirates d'ailleurs, et d'autre part l'action dissuasive, la présence dissuasive pour montrer l'in-térêt, pour exercer une pression. Peut-être aussi, d'ailleurs, qu'un spécia-liste nous dirait que cette présence navale massive portant quand même certaines garanties arrive, malgré tout, à réduire un peu les variations de prix, même si je suis très très sensible à ce qui a été dit au moment de la table ronde sur le fait que l'on est moins capable qu'on ne l'a jamais été de prévoir l'évolution des prix du pétrole. C'est un point, je trouve, tout à fait essentiel. Alors on voit très bien, là, le rôle des marines, et ça n'a rien de nouveau pour l'historien. Évidemment, dans d'autres temps ce n'étaient pas les problèmes du pétrole, mais si vous prenez par exemple l'histoire de la Méditerranée au XIX$^e$ siècle, les marines britanniques, françaises, et plus tard également italiennes ont joué constamment un rôle je dirais politico-militaire, diplomatico-politique. Cette espèce de présence, avec souvent d'ailleurs des opérations humanitaires et pas simplement de protection des voies de communication, fait partie de la mission même des marines. Je rappelle que sous l'Ancien Régime, le secrétaire d'État à la Marine contrôlait tout une partie de la diplomatie. Les affaires extérieures n'étaient pas uniquement affectées au secrétariat d'État aux Affaires étrangères, mais étaient reparties en différents ressorts ministériels, y compris la Marine, en particulier bien sûr là où les seules voies d'accès possibles étaient maritimes.

Alors j'en viens maintenant au problème du pétrole comme but de guerre. Il est évident que pour l'Allemagne dans les deux guerres mondiales, c'est un but. On nous a parlé du pétrole roumain, c'est évident. Pendant la Deuxième Guerre mondiale, la stratégie hitlérienne était largement orientée vers les champs de pétrole, et l'état-major d'Hitler d'ailleurs le lui reprochait. L'état-major d'Hitler trouvait qu'il axait trop la stratégie allemande sur la conquête des pétroles du Caucase, et éventuellement du Moyen-Orient. L'état-major aurait préféré attaquer Moscou, les voies de communication, les nœuds de communication, les industries militaires à Moscou en 1942, et Hitler a voulu au contraire s'en prendre au pétrole, c'est parfaitement conscient, voulu et systématique. Je ne suis pas payé pour corriger les erreurs de la *Wehrmacht* ou de l'OKW, mais enfin ça a été à l'époque, je vous le signale, un débat extrêmement intéressant sur les ordres de priorités stratégiques à observer. Il est d'ailleurs à constater que la même Allemagne, tout en recherchant des sources de pétrole, que ce soit en Roumanie, au Caucase ou ailleurs, a développé une production considérable d'hydrocarbures à base d'hydrogénation du charbon. De mémoire je crois que la consommation totale du *Reich* par an en moyenne était de six millions de tonnes, et là-dessus un tiers provenait des usines de fabrication du pétrole d'essence synthétique, à base de charbon.

Il est évident que là aussi, cet intérêt du pétrole comme objectif est en train d'être très relativisé par le fait que la hausse des prix, qu'on ne peut pas prévoir mais qui paraît quand même à long terme inévitable, va amener à rendre exploitables des procédés comme les schistes bitumineux, comme d'autres éléments, qui vont une fois de plus modifier la géographie du pétrole. Le Japon a mené bien entendu aussi, cela a été rappelé, une guerre où le pétrole était vraiment un objectif, un but tout à fait essentiel dans le cadre de l'Asie. Il est tout à fait possible que ce soit là une phase dépassée de l'histoire. Après tout d'ailleurs, dans le monde tel qu'il est aujourd'hui, quand même beaucoup plus complexe, pas regroupé en grands blocs, il soit beaucoup plus facile de conclure des arrangements, avec éventuellement certaines pressions sur tel ou tel pays, pour qu'il accepte de vendre ou de céder des participations dans ses ressources pétrolières. Dans le cas, par exemple, de la guerre de 2003 en Irak, étant donné la carrière, le parcours du président Bush et de ses conseillers, on pouvait évidemment voir les pétroliers américains tout autour de la Maison Blanche. Je n'ai jamais été convaincu que cette guerre de 2003 ait eu vraiment comme objectif le contrôle du pétrole irakien. Que ça ait été un enjeu dans l'ensemble des objectifs américains, ça c'est bien possible, c'est très probable. Mais le pétrole irakien comme objectif essentiel ? Il y avait d'autres moyens pour les États-Unis de le contrôler que de se lancer dans la guerre. À mon avis, il y avait d'autres causes. On nous a rappelé évidemment le cas d'école de la guerre du Chaco, mais qui montre bien, je dirais, les limites de ce genre de politique.

Plus intéressant pour l'historien, si vous voulez plus riche d'avenir en quelque sorte, c'est le pétrole comme enjeu. Alors là, on a étudié le cas des exportations de pétrole soviétique. Cas particulièrement intéressant, parce que la Grande-Bretagne, c'est très clair, défend ses intérêts pétroliers face à la pénétration des marchés de l'Europe occidentale par le pétrole russe. Je rappelle que si, économiquement, la Grande-Bretagne se défend, au début des années 1960, contre l'Union soviétique, sur le plan politique, au moment de la crise de Berlin de 1961, dans toutes ces années-là, Londres est le pays occidental le plus prêt à faire toutes les concessions possibles à Moscou. Donc on voit bien que la position britannique, qui est très en flèche dans la détente à ce moment-là, est ferme en revanche en matière de pétrole, parce qu'il s'agit bien de défendre des intérêts tout à fait spécifiques et pas une conception de défense disons occidentale contre la pénétration soviétique. Quant aux Russes, il y a évidemment l'opportunité de vendre du pétrole, parce que dans l'économie soviétique, ce que l'on planifiait c'étaient les quantités, ce n'étaient pas les prix. Donc les responsables du programme du pétrole soviétique avaient tout intérêt à produire de plus en plus de pétrole pour pulvériser les données du plan, accomplir et dépasser le plan comme on disait, et donc à en exporter toujours plus. Les très savantes considérations des prix que nous avons évoquées à différentes reprises n'étaient tout simplement pas prises en compte dans ce système. En même temps, on a quand même certains témoignages selon lesquels à certains moments, des considérations stratégiques et pas simplement économiques ou industrielles ont eu cours à Moscou. J'attire votre attention sur les mémoires de Sakharov, dans lesquelles il explique qu'en 1955, il a été mis au courant de discussions au *Politburo*, et d'une façon qui est parfaitement crédible et qui a d'ailleurs été confirmée : l'idée était apparue au *Politburo*, nous sommes en 1955, que l'Europe étant de plus en plus dépendante du pétrole du Moyen-Orient, si l'Union soviétique arrivait à prendre pied, ce qu'elle était en train de faire dans différents États du Moyen-Orient, elle aurait un excellent moyen de pression sur l'Europe occidentale. Il ne faut pas non plus exclure cela.

Nous avons vu également l'enjeu actuellement en Afrique. C'est un enjeu, ce n'est pas un but. Les États-Unis ne vont pas conquérir la moitié de l'Afrique et la Chine l'autre moitié pour établir des bases de pétrole. Mais il s'agit de contrôler des flux, des investissements, des approvisionnements. Donc c'est incontestablement un enjeu, et M. Yates nous a très bien montré le cas extrêmement compliqué du pétrole dans les rébellions locales en Afrique également, où c'est un enjeu, mais c'est rarement un but en tant que tel.

Alors autre problème, c'est l'autarcie régionale qui a été théorisée en Allemagne et au Japon dans l'entre-deux-guerres, qui a été vraiment théorisée par le régime et par les réflexions des économistes, des stratèges allemands dès les années 1920, et la même chose vaut pour le Japon. C'est une vision d'autarcie régionale, pour assurer l'indépendance politique, le développement, et donc pour contrôler d'une façon ou d'une autre l'essentiel des matières premières. À cela s'oppose bien entendu une vision mondiale, libérale, qui a été longtemps représentée par les Sept Sœurs, je regrette qu'on n'en ait peut-être pas parlé davantage, étant bien entendu que tout cela est très hypocrite, parce que le libéralisme au sens mondial, le marché mondial, n'a pas une valeur absolue. Le marché est bien entendu contrôlé par les plus forts, il ne faut pas là-dessus, je pense, se faire d'illusions. Mais enfin ce n'est évidemment pas la même orientation que l'autarcie régionale. Et puis la France a inventé dès la Première Guerre mondiale, et je reviens sur l'exposé de M. Nayberg sur les conférences interalliées, la France a inventé, l'expression date de l'époque, du ministre de l'Industrie de l'époque, Étienne Clémentel, le « libéralisme organisé ». Le libéralisme organisé ? Très simple : la France n'a pas de pétrole, a peu de matières premières également, et elle compte poursuivre après la guerre les méthodes de gestion interalliées des matières premières que les alliés avaient mises au point entre eux pendant la guerre pour s'assurer de leur ravitaillement face à la guerre sous-marine pratiquée par l'Allemagne. Et en 1919, les Français disent : « Mais on va continuer, pour pouvoir assurer notre développement économique et priver de ces mêmes ressources, ou du moins faire chanter si vous voulez, l'Allemagne, en contrôlant l'accès de ce *Reich* à ces ressources ». Tout cela a été théorisé à l'époque, a été mis en pratique en matière pétrolière avec les constitutions de sociétés, avec les différentes lois, y compris celle de 1928 bien entendu. Tout cela a été poursuivi, et a été poursuivi jusqu'à finalement très récemment, avec des variations, des évolutions bien entendu. Vous avez eu, pendant très longtemps, des projets français dans le cadre de l'ONU pour une politique de contrôle des prix des matières premières de façon à ce que les producteurs et les consommateurs ne voient pas les matières premières uniquement soumises au jeu du marché, de façon à garantir une certaine stabilité des prix pour les producteurs de matières premières. Tout cela est totalement oublié aujourd'hui, mais a constitué un axe essentiel de la politique extérieure française. Encore à l'époque du choc pétrolier,

M. Giscard d'Estaing prônait le « trilogue », comme il disait. Expression évidemment un peu curieuse sur le plan syntaxique, mais le trilogue entre les pays arabes producteurs, les pays occidentaux consommateurs et le tiers-monde à développer en recyclant au fond ces énormes capitaux qui ont été quand même l'un problèmes de la période, les capitaux issus des pétrodollars, ça n'a pas été sans conséquences. Et les Français ont toujours fait des réflexions dans ce domaine, mais qui n'ont jamais été acceptées par leurs partenaires, la Communauté économique européenne ayant abandonné, disons-le, toute tendance sérieuse à penser dans cette direction lorsque la Grande-Bretagne est entrée dans la Communauté en 1974. Et à partir de ce moment-là, la doctrine de la Communauté économique a été parfaitement libérale. Encore aujourd'hui, vous le savez, l'Union européenne n'a pas, dans ses responsabilités, la politique de l'énergie. Elle a formulé une charte de l'énergie qui aurait dû être signée par la Russie pour le bon déroulement des relations entre l'Union européenne et la Russie, la seule chose c'est que la Russie ne l'a pas signée, donc pour le moment elle n'a pas un énorme intérêt. Et à côté de ça, derrière cette théorie selon laquelle, au fond, ces questions doivent être laissées au marché qui trouvera le moyen de tout réguler au niveau mondial, la réalité c'est un régionalisme de fait. Vous n'avez qu'à prendre les statistiques d'importation de charbon, gaz, hydrocarbures, pétrole de l'Union européenne : l'Allemagne est à plus de quarante pour cent dépendante de la Russie, je le rappelle. Il ne faut pas dire que c'est sans conséquences. Quand vous avez un ancien chancelier d'Allemagne, M. Schroeder, qui est le numéro un de la société North Stream, qui va importer du gaz russe par la Baltique, et que vous avez son ancien ministre des Affaires étrangères Fischer, qui lui est tout à fait hostile à l'influence énergétique russe, qui pour protester s'est fait bombarder dans une position équivalente à celle de Schroeder, mais pour Nabucco, qui est le pipeline de l'Union européenne vers l'Asie centrale, vous voyez bien que là les enjeux continuent. Il n'est pas possible de dire que la politique extérieure allemande, la politique économique allemande, et d'autres pays en Europe comme l'Italie, comme l'Europe centrale – vous le savez, si les Tchèques sont très prudents, les Hongrois ont vendu tout leur système de ravitaillement en gaz aux Russes, ils sont entrés dans le système – donc il ne faut pas dire qu'il n'y a pas un ensemble énergétique en train de se constituer entre l'Atlantique et l'Oural, à cause de la force tout simplement des faits et des courants. Comme les Européens n'ont pas de réelle politique énergétique, la Russie, même si elle ne peut pas faire n'importe quoi parce qu'il faut quand même qu'elle vende sa production bien entendu, a quand même les moyens de diviser, de jouer, de contrôler les choses dans une mesure que moi je trouve pour le moment impressionnante.

Alors j'en arrive à mon dernier point : c'est la dialectique entre le rôle des États et le rôle des compagnies privées en matière de pétrole. Nous avons eu, à ce sujet, bien des exemples. M. Boureille a traité très à fond l'affaire irakienne. Ce sont des affaires extrêmement complexes, mais on voit très bien ce jeu. Alors il y a plusieurs façons de le concevoir. Il y a des pays où l'État en apparence n'intervient pas dans ces questions, mais enfin personne ne pense une seconde que les compagnies pétrolières américaines n'ont pas des liens permanents avec les autorités, de même pour l'Angleterre, même s'ils n'ont pas officiellement de compagnies d'État ou appartenant en partie à l'État. Néanmoins, je vous poserai la question et je l'illustrerai d'un exemple. Il est évident que pour une certaine continuité de l'action il est très bon d'avoir comme l'a fait la France tout un secteur étatique ou, disons, para-étatique permettant justement de gérer ces questions au mieux en multipliant l'efficacité de l'effort national. On ne peut pas dire que la politique française, que ce soit pour le nucléaire ou pour le pétrole, ait été un échec depuis la Seconde Guerre mondiale si l'on se place de ce point de vue-là. Et il est évident que l'on ne voit pas très bien, si l'État ne s'était pas massivement investi, ce qui aurait été fait. D'un autre point de vue, du point de vue des relations internationales qui est le mien, les compagnies privées présentent un avantage, même si la position est souvent très hypocrite : c'est que l'interlocuteur avec les pays producteurs difficiles, ce n'est pas l'État français ou X ou Y lui-même, c'est une compagnie privée qui peut servir un peu d'amortisseur. Une crise qui touche une compagnie privée risque moins de dégénérer en crise internationale grave que si l'on voit des États s'opposer. Alors je prends un exemple : celui des très difficiles négociations franco-algériennes à propos du gaz et du pétrole dans les années qui ont suivi l'indépendance. Je suis pour ma part absolument convaincu, mais je ne vais pas vous en apporter la preuve maintenant, je vous donne une idée, mais qui repose sur certaines informations et certaines réflexions, je suis convaincu que ces négociations ont été plus difficiles parce que c'était finalement, derrière les sociétés, État contre État. Et ça aurait été peut-être plus facile s'il y avait eu des intermédiaires privés. J'espère que cette défense du statut des compagnies privées, en matière de pétrole bien entendu, ne choquera pas trop...

# Index

# « Enjeux internationaux »

L'étude des relations internationales, tout particulièrement dans le champ historique, est issue d'une histoire diplomatique largement rénovée à travers la prise en compte des forces profondes telles que les a jadis définies Pierre Renouvin. Elle place les États et ceux qui sont chargés de définir et de mettre en œuvre leur politique, au cœur de la vie internationale. Selon cette conception, les États conduisent leur action en jouant sur la palette des moyens les plus divers sur lesquels ils peuvent s'appuyer, tels que l'économie ou la culture, et qui agissent ou interagissent les uns par rapport aux autres.

La démultiplication des champs d'analyse de la vie internationale se développe ainsi tout au long du XX^e siècle, mais est l'objet d'un nouveau regard en ces temps de mondialisation. Cette dernière, contemporaine du développement des analyses néo-libérales depuis les années 1980, témoigne tout à la fois de la prise de conscience de la démultiplication des acteurs en présence – ONG, entreprises multinationales par exemple – et de la large autonomie d'action de ces multiples acteurs.

La collection se veut représentative de ces perspectives renouvelées et de leur impact sur les recherches actuelles. Sans abandonner l'étude des relations internationales centrées sur les États, elle cherche à mieux appréhender la diversité des segments qui composent le champ international et le mode de relations entre ces derniers : de l'enjeu que constitue le sport à celui de l'usage de la mémoire coloniale. Elle s'adresse ainsi aux universitaires et analystes souhaitant interroger les grandes thématiques du siècle dernier au service d'une réflexion sur le présent.

# "International Issues"

Studies in international relations, particularly historical, stem from the changing face of diplomacy over time, where the deeper forces at play, such as those once defined by Pierre Renouvin, are taken into account. Individual states, and those who define and implement their policies, are placed at the heart of global life. According to this concept, countries pursue a course of action by taking advantage of the most diverse range of tools they can rely on, such as economic or cultural resources, which act alone or interact with others.

The study of international relations grew into different fields of analysis during the twentieth century, but it is now subject to a new scrutiny in this era of globalisation. This concept, which coincides with the development of neo-liberal analysis since the 1980s, reveals a new awareness about the increased number of actors – NGOs and multinational companies, for example – but also the large autonomy they enjoy when it comes to action.

This series aims to portray these new perspectives and their impact on current research. Without casting aside studies in international relations that focus on states, it tries to better understand the diverse range of factors that play out on the world stage and how they relate to each other – from the high stakes in sport to the use of colonial memory. This series targets academics and analysts who wish to apply twentieth century history to contemporary thought.

**Directeurs de collection / Series editors**

M. Éric BUSSIÈRE, *Professeur à l'Université de Paris IV-Sorbonne*

M. Michel DUMOULIN, *Professeur à l'Université catholique de Louvain (UCL), responsable du Groupe d'études d'histoire de l'Europe contemporaine*

M^me Geneviève DUCHENNE, *Docteur en histoire de l'UCL, chercheur qualifiée de l'UCL*

M. Sylvain SCHIRMANN, *Professeur d'histoire contemporaine, directeur de l'Institut d'études politiques de Strasbourg*

M^me Émilie WILLAERT, *Docteur en histoire contemporaine*

# Titres parus / Published Books

N° 5 – Claire LAUX, François-Joseph RUGGIU & Pierre SINGARAVÉLOU (dir./eds.), *Au sommet de l'Empire. Les élites européennes dans les colonies (XVI^e-XX^e siècle) / At the Top of the Empire. European Elites in the Colonies (16^th-20^th Century)*, 2009, ISBN 978-90-5201-536-1

N° 6 – Frédéric CLAVERT, *Hjalmar Schacht, financier et diplomate (1930-1950)*, 2009, ISBN 978-90-5201-542-2

N° 7 – Robert JABLON, Laure QUENNOUËLLE-CORRE et André STRAUS, *Politique et finance à travers l'Europe du XX^e siècle. Entretiens avec Robert Jablon*, 2009, ISBN 978-90-5201-543-9

N° 8 – Alain BELTRAN (ed.), *A Comparative History of National Oil Company*, 2010, ISBN 978-90-5201-575-0

N° 9 – Sarah MOHAMED-GAILLARD, *L'Archipel de la puissance ? La politique de la France dans le Pacifique Sud de 1946 à 1998*, 2010, ISBN 978-90-5201-589-7

N° 10 – Marie-Anne Matard-BONUCCI, Anne DULPHY, Robert FRANK et Pascal ORY (dir.), *Les relations culturelles internationales au vingtième siècle. De la diplomatie culturelle à l'acculturation*, 2010, ISBN 978-90-5201-661-0

N° 11 – Yves-Marie PÉRÉON, *L'image de la France dans la presse américaine, 1936-1947*, 2011, ISBN 978-90-5201-664-1

N° 12 – Léonard LABORIE, *L'Europe mise en réseaux. La France et la coopération internationale dans les postes et les télécommunications (années 1850-années 1950)*, 2010, ISBN 978-90-5201-679-5

N° 13 – Catherine HOREL (dir.), *1908, la crise de Bosnie cent ans après*, 2011, ISBN 978-90-5201-700-6

N° 14 – Alain BELTRAN (ed.), *Oil Producing Countries and Oil Companies. From the Nineteenth Century to the Twenty-First Century*, 2011, ISBN 978-90-5201-711-2

N° 15 – Frédéric DESSBERG et Éric SCHNAKENBOURG (dir), *Les horizons de la politique extérieure française. Régions périphériques et espaces seconds dans la stratégie diplomatique et militaire de la France (XVI^e-XX^e siécles)*, 2011, ISBN 978-90-5201-717-4

N° 16 – Alya AGLAN, Olivier FEIERTAG et Dzovinar KÉVONIAN (dir.), *Humaniser le travail. Régimes économiques, régimes politiques et Organisations internationale du travail (1929-1969)*, 2011, ISBN 978-90-5201-740-2

N° 17 – Pierre JOURNOUD & Cécile MENÉTREY-MONCHAU (dir./eds.), *Vietnam, 1968-1976. La sortie de guerre / Vietnam, 1968-1976. Exiting a War*, 2011, ISBN 978-90-5201-744-0

N° 18 – Louis CLERC, *La Finlande et l'Europe du Nord dans la diplomatie française. Relations bilatérales et intérêt national dans les considéra-*

*tions finlandaises et nordiques des diplomates et militaires français, 1917-1940*, 2011, ISBN 978-90-5201-750-1

N° 19 – Yann DECORZANT, *La Société des Nations et la naissance d'une conception de la régulation économique internationale*, 2011, ISBN 978-90-5201-751-8

N° 20 – Lorenz PLASSMANN, *Comme dans une nuit de Pâques ? Les relations franco-grecques 1944-1981*, 2012, ISBN 978-90-5201-769-3

N° 21 – Alain BELTRAN (dir./ed.), *Le pétrole et la guerre / Oil and War*, 2012, ISBN 978-90-5201-770-9